社会调查理论与实践

主　编　张丽红　赵金国

副主编　曲承乐　赵冬梅

参　编　董以红　于海博　李　楠　唐贵瑶　王秀鹃

电子工业出版社

Publishing House of Electronics Industry

北京·**BEIJING**

内容简介

本书按照调查研究过程的一般步骤编写，分为社会调查的社会、构想、方法和报告撰写四大部分，共十三章。本书的主要特点有三个：一是实操性，本书在系统介绍社会调查理论的同时，引用了大量的调查经验和案例来充分展示理论的应用场景；二是思政性，本书案例丰富，在示范案例的同时实践课程思政的理念；三是前沿性，本书除介绍常规的社会调查内容外，还引入了大数据、人工智能的相关知识。

本书将社会调查工作定位为解决现实问题的一种科学方法，力求为高校公共管理类专业、社会学类专业及相关专业的本科生与专科生等初学者接触社会调查工作打开一扇便捷之门，为从事社会调查工作的各类人员提供实操性指导，为研究者提供多元的分析视角，为决策者提供优质的问题解决方案。

图书在版编目（CIP）数据

社会调查理论与实践 / 张丽红，赵金国主编．

北京 ：电子工业出版社，2025. 6. -- ISBN 978-7-121
-50597-3

Ⅰ．C915

中国国家版本馆 CIP 数据核字第 2025Y6B526 号

责任编辑：杜　军
印　　刷：北京捷迅佳彩印刷有限公司
装　　订：北京捷迅佳彩印刷有限公司
出版发行：电子工业出版社
　　　　　北京市海淀区万寿路 173 信箱　　　　邮编：100036
开　　本：787×1092　　1/16　　印张：18.25　　字数：468 千字
版　　次：2025 年 6 月第 1 版
印　　次：2025 年 6 月第 1 次印刷
定　　价：59.00 元

凡所购买电子工业出版社图书有缺损问题，请向购买书店调换。若书店售缺，请与本社发行部联系，联系及邮购电话：（010）88254888，88258888。

质量投诉请发邮件至 zlts@phei.com.cn，盗版侵权举报请发邮件至 dbqq@phei.com.cn。

本书咨询联系方式：dujun@phei.com.cn。

　　调查研究不仅是中华民族政清人和的法宝，还是一种重要的社会科学研究方法。从革命战争年代"没有调查，没有发言权"的提出，到新时代的各项政策部署，都充分表明，唯有通过深入的调查研究，才能拨开迷雾、洞察实质，准确捕捉社会经济发展的新趋势，为政策的制定提供坚实、科学的依据。社会调查能力也已成为高校公共管理类专业、社会学类专业及相关专业人才培养所必备且迫切需要提升的核心素养。鉴于社会调查的初学者缺乏社会调查经验，难以将社会调查理论与实践有效结合起来的现实，编写一本具有示范性、可操作性的社会调查教材就显得弥足珍贵。本书的编者作为社会调查课程授课团队，获批了"社会调查"省级一流课程，有多年的授课经验和丰富的社会调查经验，并长期指导学生开展社会调查工作，非常了解社会调查初学者的困惑和社会调查教师在授课过程中的难点与关键点。这也成为编者编写本书的动力源泉。

　　编者编写这本《社会调查理论与实践》，意图在系统介绍社会调查理论的同时，结合师生的实际操作案例，形成一本兼具趣味性和实用性的操作手册，以培养读者的学习兴趣、提升其调查能力，使其能运用所学方法科学评价他人的研究成果。

　　本书充分考虑了现实中社会调查工作开展的应用场景，并根据社会调查工作实际开展的逻辑安排教材内容。第一部分是社会调查的社会部分，重点介绍社会调查和社会问题的一些基本常识，旨在说明社会调查是理解社会现象、制定公共政策、解决社会问题和推动社会发展的重要工具，突出社会调查工作的重要价值。第二部分是社会调查的构想部分，重点介绍在社会调查的初始阶段应当注意的一些问题，以提高读者对社会调查科学性与客观性的认识，旨在说明初始阶段的准备工作是整个社会调查工作成功的关键。第三部分是社会调查的方法部分，重点结合实际调查的经验和案例讨论几种常见的社会调查方法，并对大数据抓取法这一新兴的社会调查方法进行了介绍，在介绍理论的同时充分展示各种社会调查方法的应用场景。第四部分是社会调查的报告撰写部分，重点围绕社会调查资料整理、社会调查统计分析、社会调查报告撰写三项工作展开，并结合案例详细呈现了社会调查报告的完整撰写过程。

实操性是本书的第一个特点。在编写之初，编者就充分研讨并汇总了教师在授课过程中、学生在社会调查实践中容易出现的问题及经常遇到的困难，并以此作为编写本书的主要突破点，以提升本书的实操性，力求打造一本指导社会调查实践的"葵花宝典"。因此，本书在介绍了相关理论和操作步骤后，往往会列出示范性的案例和操作性的指南。为了进一步提升本书的实操性，充分体现产教融合的特色，编者还邀请了行业专家参与本书的编写。

思政性是本书的第二个特点。在编写本书的过程中，编者始终坚持鲜明的问题导向。在当前这个全球格局深刻调整、新一轮科技革命与产业变革加速演进的时代，我国的社会发展已进入新时代。因此，本书坚持立足于时代背景，力求说明社会调查工作是科学、有效地解决问题的重要途径，并结合课程特点和读者身份有机融入了实事求是、群众立场、家国情怀、科学精神等思政元素，从而贯彻落实立德树人的根本任务，润物无声地塑造读者的价值观。

前沿性是本书的第三个特点。随着大数据与人工智能的蓬勃发展，社会调查也在发生深刻的变化，因此本书紧跟时代步伐，及时更新相关内容。本书在社会调查的方法部分增加了大数据抓取的内容，在文献调查、问卷调查、资料整理等部分也增加了对人工智能的介绍，以确保知识内容紧跟时代步伐。

本书是齐鲁工业大学政法学院社会调查实践教学团队与教材建设虚拟教研室成员（山东大学唐贵瑶、山东农业大学王秀鹃）及行业专家（青岛国实科技集团有限公司于海博）分工合作的结果：第一、二、三章由曲承乐编写，第四章由董以红编写，第五、六章由张丽红编写，第七、八章由赵冬梅、唐贵瑶编写，第九、十、十一章由赵金国、于海博编写，第十二章由赵金国、赵冬梅编写，第十三章由李楠、张丽红、王秀鹃编写。最后，由张丽红、赵金国负责统稿。

感谢本书其他编者的创造性精神和辛勤付出，感谢学校、师友的鼎力支持和优秀建议。本书在编写过程中参考了前人已有的研究成果，在此一并表示感谢。鉴于本书编者的水平有限，书中难免存在疏漏和不足之处，敬请广大读者批评、指正。

目　录

第四部分　社会调查的报告撰写部分

第一部分

社会调查的社会部分

第一章
社会调查概述

学习目标

- 能够知晓社会调查的定义；
- 能够描述社会调查的功能定位；
- 能够分析社会调查的目标；
- 能够理解社会调查中演绎推理和归纳推理的区别。

案例导入

调查研究作为中华民族政清人和的法宝，不仅承载着历史的智慧，更为我们的未来发展提供了行动指南，指引我们在新的历史条件下书写更加辉煌的篇章。无论是乡村振兴战略的规划，还是创新驱动发展战略的实施、加快形成"新质生产力"全新概念的提出，无不体现了调查研究的重大作用。调查研究如同一双慧眼，帮助我们看清了方向，找准了路径。在当前这个全球格局深刻调整、新一轮科技革命与产业变革加速演进的时代，我国的改革发展面临不少深层次、复杂化的风险，矛盾与问题比以往更加隐蔽。唯有通过深入的调查研究，才能拨开迷雾、洞察实质，准确捕捉社会经济发展的新趋势，为政策的制定提供坚实、科学的依据。作为新时代的青年，我们理应以更加科学的方法深入社会实际，用脚步丈量大地，用心感受群众疾苦，将调查研究在新时代发扬光大。

社会调查是当今社会检验国家和政府社会治理能力与治理水平的重要方式，因为社会调查所要提炼与发现的，通常是人们在现实生活中深受影响且密切关注的问题。但在多元社会群体的视野中，人们对社会议题的感知与政策实施成效的评判，往往交织着不同的情感，这就需要我们从纷繁的信息渠道中理性地找出真相。就我国改革开放的实践来看，无论是农业领域的生产方式转型、国有企业产权与运营机制的重塑，还是社会保障体系的构建、教育与公共卫生体系的优化升级，社会调查都在其中扮演着至关重要的角色。对社会调查进行系统化、专业化的理解和应用，是提升社会问题研究能力与政策执行效率的必然选择。社会调查已深入国家治理与个体认知的每一个角落，成为社会科学运转必不可少的构成要素。

◆ 第一节　社会调查的定义 ◆

社会调查作为一种横跨多学科的应用科学，其理论构建具有突出的实用性与灵活性。追溯社会调查的发展轨迹，不难发现它起源于人们对社会现象的好奇与探索，在发展的过程中逐渐融入了社会学、统计学、心理学、管理学等多门学科的精髓，从而形成了错综复杂的学科体系。正是这种跨学科的特性，赋予了社会调查强大的生命力与广泛的适用性，但也为其定义的统一带来了挑战。

一、国内外有代表性的定义

社会调查的产生是历史的必然。在资本主义社会之前，统治阶级为了维护统治的目的，往往需要对人口、土地等资源进行调查。随着资本主义经济的迅速发展，近代社会财富迅速积累，在物质文明进步的同时，贫富差距逐渐拉大。为了探求改良"社会病态"的路径，系统化、科学化的社会调查逐渐发展起来。但与自然科学界统一、严格界定的概念不同，人类社会的复杂性导致不同时代的人们会从不同的角度对社会现象进行有目的、有意识的解读，如同"社会""调查"等术语在不同的语境下往往会有不同的内涵与外延。因此，到底该如何定义社会调查所涉及的内容和范围，不同的学者会从各自的专业视角出发，产生不同的认识。对于社会调查的定义之争，实际上是一场关于方法论、价值取向与实践效用的深刻对话。

《辞海》给社会调查的定义是，用某种技术并按一定程序对某一社会现象进行系统的资料搜集和分析。广义包括观察、访谈、文献分析、问卷调查、参与观察、报表统计、内容分析等。狭义专指问卷调查，它运用标准化的技术和程序，可以进行定量分析。《辞海》的定义从广义和狭义两个维度勾勒了社会调查的基本轮廓，指出了社会调查方法论的丰富性与灵活性。同时，该定义指出了社会调查区别于日常观察和直观判断的关键所在，即遵循严格的方法论原则（"用某种技术""按一定程序"），确保研究的客观性和有效性。

风笑天认为，社会调查指的是一种采用自填式问卷或结构式访问的方法，系统、直接地从一个取自总体的样本那里收集量化资料，并通过对这些资料的统计分析来认识社会现象及其规律的社会研究方式。风笑天对于社会调查的定义，强调了其量化研究的本质与标准化的实施流程，凸显了社会调查数据收集的标准化和数据分析的量化与统计导向，体现了社会调查的科学性和客观性。

水延凯等认为，社会调查是人们有目的、有意识地通过对社会现象的考察、了解、分析、研究，来认识社会生活本质及其发展规律的一种自觉认识活动。水延凯等揭示了社会调查作为一门学科的主动性和目的性，强调了调查者并非被动地接收信息，而是有着极强的自觉性。水延凯等认为，调查者只有具备高度的责任感和专业素养，始终保持清醒的头脑和批判性思维，才能揭示社会现象背后的深层次原因，为政策制定、社会管理和理论创新提供坚实的基础。

张兴杰认为，社会调查是指人们运用观察、询问等方法从社会生活中了解情况、搜集事实和数据，并在此基础上描述和说明社会现象的本质特征，科学地分析和解释现象产生的原因，得出事物发展和变化规律的自觉的实践活动。张兴杰对于社会调查的定义，清晰地勾勒出社会调查活动的边界与内涵，揭示了社会调查从描述现象到解释原因，再到探寻规律层层递进的实践本质，体现了社会调查在理论构建与实践指导方面的双重价值。

还有学者认为，社会调查是一个研究主体不主动影响研究客体的逻辑完整的社会研究过程，包括文献回顾、实地参与观察、文献撰写等环节。这一定义强调了客观性与中立性，指出了社会调查一系列环环相扣的步骤。

与国内多样化的定义一样，国外学者也大多会从自己的理解出发定义社会调查。比如，英国迈克尔·曼主编的《国际社会学百科全书》认为，社会调查是运用有目的地设计询问方法搜集社会资料的过程；英国邓肯·米切尔在《新社会学词典》中将社会调查定义为，对生活在特定地理、文化或行政区域中人们的事实进行系统收集的过程；日本社会学家福武直将社会调查定义为实证地研究社会现象的一种方法，具有通过直接实地调查收集所谓实在的数据并由此进行分析的特色。这些定义虽各有侧重，但其实都强调了社会调查的系统性、科学性和实证性。

综上，社会调查被视为理解社会现象、推动社会科学研究发展的重要手段。在全球化的今天，这些多元的定义和理解反映了社会调查作为一门学科的复杂性，为国际学术交流和合作提供了丰富的视角与资源。

二、本书的定义

通过不同定义所强调的不同方面，可以看出社会调查的不同特质。归纳国内外学者对社会调查的各种定义，我们认为，社会调查是指人们运用科学方法从社会生活中搜集事实、描述事实、分析特征、解释原因，从而得出社会事物发展和变化规律的实践活动。究其本质，社会调查的最高目标最终表现为一种社会管理功能，它通过一连串有计划的行动，从社会中取得对某种问题的科学认识，进而促进社会治理目标的实现与公众利益的获得。

古代国家治理中的社会调查

两千多年前，管仲在《管子·问》中深刻洞察到国家治理与社会调查的内在联系，提出要实现霸王之业，非一朝一夕之功，需从根基做起，制定朝廷政事的常规常法，而这离不开对社会中的人、事的深入考察与了解。

管仲详细列举了社会调查的内容，如选拔人才的标准、官员的任职时间、任期内开垦的荒地和修筑的城郭等方方面面，这无疑是对社会肌理的全方位扫描。在他看来，调查不仅是对现实的记录，更是对未来蓝图的勾勒。通过细致入微地观察与分析，管仲揭示了社会调查在国家治理中的核心地位——它是制定政策的基石，是了解民情的窗口，更是实现国家长治久安的密钥。

"毋遗老忘亲，则大臣不怨。举知人急，则众不乱。"寥寥数语，却道尽了选贤任能、安邦定国的真谛。管仲倡导的调查，不仅是对数据的简单收集，更是一种对人性深处的温柔关怀、一种对社会脉搏的精准把握。在管仲的思想中，社会调查绝非冷冰冰的数字游戏，而是充满温度的人文关怀。他要求领导者不仅具备高瞻远瞩的战略眼光，更要有贴近民众、倾听心声的谦卑态度。管仲的这一思想不仅为后世提供了宝贵的治理智慧，更彰显了中华传统文化中以人为本、和谐共生的价值观。时至今日，管仲的社会调查理念依然具有深远的现实意义。在全球化与信息化交织的当下，社会调查变得更加多元化与复杂化，但其核心——了解社会、服务民生的本质未曾改变。管仲的智慧提醒我们，在快速变迁的时代，唯有扎根于民众之中，倾听他们的声音，才能制定出真正符合人民需求、促进社会和谐发展的政策，从而实现国家的长足进步与繁荣昌盛。

在当今社会，社会调查这一概念犹如一块多面的棱镜，在不同的情况下有不同的含义。社会调查有时被视为一门精湛的技艺，展现的是一整套科学的技巧性操作过程，即社会调查实务。它通过一系列精心设计的步骤，从数据收集到分析再到结果的呈现，展示出可靠的事实依据。在社会调查的过程中，调查者不仅要掌握专业的技能，更要具备高超的人际交往能力，能够在复杂的社会网络中取得他人的信任，获取真实、可靠的信息。在这个过程中，调查者如同侦探一般，运用各种工具和技巧，力求揭示社会现象的真实面貌。社会调查有时是指社会调查结果，即最终产出的文本性知识。这种文本性知识不仅包含对问题本身的洞察，更是一种从感性认识到理性分析的升华，融合了逻辑推理与实践建议，为下一步的行动指明了方向，是一种由量变到质变的飞跃。社会调查有时是指社会调查思想，即一种现代社会治理的战略思维。它超越了单纯的技巧与结果，触及了社会治理的核心理念，以实证研究指导政策制定，为社会管理和政策创新提供了强有力的支持。值得注意的是，尽管"社会调查"在不同情况下有着多样的含义，但在实际应用中，这些含义并非孤立存在，而是相互交织的，它们共同构成了社会调查的全貌。无论是技巧性过程、文本性知识，还是战略思维，都是社会调查这一学科不可分割的组成部分，共同推动着社会调查的发展与演进。

社会调查的本质是人类对社会现象的一种科学探索，它以实证主义为基础，追求客观、真实、全面地反映社会现实。随着人类社会的进步，社会调查经历了从萌芽到成熟的历程。这一演变过程不仅是技术手段的革新，更是思维方式的转变。从最初的直观观察到深入的数据分析，再到如今的大数据抓取，社会调查的每一次跃迁都反映了人类对社会现象认知的深化、对社会规律探索的渴望。

三、社会调查的功能定位

社会调查在当今世界的重要性日益凸显，逐渐成为促进政策科学化、提高公众参与度和提升社会治理效能的重要工具。社会调查的功能定位主要涉及信息收集、咨询建言、居间沟通和教育引导四个方面。

（一）信息收集

社会调查作为一项系统性、专业性的研究活动，其核心功能之一便是信息收集。在信息爆炸的时代，这一功能尤为重要。调查者只有获得第一手资料，才有可能实现对社会动态的洞察。社会调查收集的信息涵盖多个领域，具体而言，主要包括以下几个方面。

1. 公众信息

公众信息的收集是社会调查最常见的功能，包括公众对社会发展与运行情况的感知和反馈等多维度的内容。它不仅涉及公众对政策、服务、管理等方面的直接评价，还涉及公众对生活质量、社会公平、环境变化等深层次社会议题的态度和看法。

2. 政府信息

政府信息包括但不限于党和各级政府发布的方针、政策、法律法规，以及政府机构的运行状况、政策执行效果等。通过分析政府信息，调查者能够洞察政策导向、评估政策影响，为后续的政策调整和优化奠定基础。政府信息的收集还有助于识别政策盲点，促进政府与社会的良性互动，提升政策的透明度和公信力。

3. 媒介信息

媒介信息包括报纸、杂志、广播、电视等传统媒体和移动互联新媒体、自媒体中有关社会问题的信息及这些媒介本身的相关信息。媒介不仅是信息传播的渠道，也是社会舆论的"反映器"。通过收集媒介信息，调查者能够捕捉到社会热点、公众情绪的波动，以及不同群体的观点碰撞。媒介信息的收集不仅有助于了解社会舆情，还能揭示社会问题的复杂性和多样性，为社会研究和政策制定提供更加全面的视角。

4. 同侪信息

同侪信息的收集聚焦于学术界同行的研究成果、观点和经验分享，包括对相关领域历史沿革的回顾、现状分析、问题探讨及对策建议等。通过借鉴同侪的研究，调查者能够站在前人的肩膀上，避免重复劳动，同时拓宽研究视野，丰富研究方法。同侪信息的收集不仅有助于促进学术交流与合作，还能推动社会调查领域的理论创新和实践发展。

（二）咨询建言

在当今复杂多变的社会环境中，公共服务与政策制定面临着前所未有的挑战。政策制定者不仅要应对日益多元化的公众需求，还需在信息爆炸的时代中筛选出有价值的信息，确保政策的科学性和民主性。在此背景下，社会调查的咨询建言功能作为连接政策制定者与公众的桥梁，展现出了独特的价值与重要性。社会调查的咨询建言功能是指调查者向政策制定者提供有关社会问题及社会发展的信息，帮助政策制定者减少信息盲区，提升决策质量。社会调查的咨询建言功能既包括在政策制定者进行决策时提供咨询建议，也包括对决策实施过程进行监督与反馈。

1. 决策咨询

社会调查所提供的数据与分析，可以揭示公众的真实需求、担忧和期望，为政策制定者提供科学的依据，使其能够基于实证研究做出更加谨慎和周全的决策，避免决策的片面性和短视性。在政策制定、企业战略规划、社会问题应对等领域，高质量的调查结果能够帮助政策制定者评估不同选项的利弊，预测可能的影响，从而降低决策风险，提高决策效率。

2. 决策监督

现代公共管理是一项高度复杂的综合性系统工程，极其依赖政府内部各部门的高效协同。然而，在实践中，各部门在制定决策时往往侧重于考量自身的利益与能力边界，重点关注自身既定目标的达成。这种内部视角的决策模式虽有助于确保政府顺畅运行，但可能导致各部门在执行决策时在无意中忽视对公众利益的全面考量。调查者可以凭借独立的第三方视角，从公众立场对决策进行监督与评估，及时提出建设性意见。

某地二手房中介费下调政策"一日游"原因何在?

地方性政策的调整往往伴随着市场的高度敏感性和公众的广泛关注。然而，根据中国网财经 2023 年 6 月 2 日的报道，2 日凌晨，某市房地产中介行业协会发文致歉，撤销了其在 5 月 30 日发布的关于调整二手房交易佣金标准的指导意见。该文件原本计划通过政策调控的方式降低交易成本、减轻购房者的负担，然而，在发布后的极短时间内便引发了舆论对其是否真正有利于购房者的大范围质疑，导致这一新举措最终成为"一日游"。这一现象并非孤立事件。过去几年，全国各地出现了数起因舆论大范围关注而被撤回或修改的地方房地产政策"一日游"现象。

房地产市场的稳定对整个国民经济至关重要，因此任何可能对房地产市场产生重大影响的政策都会受到高度关注。地方政府在制定相关政策时，既要考虑市场的实际情况，也要平衡购房者、房地产开发商、中介机构等各方的利益。有时候，政策制定的初衷是好的，但在具体实施过程中会遇到各类主体的各种挑战，在没有充分认识的情况下出台政策，便可能会出现新问题。

政策"一日游"现象反映了政策制定过程中的复杂性和不确定性，提示政策制定者在制定政策时需要更加谨慎，确保政策前期得到充分的调研与验证，避免带来新的问题。另外，这也说明政策制定者需要倾听公众的声音，确保政策得到广泛的社会支持。

（三）居间沟通

社会调查还扮演着沟通桥梁的角色，它连接了政策制定者与公众，搭建了社会各界交流的平台。通过社会调查，政策制定者能够了解公众的需求与期待，公众也能了解政策的意图与效果，从而促进双方的理解与协作。社会调查所得出的结论经常成为公共讨论的焦点，这有助于激发社会各界对社会问题进行深入思考，促进社会的成熟。社会调查的居间沟通功能主要表现在以下几个方面。

1. 双向沟通

社会调查的居间沟通是一个双向沟通的过程，不仅涉及从公众那里收集信息，还包括强化公众对问题的感知，并将调查结果反馈给公众。这种双向沟通对于确保调查的全面性和准确性至关重要。一方面，通过社会调查了解到的公众需求、意见和建议，对政策制定者来说是宝贵的资源，有助于他们做出更加贴近公众需求的决策。另一方面，社会调查过程也会强化公众对社会问题的感知，提升公众对社会问题的认识，通过调查结果的呈现，使公众感受到自己的声音被重视。

2. 即时沟通

社会调查具有很强的时效性，这意味着调查者必须迅速捕捉到外部环境的变化，并及时做出响应。例如，在政策制定的过程中，如果能够快速获取最新的民意数据，就能找到政策出台的更好时机。特别是在面对突发事件或紧急情况时，及时的社会调查信息可以帮助政策制定者快速做出决策，有效应对挑战。此外，即时沟通还意味着调查结果应该尽快公布，以便相关方能够及时了解有关情况。

3. 真实沟通

真实是社会调查居间沟通功能中相当重要的一项内容。调查者在进行信息沟通时，不应发布片面、虚假、夸大的信息，否则会引起调查对象的猜疑，不利于调查的进行。调查者和调查对象之间的沟通必须是完整、真实且全面的。只有这样，才能确保调查结果的可靠性和可信度。如果在调查过程中出现偏差或误导，那么这些错误的信息可能会被放大，进而影响结论的质量。因此，无论是收集数据还是收集案例，都必须严格遵循客观公正的原则，确保所有的信息都符合事实。

兰州市税务局 2022 年"减税降费"政策落实情况调查问卷分析报告

为了更好地宣传"减税降费"政策，了解纳税人及缴费人对于该政策的认知情况，2022 年 5 月至 6 月，国家税务总局兰州市税务局开展了一项专项调查。这项调查旨在深入了解"减税降费"政策对企业和个人的影响，并收集公众对于政策改进的意见和建议。调查问卷围绕一系列关键问题展开，其中包括对国家出台的一系列"减税降费"政策的总体了解程度、总体执行效果，哪种类型的"减税降费"政策在企业的执行效果最明显，以及为了确保"减税降费"政策在兰州落地生根的具体建议措施等内容。

调查结果显示，纳税人和缴费人普遍对"减税降费"政策持欢迎态度，认为"减税降费"政策对企业的经营状况产生了积极的影响，尤其是在减轻企业负担、提升现金流等方面表现突出。这些正面反馈反映了政策在实际操作层面达到预期目标。对于那些原本不太了解相关政策的人而言，这次调查提供了一个了解政府如何通过"减税降费"政策帮助企业渡过难关的机会。调查问卷的设计充分考虑了不同群体的需求，既包括对政策具体执行效果的评价，也包括对政策的宣传。调查结束后，兰州市税务局又采取举办线上线下政策宣讲会、制作政策解读视频等多种方式，进一步提高了相关政策的知晓率。

（四）教育引导

社会调查在教育引导方面的功能定位同样不容忽视。社会调查通过揭露社会不平等问题、环境问题等，可以使相关人员认识到调查研究的重要性，养成一种基于证据的思维方式，鼓励公众以批判性的眼光看待社会现象，激发公众的责任感，从而推动社会的正义与进步。社会调查的教育引导功能主要包括价值观引导和开展社会调查培训两个方面。

1. 社会调查承担着价值观引导的重要任务

社会调查强调实事求是的谦虚研究态度，鼓励调查者在接触不同的社会现象和调查对象的过程中，尊重基层经验和群众智慧，树立包括社会责任感、公民意识等在内的价值观，提升政治素养和社会责任感。

2. 社会调查是一种重要的实践认识手段

社会调查能够帮助相关人员在实践中加深对社会运行的理解，提高其社会现象分析能力，使其能够通过了解社会现实来解决社会问题，从而促进其批判性思维和创新思维的发展。

社会调查的功能定位是多元且互补的，如同一个复杂的生态系统，各个部分相互依存、相互作用。信息收集为咨询建言提供了素材，咨询建言反过来促进了更高质量的信息收集；居间沟通加强了教育引导的效果，而教育引导又促进了更广泛的居间沟通。这一系列的良性循环构成了社会调查强大生命力的来源，使其在推动社会和谐稳定发展方面发挥着不可替代的作用。作为连接现实与未来的纽带，社会调查不仅记录了社会的现状，更预示着社会的未来，为构建一个更加开放、包容、进步的社会贡献着力量。

◆ 第二节　社会调查的总体认知 ◆

2022 年，发表在《美国科学院院报》上的一篇名为《面对相同数据和假设，不同调查者得出不同结论》的文章引发了广泛的关注。传统观念认为，科学研究的结论应当理性可靠，即使社会科学领域对同一议题的观点可能存在分歧，对模型和量化结论的诠释可能存在不确定性，但数据分析本身应该是客观中立的。然而，这篇文章的撰写者通过邀请73 个独立的研究团队，使用相同的调查数据对某一研究假设加以验证，结果发现各团队的结论差异巨大。这一发现挑战了人们对社会科学研究一致性的传统认识。它提醒我们，即便在看似客观的社会调查过程中，也可能存在隐藏的不确定性因素。因此，我们要对社会调查有一个全面、深入的认知。

一、社会调查是知识生成的重要路径

社会调查作为社会科学中最为常用的知识生成路径，包含着一系列系统严谨的规范。社会调查的目的并非简单论证预设的结论，而是揭示与证明关于人、组织和社会现实的真实情况，从而回答研究问题或满足一个不断发展的研究领域的需要。

（一）社会调查要以过去的发现和理解为基础

每一项新的社会调查，都建立在已有的理论框架、实验数据和技术方法之上，是对既有知识的继承与发展。正如牛顿所说："我之所以看得更远，是因为我站在巨人的肩膀上。"随着知识爆炸时代的来临，当今世界的各种知识往往并不是从零开始的探索，而是在前人基础上的深化与扩展。因此，在开展一项新的社会调查时，调查者必须具备扎实的前期知识，充分了解不同调查者的研究路径和用以描述、解释、诠释事物的不同方式，从中找出自己的创新点。

例如，在开展一项关于社会流动性的调查时，调查者应当了解以往相关研究的理论模型、研究设计和数据分析方法。通过回顾文献，发现该领域类似精英循环、社会资本、社会分层等的关键概念、研究趋势和未解决的问题。在充分理解前人工作的基础上，确保新的调查研究能被学术界认可。

（二）社会调查要以动态的认识和诠释为目标

社会调查是一个不断发展的过程，要求调查者不仅有深厚的基础，还要勇于探索未知的实践领域，保持并扩展对现有理论和结果的认识。随着调查的深入，调查者可能会遇到意料之外的情况，或者发现原有假设的局限，这时更要对新思想和新理论保持开放的态度，适时做出调整，引入新变量，采用更准确的方法，以得到更准确的结论。尤其是随着时代的发展，知识的生成不再局限于单一学科的范畴，而是趋向跨学科的融合。调查者应积极接纳来自不同领域的视角和方法，适时公开调查结果，接受同行的讨论和批判性评价，从而共同推动知识边界的拓展。

例如，在调查全球化对当地文化的影响时，不同的调查者从社会学、管理学、经济学等多个学科的角度出发进行了一定的研究。由于每位调查者的路径可能都不相同，因此在进行新的调查设计时，就需要充分理解不同学科用以描述、解释、诠释事物的不同方式，并从中提炼出自己的独特视角和创新点。这种认知能够确保调查者结合各个学科的优势，更全面地把握全球化背景下文化变迁的多样性和复杂性，进而提出更有针对性的研究假设和更具洞见性的分析结果，为解决复杂的社会现实问题提供别样的解决方案。

二、社会调查的基本假设

社会调查作为社会科学探究的重要手段，承载着理解和分析人类社会复杂现象的重任。在这一过程中，调查者必须基于一系列基本假设来指导自身的研究活动。

（一）社会中存在一种可以被调查的客观状态

社会调查的前提是承认存在一种独立于调查者意志的客观状态，这种状态涵盖人类的内心世界与外部环境。无论是个体的态度、价值观，还是集体的文化、制度，都可以作为调查对象。调查者通过收集数据与案例，揭示这些现象的本质及其之间的相互关系。这一假设强调了社会现象的可观测性与可描述性，为调查研究奠定了实证主义的基础。

（二）社会的客观状态具有规律性

具有规律性意味着社会现象存在一定的模式和趋势。尽管个体的行为可能是多变的，但当这些行为被汇集成集体行为时，往往会呈现出某种可预测的模式。社会调查的核心目标之一是探索社会现象背后的规律，即那些能够跨越个体差异、时空界限的普遍模式。社会调查可以通过归纳与演绎，提炼出适用于广泛情境的结论，从特殊到一般，从而预测未来事件的发展趋势。这种规律性体现在人口增长、经济活动、文化交流和社会治理等各个方面。这一假设体现了社会科学的预测功能，使社会调查不再局限于描述现状，更能指导实践，为政策制定和社会干预提供依据。

《金翼》：一个家族的兴衰与中国的家族制度

1934年，在明媚的春光中，福州南郊的南台岛上，一位青年学者的到来悄然打破了义序村的宁静。他身着朴素的短衫，带着学者的敏锐观察力，驻足于一座承载着岁月痕迹的牌坊前，紧握记事本，记录着他对这片土地细腻的感悟。四周，新生的榕叶随风轻摆，村舍边野花争艳，一幅生动的乡村图景在他眼前徐徐展开，远处农夫与耕牛悠然共行的身影更为此情景增添了几分田园诗意。这位青年正是日后《金翼》中"小哥"的原型，人类学家林耀华。彼时的他刚从遥远的北平燕京大学归来，踏上故乡的土地，开始了一场学术与情感交织的田野调查之旅。

义序村坐落于闽江之滨，以其独特的同姓村落文化吸引了林耀华的目光。黄氏家族在此繁衍生息，历史悠久，规模宏大，家族制度在这里根深蒂固，宛如一部活生生的社会学教科书，展现出"典型"村庄的风貌。对生于闽江另一侧古田黄村的林耀华来说，这里的一切都似曾相识，那份源自血脉的亲切感让他与这片土地紧紧相连，仿佛每一砖每一瓦都在诉说着久远的故事。

六年后，林耀华将自己对故乡的记忆与实地考察的丰富素材，熔铸成一部别具一格的小说体著作——《金翼》。在这本书中，他不仅描绘了两个家族的兴衰历程，更通过深刻的洞察，揭示了社会变迁中人类学理论的深层意义。林耀华的研究方法独树一帜，他主张以真实生活验证理论，而非生搬硬套抽象概念。通过对个人在社会结构中的定位，以及他们在社区、组织中的互动，林耀华细腻地刻画了"人生程序—仪式关系—角色卷入"的民俗画卷，生动地呈现了中国宗族体系的复杂面貌与农村家族制度的真实写照。

《金翼》将个体命运与时代洪流巧妙交织，每一笔都蕴含着对"小家"与"大国"命运交响曲的深情描绘。林耀华的这部著作不仅是对过去岁月的回顾，更是对社会调查研究方法的一次革新，让我们看到了学术探索中的人文关怀与历史责任。

（三）社会调查遵循共同的规则

社会调查的质量取决于一系列公认的规范与标准。这些规则贯穿于从问题界定、数据收集到结果解读的整个过程。社会调查的共性规则包括但不限于问题选择、案例数据收集、结果呈现、诚信伦理等方面。这些规则不仅是对调查者专业素养的要求，也是维护社会科学研究公信力的基石。当然，在现实中开展的社会调查往往受到各种条件的限制，如资源不足、时间紧迫等，导致调查者很难完全遵循所有的规则。即便如此，对这些规则的认知仍然是社会调查活动开展前所必不可少的。了解这些规则可以帮助调查者在有限的条件下尽可能提高调查质量，确保调查结果的准确性。遵循这些规则是确保社会调查具有较高可信度的关键所在。

（四）调查结果可以被检验

社会调查的价值在于其结果能够经受住时间和同行的考验。高水平的社会调查不仅能证明自身成果的可信度，还能激发学术界对有关问题的深入探讨。调查结果可以被检验，意味着调查者要证明调查结果不是主观臆断或凭猜测得出的，而是依靠系统性证据得出的。调查者需要遵循一系列公认的方法和准则开展社会调查，只有这样才能确保调查结果具有可重复性和可验证性。调查者只有将调查结果开放给同行专家乃至更广泛的公众进行检验，才能为持续深化对相关问题的理解提供可能。调查结果检验包括但不限于理论的适用性、方法的严谨性、数据的可靠性和解释的合理性。如果多个独立的研究能得到相似的调查结果，那么调查结果就被认为更加可靠。反之，如果后续的研究未能重现原有的发现，则原先的调查结果可能会被质疑。此外，随着时间和环境的变化，原先的调查结果可能不再适用，新的研究工具和方法也会出现，因此定期更新调查结果就显得非常重要。这一假设体现了科学的自我修正机制，有助于推动知识体系的不断进化。

（五）社会调查具有局限性

社会调查虽强大，但并不能为所有问题提供答案。作为一种社会科学研究方法，社会调查主要聚焦于那些可观察、可量化的社会现象，旨在通过数据收集与案例分析来揭示社会现实中的模式与趋势。对于那些超出实证研究范围的问题，如生命的意义、善恶的本质等形而上学的问题，社会调查则无法提供直接答案，这些问题也不应成为其解释的对象。另外，社会调查作为社会科学的一环，其结论必然受制于当下物质生活的基础条件，往往难以跨越历史背景与社会局限，得出超越时代的永恒结论。社会调查为我们提供的是一段特定时期的快照，而非一成不变的真理。例如，一项关于青年人就业意愿的调查可能反映了当下特定时期国家的经济状况和社会需求，但随着技术进步、政策变化等因素的影响，青年人的选择在未来很可能发生变化。因此，调查结果需要根据新的社会发展动态不断更新和调整，以保持实用性和有效性。

三、社会调查的目标

社会调查的目标是通过以证据为本的、有意义的和负责任的调查，提出影响和改变公众与组织看法的富有说服力的建议。社会调查不仅要简单地描述现状，还要深入探究现象背后的深层原因，并在此基础上探讨未来的可能性和发展方向。

（一）描述现状

社会调查的基本目标是对社会现象进行描述与理解，这一目标的实现主要包含了解前期研究和描述现象特征两个部分。

1. 了解前期研究

在着手进行一项社会调查之前，了解前期研究至关重要。这就要求调查者不仅熟悉已有的文献，还要清楚自身调查的独特之处。若调查者对所研究的现象一无所知，或者忽视了前人的工作，或者为了创新而刻意制造焦点，就很有可能导致调查出现偏颇。因此，对现有的知识体系有全面的把握，是确保调查结果可靠性和创新性的前提条件。

首先，调查者需要深入收集已有的研究成果，尤其是那些与调查主题直接相关的文献。这有助于明确自身的调查定位，并从中汲取灵感，避免重复劳动。其次，调查者通过对以往调查研究的梳理，可以识别出尚待解答的问题或未被充分探讨的领域，进而确定调查的方向。最后，调查者了解前期研究，还有助于借鉴前人的方法和技术，提高自身的调查效率。

2. 描述现象特征

社会调查的目标之一是在收集资料的基础上，提供社会事实的总体面貌及其特征。比如，特定社会现象目前的表现如何？特定人群的范围在哪里？他们是怎样理解某一问题的？这些都属于描述的范畴。描述的关键在于准确捕捉现象的本质特征，并将其清晰地展现给相关人员。

以总体描述为主要任务的社会调查，样本量通常较大，因此往往采用严格随机抽样的方法来确定调查对象。这就需要从统计学的角度对调查数据进行分析，得出可以推广至总体的结论。以个案研究为主要任务的社会调查，主要涉及对特定现象的细致观察，注重现象的复杂性和多样性，而非简单地统计数据。在这种情况下，调查者往往会选择参与观察、深度访谈或问卷调查等方法，以便深入理解调查对象。尤其是在对不太熟悉的情境或人群进行初步探索时，通过这种观察，调查者能够记录下具体的细节，并在此基础上总结特征，甚至构建分析框架。

总之，无论是对前期研究进行深入了解，还是对现象特征加以描述，都是社会调查的基本目标。前者能够帮助调查者找准自己的位置，后者则使调查结果具有实际价值。二者相辅相成，共同构成了社会调查的基础。

（二）解释原因

社会调查不仅仅满足于对社会事实进行描述，更重要的是揭示这些现象背后的深层原因，即探究一种现象是如何发生的、为什么会发生。大多数社会调查的首要目标都是解释原因。为了实现这一目标，调查者需要运用逻辑推理和理论构建的方法来解释所观察到的现象。如果一项调查旨在生成关于某种现象的理论框架，或者试图识别导致这种现象变化的关键因素，那么这项调查的首要目标便是解释原因。

解释现象的发生机制意味着调查者需要深入挖掘现象背后的原因，并尝试建立因果联系。这通常涉及对现象的各种可能解释进行系统的比较和评估，以确定哪些因素真正影响了现象的发展。通过这样的过程，调查者便能够提出一个合理的解释框架。

社会调查的解释一般分为两类，即个性解释和共性解释。个性解释关注独特性，通常与实地研究或个案研究相联系，侧重于描述和解释特定情境下的现象。除此之外，这类解释也有可能从具体实例中提炼出普遍规律，实现从个性到共性、从特殊到一般，为下一步的研究提供线索。例如，调查者可能会通过深入分析某个村落的文化习俗，揭示整个国家背后国民的行为缘由。共性解释的目的是识别对某一类型行为和现象有影响的关键因素，这些因素能够在不同的情况下产生相似的效果。一般来说，共性解释通常需要对大量的样本进行调查，以确保所得的结论具有普遍适用性。

《江村经济》中的个性解释和共性解释

《江村经济》是费孝通先生在深入江苏太湖畔开弦弓村的基础上所写的一本著作。该书通过对开弦弓村的细致调查，不仅展示了费孝通对中国乡村社会转型与工业化进程的深刻洞察，也展现了社会调查原因解释的价值。

开弦弓村位于苏南地区，是当时中国乡村经济最为发达的地区之一，但由于人多地少，近九成家庭的耕地不超过 10 亩，甚至 75.8% 的家庭耕地少于 4 亩。面对人口密度大的压力，村民很早就开始将家庭手工业作为副业，以补贴农业收入的不足。费孝通通过深入观察和访谈，详尽地记录了开弦弓村的社会生活，特别是蚕丝业的发展历程。他描述了开弦弓村的蚕丝业是如何从传统的家庭手工业逐渐转变为工厂化生产的，以及这一转变给村庄带来的各种社会问题。例如，开弦弓村的蚕丝业并不是单纯为了满足自给自足的需求而发展起来的，而是作为一种增加收入的手段。这种基于市场需求的生产方式，反映了当地村民对经济利益的追求。当国际市场竞争加剧导致生丝价格下跌时，村民尝试通过建立合作社和引进新机器来降低成本，提高竞争力。这些具体的充满个性的历史事件和解释，瞬间拉近了我们与作者之间的时空距离。

然而，《江村经济》的目标却不止于此。《江村经济》从开弦弓村的案例出发，探讨了中国乃至世界范围内乡村工业化的普遍规律。费孝通指出，工业化是一种普遍的趋势，而开弦弓村的经历可以被视为这一趋势中的一个典型案例。通过对开弦弓村的分析，费孝通揭示了后发国家工业化进程中的一些共性特征，如传统手工业与现代工业之间的冲突、合作社运动的作用和乡村社会结构的变化等。

《江村经济》运用社会调查方法，不仅描绘了一个具体村庄的历史变迁，也为人们理解当时中国乡村社会的未来发展提供了启示。个性解释让读者深入了解开弦弓村的特性和经历，而共性解释则帮助读者认识到这些特性背后的普遍规律及其对其他地区的影响，为中国广大乡村地区提供了一种共性指导。

共性解释可以进一步细分为因果解释和功能解释。因果解释关注现象、因素之间的因果联系，旨在揭示哪些因素导致了特定结果的出现。为了建立有效的因果解释，调查者需要尽可能控制所有可能的干扰因素，从而确定因果效应。例如，一项关于教育水平对收入影响的调查可能试图证明更高的教育水平能够带来更高的收入，而不是仅证明二者之间是相关关系。功能解释则通过探讨一种现象在其所属更大系统中的功能和作用来解释该现象的存在。它关注现象如何服务于更大的社会结构或过程。例如，调查者可能会研究某种行为的功能，探讨它如何促进社区团结，提升社会凝聚力。

总之，解释原因对于深入理解社会现象至关重要。无论是通过个性解释揭示现象的独特性，还是通过共性解释探索普遍规律，调查者都需要运用严谨的方法和深刻的洞察力来构建合理的解释框架。通过这种方式，调查者能够更好地理解人类行为和社会结构，从而为解决社会问题提供科学的依据。

（三）预测未来

社会调查的核心目标之一是通过科学的方法描述和解释社会现象，但随着社会的发展，预测未来也成为社会调查不可或缺的目标。预测未来是社会调查中一个高级而复杂的目标，它建立在对客观事物的准确描述和对事物本质特征及相互关系的深入理解之上。当调查者能够基于对历史事实的分析和对当前趋势的评估，识别出影响发展的关键因素，并建立起现象、因素之间的因果联系时，预测未来便成为可能。预测不是对未来的猜测，而是一种基于证据和逻辑推理的合理推测。当然，预测未来并非绝对准确，它往往需要概率估计来表明结果的不确定程度。即便如此，高质量的预测仍然能够为决策者提供宝贵的信息，帮助他们在复杂多变的社会环境中做出更为明智的选择。

预测的能力对于社会调查而言至关重要。在现代社会中，无论是政府机构、非政府组织还是私营部门，都需要依赖准确的预测来规划未来的行动方案。例如，在公共卫生领域，预测公共危机事件的发展趋势可以帮助相关部门提前准备资源，有效控制事件传播；在经济发展领域，预测市场的走向有助于企业制定合理的投资策略，从而规避风险。

社会调查的三大目标环环相扣，后一目标往往建立在前一目标的基础上。没有准确的描述，就无法进行深入的解释；而缺乏解释的支撑，预测也将失去根基。因此，对社会现象做出准确客观的描述，是所有社会调查的基础性工作。但需要注意的是，三大目标虽然在逻辑上有先后顺序，但在实际操作中因侧重点的不同而往往会相互交织。比如，部分以描述客观事实为主要任务的调查，常常也会在结尾部分简要阐述对调查对象的规律性认识，并提出下一步发展的对策建议。这体现了社会调查目标的综合性特点。三大目标共同构成了社会调查的核心指向，为调查者理解社会现象、指导社会行动提供了强有力的支持。

◆ 第三节　社会调查的论证过程 ◆

社会调查作为社会科学研究的重要手段之一，其核心目的在于发展和检验科学真相。但与自然科学结论相比，社会科学结论的得出具有其自身的特殊性。社会现象与自然现象的不同特性，加之现代社会的高度异质性，以及社会科学研究本身的复杂性，使社会调查面临一系列特有的难题。

首先，社会现象与自然现象相比具有不同的特点。自然现象往往遵循固定的物理法则，而社会现象则更为复杂多变，受到人类行为、文化差异、社会结构等多种因素的影响。这意味着对社会现象的理解往往需要进行更加细致入微的观察和分析，而不是仅仅通过简单的实验来验证。

其次，现代社会是一个高度异质性的社会，不同的人、群体及文化之间存在着巨大的差异。这种差异性不仅增加了社会现象的复杂度，还意味着调查者在进行社会调查时需要考虑更多的变量和维度，以确保结论的全面性和深度。

再次，由于社会现象所具有的特殊性，因此社会科学尚未达到自然科学那样通过反复验证、高度概括，得出具有普适意义的科学理论的阶段。实际上，社会科学对社会现象的认识大多还停留在经验积累阶段。这意味着社会调查往往需要在理论构建和实证研究之间寻找平衡，既要注重理论的发展，又要关注实证数据的积累。

最后，社会调查主要是围绕人的调查，无论是调查者还是调查对象往往都有着自己的主观意向。想要排除个人偏见与情感的影响，实现完全中立客观，对社会调查而言几乎是不可能完成的任务。

社会调查在发展和检验理论的过程中面临着诸多挑战，但这并不意味着放弃对科学性的追求。相反，为了提高调查结果的准确性和可靠性，调查者需要依靠推理在数据案例分析和解释过程中减少误差与偏见。

一、推理论证

社会调查推理的基本步骤是根据已知正确的第一个观点，推断出第二个观点。无论其过程的形式多么复杂，社会调查推理本质上都是由一个"前提"和一个"结论"组成的。前提是推理的起点，由基础事实构成；结论是在前提的基础上得出的被证明命题，需要被大家认可。推理的过程是正确结论得出的关键。推理论证确保了推理从已知信息到未知信息的过渡过程是合理且可靠的。复杂的推理论证往往会包含大量的前提，而且各前提之间往往相互作用。这种情况在社会调查的起步阶段要尽量避免，因为单一确定的结论往往更具可靠性。

连锁反应：从小事件到重大后果的推理过程

《史记·楚世家》中记载了一个类似西方"多米诺骨牌效应"或"蝴蝶效应"的典故——卑梁之衅。相传在春秋时期，吴国与楚国边境有卑梁与钟离两座城池。一天，一楚国少女发现了边境线上的一棵桑树，便想去摘取桑叶。同时，一吴国少女也发现了这棵桑树，双方因桑树归属问题发生口角，进而演变为肢体冲突。两个当事人的家族闻讯，很快赶来加入斗殴，最终导致吴国少女被杀。消息传到卑梁后，守城大夫认为楚国侵犯吴国边境，随即组织反击，不仅将楚国少女一家全部斩杀，还攻占了钟离。得知此事的楚王对此深感愤怒，于是进行了更大规模的报复。吴王也不甘示弱，与楚国展开了激烈的对抗。这场因桑树引发的争端最终演变成一场两国间的全面战争。战争的结果是，吴国国力受到严重削弱，而楚国不仅国力受损，还丧失了两座城池。

你认为社会调查能否采用类似的推理过程论证某一事件与严重后果之间的关系？为什么？

其实，社会调查能否采用类似的推理过程论证某一事件与严重后果之间的关系，关键在于能否建立起各个事件之间的因果联系。这种推理过程在理论上是可行的，但在实践中面临诸多挑战。

首先，要确信这种连锁反应的存在，需要有充分的证据证明每个环节之间的因果联系。在社会调查中，这通常意味着需要大量的数据支持，并采用科学的方法来排除其他潜在的影响因素。

其次，社会现象比自然现象更为复杂，受到多重因素的影响。这意味着即使能够建立起因果联系，也需要考虑到外部环境的变化和其他不可控因素可能对这一链条造成的影响。社会调查中的因果联系往往不是线性的。这意味着一个事件可能同时影响多个结果，而这些结果又可能相互作用，形成更为复杂的因果网络。

所以，调查者在采用类似的推理过程时需要谨慎。虽然这种推理方式能够帮助调查者理解事件之间的潜在联系，但也容易出现过度简化复杂现象的风险，导致结论失真。

（一）从全称前提到特称结论

全称前提的特点是，如果它为真，那么这种说法就适用于同一类别中所有特定的个体。例如，如果"本镇所有人都拥有耕地承包期延长30年政策"成立，那么"本镇A村村民王五拥有耕地承包期延长30年政策"必然成立。再如，如果"在职劳动者支持延长退休年龄政策"成立，那么"一些在职女性支持延长退休年龄政策"也必然成立。从全称前提到特称结论是必然的，只要前提正确，结论自然就不会出错。

这种从全称到特称的推理方式在社会调查中非常常见，因为它能够确保结论的正确性。当一个全称前提被证实为真时，那么它所涵盖的所有特定个体的情况也都将是真实的。这种推理方式为社会调查提供了强有力的逻辑支持，确保了从一般到特殊的结论转换不会引入错误。

（二）从特称前提到全称结论

从全称前提到特称结论的论证过程可以确保结论的必然性，但由特称前提推论全称结论则与此大相径庭。一些社会调查对特定个体、对象有效的结论，不能想当然地就推广到整体。甚至受制于抽样等方法的局限性，在一些结论扩大的过程中还会出现明显的错误。例如，调查发现"一些居民支持取消烟花爆竹禁放令"，但这个特称前提并不能马上印证"当地所有居民都支持取消烟花爆竹禁放令"这个全称结论。要想得到正确的全称结论，特称前提必须充分，而这正是特称前提所不能提供给全称结论的。整体包含部分，但是部分不能代表整体，这种以偏概全的谬误在社会调查中必须得到重视。调查者在进行从特称到全称的推理时，只有确保所使用的样本具有足够的代表性，才能保证结论包含的范围完全落在前提的范围之内，以偏概全的谬误才能得到避免。

二、演绎推理

演绎推理是一种得出结论的过程，其特点是，如果前提是正确的，那么结论必定正确。演绎推理反映了人类思维的习惯性运作过程，通常表现为三段论的形式，即通过观点的联系可以推导出结论。在三段论中，大前提是一般性的陈述，小前提是关于特定情况的陈述，而结论则是根据这两个前提推导出来的必然结果。例如：

大前提：所有A学校的学生都支持教育"双减"政策。

小前提：张三是A学校的学生。

结论：张三支持教育"双减"政策。

三段论推理的根据是，首先确定某一部分属于整体，然后得出某一部分的组成成员也属于整体的结论。根据上述演绎推理，即便在社会调查时没有直接调查张三，也能确定张三对教育"双减"政策所持的态度。这样的推理依赖前提的正确性，一旦前提出现问题，结论也将随之失真。演绎推理在社会调查中非常常见，因为它提供了一种从已知信息中推断未知信息的可靠方法。

（一）前提的真实性

任何推理要想得到正确的结论，都必须满足两个基本要求：一是必须有正确的内容，二是必须有合理的结构。内容正确与否取决于前提真实与否。如果结构合理，但是内容不合理，也会得到令人难以信服的结论。例如：

大前提：每个人都身体健康。

小前提：张三是人。

结论：张三身体健康。

如果社会调查从一个错误的前提出发，那么再有效的论证也只能带来错误的结论，仅靠结构合理不足以得到正确的结论。

（二）前提的相关性

前提的真实性是得出正确结论的必要条件，但不是充分条件。如果前提不能有效地支持结论，它能起到的作用就注定极为有限。因为前提的作用就是支持结论，给出可以接受结论的理由。但如果前提本身和结论毫不相关，那么即便它是正确的，也不能起到应有的作用。前提失效的表现之一是不能支持结论。例如：

前提：张三是全国知名的女艺人。

前提：张三不到而立之年便年收入过亿元。

前提：张三爱好广泛。

结论：张三应该当选人大代表。

假设关于张三的所有前提描述经调查都被认定为正确，那么也不能有效地支持结论。这是因为前提与结论之间并没有明显的联系。

再换一个例子：

前提：张三在文艺界深耕数十年。

前提：张三不到而立之年便夺得多项最佳女主角奖项。

前提：张三是民主党派。

前提：张三热爱祖国、热心公益。

结论：张三应该当选政协委员。

与前例相比，此例中前提与结论的关联度显然要高得多。这些前提与张三当选政协委员的资格有着更直接的联系。假设关于张三的所有前提描述经调查都被认定为正确，那么结论的合理性也很高。

（三）结论必须反映前提的量

前提的量指的是前提在逻辑论证中到底是具备全称特质还是具备特称特质，即是涵盖某一类别的全体成员还是仅指向其部分成员。例如，"每一位居民都支持取消烟花爆竹禁放令"这一表述便是一个典型的全称前提，因为它全面涵盖了所有居民的立场；而"一些居民支持取消烟花爆竹禁放令"则属于特称前提，因为它仅针对部分居民群体。在三段论推理过程中，若前提是特称，为了确保逻辑上的连贯性，其特称也必须直接映射到结论中。具体而言，若前提以"一些"为限制，则结论也需遵循相同的"一些"。结论中的量级表述不可超越前提中的量级界限。若想让结论全面覆盖某一类别，则前提中至少应有一项具备全称，以支持结论的全称论断。但需要注意的是，前面说过若想得到某一范围特称的结论，则必须有特称的前提，但如果两个前提都是特称，则可能会发生以下情况：

前提：一些教师用英语授课。

前提：一些全国五一劳动奖章获得者是教师。

结论：一些全国五一劳动奖章获得者用英语授课。

这个结论明显不成立。所以，我们在分析时要注意两个特称的前提可能不能得出确定的结论。

（四）结论必须反映前提的质

前提的质指的是前提是肯定的还是否定的。如果论证中的结论是否定的，那么前提中至少有一个必须是否定的。例如：

前提：没有男人是女人。

前提：没有空姐是男人。

结论：没有空姐是女人。

这个结论显而易见是错误的。两个否定的前提难以起到联结作用。空姐和女人都与男人对立，不能得出她们二者本身也对立的结论。

演绎推理是一种强大的逻辑工具，在社会调查中的应用范围十分广泛，尤其是在需要从一般到特殊的推理过程中，它能够帮助我们从已知的事实中推断出未知的事实。例如，想要推断某个特定个体的行为或态度，可以利用已知的群体特征进行推理。但是，社会现象的复杂性意味着即使最基本的前提也可能受到多种因素的影响，调查者只有精心设计前提和合理构建推理结构，才能使演绎推理为解决复杂的社会问题提供有力支持。

三、归纳推理

归纳推理作为一种推理形式，与演绎推理形成了鲜明的对比。演绎推理是从一般到特殊，而归纳推理则是从特殊到一般。归纳推理的前提是由一个个特称前提组合而成的系列证据，这些证据最终汇集成一个共性的可信结论。与演绎推理得出的必然性结论不同，归纳推理只能得出可能性结论。

作为论证形式的两种类别，演绎推理和归纳推理都具有前提与结论两个基本要素。区别在于，在演绎推理中，只需要一个正确的前提，基本原理是从一个知道为真的前提开始的，结论的真实性已经包含在前提中。相比之下，归纳推理的前提只是系列证据，最终需要通过举一反三，总结出其中重复的一般规律。这一点对社会调查而言尤为重要。因为社会调查往往受各种因素的限制而无法调查所有研究对象，调查者一般会选择一部分样本进行深入研究，然后根据这些样本推断出事关整个研究对象的结论。这种从样本到整体的推断过程就是归纳推理。因此，归纳推理的有效性取决于样本的代表性。如果样本不能准确反映整体，那么根据样本得出的结论也就不可靠。因此，在社会调查中，调查者需要精心设计样本选择方法，以确保样本能够代表整体。常用的样本选择方法将在后续介绍。

归纳推理的局限性

尽管一些事情在过去已经发生了很多次，但它仍然可能在未来不再发生。未来可能与过去不同。例如，我们可能通过观察发现所有猫都有毛，从而运用归纳推理得出所有猫都有毛的结论。然而，问题在于，有一天我们可能遇到没有毛的斯芬克斯猫，这将挑战我们的归纳结论。归纳推理能够帮助我们得到关于世界的有用的结论预测和概括，但它并不能确保这些结论绝对正确。归纳推理仅仅提供了一种可能的说法，而这种说法的正确性取决于未来是否有新的例外出现。

归纳推理在社会调查中被广泛应用，因为它能够帮助我们从有限的观察中推断出更普遍的规律。然而，这种推理方式建立在对过去的观察之上，并假定未来将遵循同样的模式。这种假设虽然是合理的，但无法被彻底证明。归纳得出的结论总是存在一定的不确定性。例如，我们可能通过观察发现太阳每天都会升起，从而推断出明天太阳也会升起，但这种推断并非绝对确定，因为我们无法排除未来出现异常的可能性。

因此，虽然归纳推理能够提供有用的结论预测和概括，但我们必须对此保持谨慎的态度，意识到归纳结论的局限性，记住这些结论并非铁板一块，未来仍有可能出现新的情况。我们在面对归纳推理得出的结论时，需要保持开放的心态，并准备好根据新的证据调整结论。

总之，归纳推理和演绎推理在社会调查中扮演着互补的角色。归纳推理能够帮助调查者从经验数据中提炼出一般性的规律，有助于调查者加深对社会现象的理解。而演绎推理则确保这些规律能够被有效地应用于解释具体的现象，它从一般性的原则出发，通过逻辑推导来检验这些原则是否能够解释具体的现象，有助于验证理论的有效性。通过对这两种推理方式的综合运用，调查者不仅能避免对数据的误解或误读，还能确保结论的逻辑性和一致性，从而为做出有效的决策提供科学的依据。

课后思考题

1. 找一篇社会调查报告，分析其调查的目标属于哪一种类型，判断其得出的结论是否符合你的预期。

2. 在当今社会中，社会调查为什么如此重要？

3. 你准备开展一项针对在校大学生的调查，能否直接采取访问身边人的做法开展研究，为什么？

　　蹲点调研就如同解剖麻雀，是一种极为重要且行之有效的工作方法。它通过深入细致地研究具体的个体或局部，从而推知整体的情况和规律，以小见大，洞察全局。

　　某市的老旧小区众多，这些小区普遍存在基础设施老化、居住环境差、公共服务设施不完善等问题，严重影响了居民的生活质量和城市的整体形象。为了切实解决这些问题，推动城市更新和高质量发展，市政府决定开展老旧小区改造工作。然而，老旧小区的情况复杂多样，每个小区都有其独特的问题和需求，如何制定科学合理、切实可行的改造方案成为摆在面前的难题。

　　在这种背景下，调研团队选取了具有代表性的 A 小区作为蹲点调研对象。A 小区建成于 20 世纪 80 年代，房屋破旧、楼道昏暗、管道老化严重，经常出现漏水、堵塞等问题。小区内绿化杂乱，停车位严重不足，居民之间因为争抢停车位时常发生矛盾。而且，小区缺乏物业管理，安全隐患较大。调研团队深入小区，一蹲就是数月。他们挨家挨户地走访，与居民面对面交流，倾听他们的心声和诉求。在走访的过程中，团队成员发现，居民对改善居住环境的愿望非常强烈，但对于改造的具体方向和重点，大家的意见并不统一。有的居民希望优先改造房屋的外立面，提升小区的整体形象；有的居民则迫切希望解决停车难的问题；还有的居民关注小区的安全和物业管理问题。

　　在充分了解小区的情况后，调研团队进行了深入的分析和研究，通过与相关专家、政府部门、社区工作人员和居民代表进行多次沟通与协商，制定了一套全面的改造方案。经过一年多的努力，小区的改造工程顺利完成。改造后的小区焕然一新。A 小区的成功改造，不仅提升了居民的生活质量，也为其他老旧小区的改造提供了宝贵的经验。通过对 A 小区的蹲点调研，调研团队最终了解了老旧小区改造中存在的共性问题和个性需求，为制定全市老旧小区改造政策和方案提供了有力的依据。随后，在全市范围内开展的老旧小区改造工作中，相关部门借鉴了 A 小区的成功经验，结合各个小区的实际情况，制定了有针对性的改造方案，使众多老旧小区重焕生机。

　　讨论：蹲点调研的结论为什么能够得到认可？其结论的论证过程有什么特点？

第二章
社会问题的界定和构建

学习目标

- 能够了解社会问题的种类；
- 能够理解社会问题的构成条件；
- 能够描述社会问题的选取标准；
- 能够运用社会问题的界定方法准确定义社会问题。

案例导入

"贫穷限制了我的想象"这句话如今已成为一句广为流传的口头禅。无论是月入一万元的人，还是月入一千元的人，都会意识到自己的认知因贫穷而受限。事实上，贫困是所有社会问题中最具争议、最复杂的问题。无论是在发达国家还是在发展中国家，贫困都是一种普遍存在的现象。然而，即便贫困现象普遍存在，但对于贫困的概念、标准等基本因素至今也没有统一的认识。不同的社会、不同的人对于贫困的评价各有不同，形成了多元化的解释视角。

有观点认为，贫困是由个人缺陷导致的，个人应该对他们的贫困状况负责。人穷往往是个人缺乏能力、毅力及勤奋精神的结果，与其他人或整个社会没有必然联系。这种观点强调个人的责任，认为只有通过节约、劳动和奋斗，个体才能找到摆脱贫困的途径。而社会达尔文主义者则给出了更为激进的解释：社会的进步与发展是竞争机制下的自然结果。"物竞天择，适者生存"，社会的发展来源于竞争：富人是竞争的胜出者，能够以卓越的成就回馈社会，推动发展；穷人是竞争的失利者，是无能之人，竞争不过别人，就应当受穷。

另一种观点认为，贫困是由个人的文化背景造成的。这种观点强调个人是其非主流文化或文化的产物，甚至是受害者。非主流文化中的某些价值观或信念可能会阻碍个人的发展，使其难以融入主流社会，从而导致贫困。例如，一些社群可能推崇安于现状的生活方式，缺乏进取心，这在一定程度上限制了个人向上流动的机会。

还有一种观点认为，贫困是由经济、政治和社会混乱以及歧视导致的。这种观点强调了社会结构的作用，认为体制、机制等限制了人们公平地获得机会与资源。例如，社会制度可能偏向于某些群体，而对其他群体不利，导致资源分配不均。而种族、性别等方面的歧视会加剧贫困问题。

除此之外，还有一些人认为贫困是由自然资源的匮乏、自然灾害等原因导致的。例如，某些地区由于地理位置偏远，缺乏耕地和水源，使当地居民难以从事农业生产，从而导致贫困。洪水、地震等自然灾害也会破坏当地的基础设施，使人们丧失家园和生计，从而加剧贫困问题。

因此，要全面理解贫困问题，就需要从多个角度进行分析。在制定扶贫政策时，需要综合考虑各种因素，通过提供教育、培训、就业机会、社会保障等多元措施，为贫困人口创造更加公正和公平的生活环境与发展机会，帮助他们摆脱贫困，从而实现社会的可持续发展。

社会问题是社会科学研究的重要领域之一，对社会成员的工作、生活乃至社会的协调发展会产生较大的影响，是公众普遍关注的问题。因此，开展社会调查，首先就要对社会问题有一个充分、全面的理解。

◆ 第一节　社会问题概述 ◆

近年来，诸如环境的破坏、地球资源的枯竭、贫富差距的拉大，以及由此而来的严重的社会冲突等问题日益凸显。这些社会问题的表现形式越发复杂，严重影响着社会的稳定与发展。本章将围绕社会问题的定义、认知的动态过程、种类，以及社会调查过程中对待社会问题的主要视角和重要理论展开介绍，以帮助大家更好地理解复杂的社会现象。

一、社会问题的定义

不同的学者基于不同的侧重点，从各自的角度出发，对社会问题做出了不同的定义。

孙本文认为，社会问题就是社会全体或一部分人的共同生活或进步发生障碍的问题。这一定义简洁明了地概括了社会问题的核心特点，突出了社会问题的社会属性。但这一定义也较为宽泛，难以据其界定出哪些现象可以被视为社会问题，也没有提及社会问题的形成机制。

王康认为，社会问题是指在社会变迁的过程中，某些社会活动因社会关系与现实的社会环境发生了失调（相异或矛盾），并引起人们的普遍注意，需要以社会的力量来解决的现象。该定义突出了社会问题与社会变迁之间的联系，强调了社会问题的公共性和社会干预的重要性。然而，这一定义侧重于社会变迁的角度，没有充分涉及社会问题的多样性及其对个体和社会的具体影响。

郑杭生认为，社会问题有广义与狭义之分。广义的社会问题泛指一切与社会生活有关的问题；狭义的社会问题特指社会的病态或失调现象。这里所说的狭义的社会问题，指的是在社会运行的过程中，由于存在某些使社会结构和社会环境失调的障碍因素，影响社会全体成员或部分成员的共同生活，对社会的正常秩序甚至社会的运行安全构成一定的威胁，需要动员社会力量进行干预的社会现象。对社会问题进行广义与狭义的区分，有助于更精确地理解和界定社会问题。广义的社会问题从宏观层面把握了社会问题的多样性和复杂性。狭义的社会问题强调了对社会结构和社会环境的影响。这一定义既体现了社会问题的普遍性，又突出了其特殊性，为理解和处理社会问题提供了多维视角。

雷洪认为，社会问题是在一定时期和一定范围内产生及客观存在的，影响（或妨碍）社会生活和社会机能，引起社会普遍关注并期望予以解决，目前需要且只有以社会力量才能解决的社会失调现象。这一定义突出了社会问题的时间性和地域性特征。

朱力认为，社会问题是影响社会成员健康生活，妨碍社会协调发展，引起社会大众普遍关注的一种社会失调现象。这一定义突出了社会问题对个体和社会的双重影响，指出了社会问题的社会关注性质。

向德平认为，社会问题是指在社会中存在的人与自然、人与社会、人与人之间关系的严重失调或冲突现象。这一定义强调了社会问题的本质在于关系的失调或冲突，涉及人与自然、人与社会、人与人三个层面，有助于从多个角度全面理解社会问题的复杂性。

乔恩·谢泼德和哈文·沃斯是美国当代社会问题研究领域很有影响力的两位社会学家。他们在其代表作《美国社会问题》一书中将社会问题定义为，一个社会中的大部分成员和一部分有影响的人物认为某种社会状况不理想或不可取，应该引起全社会关注并设法加以改变的情况。这一定义突出了社会问题的主观性和公众意识的重要性，体现了社会问题社会建构的性质。

以上这些定义虽然各有侧重，但都强调了社会问题对社会的影响、其社会建构的性质和解决社会问题需要社会力量的介入。总体而言，可以将社会问题归纳为，在社会中存在的影响成员正常生活且被主流社会关注的社会关系失调或冲突现象。作为在社会运行过程中伴随产生的失调现象，它的存在不仅直接影响了社会成员的生活质量，还会间接影响社会的运行与发展。

二、社会问题认知的动态过程

一个社会中必然存在种种不合理的社会现象，尽管这些社会现象对社会的良性运行构成了威胁，但仅凭这些还不足以断定它们就是社会问题。社会问题的产生和发展是一个复杂的过程，不仅受到客观条件的影响，还受到社会成员主观认识的影响。在不同的文化和历史背景下，同一社会现象可能被看作不同的社会问题。对社会问题的认知主要取决于以下三个因素。

（一）社会成员的共同认知

对社会问题的认知往往取决于社会成员的共同认知。只有当社会中的多数群体和部分具有显著影响力的个体共同认定某一社会现象或状况对社会秩序、价值观念造成了明显影响时，它才会被正式视为社会问题。在此过程中，权力因素可以加速这一共识的达成。

例如，随着社会的进步和科技的发展，一些原本被认为正常的习俗或行为，后来可能被视为社会问题。春节期间燃放烟花爆竹在过去被视为一种文化传统，但随着时间的推移，越来越多的人开始意识到其对环境和公共安全的影响，因此开始呼吁减少或禁止燃放烟花爆竹。而近年来，随着春节的仪式感越来越淡，又有人开始呼吁各地重新审视禁放政策，让燃放烟花爆竹回归春节。这种转变反映了社会观念的变化和社会问题认知的动态过程。

（二）社会变迁

随着社会结构的变化，旧的社会问题可能消失，而新的社会问题则可能出现。例如，"超生"在过去被视为影响我国发展的一大社会问题，但现在随着"少子化"理念的显现，国家开始积极鼓励生育，不再将其视为社会问题。

（三）社会制度的安排

不同的社会制度对同一社会现象可能有不同的看法。例如，关于教育公平的问题：在一些国家，教育资源的分配不均被视为严重的社会问题；而在另一些国家，这种不均可能被视为正常的竞争结果。

作为社会问题的枪支暴力

作为一项旨在减少暴力犯罪、维护公共安全的政策手段，控枪是否构成一项亟待解决的社会问题，往往并非由单一因素或群体决定，而是多方力量博弈与妥协的结果。

首先，控枪问题的主观认定深受国家文化和历史背景的影响。以美国为例，其深厚的个人主义传统和对自由、权力的崇尚，使枪支拥有权被视为公民自卫权的一部分，深深根植于民众心中。历史上，从殖民时期到西部拓荒，枪支不仅是生存工具，更是自由和勇气的象征。这种文化基因使美国社会在面临控枪议题时，往往伴随着强烈的情感共鸣和观念冲突。

其次，政治利益与党派立场也是影响控枪政策制定的重要因素。在美国，控枪议题常常成为选举季的热门话题，不同的政党和利益集团基于各自的政治考量，对控枪的立场会持截然相反的态度。一方面，支持控枪的政治力量认为，严格的枪支管控手段能够减少暴力犯罪，保护民众的生命安全；另一方面，反对控枪的政治力量则担忧，控枪会侵犯公民的自由，同时担忧枪支产业的萎缩会影响相关就业和地方经济。在这种政治博弈中，往往只有少数具有强大影响力和话语权的个体或团体才能左右政策的最终走向。

再次，社会经济状况也是控枪议题争论的焦点之一。持枪支持者常常强调，对于生活在治安较差地区的弱势群体而言，枪支是他们自卫的最后一道防线。然而，持枪反对者则指出，枪支的普及实际上加剧了社会的不平等与分裂，使富裕阶层能够更轻易地保护自身安全，而贫困和弱势群体则更容易成为枪支暴力的受害者。这种社会分层现象，使控枪不再是一个纯粹的法律问题，而是一个深刻的社会问题。

总之，控枪是否构成一项社会问题，以及如何解决这一问题，并非由单一因素或群体决定。它涉及文化、历史、政治、经济等多个层面的复杂互动，需要社会各界在充分尊重彼此立场和利益的基础上，进行理性的对话与协商。

总之，社会问题是多维度的，它的形成和发展受到多重因素的影响。了解社会问题的认知过程，将有助于我们更好地应对和解决这些复杂的问题。通过深入理解社会问题认知的本质，我们可以采取更有效的措施来改善社会状况，促进社会的和谐与进步。

三、社会问题的种类

社会问题的种类繁多，也有很多分类标准，其中比较常见的是按照触发要素、发生频率、结构化程度来分类。

（一）按照触发要素分类

社会问题的触发要素纷繁复杂，自然灾害、恐怖袭击、群体事件、医患矛盾、贪腐问题等，都有可能造成社会的不稳定，甚至引发社会动荡。总体上可以将这些触发要素归结为非社会要素触发类和社会要素触发类两种类型。

1. 非社会要素触发类

非社会要素触发类的发生往往与人的主观能动性无关，主要包括各类自然灾害，如各类气象灾害、地质灾害、海洋灾害和生物灾害等。这些自然灾害对以"靠天吃饭"为主的传统农业的社会影响极大，中国历史上发生的很多农民起义都与自然灾害有关。

对于非社会要素触发类，需要提升社会自身的抵抗力，包括建设更加稳固的基础设施、提高灾害预警系统的效率、推广防灾减灾知识和技术等。例如，在易受洪涝灾害影响的地区建设堤坝和排水系统，提高城市的排水能力，减少洪水带来的损失；在地震频发的地区提升建筑物的抗震性能，教授民众地震应急知识等。

2. 社会要素触发类

社会要素触发类具有典型的人为因素，如宗教信仰、医疗卫生条件、生活水平等。人对于这些因素的作用是强有力的，这些因素一旦出现较大变化，就有可能造成社会的不安全和不稳定。例如，宗教信仰差异可能引发宗教冲突，医疗卫生条件不足可能导致疾病流行，生活水平下降可能导致社会不满情绪积累等。

对于社会要素触发类，需要重视对这些因素的积极干预，包括提高教育水平、改善医疗卫生条件、促进社会公平正义、加强社会治理等。例如，通过普及教育提高民众的科学素养，减少迷信和宗教极端主义的影响；改善医疗卫生条件，提高医疗服务的可及性和质量，减少疾病的发生；通过法律手段打击腐败行为，维护社会公平正义；加强社会治理，提高政府的服务能力和效率等。

天灾与人祸加快了大明王朝的灭亡

对于大明王朝的灭亡，众多学者将其根源指向崇祯皇帝在应对农民起义时所采取的决策失误。此论虽有其合理性，但往往忽略了更为深层的动因——天灾与人祸交织的困境。

从人与环境关系的角度来看，崇祯皇帝所继承的大明帝国，已步入了风雨飘摇的末期。历经二百余载的统治，明朝的人口激增，从初期的六千余万人膨胀至两亿人，达到中国有史以来人口规模的顶峰。然而，人口的激增也为自然资源带来了巨大的压力，加之 17 世纪中国正经历着极端气候的严峻考验，农业生产的稳定性遭受前所未有的冲击。历史资料记载，当时江南地区的农作物生长期显著缩短，有些地方甚至缩短了近一个月。1637 年至 1643 年，明朝还遭遇了百年未有的连年大旱，这对当时的粮食生产构成了巨大的威胁。比如，在陕西，庄稼颗粒无收、百姓不得不以树皮蓬草为食的情形持续多年。

在万历年间，明朝还可以凭借高度发展的社会经济勉强应对这些天灾，但随着国库逐渐空虚，崇祯皇帝即位后，整个国家已深陷饥荒的泥潭无法自拔。崇祯时期的大明王朝面临的是一种极为复杂的社会局面。一方面，人口急剧增加与资源有限之间的矛盾日益尖锐，导致粮食短缺和社会动荡；另一方面，政府的腐败和低效使本应起到缓解作用的政策措施无法得到有效实施。面对如此严峻的形势，崇祯政府因辽东战事、军队训练及镇压农民起义等需要，不断加重赋税，使民众本已艰难的生活更加举步维艰。在这种情况下，即使崇祯皇帝有着良好的意愿和坚定的决心，也难以扭转局势。明末的农民起义如同野火燎原般迅速蔓延。最终，在农民起义的猛烈冲击和清军的不断侵扰下，大明王朝耗尽了最后的元气，其灭亡的命运已无法避免。

（二）按照发生频率分类

社会问题的种类繁多，按照发生频率可以划分为常规社会问题和突发社会问题两种类型。这两种类型的划分有助于我们更好地采取相应的措施来降低或消除其对社会的影响。

1. 常规社会问题

常规社会问题是指在特定的社会环境中，因人们的行为、观念或制度等因素与社会秩序或公共利益发生冲突而产生的各类现象和情况。这些问题经常出现，因而会引发社会的普遍关注，但往往不会出现严重的社会失调现象。

常规社会问题通常涉及经济、教育、社会、环境、健康等各个方面，是社会调查的重要领域。例如，教育不公平问题，表现为城乡教育资源分配不均、贫富差距导致的教育机会不平等；社会不公正问题，表现为性别歧视、种族歧视等社会不平等现象。这些问题虽然不是突发性的，但长期存在会对社会成员的生活质量产生持续性的影响。对于常规社会问题，往往需要通过长期的社会改革和制度建设来逐步解决。

2. 突发社会问题

突发社会问题是指突然发生、出乎人们意料、对社会秩序和公共利益造成严重影响的各种现象和情况。这些问题通常由一些自然灾害、公共卫生、社会安全等突发事件引起，具有突然性、不可预测性、紧急性和影响广泛性。例如，地震、洪水、台风等自然灾害事件，不仅会导致人员伤亡和财产损失，还会对社会秩序和公共安全造成巨大的冲击；疫情暴发等公共卫生事件，在短时间内可能迅速扩散，对民众健康和社会稳定造成威胁；大规模示威抗议、恐怖袭击等社会安全事件，不仅会对公共安全造成直接威胁，还会引发社会恐慌和不安。

突发社会问题会在短时间内对社会成员的生命财产安全造成严重威胁，对社会秩序和公共利益造成破坏，甚至对整个国家的政治、经济、文化等产生深远影响，因此需要政府和社会各方面的快速响应和有效应对。有关主体需要建立快速响应机制和应急预案，确保在危机发生时能够迅速有效地采取行动。

全球非自然死亡率的国别比较

现代国家存在的最为重要的理由之一是为人民提供安全保障。随着统计技术的现代化和世界各国基本社会事实的清晰化，真实世界越来越可以通过通行的、可比较的指标进行观察。而评价世界各国社会问题严重程度的一个通行的、可比较的指标便是非自然死亡率。

从全球范围来看，非自然死亡率的国别比较可以反映各国在提供安全保障方面的差异，体现各国社会问题的严重程度。低非自然死亡率的国家往往具有较高的社会保障水平、较好的卫生条件和较强的社会凝聚力，而高非自然死亡率的国家则往往面临社会动荡、经济困难和卫生条件不佳等挑战。

非自然死亡主要包括两大类：自杀和他杀。无论具体原因如何，这两种非正常死亡都体现了社会问题的严重程度，反映了一个国家、政府在履行为公民解决公共问题这一基本职能上的能力差异。

从相关国际组织的统计来看，大部分拉美国家、大部分撒哈拉以南的非洲国家、东南亚主要国家的非自然死亡率最高，社会问题最为严重。这些地区的高非自然死亡率往往与社会不稳定、经济困难、卫生条件差、暴力犯罪率高等因素有关。例如，拉美国家的高他杀率常常与黑帮活动和毒品贸易有关，而撒哈拉以南非洲国家的高自杀率则与艾滋病、贫困和心理健康问题有关。跟随学习美国体制的苏联在政治转型之后的非自然死亡率与美国类似，表明其在学习美国体制的同时，也产生了和美国一样的社会问题。这些国家的非自然死亡率往往与社会变革、经济压力、心理健康服务不足等因素有关。

中国的低非自然死亡率得益于政府对公共安全的重视、对经济发展和社会稳定的维护。政府通过实施一系列社会福利政策和公共安全管理措施，有效地降低了非自然死亡率。

（三）按照结构化程度分类

社会问题按照结构化程度可以分为过失性社会问题和结构性社会问题两种类型。

1. 过失性社会问题

过失性社会问题的根源在于一系列偏离社会正常秩序与标准的过失行为，如各类犯罪行为、失范行为等。这些行为因与广泛认同的社会常态相悖，因此很容易被公众识别。但社会标准往往包含一定的宽容度与灵活性，若行为处于允许范围内，便不能一概被视为过失行为。同时，社会标准作为一个相对性的概念，对其界定往往取决于具体的时代背景。

在某一时代被视为严重违背社会规范的过失行为，在另一时代却可能最多被视为一种偏差甚至是可接受的表现。因此，在评判过失行为时，应避免以绝对化的标准来衡量一切。某种社会行为被社会接受的限度是因人而异的，需要放在特定的社会环境中进行考察。

随着社会的发展和进步，一些曾经被视为过失的行为可能会逐渐被社会接受，而一些曾经被接受的行为也可能逐渐被视为过失行为。例如，随着人权意识的提高和性别平等观念的普及，过去被认为正常的性别歧视行为，现在却被视为不可接受的社会问题。然而，尽管存在这些差异，但对于多数社会现象，处于同一个社会的人们还是可以达成共识的。例如，对于盗窃、谋杀等严重的犯罪行为，几乎所有社会都会一致谴责，并通过法律手段对其进行制裁。

2. 结构性社会问题

结构性社会问题是指该问题的产生由特定的社会结构导致，或者与社会体制、机制的变化直接相关，其最常见、最突出的表征就是各种不平等现象。这类问题的存在更容易加剧社会内部的紧张与冲突，阻碍社会的整体进步与发展。例如，我国城乡发展的失衡，正是由于长期受二元社会结构的影响，这种差距不仅体现在物质资源的分配上，更深刻地影响了城乡居民的生活方式、价值观念乃至心理状态。

此外，随着时代的发展，一系列由价值观念变化引发的结构性社会问题也逐渐浮出水面。例如，"少子化"趋势的加剧使家庭结构趋于小型化，这虽有助于摆脱宗族等传统力量的束缚，但也引发了亲情淡化、老人养老难等新的社会问题。再如，片面以经济建设为中心，就会导致对自然资源的过度开发与利用，不仅破坏了生态平衡，更反噬了人类自身的生存环境。因此，这类问题的解决往往需要从社会结构的调整与优化入手，治理难度要远远大于过失性社会问题。

总之，了解社会问题的分类有助于我们更深入地理解社会问题的本质，并通过调整社会政策、增强公众意识等多种方式，达到从根本上解决问题的目的。

第二节　社会调查中的社会问题

社会调查过程始于遇到的需要解决的社会问题，因为开展一项社会调查就是为了解决问题。在社会调查中，识别社会问题通常比较简单，因为多数调查者都面临和经历着这些需要解决的问题。包括调查者在内的每个人都置身于具体的社会环境中，既可能是一项社会政策的受益者，也可能是某一社会问题的受害者，既可能认同某些问题，也可能质疑某些问题。在社会调查中，识别社会问题的过程实际上也是构建社会问题的过程。这一过程涉及对问题的主观评价，调查者会根据自己的价值观、信仰和经验来确定哪些问题是值得关注的。调查者通常会从日常生活中发现社会问题，然后将其扩展到更广泛的社会层面。本节将着重介绍社会调查过程中社会问题的构建过程。

一、社会问题的构成条件

社会发展过程中经常出现各种社会问题，但并非所有的社会问题都需要进行社会调查。一般社会调查选取的问题往往具有如下特征，这也是社会问题的构成条件。

（一）问题的起源具有社会性

社会问题是由社会结构、社会关系和社会行为之间错综复杂的相互作用共同塑造的。社会问题之所以被视为亟待解决的问题，原因就在于它对社会的正常运行与持续发展会产生显著影响，而非仅仅局限于个别个体的私人事务。以我国的人口问题为例，其形成是广大民众生育观念与生育行为共同作用的必然结果，绝不是个别或少数群体行为所能单独造就的。

美国社会学家米尔斯曾提出"个人烦恼"与"公共议题"的概念，以此来区分个人困扰和社会问题。在他看来，"个人烦恼"往往局限于个体生活的小圈子内，产生于个体利益或价值观受到威胁时；而"公共议题"则截然不同，它超出了个人生活的界限，成为全社会或大多数社会成员共同关注的焦点。例如，住房短缺、环境污染、教育不公平等问题，都是与社会结构和社会运行密切相关的公共问题。这些问题影响每个人的生活，因此整个社会对此都非常关注。

（二）问题的表现形式具有社会性

社会问题广泛存在于社会成员的共同观念、行为及其后果中，表现形式多样，但往往都与社会成员的生活密切相关，会对社会生活产生普遍影响。正是这种表现形式的社会性特征，才让社会调查有了运作的切口。例如，我国现在的人口结构失衡问题，可以反映在育龄夫妇的生育观念与行为、社会支持程度、价值观变化等多个层面。通过调查这些具体要素，调查者可以掌握问题的有关情况。

（三）问题的后果具有社会性

问题后果的社会性主要表现为横向与纵向两个维度。横向是指社会问题的影响广泛，可以跨越不同社会层面和社会群体。例如，人口问题可以影响不同年龄段的人群，如年轻人面临的就业压力、中年人的家庭负担和老年人的养老问题。纵向是指社会问题不仅影响个体、群体当前的历史，还会使不同社会层面和社会群体的未来产生连锁反应。例如，人口问题不仅会影响个人的生活轨迹，还会影响教育、就业、医疗等社会系统的未来运转，以及文化的传承和发展。正是由于后果的深刻社会性特征，调查者才可以从多个层面出发，更好地理解问题的复杂性和多样性，真正实现社会调查的意义。

（四）问题的解决具有社会性

社会问题的解决不是个别人或少数人努力就可以实现的，解决问题的责任不应该由个别人或少数人来承担，而是需要全社会的共同努力。这是因为社会问题的产生主要基于社会成员共同的行为、观念和社会结构。从某种意义上说，社会问题解决的可能性与动员和调动社会力量的可能性成正比。例如，人口问题不仅是由个别夫妇较低的生育意愿造成的，更是整个社会消费模式、生产方式和社保制度作用下的综合结果。解决人口问题需要全社会的共同努力，从家庭、企业到政府部门都要承担责任。社会调查恰恰可以通过整合包括政策制定者、社会组织、企业、媒体、公民在内的社会各界的力量，实现对社会问题的有效解决。

二、社会问题的选取标准

社会问题的选取标准是一个复杂又重要的命题。在社会调查的过程中，选取合适的社会问题作为研究对象，对提高社会调查的科学水平至关重要。

（一）争议性

争议性是社会问题选取的一个重要标准。社会问题有正负两个方面的意义：一方面，部分社会问题是对旧社会结构的突破和冲击，可以促进社会功能的完善；另一方面，严重的社会问题会起到消极的破坏作用。社会调查就要在对社会问题的正面与负面功能讨论中提升科学水平。社会调查总是要面对一些没有定论的问题。当开展一项社会调查时，调查者往往会遇到道德伦理、方法论和研究价值取向等问题。争议性问题之所以重要，是因为它往往触及社会的核心问题，反映社会的复杂性和多元性。争议性问题不仅是学术界关注的焦点，也是公众关心的话题。从社会调查的角度来说，每个问题都代表一个可能合理的研究问题，其中存在的争议有可能成为社会调查创新性的来源。特别是在面对一些已经产生严重分歧的社会问题时，社会调查能够为解决这种问题提供有价值的参考。

从撤村并校现象看调查主题的选取

随着农村人口的逐步减少，全国大部分地区都出现了撤村并校的现象。这一举措的支持者认为，学校的合并不仅可以实现教育资源的整合，提高教育质量，完善教学条件，优化学校布局，节省开支，还可以减少乡村教育的不平衡问题，提供更均等的教育机会，改善农村学生的学习环境。然而，撤村并校也会引发一些争议。这些争议就是合理的调查主题。

首先，撤村并校可以带来教育资源的整合和优化。通过合并学校，可以集中优势师资和教学设施，完善教学条件。然而，这种做法也可能导致学生需要长途上下学，增加交通负担和时间成本。

其次，合并后的学校可能存在学生超员和师生比例失衡问题，加剧教育资源的竞争。这不仅会影响教学质量，还可能导致学生之间的竞争加剧。

此外，撤村并校还在一定程度上加剧了城乡的分化。一方面，城市的教育资源更加集中，农村地区则可能因为撤并学校而失去一些教育资源；另一方面，撤村并校可能导致农村地区的社会文化流失，影响农村社区的凝聚力。

撤村并校作为一个争议性的研究主题，涉及教育资源、教学质量、城乡分化等多个方面。通过将这些争议转化为具体的调查问题，可以更深入地理解撤村并校政策对农村教育和社会发展的影响，为解决农村教育问题提供可行的建议，促进农村教育和社会的健康发展。

（二）规范性

社会问题的多元化表现决定了在进行社会调查时，除要明确调查问题的争议性外，还要明确调查问题是可以由科学方式来解决的，即能够对问题的内容、范围和对象做出较为清晰的界定，不能使其成为一个含糊、宽泛的问题。

例如，在调查环境污染问题时，需要明确应该关注的是水污染、空气污染还是土壤污染，是某个特定区域的污染状况还是全国范围内的污染状况，是工业污染源还是农业污染源等。例如，空气污染可以用大气中的 $PM_{2.5}$ 和 PM_{10} 之类的标志物来表示——但是关于空气污染问题的界定仍然离不开具体的情境。这意味着即便在看似科学客观的问题上，也需要考虑其社会文化背景和社会认知对规范性的影响。例如，不同地区对于 $PM_{2.5}$ 的可接受标准可能不同，这就需要在调查时考虑到这些差异。

此外，社会问题的规范性还要受到调查者自身情况的限制。一般而言，如果调查者经验丰富，调查对象的配合程度较高，则可确定一个较为苛刻的规范标准；反之，则应尽量放宽规范标准。

中国脱贫标准线的历史发展进程

1982 年，我国首次在定西、河西、西海固启动"三西"扶贫开发计划。这一举措不仅是我国乃至人类历史上有计划、有组织、有规模"开发式扶贫"的开端，也是我国特色扶贫道路的起点。但不同的历史时期对于贫困的界定并不相同，这直接影响了我们对于贫困作为一个社会问题严重程度的界定。

在 1982 年启动"三西"扶贫开发计划之初，我国正处于改革开放初期，经济基础薄弱，农村地区普遍存在贫困现象。当时的扶贫开发主要侧重于解决农村地区的基本温饱问题，通过提供农业生产资料和技术支持，帮助贫困地区提高农业生产效率，改善农民的生活条件。这一时期的贫困界定标准相对较低，主要关注的是能否满足基本的生存需求。

随着我国经济的快速发展和人民生活水平的不断提高，我们对于贫困的界定也随之发生了变化。改革开放以来，我国经济取得了长足的进步，生产力水平显著提升，相应地，对于贫困的定义和标准也在不断地调整与完善。早期的扶贫开发计划更多地关注基本的生存问题，而随着生产力的发展和社会的进步，贫困标准线的制定开始考虑更多的因素，如教育、医疗、住房等基本公共服务的覆盖情况。进入 21 世纪后，随着我国经济实力的增强，若按照以往的标准，我国早已实现了脱贫（见图 2.1）。

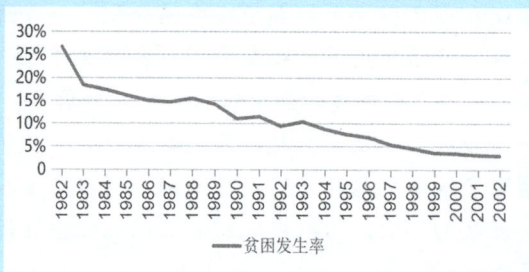

图 2.1　我国贫困发生率趋势图（1982—2002）（1978 年标准）

但我国政府秉持为人民负责的态度，不断提高贫困标准线。2001 年，我国将农村贫困人口的标准从人均年收入低于 625 元提高到了 872 元。2011 年，这一标准再次提高，达到了 2300 元。这些调整反映了我国经济社会发展水平的提高，也体现了党和政府对于提高贫困人口生活水平的决心。

（三）重要性

重要性是社会调查所具有的理论、实践和社会意义。

1. 理论意义

社会调查的理论意义在于它能够为社会现象的解释、社会规律的认识、某种理论的形成或检验，乃至为一门学科的发展等做出贡献。例如，通过对教育不公平问题的调查，可以揭示教育资源分配不均的原因，为教育公平理论提供实证支持。

2. 实践意义

社会调查的实践意义在于它能够为解决现实社会问题提供科学的答案和可行的建议。通过调查研究，可以了解问题的现状、成因和发展趋势，为政策制定者提供决策参考。实践意义直接关系到社会问题的解决效果，能够为改善社会状况做出贡献。

3. 社会意义

社会调查的社会意义在于它能够促进社会的公平正义和可持续发展。通过对社会问题的深入研究，可以提高公众对这些问题的认识，激发社会各界的共同关注，促进社会资源的合理配置。例如，通过调查揭示环境污染问题的严重性，可以增强公众的环保意识，推动相关政策的出台，促进环境保护行动的实施。这种社会意义体现了社会调查对社会整体福祉的贡献。

（四）创造性

创造性指的是选择和确定的具体调查问题能够为学术和实践增加新的知识。创造性按照程度可以分为三个层面。

（1）史无前例的创造性：未被充分探讨的新问题，或者调查领域中尚未被触及的新领域。通过解决这些开创性问题，调查者能够为相关学科领域带来新的知识和洞见。例如，随着人工智能技术的发展，如何确保算法的公平性和透明度成为一个新兴的研究领域，调查者可以通过调查来填补这一领域的空白。

（2）新诠释与新方法的创造性：即使一个已经被大量研究的问题，也可以通过采用新的理论来赋予其新的意义。此外，采用新技术手段，如大数据分析、遥感技术等，也可以为解决老问题提供新的方法和工具。

（3）与时俱进的创造性：随着社会的发展，一些原本被调查过的问题可能发生了新的变化。例如，随着 ChatGPT 等生成技术的普及，人工智能侵权问题已经成为一个新的社会问题，原有的侵权责任理论可能不足以解释这一现象。在这种情况下，调查者需要采用新的理论框架或方法来研究这些问题的新变化。

◆ 第三节　社会问题定义的方法论 ◆

社会调查常常被认为其重点在于提供解决问题的方案，但如果只关注解决方案，就会给人带来错误的判断，即调查者不用花费精力去阐述问题，就能成功地识别、评价和总结问题的解决方案。实际上，社会调查不是简单地确定一个题目，而是一个多层次的过程。调查者只有对问题的层次研究给予足够的重视，才能确保问题的质量，为解决问题奠定坚实的基础。

一、社会问题的研究层次

调查者在社会调查的一开始往往无法清楚地表达出社会问题，这就需要对社会问题的范围有全面的了解。随着社会分工的复杂化，任何一个社会问题都是一个多层次的整体。因此，在开展社会调查的过程中，应当根据不同的研究层次有针对性地设计调查活动。

（一）宏观层次

宏观层次是将社会视为一个复杂而动态的整体，从多维度视角来全面剖析社会问题的整体性质及其内在发展规律，以更广阔的历史视野发现并解释问题发生、发展的整个过程，揭示社会问题与社会运行之间更为复杂、多元的关系。在宏观层次上，调查者通常关注的是社会整体的性质和发展趋势。例如，通过调查社会变迁的规律，可以揭示社会问题的根源和发展趋势。这种调查通常利用大量的历史数据和统计资料来分析社会问题，揭示社会现象之间的关系和规律。

（二）中观层次

中观层次是从群体结构和集体行为入手，关注社会群体或组织的特征及其行为模式。人类的行为具有群体决定性的特征，这就启发我们在调查社会问题时应考虑到群体结构、群体属性和群体环境的影响。例如，研究社区内的社会网络如何影响居民的行为，或者组织内部的权力结构如何影响决策过程。调查者可以采用多种研究方法来收集数据案例，如通过参与观察来了解社会群体的日常互动模式，通过实验设计来测试特定变量对群体行为的影响，通过问卷调查来收集关于组织结构和成员态度的数据等。再如，在调查青少年犯罪问题时，不仅需要关注个体的心理和行为特点，还需要考察青少年所处的同侪群体的作用。通过这种方式，可以更全面地理解青少年犯罪的特点，为制定有效的预防措施提供依据。

（三）微观层次

微观层次不注重社会的整体性质，也不以发现客观规律为目标，而是从个体入手，通过观察个体行动的意义、特点来得出其与社会环境的复杂关系。微观层次的研究侧重于个体的行为和心理过程。例如，研究个体如何在社会环境中做出决策，或者个人的态度如何受到周围环境的影响。在微观层次上，调查者可以采用深入访谈、滚雪球等方法来收集数据案例。

二、社会问题的界定方法

社会调查的成功离不开对社会问题的准确界定。而社会调查所直击的社会问题很少是单一且容易被界定的；相反，面对复杂的现实，其界定过程甚至会贯穿整个调查过程。社会问题的界定在每一个阶段都有许多方法和技巧。调查者需要根据研究问题的特点和研究目标灵活运用这些方法，以确保对社会问题的界定既准确又全面。社会问题的界定方法如表 2.1 所示。

表 2.1　社会问题的界定方法

方法	目的	程序
边界分析	确定问题界定的边界	饱和抽样、问题探寻
类别分析	澄清概念	逻辑划分和分类
层次分析	识别可能的、合理的和有争议的原因	原因的逻辑划分和分类
共同研讨	认识问题的相似性	构建直接的、符号的和想象的类比
头脑风暴	提出想法、目标和策略	提出和评价想法
假设分析	创造性地综合各种冲突性假设	识别利益相关者，假设的提出、质疑、共用和综合分析

（一）边界分析

在社会调查中，边界分析可以帮助调查者确定问题界定的边界。这一过程通常从构建一张渐增的频率分布图开始。在这张图中，横轴代表不同的利益相关者，包括但不限于政策制定者、社区成员、公众等；纵轴代表新的问题构成要素，如观点、概念、变量、假设和目标等。随着调查者与不同利益相关者的交流逐渐深入，这些新的问题构成要素会被逐一标出。在这个过程中，调查者会发现曲线的坡度随着新要素的加入而发生变化。起初，当调查者接触到新的利益相关者时，曲线的坡度很陡峭，这意味着新要素的加入迅速改变了其对问题的理解。然而，随着时间的推移，在调查者接触了足够多的利益相关者之后，曲线的坡度开始逐渐变缓。当曲线变得平坦时，表明新的信息和观点对问题的理解不再产生显著影响。此时，调查者可以认为已经到达了问题界定的边界。换句话说，从这个点往后，即使继续收集关于问题本质的更多信息，也未必能提高集体问题表述的准确性。因此，调查者可以借助这一时机来判断问题界定的边界，并据此制订下一步的研究计划。

通过构建渐增的频率分布图并观察曲线的变化，调查者可以有效地进行社会问题的界定边界分析。这一过程不仅有助于确定问题界定的边界，还有助于确保调查的焦点集中于关键的问题要素上。通过这种方法，调查者可以在有限的资源和时间内更高效地开展社会调查，为解决社会问题提供科学依据。

（二）类别分析

类别分析是为了澄清、界定、甄别和区分问题情境而对社会问题进行类别划分的方法。类别分析可以通过不断进行概念对比，最终厘清有关社会问题的地理范围、影响程度、确定性、性质特点。例如，在调查贫困问题时，我们会将其区分为城市贫困和农村贫困；在讨论环境污染问题时，我们会将其区分为空气污染、水污染和土壤污染。这种区分可以使调查者更准确地识别问题的具体信息，从而更精准地制定调查方案。

（三）层次分析

层次分析是识别社会问题可能的原因的方法。层次分析能够帮助调查者识别三种原因：可能的原因、合理的原因和有争议的原因。这些原因分别代表了问题发生的可能性、确定性和可控性。层次分析不仅是一个技术性的过程，也是一种思维方式，它要求调查者以一种系统化的方式来思考问题的根源。

1. 可能的原因

可能的原因是指那些无论其作用多么微小，都可能促成既定问题出现的因素。这些原因往往基于直觉或初步假设，可能没有那么明显，但仍然被视为潜在的触发因素。例如，主动离职或失业都可以被视为导致贫困的可能原因。虽然这些因素的影响可能没有那么直接，但它们依然值得被考虑。

2. 合理的原因

合理的原因是指那些基于科学研究或直接经验，被认为对某一问题的出现具有重要影响的因素。这些原因是经过验证的，通常拥有更多的证据支持。例如，失业被广泛视为导致贫困的一个合理原因。相比之下，主动离职则不太可能被视为导致贫困的一个合理原因，至少根据大多数人的经验观察而言是这样的。

3. 有争议的原因

有争议的原因是指那些可以通过行动加以解决的因素。这些原因是可以干预的，通过采取适当的政策措施，这些原因可以得到改善。例如，财富在精英阶层中的分配不均可能被视为导致贫困的一个原因，但它不太可能被视为一个有争议的原因，因为任何单一政策或一组政策都不足以改变整个社会的经济结构。然而，失业不仅是导致贫困的合理原因，也是一个有争议的原因，因为它可以通过就业培训、创造就业机会等政策措施得到解决。

（四）共同研讨

在社会调查中，共同研讨是一种促进人们对相似问题的认识的方法，能够帮助调查者在构建问题时创造性地利用类推法。尤其是社会调查的入门者往往意识不到新问题可能只是旧问题的变体，而旧问题的解决方案或许也能解决新问题。调查者能够通过共同研讨识别这些问题之间的联系，更好地理解问题的本质。

共同研讨鼓励调查者超越个人认知的局限，共同深入挖掘问题背后的共通点。例如，一个社区面临的社区治理难题可能与另一个社区曾经经历的类似问题有相似之处，通过找到相关人员进行比较，调查者可以借鉴之前的经验，从而更精准地找到问题点。在实践中，共同研讨还会涉及跨学科的合作和集体智慧的应用。调查者会汇集各自的专业知识和经验，揭示问题的多层次本质，促进创新思维的发展。例如，在解决城市交通拥堵问题时，交通工程师、城市规划师、社会工作者和政府等各方主体可以共同研讨，分享彼此领域的见解。

（五）头脑风暴

头脑风暴旨在激发集体的智慧，帮助调查者识别和界定复杂的社会问题。这种方法的核心是，通过集体讨论产生大量关于问题解决方案的想法。头脑风暴强调的是数量而非质量，鼓励参与者自由地表达自己的想法，即便这些想法在最初看来似乎有些离奇或不切实际。这种方法的有效实施应遵循一系列精心设计的步骤，以确保最大限度地激发参与者的创意，并最终形成可行的解决方案。

首先，为了确保头脑风暴活动的成功，需要根据所调查问题的性质挑选合适的人员组成头脑风暴小组。小组成员应该是对该问题领域有一定了解的专业人士，能够从不同的角度出发，提供多元化的视角。这种多样性有助于拓宽参与者的思路，促进创意的生成。

其次，在头脑风暴的过程中，想法的提出与评价应被严格分离。这意味着在提出想法的阶段，不应有任何批评或评价，以免抑制创意的生成。这种做法鼓励参与者大胆提出自己的想法，哪怕这些想法听起来有些非传统。一种开放和支持性的氛围对于头脑风暴的成功至关重要，能确保每个人的声音都被听到，每个想法都得到充分的尊重。

再次，只有在所有参与者都提出了想法之后，才能进入想法评价阶段。在这个阶段，小组成员会对之前提出的想法进行评估，筛选出最有潜力的想法，并对其可行性进行讨论。

最后，在想法评价阶段结束时，小组成员应该对想法进行优先级排序，并将它们整理成一份包含问题含义及其潜在解决方案的方案。这份方案将成为后续调查的基础，指导调查者进行进一步的研究。

需要注意的是，头脑风暴可能抑制关于问题性质的冲突和辩论，从而排除一些可能正确的想法、目标和策略。为了解决这一问题，可以采取引入外部专家或匿名投票的方式，确保所有有价值的意见都能被纳入考虑范围。

（六）假设分析

假设分析是一种对问题的冲突性假设进行综合分析的方法。假设分析以群体、个人为关注点，能有效解决那些在利益相关者之间难以达成共识的情况。假设分析的核心在于通过设定一系列的前提条件来推导出相应的结论，以此揭示问题的本质及其潜在的解决方案。

假设分析的提出是为了克服社会调查的四个主要局限。

（1）社会调查的依据常常是这样的假设，即单一的调查者拥有优先次序明确的价值标准，这些价值标准可以在某一时刻实现。然而，这往往忽略了现实世界中价值标准的多样性和变化性，以及不同利益相关者之间的价值冲突。假设分析通过提出多种假设情景，允许不同的价值标准和立场共存，从而更全面地理解和解决问题。

（2）大多数社会调查很难或根本无法质疑那些已经形成的、占主导地位的问题表述。这可能导致调查者对问题的定义过于狭隘，从而限制提出可能的解决方案。假设分析通过引入多样化的假设，能使调查者和决策者重新审视问题的定义。

（3）在许多情况下，社会调查往往只关注主流观点，而对于边缘化或少数群体的看法则缺乏足够的重视。这种方法论上的偏见限制了调查者对问题本质的理解深度。通过假设分析，调查者可以系统地探索各种可能的情景，即使这些情景在一开始看起来并不主流，也能被充分考虑。

（4）用于评价问题及其解决方案的正确性标准通常涉及表面特征，而不涉及问题概念背后隐含的基本假设。这种方法论上的局限性意味着，即使看似合理的解决方案也可能因为未能触及问题的根本原因而失败。假设分析通过深入探讨问题的各种可能假设，能使调查者更加细致地理解问题背后的复杂性。

课后思考题

1. 你关心的社会问题是什么？你认为哪些因素导致了这一社会问题的产生？
2. 对于你关心的特定社会问题，之前的研究是怎样的？
3. 社会问题的研究往往涉及多个学科领域，你认为哪些学科领域的研究对于解决你关注的社会问题最具价值？
4. 你认为你关心的社会问题未来会朝着怎样的方向发展？我们应该如何应对？

拓展训练

英国工人阶级子弟为何继承父业？

在英国工业革命的发源地之一汉默镇，有一群特殊的工人阶级出身的中学生。这群学生表现出了一系列引人注目的行为特征：他们抵制权威和教条，厌恶勤奋、谦恭、尊敬等学校倡导的价值观，并因此鄙视和攻击将这些价值观奉为圭臬的好学生，称这些好学生是"书呆子""软耳朵"；他们处处和老师对着干，用破坏课堂秩序的方式"找乐子"，如在课堂上打盹、哄骗老师、逃学；他们打扮入时，举止轻浮，特意与身穿沉闷制服的"书呆子"区分开来，以此吸引女孩的注意力；他们自恃优越于女孩和少数族裔，认为体力劳动是男子气概和优越性的证明，脑力劳动则是缺乏男子气概的"女人的差事"。最终，他们吊儿郎当地混到毕业，不假思索地继承父业，走上了工人阶级的道路。

英国社会学家保罗·威利斯将他们称为"家伙们"（The Lads）。1972—1976年，威利斯持续跟踪这群学生，试图解答一个疑问：英国的工人阶级如何能够在处于从属性社会地位的同时保有文化自信？他发现，"家伙们"参与塑造并产生深刻体会的反学校文化，在很大程度上是工人阶级父辈车间文化的镜像。"家伙们"借助仪式、幽默、哄笑等感官手段和符号，以及人工制品的特殊意义，来探索自我在社会中的位置与身份。

威利斯认为，这些具体实践都是工人阶级子弟文化生产的一部分——他们虽然极具创造力和自主性，但又缺乏自我认识。"家伙们"质疑教育和文凭的价值，认定自己面对的所有工作都是类似且无意义的。诸如此类充满局限的"洞察"产生了一个充满讽刺的结果，"恰好往往是他们自主性的一部分为自己盖上了宿命的封印"，让他们自愿接受西方资本主义中的从属性社会地位。这又加深了社会阶层的固化，限制了他们向上流动的可能性，由此完成文化再生产，即工人阶级的自我复制。

讨论：如果让你跟威利斯一样去调查我国当下随迁子女的文化再生产情况，你会选择从什么样的问题层次入手？找哪些主体开展这一调查？

第三章
社会调查的关切

✎ **学习目标**

- 能够理解社会调查中需要考虑的伦理问题；
- 能够陈述社会调查中所必须遵守的伦理原则；
- 能够避免陷入社会调查的误区。

案例导入

　　社会调查作为社会科学领域的一项重要活动，旨在揭示人类社会的复杂性和多样性。然而，由于调查对象是人本身，如何在不侵犯调查对象权益的前提下开展调查，始终是一个备受关注的话题。近年来，随着社会调查方法的多样化发展，特别是定性研究方法的广泛应用，关于伦理的讨论也日益激烈。

　　在社会科学领域，尤其是在社会调查中，研究伦理问题尤为突出。与自然科学领域的调查相比，社会科学领域的调查对象是活生生的人，这就要求调查者在开展工作时要更加谨慎，确保调查对象的权益不受损害。为此，许多国家和地区制定了相应的伦理审查机制，要求调查项目在正式启动前必须经过伦理审查委员会的审批。然而，在定性研究领域，特别是涉及隐蔽观察或参与观察的方法，是否需要取得正式许可则存在较大争议。

　　值得注意的是，个别调查者可能滥用隐蔽的身份，利用调查对象的信任，损害他们的权益。为了避免这种情况的发生，调查者应当采取严格的伦理规范和技术措施，确保调查过程中的透明度和公正性。例如，在进行调查之前，调查者可以通过详细的方案设计，明确研究目的、方法和预期成果，并尽可能减少对调查对象造成的负面影响。此外，调查者还应当考虑研究结果的潜在影响，避免泄露敏感信息，确保调查对象的隐私和安全。

在社会科学研究中，社会调查是获取数据和理解社会现象的一种基本工具。然而，在实际操作的过程中，即使经验丰富的调查者也难免会遇到一些误区，这些误区可能导致调查结果失真，甚至损害调查对象的权益。因此，了解和避免陷入这些误区对于确保调查的合法性与伦理性至关重要。而社会调查的误区多种多样，可能源自调查设计的不周全、数据收集过程中的疏忽、数据分析中的偏见或造假，抑或是对伦理原则的忽视。为了避免陷入这些误区，调查者需要时刻保持警觉，确保调查活动遵循科学研究的基本原则，以保障调查活动的透明度和可重复性。本章将介绍社会调查中的伦理关切、科研诚信及其他注意事项。

◆ 第一节　社会调查中的伦理关切 ◆

在当今社会，随着个人隐私意识的增强，如何在尊重个体权利的同时进行有效的社会调查，成为调查者面临的一大挑战。调查对象享有隐私权及未经同意不受监视的权利，也有权知晓自己的行为是否受到操纵及其原因。这些基本权利在进行调查时容易受到侵犯，这给调查活动带来了难题。一方面，公众普遍期望通过社会调查来推动社会改革和进步；另一方面，对于涉及群体和个人行为的研究而言，有时候触及个人隐私，询问其私人问题或观察其私人行为是获取所需信息的唯一途径。这种矛盾会使调查者处于两难境地：既要保证调查的有效性，又要符合伦理规范，尊重调查对象的权利。因此，社会调查中的伦理问题是一个复杂的议题，需要调查者在追求知识的同时，承担起维护个人权利和社会公平正义的责任。考虑到伦理规范对于社会调查的发展和实施是必要的，因此了解伦理原则和程序可以帮助调查者预防可能出现的滥用行为，使其在复杂的社会环境中做出正确的决策。

一、伦理在社会调查中的重要作用

社会调查涉及对人类行为、态度和体验的研究，而这些对象具有独特的复杂性和敏感性。确保调查过程符合伦理规范，不仅对于保护调查对象的权益至关重要，也是调查产生公信力的基础。

（一）保护调查对象的权益

社会调查经常需要收集个人信息，这些信息可能涉及个人隐私、情感状态或其他敏感话题。因此，保护调查对象的隐私权，确保其权益不受侵害或不被不当利用成为一项基本的伦理要求。例如，调查者必须确保获取调查对象的知情同意，这意味着在收集数据之前，需要清楚地告知他们调查的目的、方法、潜在的风险和收益，以及他们能够随时退出调查的权利。此外，调查者还需要采取措施保护调查对象的个人信息，确保数据的机密性，做好案例的匿名化处理，以免泄露敏感信息。

（二）确保调查的可信度和质量

伦理原则的遵守对于确保调查的可信度和质量至关重要。如果调查者未能遵守伦理原则，那么调查结果可能会受到质疑，导致公众对整个调查的不信任。例如，如果调查者在没有充分理由的情况下选择性地报告数据，或者在调查设计中存在偏见，那么将严重影响调查的客观性和公正性，甚至会损害研究机构或个人的声誉。而伦理行为有助于建立和维持调查对象对调查的信任。如果调查对象了解到调查者在进行调查时遵守严格的伦理原则，那么他们可能会更加愿意参与调查并分享看法。

（三）促进社会公平正义

社会调查往往旨在揭示社会中的问题和不平等现象，从而为政策制定和社会变革提供依据。如果在调查过程中忽视伦理原则，则可能会加剧现有的社会不公。例如，如果调查者未能充分考虑弱势群体的利益，或者在调查设计中存在偏见，那么可能会导致调查结果不公平，进一步加深社会分裂。因此，遵守伦理原则有助于确保调查结果的严谨性和可靠性，在一定程度上促进社会公平正义。

二、伦理原则

伦理原则的确立不仅有助于保护调查对象的权益，还能确保调查结果的可靠性和有效性。在社会调查的过程中，贯彻执行如下伦理原则是每一位调查者不可推卸的责任。

（一）尊重个体

在社会调查中，尊重个体是伦理实践的核心原则之一。这意味着调查者必须高度重视调查对象的隐私权和自主权。隐私权是指调查对象有权决定是否分享自己的个人信息，以及如何分享这些信息；自主权是指调查对象有权自由地做出决定，不受任何形式的强迫或操纵。尊重这两项权利对于建立和维护调查者与调查对象之间的信任关系至关重要。尤其是随着在线工具的发展，个人信息变得更容易被收集和传播。调查者需要确保调查对象的信息不被未经授权的第三方访问或使用，以免导致调查对象遭受不必要的伤害。例如，如果一项调查涉及敏感主题，如心理健康状况、政治偏好或宗教信仰等，那么调查者必须采取额外的措施来保护调查对象的隐私。这可能包括做好数据的匿名化处理、限制数据的访问权限、确保数据的物理和电子安全性。

（二）公平对待

公平对待是确保调查过程中不存在歧视或偏见的原则。调查者应不考虑调查对象的性别、年龄、种族、宗教信仰或社会经济地位等，对其一视同仁。公平对待不仅有助于确保调查结果的可靠性和有效性，还能维护调查对象的尊严和权益。

公平对待要求调查者在设计调查问卷或访谈提纲时，需要确保提问的方式不会为特定群体带来歧视或偏见。例如，如果一项研究涉及不同性别或种族的群体，那么调查者需要确保问题的设计不会偏向某一特定群体，而是公正地对待所有群体。此外，调查者还应避免可能具有刻板印象或使用歧视性语言的问题。如果调查对象包括不同语言背景的人，那么调查者需要提供翻译服务或使用多语言版本的调查问卷，以确保所有人都能够理解问题并自由地表达自己的观点。

（三）知情同意

知情同意是指调查对象在充分了解调查的目的、方法、潜在的风险和收益后，自愿同意参与调查的过程。知情同意不仅是对调查对象权利的尊重，也是确保调查合法性和伦理性的关键步骤。知情同意能够确保调查对象在充分了解研究详情的情况下做出参与调查的决策。通过知情同意的过程，调查对象可以明确了解自己的权利和义务，以及其参与调查可能面临的所有风险或不便。同时，知情同意也保护了调查者的声誉。如果没有获得适当的知情同意，那么调查者可能受到伦理审查委员会的质疑，甚至可能面临法律诉讼的风险。

知情同意的流程通常包括以下几个步骤。

（1）调查者需要向调查对象提供详细的研究信息，包括调查的目的、方法、潜在的风险和收益等。

（2）调查者应允许调查对象提问，并提供充足的时间来解答他们的任何疑问。

（3）调查者需要确保调查对象在没有任何形式的压力或操纵的情况下自愿同意参与调查。

（4）在调查对象同意参与调查后，调查者应要求他们签署知情同意书，以证明他们已了解相关信息并同意参与调查。

（四）保密与匿名

在社会调查中，保护调查对象的隐私和个人信息安全至关重要。保密与匿名措施有助于确保调查对象提供的信息不会被泄露给未经授权的第三方，从而保护他们的隐私和个人信息安全。调查者可以通过使用加密技术、限制访问权限、安全存放纸质文件和存储设备、匿名化处理等多种措施保护调查对象的隐私和个人信息安全。保护调查对象的隐私和个人信息安全有助于建立与维护调查者及调查项目的信誉。

（五）最小化风险

最小化风险是指调查者必须确保调查活动不会对调查对象造成不必要的伤害。如果调查活动中存在风险，则调查者需要采取措施将其降至最低。在社会调查中，调查者需要对可能的风险进行全面的评估，包括评估调查方法、数据收集过程，以及数据分析过程中可能给调查对象带来的任何不利影响。例如，如果调查涉及心理健康状况等敏感话题，那么调查者需要考虑这些话题可能给调查对象带来的情感负担。一旦识别出潜在的风险，调查者就需要采取各种措施（包括修改研究设计，确保调查方法对调查对象尽可能友好等）来降低这些风险。例如，面对面访谈可能让调查对象感到不安，此时调查者可以考虑采用匿名在线调查的形式。此外，调查者还可以提供心理咨询支持，以帮助调查对象处理调查过程中可能出现的任何负面情绪。

（六）获益

获益原则要求调查者确保调查活动能够为调查对象带来直接或间接的好处，或者至少不会对其造成伤害。这一原则强调了调查的社会价值，并确保调查活动不仅仅是为调查者自身的学术成就服务的。在社会调查中，调查者可以通过让调查对象直接获益来实现获益原则，这意味着调查活动应该能够直接改善调查对象的生活。例如，如果一项调查旨在改善医疗服务的质量，那么调查者可以通过提供免费的医疗咨询或健康教育课程来直接帮助调查对象。即使调查活动可能不会立即为调查对象带来直接的好处，那也应该能够为更广泛的社会群体带来积极的影响。例如，一项关于教育改革的调查可能会为政策制定者提供有用的信息，从而间接改善调查对象的教育体验。

三、伦理立场

伦理立场关乎调查过程的道德选择。本部分将介绍三种主要的伦理立场，包括道义论、怀疑主义和功利主义，这些伦理立场为调查者提供了不同的视角来审视和处理伦理问题。通过理解这些伦理立场，调查者能够更好地应对调查过程中遇到的伦理困境，确保调查活动既能满足学术需求，又能尊重调查对象的权利和尊严。

（一）道义论

道义论作为一种伦理立场，强调了道德行为应当基于一些普遍而固定的道德准则。根据这一理论可以判断，某些行为本质上就是不道德的，无论这些行为的结果如何，也无论在何种情况下，这些行为都不应该出现。道义论的核心理念是，道德行为的正确与否取决于行为本身的性质，而不是行为的结果或后果。这一立场认为，道德规范是普适的。

在社会调查领域，道义论强调了尊重调查对象的权利和尊严的重要性。根据这一理论，调查者在进行调查时必须遵守一系列不可动摇的原则。例如，坚持道义论立场的调查者会坚决反对在调查过程中采取任何欺骗行为。他们认为，即使欺骗行为可能有助于获取重要数据，但这种行为本身违背了道德准则，无论调查目的多么崇高，欺骗始终是一种不道德的手段，在任何情况下都应当予以杜绝。

（二）怀疑主义

怀疑主义作为一种伦理立场，强调了道德准则的相对性和不确定性。怀疑主义者并不否认道德准则的重要性，但他们认为这些准则与人们的文化背景、时代背景和个人经验紧密相关。怀疑主义者认为，不存在普遍适用且不可侵犯的道德准则，伦理决策最终是一个关乎个人良心的问题。

在社会调查领域，怀疑主义强调了道德判断的主观性和情境性。怀疑主义者认为，由于道德标准会随时间和地点的变化而变化，因此在进行调查时，调查者需要根据具体的情况做出伦理决策。这意味着，调查者应当依据自己的良知来判断哪些行为是正确的，哪些行为是错误的。换句话说，调查者应该去做自己认为正确的事情，避免去做自己认为错误的事情。例如，在一项涉及敏感话题的调查中，调查者需要仔细权衡各种因素，包括调查对象的感受、研究的潜在影响和调查目的的正当性。在这种情况下，调查者可以基于对具体情境的深入理解来决定最佳的行动方案。

（三）功利主义

功利主义为伦理决策提供了一个实用的框架。它要求决策者在做出决策时考虑所有相关方的利益，并在必要时权衡潜在的成本与收益。在功利主义者看来，伦理决策是在权衡调查可能产生的潜在成本与收益的基础上做出的。在面对艰难的伦理决策时，调查者不仅要考虑调查对象面临的风险，还要考虑调查带来的重要知识和对人类的重大利益。

在社会调查中，功利主义为调查者提供了一条可以调和价值冲突的路径。调查者在进行决策时，通过全面评估调查活动可能带来的正面和负面结果，可以决定是否采取行动。例如，一项旨在揭示公共卫生问题的调查虽可能会对调查对象的隐私造成一定的影响，但从长远来看，这项调查可能会有助于改善公共卫生政策，从而惠及更多的人。在这种情况下，调查者就可以权衡隐私权的侵犯与公共健康的潜在改进，以决定是否继续进行这项调查。

功利主义立场要求调查者在决策的过程中考虑所有相关方的利益。这意味着调查者在进行伦理决策时，不仅要考虑调查对象的利益，还要考虑更广泛的社会利益。功利主义立场强调了结果的重要性。在这种立场下，调查者的目标是使整体福利或幸福最大化。这意味着在某些情况下，即使某些行为可能在道德上存在争议，但如果这些行为能够带来更大的整体利益，那么这些行为就被认为是正当的。

总之，无论采取何种立场，调查伦理都应该是一系列帮助调查者决定如何开展合乎道德的研究的原则，而不是一套强加于调查者之上的道德命令。通过综合采取三种立场，调查者应尽可能确保自己的调查活动既合法又合乎伦理，从而为社会带来积极的影响。

四、伦理审查

伦理审查是确保调查活动合法、合乎伦理的重要环节。随着社会科学研究的不断发展，伦理审查已成为调查过程中不可或缺的一部分。

（一）伦理审查委员会的作用

伦理审查委员会是一个由专家组成的独立机构，负责对有关项目进行伦理审查。它的主要职责是确保各类调查活动符合伦理标准，保障调查对象的权益，以及确保调查过程中的数据安全。伦理审查委员会的存在对于提高调查的质量至关重要，其作用如下。

1. 确保调查的合法性和伦理性

伦理审查委员会能够通过评估调查方案，确保调查活动不会违反任何现行法律，也不会违背公认的伦理原则。伦理审查委员会能够帮助调查者识别并解决潜在的法律和伦理问题，从而确保调查活动能够在合法且合乎伦理的基础上进行。

2. 保障调查对象的权益

伦理审查委员会的工作重点之一是确保调查方案充分考虑调查对象的权益，尤其是隐私权、自主权等。例如，伦理审查委员会会仔细审查调查方案中是否包含适当的隐私保护措施，如数据的匿名化处理和安全存储。此外，伦理审查委员会还会检查调查方案是否确保了调查对象的自主权，即调查对象是否能够充分了解调查的目的、方法、潜在的风险和收益，并且能够在没有压力的情况下自愿同意参与调查。伦理审查委员会还会评估调查方案是否采取了适当的措施来最小化对调查对象可能造成的任何伤害或不适。

3. 促进调查质量的提高

伦理审查委员会能够通过提出建设性的反馈意见，帮助调查者改进调查设计，从而提高调查的质量和可靠性。在审查过程中，伦理审查委员会成员可能会指出调查方案中存在的漏洞或不足之处，并提出具体的改进建议。例如，如果调查方案中的样本量不足以支撑得出可靠的结论，伦理审查委员会可能会建议增加样本量或采用更精确的统计方法。通过这种互动式的反馈过程，伦理审查委员会不仅帮助调查者提高了调查的质量，还确保了调查结果的可靠性和有效性。

4．增强公众的信任

伦理审查委员会的工作有助于增强公众对社会科学研究的信任，确保调查活动得到社会的认可和支持。当公众得知一项调查已经通过了严格的伦理审查时，他们可能会更加愿意参与调查，并相信调查结果的可靠性和公正性。此外，确保调查活动遵循高标准的伦理原则，还能提升研究机构的整体声誉，对于吸引资金和合作伙伴加入至关重要。因此，伦理审查不仅有助于保障调查对象的权益，还能为调查者和研究机构赢得公众的信任与支持，从而为社会科学研究创造更加有利的环境。

我国社会调查的伦理规范发展简介

随着全球化的推进，社会调查的伦理考虑逐渐进入我国视野。特别是在世纪之交，我国艾滋病干预和防治项目的兴起，有效推动了公共卫生领域对伦理研究的讨论和培训，并促进相关机构建立了伦理审查委员会。然而，国际通用的伦理学在我国的适用性和变通性却存在许多问题，需要深入探讨。在实际操作中，许多伦理审查往往流于形式，缺乏实质性的讨论和审查。

尽管在我国的人文社会科学领域，不少学者在实际操作中也会考虑研究伦理问题，但伦理问题始终没有成为社会科学研究中的一个显性话题。已有的讨论基本上都停留在道德层面，在社会调查的实际操作层面尚缺乏广泛且一致的认识。

近年来，许多学者已经开始关注这一问题，并提出了一系列伦理原则，以期在社会调查中得到更好的应用。例如，自主性原则强调调查对象有权自主决定是否参与调查，并且需要充分了解调查的全部内容；公正性原则要求调查者在调查的过程中公平对待所有调查对象，确保不会出现歧视或偏见；诚实性原则强调调查者应当诚实地报告调查结果，不得篡改或伪造数据等。尽管这些原则尚未得到广泛应用和推广，但随着越来越多的学者关注伦理问题，加之社会各界的努力，相信这些原则将逐渐普及并应用于社会调查实践中。

（二）伦理审查的流程

伦理审查是确保调查活动遵循伦理标准的重要程序，一般包括以下步骤。

（1）准备伦理审查的申请材料。调查者需要准备一份详细的伦理审查申请表，如表 3.1 所示。

（2）提交申请。调查者将伦理审查申请表提交给相应的伦理审查委员会。

（3）审查过程。伦理审查委员会会对申请材料进行详细审查，评估调查方案是否符合伦理标准，是否充分考虑对调查对象的权益保护。

（4）反馈与修改。如果伦理审查委员会发现申请材料中存在问题，则会向调查者提供反馈，并要求其进行必要的修改。

（5）批准与实施。一旦申请获得批准，调查者就可以按照批准的调查方案开始实施调查了。

表 3.1　伦理审查申请表

概况	具体内容（可附文字、图表等相关文件材料）
主要涉及的伦理问题	调查对象的信息泄露：□不涉及 □涉及（请说明） 调查对象的安全：□不涉及 □涉及（请说明） 额外增加调查对象的负担：□不涉及 □涉及（请说明） 侵入性操作：□不涉及 □涉及（请说明）
项目涉及的材料和方法	是否涉及人类组织细胞材料：□是 □否 是否涉及人类胚胎：□是 □否 是否涉及遗传疾病和物质：□是 □否 是否涉及转基因材料和方法：□是 □否 若涉及上述任意一项材料和方法，请详细说明：＿＿＿＿＿＿
调查对象的纳入标准和排除标准	纳入标准：＿＿＿＿＿＿＿＿＿ 排除标准：＿＿＿＿＿＿＿＿＿
知情同意	取得调查对象知情同意的形式：□口头 □书面 若不能取得书面的知情同意，请说明原因：＿＿＿＿＿＿＿ 由谁来向调查对象说明调查目的和要求：＿＿＿＿＿＿＿ 调查对象不能表达意愿，由谁来表达知情同意：＿＿＿＿＿＿＿
保密协议	谁在研究期间及研究完成后有权使用原始数据：＿＿＿＿＿＿＿ 原始数据和资料如何保管：＿＿＿＿＿＿＿ 为了保护调查对象的隐私，在论文报告中不公开调查对象的个人姓名：□同意 □不同意
项目实施的潜在风险	
对项目实施潜在风险将采取哪些措施，以实现对调查对象的保护	
预期的收益（当调查对象没有直接收益时，应告知调查对象）	调查对象可获得的备选治疗，以及备选治疗重要的潜在风险和收益：＿＿＿＿＿＿＿ 调查对象参加实验是否获得报酬：□是 □否 调查对象参加实验是否需要承担费用：□是 □否 调查对象需要承担的费用说明：＿＿＿＿＿＿＿
是否为调查对象购买保险	□是 □否 □不需要（未购买保险的说明）
是否为调查对象提供调查者的电话以备查询	□是 □否 □不需要（不需要的原因）

◆ 第二节　社会调查中的科研诚信 ◆

科研诚信不仅是社会科学研究的基石，也是确保调查结果真实可靠、具有社会价值的关键所在。如今，社会科学领域持续发生的科研不端行为受到越来越多的关注。调查者在专业上可能犯下的最严重的错误就是欺骗，或者不诚实地呈现调查结果。虽然一些不成文的规定要求调查者如实报告调查结果，但科研不端行为似乎呈现出一种令人不安的上升趋势。个人和非个人的因素似乎都可能引发科研不端行为。对调查者来说，欺诈行为的代价是巨大的，不仅会使整个调查结果的真实性受损，还会毁掉个人的学术生涯。因此，调查者在开展研究设计、数据收集、数据分析和成果发表等各个环节时，需要秉持最高的诚信标准。只有这样，调查结果才能获得各界的认可，进而为解决社会问题提供有价值的洞见。但调查者在社会调查的过程中常常会陷入一些误区，进而影响调查结果的科学性。

一、数据操纵

在社会科学研究中，数据的准确性与完整性对于确保调查结果的可靠性和有效性至关重要。然而，在实际操作过程中，调查者可能会出于种种动机，有意或无意地陷入数据操纵的误区，以使调查结果符合预期或支持某种预设的观点。

（一）数据操纵的表现形式

数据操纵是指调查者为了使调查结果符合预期或支持某种预设的观点，而对数据进行不正当的处理或篡改的行为。这种行为有时是出于对个人利益的考虑，如为了获得研究经费、晋升职位或提高学术声誉，有时则是为了迎合资助机构或合作者的期望。无论动机如何，这种行为都违反了科研诚信的原则，会导致调查结果失真，破坏调查结果的科学性。数据操纵的表现形式如下。

1. 数据选择偏差

数据选择偏差是指调查者在收集阶段就对数据进行筛选，仅选择那些支持自己假设的数据，而忽略或排除那些不符合预期的数据。例如，在进行问卷调查时，调查者可能会倾向于选择回答完整、正面的问卷，而忽略那些回答不完整或含有否定意见的问卷。这种数据选择偏差会导致调查结果失真，使调查结果无法准确反映实际情况。

2. 数据处理不当

数据处理不当通常发生在数据清洗和整理阶段。调查者可能会对数据进行不合理的修改或删除，以使数据更加符合预期的结果。例如，调查者可能会人为地调整数据范围，剔除异常值，或者使用不合适的统计方法来处理数据，从而改变数据分布。这种做法会降低数据的可靠性和有效性，使调查结果失去科学价值。

3. 数据解释偏向

数据解释偏向是指调查者在分析数据时，倾向于从有利于自己观点的角度出发解释数据。这种偏向可能表现为对数据进行主观的解读，忽略数据的复杂性和多维度特征，或者在数据之间建立牵强的关联。例如，调查者可能会选择性地突出某些统计数据，而忽略那些不利于自己观点的数据，从而误导受众对数据的理解。

4. 数据伪造与篡改

数据伪造是指调查者完全虚构数据，数据篡改是指调查者对真实数据进行修改。这两种行为都是极其严重的科研不端行为，不仅违反了科研诚信的原则，还可能造成更深远的影响。

5. 数据呈现方式误导

数据呈现方式误导是指调查者在展示数据时，通过表格、图形或文字描述等方式有意或无意地扭曲数据的实际含义。例如，调查者可能会使用不合适的图表类型或比例尺来夸大或缩小数据之间的差异，或者在报告中使用含糊不清的语言来描述数据，从而影响受众对数据的理解和判断。

（二）数据操纵的避免方法

为了确保调查结果的真实性和研究的透明度，调查者需要采取一系列措施来防止数据操纵的发生。

（1）采用科学、透明的数据收集方法，确保资料来源的可靠性。在进行数据收集之前，需要详细规划数据收集的过程，并确保所使用的工具和方法能够有效地收集到所需的数据。尤其是要确保数据收集的过程不会受到偏见的影响，以确保数据的完整性和代表性。

（2）详细记录所有的数据处理步骤，并对外公布研究方法和数据来源。在进行数据分析之前，要制定一套明确的数据清洗和分析流程，并确保这些步骤可以被其他调查者复现。此外，调查者还应该保存原始数据和分析过程中产生的所有中间数据，以便在未来需要时进行核查。

（3）采用开放科学的实践，包括数据共享和研究方法的公开。调查者应该积极参与同行评审，确保调查结果经过同行的严格审查。同行评审不仅可以帮助调查者发现调查中存在的问题，还可以促进调查结果的改进和完善。同行评审能够提高研究的透明度，促进学术共同体内的合作与交流，从而加速知识的积累和发展。

二、抄袭与剽窃

在社会科学研究中，抄袭与剽窃是一种严重的科研不端行为。它不仅违反了科研诚信的原则，还可能对调查者的职业生涯和社会科学领域的声誉造成不可逆转的损害。

（一）抄袭与剽窃的表现形式

抄袭与剽窃是指调查者在撰写调查报告或论文时，未经适当引用就使用他人的观点、数据或文字。这种行为可能源于无知、懒惰或企图通过捷径获得认可等多种原因。无论出于何种动机，抄袭与剽窃都严重违背了科研诚信的原则，损害了研究的可信度，并可能误导读者和同行。抄袭与剽窃的表现形式如下。

1. 直接复制原文

将他人的原文直接复制到自己的调查报告或论文中是最直接的抄袭与剽窃形式。由于没有加以引用或注明出处，因此这种行为没有对原作者的贡献给予应有的尊重和承认。

2. 概念或观点的剽窃

抄袭与剽窃还可以表现为剽窃他人的研究概念、观点或理论，并将其呈现为自己的原创工作。这种行为同样没有对原作者的贡献给予应有的尊重和承认。

3. 修改原文的少量内容

个别人可能会稍微修改他人的原文，使其看起来不同于原始版本。然而，这种修改只是对原文的轻微变动，没有实质性地加入自己的调查研究和观点。由于没有进行真正的独立思考和创新，因此这种修改也属于抄袭与剽窃行为。

4. 引用不当或缺乏引用

在调查报告或论文写作中应该准确标注他人观点或研究成果的来源，并在文中使用适当的引用格式。不当或遗漏引用他人的工作，也是一种抄袭与剽窃行为。

5. 自我抄袭

自我抄袭是指将自己先前发表的论文或研究成果部分或全部再次使用在另一篇调查报告或论文中，而没有进行适当的引用或注明。这也是一种科研不端行为，因为它违背了学术界对于原创性和独立性的要求。

（二）抄袭与剽窃的避免方法

为了避免抄袭与剽窃，调查者需要采取一系列措施确保所有引用都标注出处，并使用专业的查重工具来检测潜在的抄袭与剽窃行为。

1. 强化学术引用意识

调查者需要强化学术引用意识，明确了解何时需要引用他人的工作。一般来说，当使用了他人的观点、理论、数据、文字或概念时，应该进行引用标注。正确的引用不仅可以避免抄袭与剽窃的问题，也可以体现调查者对他人的尊重，还可以为读者提供追踪原始来源的途径。

2. 独立思考

在调查的过程中，应注重独立思考和表达自己的观点，尽量避免过度依赖他人的研究成果，并将自己的研究与他人的工作区分开来。调查者可以养成记录调查笔记的习惯，学会有效整合他人的观点与自己的思考，避免在撰写调查报告或论文时直接复制他人的文字。

3. 使用查重工具

调查者可以使用专业的查重工具来检测潜在的抄袭与剽窃行为。这些工具可以帮助调查者识别文本中可能存在的未引用内容，并指出可能的来源。通过使用查重工具，调查者可以在调查报告提交或论文发表前发现并纠正潜在的抄袭问题，从而避免无意间的抄袭与剽窃行为。

4. 强化学术诚信承诺制

在开始一项调查前，相关机构可以要求调查者签署一份书面承诺，明确表示将遵守学术引用规范，确保所有引用都标注出处，并承诺不进行任何形式的抄袭与剽窃行为。这份承诺书不仅能提醒调查者遵守科研诚信的原则，还能在心理上形成一种约束力，督促调查者在撰写调查报告或论文时更加谨慎，避免不经意间侵犯他人的知识产权。

科研诚信承诺书

本人／本单位根据_____项目申请指南的要求，自愿提交_____项目申请书，在此郑重承诺：所申报材料和相关内容真实、完整、有效，不存在以下违背科研诚信要求的行为。

（一）抄袭、剽窃、侵占他人研究成果，伪造、篡改研究数据、图表、结论，违反研究成果署名、论文发表等规范要求。

（二）购买、代写、代投论文或项目申请书，虚构同行评议专家及评议意见。

（三）以伪造或提供虚假信息等弄虚作假的方式或采取请托、游说、贿赂、利益交换等不正当手段获取科技计划项目、科研经费、奖励等。

（四）通过聘请、合作、技术指导等方式主导、指使、参与、配合、默许中介机构从事违规行为，包括中介机构代填代报科技业务申请文书，中介机构以风险代理方式收取服务费，项目承担单位将财政资助资金用于支付中介咨询服务费，中介机构指导、协助申报单位提供与事实不符的申报材料，中介机构出具虚假或严重失实的结论等。

（五）违反涉及生命科学、医学、人工智能等领域的科技伦理规范。

（六）其他科研失信行为。

如有违反，本人／本单位愿接受项目管理机构和相关部门做出的各项处理决定，包括但不限于不予受理、形式审查不通过、不予立项、终止项目，停拨或核减经费，追回项目经费或奖金，撤销奖励，取消一定期限××市科技计划或科技项目或科技奖励申报资格，记入科研诚信异常名录等。

申报单位法定代表人或授权代表人（签名）：

项目负责人（签名）：

单位名称（盖章）：

_____年_____月_____日

第三节　社会调查中的其他注意事项

针对社会调查的误区，我们已经深入讨论了两个至关重要的方面：伦理和诚信。伦理规范确保了调查活动对调查对象的尊重和保护，而科研诚信则保证了调查结果的真实性和可靠性。然而，除这些核心要素外，还有一些其他的注意事项也值得调查者关注。接下来将进一步探讨两个影响社会调查的重要误区，以使社会调查在方法论层面达到更高的标准。

一、利益冲突

在社会调查的过程中，利益冲突是一个不容忽视的问题。调查者可能会因为个人利益、资助机构的压力或其他因素而做出不公正的决策，从而影响调查的客观性，导致调查结果出现偏差。

（一）主顾效应

社会调查中的主顾效应是指调查者在进行调查时，受到委托对象或调研目的的影响，倾向于给出符合委托对象期望的"正确"答案（而非真实答案）或规避负面评价。这种偏向会对调查结果产生负面影响。

主顾效应可能导致错误的社会一致性假设，即调查结果显示大多数人支持某种观点或行为，但这可能只是调查者期望得到的结论，实际上有更多人持不同意见。这将使个体和社会无法真实地了解各种观点与差异，从而导致排斥和歧视的产生。

主顾效应还可能导致过高估计某一社会问题的严重程度。由于社会问题的严重程度往往与调查的意义相伴相随，因此调查者可能为凸显自己调查的重要性以迎合委托对象、获得更多支持，而从问题设计到结论得出都给出一种过于严重的印象，从而过高估计社会问题的严重程度。这可能影响政策制定和社会改革的有效性。

主顾效应尤其存在于有经费支持的社会调查中，资助机构或个人往往会公告其对哪些领域感兴趣，有时目标宽泛，但多数情况下目标较为严格。这就会导致调查者在进行调查时，执着于完成给定的任务。主顾效应在各类调查研究中普遍存在。例如，一项关于某种药物有效性的调查如果受到制药公司的资助，那么调查者可能会因面临压力而不得不报告对该药物有利的结果，即使这些结果并不完全基于客观的数据。在这种情况下，调查结果可能会被夸大，从而误导医生和患者。

（二）利益冲突的避免方法

为了确保调查的客观性和公正性，调查者需要采取一系列措施来避免或管理利益冲突。

1. 公开披露利益冲突

调查者在发表调查报告或论文时，需要明确列出所有可能影响调查结果的个人或经济利益。这种披露可以帮助读者和同行评估调查结果的可信度，确保调查活动的透明度。

2. 设置独立的监督机制

为了确保调查的公正性，研究机构可以设立由独立的第三方成员组成的伦理审查委员会或监督小组，负责审查调查项目的设计、执行过程和结果报告，以确保调查不受利益冲突的影响。这些监督组织还可以提供咨询和支持，帮助调查者识别和管理潜在的利益冲突。

3. 制定利益冲突政策

研究机构和学术团体应该制定明确的利益冲突政策。这些政策应明确规定调查者在进行调查时需要遵守的规则和程序，包括如何识别、报告和管理利益冲突。通过制定这样的政策，可以为调查者提供明确的指导。

4. 增强责任感

调查者自身应该接受关于利益冲突的培训，并意识到其对调查结果可能产生的负面影响，通过增强责任感，确保在调查研究时更加谨慎，避免因个人利益而损害调查的客观性。

5. 寻求多方的资金支持

为了减少单一资助来源可能带来的利益冲突，调查者可以尝试寻求多方的资金支持。通过分散资金来源，可以降低单一资助机构对调查结果施加影响的可能性。此外，调查者还可以寻求非营利性组织、政府机构或慈善基金的支持，这些机构通常更注重调查的公共价值而非商业利益。

二、遵从惯例

遵从惯例是指人们在决策和行为中倾向于依赖过去的做法，即按照既定的规则、习俗和惯例来思考与行动。这种行为模式既有优势，也有劣势。

（一）遵从惯例的优势

1. 获得稳定性和连续性

遵从惯例可以为调查者提供稳定性和连续性。通过遵守已有的规则和传统，调查者能够了解和预测问题的变化，有助于调查的深入进行并得出可靠的结论。

2. 节约认知资源

遵从惯例可以帮助调查者省去重新思考和决策的过程。当面临一种类似的社会问题时，调查者可以直接采取过去成功的调查模式、问卷，减少对其他选择的考虑，从而更高效地进行调查，并集中精力解决当前的问题。

3. 获得同行的认可

遵从惯例可以为调查者提供经验积累和学习的机会。通过长期的惯例传承和遵守，调查者可以积累丰富的前期储备，更好地获得学术同行的认可。通过接受和遵守共同的规范与价值观，并在实践中不断学习和改进，调查者的调查结果更容易得到学术同行的支持，有助于在学术共同体中找到归属感。

（二）遵从惯例的劣势

1. 限制创新和改变

遵从惯例可能限制调查者的创新和改变。固守既有的问卷和模型可能导致调查者错过新的发展趋势，过度依赖惯例可能阻碍调查者发现新的问题，并导致调查者对错误决策的固执坚持。长期下去，即使面对新的证据和信息，调查者也依然坚持过去的惯例，导致判断错误和决策失误。

2. 遵从社会压力

调查者遵从惯例，有时是因为受到社会压力和同侪群体的影响。当学术界多数人都遵从某种模型或规范时，调查者就可能因为需要获得认同和避免被排斥而无意识地遵从，即使这种做法并不是最佳选择。这可能导致调查者丧失针对新情境的独立思考能力，过度依赖集体智慧。

（三）遵从惯例劣势的避免方法

在社会调查中，遵从惯例的优势显而易见。然而，过度依赖惯例也可能带来不利影响。

为了避免这些劣势，调查者需要采取一系列措施来确保调查活动既能保持稳定性和连续性，又能适应变化，激发自身的创新思维。

1．培养批判性思维

调查者应该培养批判性思维，不断地质疑和反思现有的惯例，在调查时不仅要考虑传统的做法，还要勇于挑战常规，探索新的可能。通过培养批判性思维，调查者能够更加客观地评估现有惯例的有效性，并在必要时对其进行调整或更新。

2．促进跨学科合作

跨学科合作能够为社会调查带来新的视角和方法。通过与其他领域的人员合作，调查者可以借鉴不同的研究方法和技术，打破原有的思维定式。这种合作不仅能激发其创新思维，还能帮助调查者发现新的研究方向，提高调查的全面性和深度。

3．鼓励多样化的思维方式

在团队中鼓励成员表达不同的观点和想法，而不是仅仅遵从主流观点。调查者需要定期回顾和评估所采用的方法与工具，以确保它们仍然适用于当前的调查环境，并通过集体反思，适应不断变化的社会现实。

课后思考题

1．你关心的社会问题是否存在潜在的伦理风险？具体需要关注的伦理要点有哪些？

2．对于你关心的特定社会问题，你认为不同的资金来源支持是否会对自身结论的形成产生影响？

3．针对遵从惯例的劣势，你认为在你的调查活动中该如何避免？

拓展训练

全球公民诚信度中国最低？　14所大学的师生自筹经费推翻《科学》论文

2019年6月，《科学》杂志发表了一篇名为《全球公民诚信度》的调查研究文章，声称中国在全球40个国家中诚信度排名垫底。这一结论基于一项调查实验，即通过观察在公共场所捡到钱包后是否会通过电子邮件联系失主来衡量其诚信度。这项研究引起了广泛的争议和质疑。为此，一个由200多名学者组成的"行为经济学"交流群发起了一项旨在通过复制实验来验证原研究结论的集体行动。

研究团队由来自中国14所大学的100多位师生组成，他们通过"滚雪球"的方式集结起来。浙江大学公共卫生学院的教授杨芊作为论文的第一作者兼共同通信作者，强调了团队的韧性和凝聚力对于完成这项研究的重要性。尽管团队成员未曾谋面，但他们为了尽快与《科学》杂志对话，纠正外界对中国公民诚信度的误解，自筹经费，并自发招募了上百名参与调研的学生。为了在最短的时间内完成所有采样工作，学生们常常需要在酷热中奔波于各个采样点之间。有时，由于实验消息泄露，他们需要在极短的时间内完成所有任务，以免数据被污染。最终，历时4年，2023年7月，这项研究正式发表在《美国科学院院报》上。

　　　　研究团队不仅复制了原实验的设计，还引入了"钱包回收率"作为衡量公民诚信度的额外指标，并对人员进行了回访调查。结果显示，中国公民的"电子邮件回复率"仅为 27.4%，而"钱包回收率"却高达 77.8%。这表明，公民诚信度不能仅凭"电子邮件回复率"这样单一的指标来衡量。更重要的是，研究发现"电子邮件回复率"与国家集体主义指数成显著负相关，而"钱包回收率"与区域集体主义指数成显著正相关。这意味着，在集体主义的文化背景下，公民倾向于"被动地替失主保管钱包"；而在个人主义的文化背景下，公民倾向于"主动地联系钱包所有者"。此外，为了弥补原实验的不足，研究团队重新设计了实验，引入了中国本土的研究助理作为暗中观察员，并记录了整个交付过程。此外，研究还新增了多个环境参数，如温度、湿度、是否有国旗/国徽标志等，以确保数据的准确性和实验的严谨性。

　　　　这项研究最终证明了衡量公民诚信度需要考虑文化背景的影响，并且展现了中国公民在不同文化背景下所表现出的诚信度。这项研究不仅为中国公民诚信度正了名，也为全球公民诚信度的研究提供了新的视角和方法。

讨论：《科学》杂志发表的文章可能在哪些方面陷入了社会调查的误区？而发表在《美国科学院院报》上的研究又做了哪些改进？

第二部分

社会调查的构想部分

第四章
社会调查的程序与设计

学习目标

- 能够了解社会调查的一般程序，明确社会调查各阶段的工作任务；
- 能够掌握社会调查的选题来源和选题方法，做到选题的明确化；
- 能够掌握社会调查方案设计的程序，具备方案设计能力。

案例导入

  在北京大学社会学系的博士生涯中，风笑天博士在袁方教授的引领下，毅然选择了"中国独生子女问题研究"这一课题作为博士论文的焦点。面对选题的广阔与复杂，他深入文献海洋，发现国内对此的研究虽多，但多聚焦于教育层面，且缺乏深度与广度，尤其是缺乏基于大规模数据的实证分析，对独生子女家庭的基本面貌鲜有详尽描绘，这为社会学视角的研究设下了障碍。于是，风笑天博士明确了三大核心议题：独生子女家庭的结构与关系特征、独生子女是否是"小皇帝"及其教育影响、独生子女家庭养老的挑战。

  为了探寻答案，他采用调查研究法，因湖北省的人口、家庭结构等指标具有全国代表性，故选定湖北省为样本区域。在样本选取上，他兼顾城市规模与类型，确保研究的普适性。受限于资源，研究采取横剖设计，聚焦于小学生独生子女群体，通过其家长获取资料。

  1988年秋，风笑天博士奔波于湖北各地，亲自发放并回收问卷。他深入学校，与师生广泛交流，精心布置调研工作，并获得了师生及家长的热情支持。历经数月的努力，他收集了大量珍贵的数据。

  在数据整理与分析阶段，风笑天博士严格筛选问卷，组织团队进行编码与录入，最终利用统计产品与服务解决方案（SPSS）软件深入挖掘数据背后的故事。研究发现，独生子女家庭多呈"三口之家"形态，多数父母渴望生育二胎，且父母角色在独生子女教育中更加多元。此外，研究还否定了"独生子女皆是'小皇帝'"的刻板印象。

  1990年，风笑天博士以扎实的数据与深刻的洞见完成了博士论文。两年后，他将研究成果凝结成《独生子女：他们的家庭、教育和未来》一书，为我国独生子女问题的研究贡献了重要的力量。

社会调查作为一种深入探索社会现象、揭示社会规律的认识活动，其过程必须严谨且遵循一定的标准化程序，以确保调查的科学性和系统性。而在整个社会调查的过程中，进入调查现场之前的精心构思是至关重要的。它如同建筑师在设计高楼大厦前的蓝图绘制，直接关系到后续工作的进展及最终成果的质量。其中，选题和方案设计是尤为关键的环节。社会调查的选题应当紧扣社会热点、反映实际需求，并具备一定的研究价值和可操作性。方案设计则需要详细规划调查的目的、内容、方法、步骤和预期成果等，以确保调查过程有条不紊、科学严谨。

◆ 第一节　社会调查的一般程序 ◆

学术界对社会调查流程的具体阶段划分存在细微差异，但按照时间顺序和各自承担的任务，大致可划分为四个关键阶段：精心筹备的准备阶段、扎实执行的实施阶段、深入剖析的分析阶段、全面总结的总结阶段。每个阶段都承载着特定的使命，共同构成了社会调查这一复杂而有序的整体。

一、社会调查的准备阶段

准备阶段是社会调查的决策阶段，必须从思想上予以重视，舍得投入。准备工作不认真、不充分是有些初学者调查失败的重要原因之一。许多大规模的社会调查，往往都需要几个月甚至几年的时间做准备，而现场调查的时间却要少很多。初学者进行小规模的社会调查虽然不需要这么长的准备时间，但也要舍得投入比较多的精力和时间做好各项准备工作。充分准备可以避免调查的盲目性，保证调查的顺利实施。具体来说，准备阶段的工作任务主要有以下几项。

（一）选择课题

在准备阶段，选题工作至关重要。选定一项具有探索价值、充满吸引力和切实可行的调查课题是社会调查的奠基之石，往往意味着成功的开始。在构思一个调查课题时，并非随意从纷繁复杂的社会议题中抽选，而是需要经过深思熟虑的筛选与评估。一个课题能否成为高质量的社会调查对象，其判定依据不仅局限于题目本身的内涵与意义，更需要全面考量调查者自身的多维度条件与外部环境的需求。这包括但不限于调查者的研究目的、所需资源、实际能力、个人兴趣偏好，以及当前社会现实所迫切呼唤的解答与解决方案。需要注意的是，这里所说的调查课题，与第二章所说的"社会问题"有相关性，但又不能完全等同。调查者选择的调查课题往往反映的是某个社会问题，但调查课题比这个社会问题更具体、更明确。在第二章中，我们提到了很多社会问题，如贫困、种族歧视、家庭暴力、就业问题、人口问题、环境问题等，但这些社会问题都很宽泛，不能直接作为调查的题目，因此在选题阶段就需要把比较含糊、笼统、宽泛的调查课题加以具体化和精确化，尽可能缩小调查课题的范围，使调查工作有的放矢。关于选题的来源、方法、明确化等内容，我们会在本章第二节中进行详细介绍。

（二）设计方案

所谓设计方案，就是根据调查目的，对整个调查工作的对象、内容、方法、程序、物质保障等进行设计与规划。凡事预则立，不预则废。社会调查是一项系统性的工作，必须有严密的计划，只有这样才能提高效率，实现调查目的。在选定调查课题之后，接下来要做的并不是马上实施调查，而是要做好周密的方案设计和规划。方案设计的质量对整个调查工作有着非常重要的影响，因此调查者应该高度重视这项工作，把所有问题考虑周全。具体来说，至少包括以下几个方面的工作：第一，明确调查目的和调查方法；第二，明确调查对象和分析单位；第三，明确调查内容；第四，明确抽样方案；第五，明确资料收集方法和工具；第六，明确调查者及其分工；第七，明确调查进度和经费预算。关于方案设计的具体内容，我们会在本章第三节中进行详细介绍。

值得注意的是，在设计方案之前，调查者要先进行一些初步的、探索性的调查研究，以探明调查课题的轮廓。这便意味着调查者需要广泛撒网，搜罗前人研究的成果，掌握调查课题的新动态、新发展，并据此提出一定的研究假设。然而，并非每项调查都需要提前设定研究假设，尤其是那些仅描摹现象的描述性课题。但对于因果性课题和预测性课题，必须在方案设计之初就提出明确的研究假设，否则就不可能设计出科学的调查方案。

（三）组建队伍

1. 调查者的素质要求

一项调查的顺利进行离不开一个好的调查团队，所以在准备阶段还有一项工作，就是组建调查团队。在组建调查团队时，主要有两个方面的考虑：团队成员的个人素质和调查团队的素质结构。

一般来说，一位合格的调查者应该具备一些基本素质。一是政治素养。调查者需要心系民生福祉，怀揣强烈的社会责任感，确保调查工作能够贴近基层，倾听民众心声，切实反映社会的真实面貌，服务于人民的根本利益。二是知识素养。调查者需要扎实掌握相关学科的基础理论知识，特别是社会调查的方法论，同时对党和国家制定的方针政策及法律法规有深入的理解与把握，以便在调查过程中能够准确解读社会现象，避免偏差。三是能力素养。调查者需要展现出多元化的才能：应具备良好的沟通表达能力，能够清晰、准确地传达调查意图与结果；阅读与写作能力同样重要，用以整理与分析资料、撰写报告；数学与统计能力则是处理调查数据的关键；团队合作能力、人际交往能力和面对突发情况的应变能力，都是调查者在复杂多变的调查环境中不可或缺的素质。对于调查团队中的领导者和组织者而言，更需要具备出色的组织能力和丰富的管理经验，以引领团队高效运作。四是心理和身体素质。调查工作往往伴随着高强度的劳动与不确定的挑战，因此调查者需要具备坚韧不拔的意志品质、吃苦耐劳的敬业精神和强健的体魄，以应对各种艰苦环境、满足流动性工作的需求。

在组建调查团队时，除考虑团队成员的个人素质外，还必须考虑调查团队的素质结构。例如，在调查团队中既要有善于总揽全局、协调关系的领导者和组织者，也要有具有实干精神、执行力强的执行者；既要有擅长统计和计算机操作的人员，也要有善于写作和研究的人员。此外，还要根据调查课题的内容和实际情况考虑调查团队的知识结构、性别结构、地域结构等。

2. 调查者的培训

在正式开展调查之前，还需要对调查者进行培训。首先，强化思想引领是培训的首要任务。培训的意义在于，通过深入浅出地讲解，使每位调查者都能深刻理解本次调查工作的深远意义与重大价值，从而激发他们的内在动力与责任感，确保每位调查者都能以饱满的热情和积极的态度投身于调查之中。其次，理论知识的学习是奠定坚实基础的关键。培训内容需要涵盖党和国家的最新政策导向、相关法律法规的解读，以及与本次调查课题紧密相关的专业理论知识。通过系统地学习，调查者可以构建起全面的知识体系，为后续的实践工作提供有力的理论支撑。再次，针对调查方法的培训同样至关重要。调查团队中的领导者和组织者应根据既定的调查方案，有针对性地教授调查者各类调查技巧与方法，并重点强化应对特殊情况或意外事件的能力训练。通过模拟演练与实战指导，帮助调查者掌握灵活多变的调查策略，确保其在复杂多变的调查环境中能够游刃有余。最后，明确调查流程与规范也是培训不可或缺的一环。调查团队中的领导者和组织者应详细介绍调查的基本步骤与具体安排，确保每位调查者都能清晰了解整个调查过程的脉络与节奏。同时，需要强调在调查过程中应严格遵守的纪律与规章制度，以保障调查的公正性、客观性与权威性。

就培训的方法而言，最为常见的是采用集中讲授的方法，还可以采用阅读和讨论、模拟调查等方法。在培训的过程中，可以组织调查者阅读与调查课题有关的政策法规、前期研究成果等，加深其对调查课题的认识和了解，使其对一些重要问题开展交流和讨论。对于初学者，还应该组织调查方法和技巧的示范或模拟培训。例如，在开展问卷调查或访谈调查之前，可以由有经验的调查者做一些示范，也可以通过情景模拟进行一对一的模拟调查。

二、社会调查的实施阶段

实施阶段也称收集资料阶段或调查方案的执行阶段，是社会调查获取第一手资料的关键阶段。在这个阶段，调查者要做好以下两个方面的工作。

（一）收集资料

调查者要获取第一手资料，就必须进入调查现场，与调查对象直接接触。通常情况下，调查者可以通过熟人介绍或自我介绍等方式与调查对象取得联系，向其说明本次调查的目的、内容和方法等，以取得调查对象的支持与协助。

调查者可以选择恰当的方法来收集所需的资料，如问卷调查法、访谈调查法、观察调查法等。不同的调查方法的具体流程和注意事项也有所不同。关于各种调查方法的具体流程和技巧，可以参考本书第三部分的相关内容。

需要注意的是，在收集资料的过程中，不管采用什么样的调查方法，都务必做好观察和记录工作，包括文字资料的收集和口头资料的收集。另外，对获取到的各种数据和资料要及时进行整理与审核，以便发现其中的漏洞和存在的问题，及时进行资料的补充和修正工作。

（二）组织管理

在实施阶段，涉及的人员多，调查的工作量大，情况也比较复杂，遇到的困难和问题也最多，所以调查团队中的领导者和组织者必须做好组织与管理工作。首先，要争取调查对象的支持与配合，安排好调查进程，做好外部的各种沟通和协调工作；其次，要加强对调查者的实践训练和指导，对于初学者要给予必要的帮助，做好质量控制工作；再次，要及时总结调查过程中的经验与教训，遇到一些新情况和新问题要及时予以解决，做好内部协调工作；最后，要对调查现场获取的资料进行初步整理和严格检查，以便及时发现问题并就地解决。

此外，在实施阶段还可能出现原有的方案设计与现实存在偏差、缺乏可行性等问题，这就需要调查者发挥主动性和灵活性，根据实际情况对原来的调查方案进行适当修正和调整。

三、社会调查的分析阶段

在实地调查结束后，就进入分析阶段。分析阶段也称研究阶段，是社会调查从实地数据收集转向理论分析的过程。在这个阶段，调查者需要对现场收集的原始资料进行深入的审查和处理，确保信息的准确性和可靠性。该阶段涉及三个关键步骤。第一，整理资料。调查者必须严格检查资料的真实性，剔除虚假、错误、不完整或重复的信息，以保证信息的质量和完整性；对经过审核的资料进行分类、汇总，并加工成有组织的数据集合，使其能够清晰、集中地反映调查对象的整体状况。第二，分析资料。调查者既要对定性资料进行分析，也要运用统计学原理和方法对定量资料进行量化分析，揭示调查对象的特性及其与其他因素之间的联系，为后续的理论分析提供实证基础。第三，理论思考与研究。调查者应基于统计分析结果，结合相关学科的理论框架进行深入的思考和研究，阐述社会现象的因果链，验证研究假设，并形成理论性的结论。

四、社会调查的总结阶段

撰写报告和评估总结是总结阶段的两大核心任务。调查报告通过文字和图表的形式将调查的数据、发现、分析和结论一一呈现，不仅是对调查结果的全面展示，更是对整个调查工作的深度总结。一般来说，每项调查最后都应该完成调查报告。一份标准的调查报告应该包括调查的目的、意义、方法、数据收集和分析过程，以及得出的结论和对策建议等。本书的第四部分将详细介绍如何撰写调查报告。

调查报告撰写完以后，并不意味着整个调查工作的结束，最后还要做好调查工作的评估和总结。在评估一项调查研究的成果时，应从两大维度出发，即学术严谨性与社会研究价值。首先，针对学术严谨性方面，需要深入剖析该调查所呈现的事实依据、数据支撑、理论见解和采用的调查方法，确保评估的客观性与专业性。同时，调查者还应关注这些理论观点与方法的创新性和科学性，以衡量其在学术领域的贡献与影响。其次，就社会研究价值而言，重点在于考察研究成果的实际应用效果及其对现实工作的指导意义。这就要求调查者不仅要审视研究结论是否切中社会问题的要害，提出的建设性意见是否具备可行性，还要评估这些结论在实际操作中的转化效率与效果，以及它们对政策制定、社会决策等方面的具体影响。最后，对整个调查工作的总结与反思同样不可或缺。这个过程不仅是对项目执行情况的全面回顾，更是对经验与教训的深刻提炼。通过总结成功之处，调查者可以积累宝贵的经验，为未来的研究提供借鉴；面对失败与挑战，调查者更应勇于剖析原因，从中吸取教训，不断探索改进调查工作的新途径、新方法，以期在未来能够更高质量地完成其他社会调查项目。

　　总之，通过以上总结与提炼，我们明确了社会调查的一般程序，如图4.1所示。

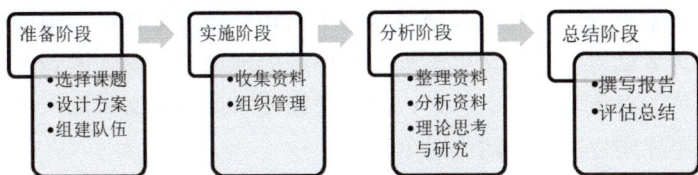

图4.1　社会调查的一般程序

第二节　社会调查的选题

　　社会现象纷繁复杂，每一面都蕴藏着成为调查课题的潜力。这使选题看似拥有无限的空间，实则暗藏挑战。人们或许会误以为选题不过是信手拈来之事，实则不然；要在浩瀚的社会现象中遴选出一个既具深度又富价值的调查课题实属不易。良好的开端是成功的一半。一个高质量的调查课题，不仅能为后续的研究奠定坚实的基础，更能在很大程度上预示着研究的成功。因此，"选好课题"不仅是一个简单的动作，更是解决问题、迈向成功的重要一步。选题的质量直接体现了调查者的专业素养和研究水平，也决定了最终调查结果的实用性和影响力。因此，在选题时，调查者务必深思熟虑，确保选题的科学性、合理性和可行性。

一、选题的来源

　　在人类社会中，社会关系、社会现象、社会产物、社会心理等相互交织，表现形式丰富多样，为调查研究的选题提供了广阔的空间。有的选题是调查者个人生活经历的深刻烙印，有的选题是调查者对周围世界的细致观察，有的选题可能源自调查者思维火花的突然碰撞。对调查者来说，在确定调查课题时需要进行全面的考量。选题的来源主要有以下四种途径。

（一）社会生活

在社会的广阔舞台上，各类社会问题、文化现象、人群行为模式、群体心理状态和错综复杂的社会关系网络等，共同构成了调查研究的丰富内容。这些元素不仅体现了社会的多样性与动态性，更为调查者深入理解社会运行规律、把握社会发展趋势提供了宝贵的窗口。对于有志于从事调查研究的学者与学生而言，培养敏锐的观察力与深刻的思考力显得尤为重要。调查者需要时刻保持对社会现象的敏感度，善于从日常生活中捕捉那些看似平凡却蕴含深意的信息；同时，还需要勇于质疑、勤于探索，对各类社会现象与问题不断提出"为什么"的追问，以揭示其背后的深层逻辑与动因。例如，随着共享单车行业的快速发展，我们在日常生活中会发现有大量的共享单车被随意停放，占用了地铁出入口、人行道、消防通道等，阻碍了行人的正常通行，很容易导致交通事故，并且影响市容环境。为什么会出现这样的现象？是车辆投放数量过多还是道路规划不合理？是停车设施与容量不足还是停放区的设置不合理？是相关部门监管不力还是特定人群的习惯性行为？有了这些观察和思考，调查者就可以对共享单车被随意停放的现象进行深入的调查，找寻其背后的动因，提出有价值的对策与建议。总之，好的选题要求调查者必须深入生活，广泛接触社会，细心观察，不能闭目塞听、闭门造车。

（二）现实需要

在人类社会的历史长河中，社会实践作为推动文明进步的不竭动力，始终伴随着人类的生存与发展。在这一持续进行的探索与实践中，人们逐渐形成了多样化的需求体系，包括理论研究需求、实际工作需求、社会发展需求等诸多类型。基于这些源自实践深处的需求，调查者得以构建出调查课题的重要来源。调查者需要在广泛的社会实践中敏锐地捕捉那些反映时代脉搏、具有深远意义的需求，进而通过深入分析、精心选择与提炼将这些需求转化为明确而具体的调查课题。社会调查就是为了解决问题，满足各种现实需要而存在的。社会调查作为洞悉社会风貌、应对社会难题的关键途径，在中国特色社会主义的宏伟蓝图中占据了举足轻重的地位。党和政府通过精心规划的政策导向与民生关怀，致力于推动社会的繁荣与民生福祉的增进。在选择调查课题时，调查者需要紧密贴合党和政府的战略需求，聚焦于那些深刻影响民众日常生活、牵动社会神经的热点议题。通过细致入微的调研工作，调查者能够敏锐捕捉到那些潜藏于表象之下的、具有广泛代表性和明显趋势性的问题。这些宝贵的发现不仅为党和政府的科学决策提供了坚实的支撑，也为相关职能部门的政策制定提供了精准的导航。如此选题不仅能彰显党和政府强烈的现实关怀，更易于引起广大民众的共鸣，赢得他们的支持，从而展现出深远的社会意义。

来自社会现实的选题

2022年，我国进城务工农民工已超过2.6亿人，他们不仅是城市发展与经济繁荣的坚实基石，更是社会进步不可或缺的力量源泉。为了更全面地了解他们的居住环境与融入城市的意愿，国家统计局衢州调查队精心策划，于柯城区、衢江区及龙游县内随机遴选了60户具有代表性的进城务工农民工家庭，进行了一场深入而细致的专题调研。调研结果令人欣慰，亦引人深思。一方面，衢州市的进城务工农民工群体正逐步迎来居住条件的显著改善，他们的生活品质日益提升，对当前居住环境的满意度普遍较高；另一方面，调研也揭示了一系列亟待解决的问题，如住房标准尚待提升，他们的定居与户籍迁移的意愿相对较低等。我们必须正视这些问题，将改善进城务工农民工的居住条件、促进他们的社会融入作为政府工作的重要议题。

（三）个人经历

社会生活的多样性与个体经验的独特性共同塑造了我们对现实世界的多元理解。每个人作为社会结构中的独特单元，均在其特定的社会位置与人生轨迹上行进。这种个性化的道路不仅决定了个体经历的丰富性，也深刻影响了个体对社会现实的认知与感受。即便在看似相同的生长环境中，个体之间的差异依旧显著。这种差异不仅体现在外在的行为模式上，更深刻地反映在其内在的心理状态与价值观上。因此，当我们试图理解社会现象、分析社会问题时，必须充分认识到这种个体层面的多元性。正是基于这种多元性，调查课题才得以源源不断地涌现。许多具有创新性且切实可行的调查课题，往往都源自调查者个人独特的生活经历、深刻的情感体验及其对社会现象的敏锐洞察。例如，不少大学生在大学期间都有过谈恋爱的经历，但每个大学生的恋爱经历和体验都不一样。有些大学生可以很好地处理恋爱和学习的关系，实现了爱情、学业双丰收，但也有些大学生因为谈恋爱而耽误学习。对于这种现象，很多大学生可能觉得司空见惯，但也有些大学生会通过自身的体验和观察进行进一步的思考：为什么会有这种差异？大学期间谈恋爱会为自身或对方带来哪些影响？该如何处理恋爱和学习的关系？怎样做才能实现爱情、学业双丰收？为了找寻这些问题的答案，这些大学生就有可能选择"大学生恋爱和学习的关系调查"作为自己的调查课题。所以，对调查者来说，自己经历的一件事情或参加的一次活动，与身边同学、朋友进行的一次交谈等，都有可能成为一个调查课题产生的最初火花。

（四）现有文献

上述三种选题途径都来源于社会现实，其实社会调查的选题还可以从现有文献中去寻找。我们在阅读各种学术著作、学术论文、教科书、报纸杂志的过程中，都有可能产生一些激发我们研究某个问题的灵感和火花。有时候仅仅通过浏览这些期刊上的文章标题，我们便能窥见社会调查的广阔天地，发现众多潜藏着的、待挖掘价值的调查课题。在阅读各类社会科学文献时，培养批判性思维至关重要。这意味着调查者要以审视的眼光去看待每一篇文章，不盲从、不迷信，敢于质疑既有观点，勇于探索未知领域。正是这样的精神，才能激发调查者内心深处的创造力，使调查者产生新颖而深刻的研究想法。另外，要善于联想和举一反三。例如，我们在阅读了一篇关于"城市社区党群服务中心建设存在的问题与对策研究"的文章之后，就可以联想到农村社区党群服务中心建设存在哪些问题，与城市社区党群服务中心建设存在的问题有什么不同。这同样是值得研究的调查课题。再如，在读到人工智能对大学生的择业观产生了重要影响的调查报告之后，我们也会产生相应的联想：人工智能对大学生的心理、学习、消费、就业、价值观等方面是否也产生了重要影响？也可以换个角度联想：除大学生群体外，人工智能还对哪些群体的职业选择产生了重要影响？

来自现有文献的选题

2007年，廉思主编偶然间翻阅到了《中国新闻周刊》上的一篇文章——《向下的青春》，该文描绘了一名大学毕业生在北京这座繁华都市中奋斗与挣扎的真实图景。他凭借深厚的学术素养与敏锐的洞察力，立刻意识到这背后所隐藏的是一个亟待社会关注与关怀的庞大群体，更是一个亟待深入研究的重大社会问题。怀揣着这份责任感与使命感，廉思踏上了前往大学毕业生聚居村的考察之旅。回来后，他迅速组织了一次大规模的社会调查，通过严谨的数据分析与深入的访谈记录，形成了一份沉甸甸的调查报告。这份报告不仅触动了无数人的心弦，更引起了中央领导同志的高度重视。之后，廉思撰写并出版了《蚁族——大学毕业生聚居村实录》一书，带来了广泛的社会影响。

除以上几种来源外，还可以从自己感兴趣的领域中寻找选题，也可以向专业人士征询有益的建议。需要注意的是，在现实生活中，调查课题的选择不是单一、线性的过程，而是多因素交织、相互作用的结果。一种社会现象可能是最初的触发点，它引起了调查者的注意，并激发了调查者的研究兴趣；而个人经历和感受，以及对现象成因及其与其他现象之间关系的推测和判断，更是为调查者的研究提供了独特的视角和深度。同时，阅读相关文献也是一个非常重要的环节。当调查者发现已有的研究结论与自己的判断不一致时，内心就会产生冲突和矛盾，这种冲突和矛盾正是推动调查者进一步探索的动力。调查者可能会因此设定一个调查课题，用以验证或修正已有的研究结论，或者探索新的结论。所以，调查课题的选择确实是一个复杂且多元的过程，需要调查者从多个角度、多个层面进行思考和探究。

二、选题的方法

万事开头难。尽管社会生活、现实需要、个人经历和现有文献为调查者提供了丰富的素材与灵感源泉，但面对纷繁复杂的信息海洋，如何精准定位、提炼出一个高质量的调查课题，仍是许多调查者面临的挑战。为了解决这一难题，我们可以从选题的来源出发，探寻一系列行之有效的选题方法。

（一）借鉴专业理论

当代著名社会学家费孝通曾说过："怎么提出问题？首先要学会从客观事物的发展里提出问题。怎样才能看到问题呢？要学习基本知识。基本功不够，你就看不出问题，再看也看不出来。"唯有理论基础功夫扎实，方能洞见问题之所在，否则即便能看到问题，亦难触及问题的核心。社会科学各领域所积累的丰富理论成果，正是调查者构建研究框架、确定调查课题的坚实基石。以教室自习时的一则细微观察为例，在空旷的教室中，一位陌生人选择坐在你的身旁，这份不期而遇的"亲近感"往往令人心生不适，使人们倾向于选择更远的座位以保持社交距离。这一普遍现象在普通人眼中或许不过是生活中的小插曲，但对于社会学专业的学生而言，却是探索"大学生社交距离"这一课题的宝贵契机。

（二）强化问题意识

现实世界中的选题非常丰富，那些蕴含深刻意义的课题往往隐匿于日常琐碎之中，难以被捕捉。毕竟，从苹果落地的寻常景象中能够发现地球引力的只有牛顿一人。社会生活中每天都在"上演"着各式各样的现象、问题与事件，它们虽触手可及，却因人们缺乏问题意识而常常被忽视。以大城市中的居民生活为例，高楼林立间，人们各自生活，邻里间的交流变得日益稀缺。若调查者能以问题为导向深入剖析这一现象，勇于提出"为何""如何"等疑问，或许就能挖掘出如"城市居民社区交往方式"这样具有研究价值的课题。这提醒调查者，那些看似平凡无奇、习以为常的社会现象，实则蕴藏着丰富的调查潜力，等待着自己去发掘。因此，调查者不应轻易对任何现象视而不见，而应培养并强化自身的问题意识。这意味着，在面对生活中的种种现象时，调查者要敢于质疑、勇于探索，不断追问其背后的原因与意义。当然，这种怀疑与思考并非无的放矢，而是应建立在扎实的科学理论基础上，以确保调查者的探索既富有成效又充满理性。

（三）进行广泛联想

除从社会生活、现实需要、个人经历和现有文献中去寻找调查课题外，还有一种方法就是联想。以市场经济对大学生的影响为例，当调查者在某学术期刊中看到探讨此现象的文章时，不应仅满足于对择偶观变迁的单一分析。相反，调查者应以此为起点，进行广泛的联想。具体而言，调查者可以进一步探究市场经济是否重塑及如何重塑了大学生的学习观念、消费观念、消费行为乃至就业观念，并量化、评估这些影响的深度与广度。此外，调查者还可以进一步思考：市场经济对大学生的多维度影响是否同样适用于工人、军人、科研人员等其他社会阶层？这些不同群体在市场经济的浪潮中，各自展现出何种独特的应对方式与影响特征？在此过程中，调查者应秉持全面、深入、多维度的原则，对既定问题进行广泛而细致的联想。通过由此及彼、由表及里、由内到外的思维路径，调查者能够换个角度、换个立场审视问题，从而发现那些被常规视角遮蔽的新问题、新思路。

三、选题的明确化

将选题明确化的过程，是社会科学研究中至关重要的一步。许多调查者在最初构想调查课题时，往往只有一些较为宽泛或抽象的灵感。这些灵感虽然富有启发性，但尚不足以直接指导具体的调查工作。因此，在这个阶段，调查者需要耐心地进行基础资料的收集与梳理工作。这个过程不仅能帮助调查者更全面地了解所关注领域的研究现状、理论框架及实践应用，还能使调查者将最初的灵感逐渐聚焦、细化，最终转化为一个可观测、可操作且具体的调查课题。将选题明确化是避免盲目收集资料、确保调查工作高效有序进行的关键。通过这个过程，调查者能够清晰地界定研究范围、明确研究问题、设定研究目标，并为后续的研究设计、数据收集与分析奠定坚实的基础。

社会调查的初学者在选题时往往会出现一种通病，就是选题太大、过于宽泛和笼统。例如，某大学生选择的调查课题是"我国农村留守儿童现状调查"。这个调查课题有很重要的意义，但缺乏可行性，题目在外延和内涵上都过于广泛。首先，关于调查课题的外延界定，调查者应将视角从全国范围缩小至更为具体的地域单元，如某个乡、村或特定区域，从而确保研究范围的可控性与数据的可获得性。这样的调整不仅能使研究更加聚焦，还能有效避免资源分散与数据收集难度过大的问题。其次，从内涵描述上，调查者需要将宽泛的"留守儿童现状"细化为具体可操作的子议题。留守儿童问题涵盖了监护、教育、心理、隔代抚养等多个方面，初学者应选取其中一个方面作为研究的切入点，以保证研究的深度与专业性。例如，选择"某乡留守儿童心理健康状况调查"或"某村留守儿童亲子关系调查"等具体课题，能够使调查者的研究更加集中，也更容易获得深入、有价值的发现。此外，为了进一步丰富研究的层次，提升研究的深度，调查者还可以设计两个变量，探讨它们之间的关联与影响。例如，"农村留守儿童心理健康与社会支持的关系调查"或"农村留守儿童成长与家庭教育缺失的关系调查"等课题，不仅能揭示留守儿童问题的内在机制，还能为相关政策的制定提供科学的依据。

四、文献回顾

无论是在选题还是在将选题明确化的过程中，文献回顾都发挥着非常重要的作用。通过查阅相关文献，调查者可以了解本领域中已有的研究成果，以便在前人的基础上确定有价值的调查课题。具体来说，文献回顾主要包括以下几个步骤。

（一）查找文献

为了构建研究的基础，首要任务是广泛收集各类文献，包括著作、学术论文、统计资料及档案材料等。图书馆与网络作为两大宝库，是调查者获取这些宝贵资源的主要途径。学术论文与调查报告因其实用性较强、深度较高，被频繁查阅。利用各类检索工具，调查者可以高效地锁定目标文献。值得注意的是，尽管报纸、电视及网络上的文章与评论能激发灵感，但它们通常不被视为直接文献资源，而更多地作为思考的起点。

（二）选择文献

面对浩如烟海的文献，如何精准筛选成为关键。以下几个标准可供参考：首先是研究的相关性，要确保所选文献紧密贴合调查课题；其次是发表时间，一般来说，越是近期的文献越能反映当前的研究动态与趋势，尤其对于应用性调查十分重要；再次是作者的学术地位，高学术地位的作者往往能产出更具影响力与权威性的文献；最后是刊物级别，高级别刊物上的文章往往经过严格筛选，质量更有保障。当然，这些标准并非绝对，最终还需要结合个人阅读与评价进行综合判断。

（三）阅读与分析文献

阅读与分析文献是深入理解研究领域、构建理论框架的重要过程。这个过程需要耐心与细致，不仅要投入足够的时间，还要注重效率。在阅读时，应重点关注每项研究的理论框架、背景、目的、方法及结果等核心要素。同时，应培养良好的阅读习惯，如边读边记边评，对摘录的原文注明出处与页码，这些基础性的工作将为后续的文献整理、总结、综述与写作提供极大的便利。

（四）文献综述

在前期阅读与分析文献的基础上还需要完成文献综述，即对调查课题相关的文献进行归纳、综合、整理，并做出综合性的介绍和阐述。文献综述常常分为"述"和"评"两个部分。首先要做好"述"，即对整体研究情况进行综合介绍，可以按主题、时期或其他标准进行分类介绍，突出一些最重要的研究成果；然后要做好"评"，即指出已有研究的不足，提出一些新的研究角度和内容。

第三节　社会调查的方案设计

社会调查是一项系统性的工作，涉及的环节比较多，一些较大规模的调查会牵涉很多人员。如果没有一个整体的规划和设计，就无法保证整个调查工作的顺利进行。以文字形式对调查各环节的具体安排和注意事项做出总结与计划，就是社会调查的方案设计。方案设计实际上是整个调查的框架和蓝图，是调查者开展调查研究的行动纲领，是整个调查过程管理和控制的依据。本科生、研究生的毕业论文开题报告，以及各种课题申请书，都可以看作一种研究计划或方案设计。方案设计的内容应该涉及整个调查的全过程，主要包括以下几个方面的内容。

一、明确调查目的和调查方法

（一）明确调查目的

社会调查的总体方案设计首先应说明为什么要开展这项调查，调查的主要目的是什么，在理论和实践上有什么样的价值与意义。调查目的会影响调查对象、调查方法、调查程序等，因此在方案设计中必须认真考虑。如果连调查的目的和意义都说不清楚，那么这项调查是否有必要继续进行就值得怀疑了。虽然每一项具体的社会调查的目的各不相同，但大多可以归结为探索、描述、解释、预测、控制这几个基本目的。具体来说，明确调查目的主要回答以下三个方面的问题。一是通过调查要取得哪些研究成果：调查要解决什么问题？解决到什么程度？是描述一般情况还是探究因果关系？二是调查结果用什么形式表现出来：是口头汇报还是撰写调查报告或学术论文？三是这次调查能起到什么样的社会作用：是做学术性探讨还是向有关部门提出对策与建议？

（二）明确调查方法

调查者必须在方案设计中明确本次调查的具体方法。社会调查按照性质通常可以分为定性调查和定量调查两大类，二者的差别实际上是社会调查方法与技术上的差别。一旦调查者明确了调查目的，紧接着就要确定调查的性质，因为这将深刻影响后续方案设计的各个方面。定性调查与定量调查在资料收集、资料分析方法和整个调查流程上都展现出了显著的差异。

1. 定性调查

作为一种深度探索调查对象本质属性的研究方法，定性调查不从量的角度对事物进行衡量，而是侧重于科学抽象、理论分析和概念认知。这种方法的魅力在于，它能够穿透表面现象，深入体会调查对象的感觉、动机、态度和反应等这些难以用数字精确描述的元素。此外，定性调查还具备时间效率高、成本相对低廉的优势，这使其在许多研究项目中成为首选。然而，定性调查也并非完美无缺，其最大的挑战在于样本的代表性问题。由于定性调查通常选取的是少数典型个案，因此所得结果可能难以全面反映总体情况。此外，调查过程中调查者与调查对象之间的互动也可能成为影响调查质量的一个不确定因素。

定性调查赋予了调查者高度的自由与灵活性，使调查过程更加贴近实际情境与个体经验。在选定调查对象时，调查者往往依据自身深厚的专业背景与敏锐的观察力，挑选出那些具有代表性与典型性的少数个案进行深入剖析，而非拘泥于严格的随机抽样原则。在资料收集方面，定性调查倾向于采用深入实地的观察与访谈方法。调查者亲自踏入调查现场，与调查对象进行面对面的交流，旨在通过细致入微的观察与深入的对话，捕捉到那些难以通过量化手段获取的真实感受与态度。这种直接而深入的资料收集方式，为调查者提供了丰富而生动的第一手资料，为后续的分析与解释奠定了坚实的基础。在分析方法上，定性调查摒弃了传统的实证主义分析框架，转而采用更为主观、思辨的方式，对收集到的资料进行归纳、整理与体验式分析。

以医患关系问题为例，如果调查者采用定性调查的方法，那么他可能会根据自己的理解和判断，选取一家具有代表性的医院作为调查现场。然后，他会精心挑选医生、病人、医院负责人等关键角色进行深入访谈，还可能组织座谈会来收集更全面的信息。通过这种方式，调查者能够深入了解这家医院医患关系的具体情况，并据此得出具有典型意义的结论。虽然这个结论可能无法直接推广到所有医院，但它对于理解医患关系的复杂性和多样性无疑具有重要的参考价值。

2. 定量调查

定量调查是指通过标准化的问卷调查或收集一些统计资料，获取定量的数据，并利用计算机技术对获取的数据进行整理、分析和报告撰写的一种方法。这种方法的优势在于，确保了结果的可量化与高精确度，同时减少了调查者主观因素的干扰。然而，它在深入挖掘细节方面可能有所欠缺。尽管如此，由于其突出的优势，定量调查在社会研究中依然备受欢迎，并被广泛应用。

在定量调查中，方法的使用具有严格的规范性。除直接获取统计资料外，问卷调查的样本选取依赖随机抽样，以确保样本能够代表总体，并采用封闭式问题的自填式问卷和结构式访问法收集数据。而在资料分析阶段，则广泛运用 Excel、SPSS 等统计软件，采用实证、客观、统计和演绎的方法，得出科学严谨的结论。从思路上看，定量调查主要强调样本的代表性问题，即在从设计调查方案、抽样方案、测量方案、资料收集方式、资料分析方式到撰写调查报告的过程中，一系列规则所保证的样本对总体的代表性问题。

以青少年初次犯罪现状的定量研究为例，首要任务是依据概率抽样原理，精心筛选出能够充分代表目标总体特征的样本群体。此步骤的核心在于确保样本的随机性、代表性与无偏向性，为后续分析奠定坚实的基础。随后，需要投入大量的精力设计一份结构严谨、内容全面的问卷。问卷的设计应紧密围绕研究目的，力求问题清晰、明确，且能够全面覆盖青少年初次犯罪的多个关键维度，如年龄、性别、家庭背景、犯罪类型等。个别发放问卷的方式能够确保每位调查对象都在相对私密且不受干扰的环境下独立完成问卷，从而提高数据的真实性与可靠性。进入数据分析阶段，应充分利用描述性统计分析工具，对收集到的数据进行深入挖掘与剖析。这个过程旨在通过图表、数字等形式，直观展现青少年初次犯罪的年龄分布特征、性别比例差异、家庭背景多样性和犯罪类型的具体构成等。通过详尽的描述与分析，调查者不仅能揭示青少年初次犯罪的现状与特点，还能为后续的成因探讨与对策制定提供有力的数据支撑。最终，基于严谨的数据分析与科学的推理，调查者能够提炼出具有广泛推广意义的结论。

总之，定性调查与定量调查既相互独立又紧密相连。这两种调查方法在内容侧重点上各有千秋，在功能上形成了完美的互补。定性调查专注探索个体经验、感受与态度的深层内涵。它不拘泥于数字的束缚，而是通过深入访谈、实地观察等方式，揭示那些隐藏在数字背后的故事与情感。而定量调查则依赖精确的测量和广泛的样本，力图通过数字的力量揭示总体的真实面貌。它追求的是变量的分布和数据的规律性，为调查者提供了量化社会现象的坚实基石。有趣的是，这两种调查方法在实际应用中往往不是孤立存在的，它们常常携手合作，共同推动研究的深入发展。例如，在问卷设计的过程中，调查者会先通过定性调查了解调查对象的真实需求和反馈，进而优化问卷的内容、措辞和结构。这种试访的过程虽然属于定性调查的范畴，但它也为后续的定量调查提供了宝贵的指导和支持。此外，社会调查的划分也并非绝对。一个看似以定量为主的研究项目，也可能蕴含着丰富的定性研究成分；而一个定性研究项目也可能采用定量的分析与表述方法。对于何为主体的问题，则可根据定性、定量在调查中所占的分量对其性质进行相对区分。

二、明确调查对象和分析单位

（一）明确调查对象

在实施社会调查之前，必须明确社会调查的对象是谁，调查在什么地区进行，调查的范围有多大。

调查对象，简而言之，就是研究过程中所关注的基本单位及其数量范畴。这些单位可能跨越多个维度，可涵盖个体层面的个人、家庭，还可扩展至集体层面的团体、组织、部门乃至社区，更可触及宏观层面的各类社会事务与现象，如住房条件、教育水平、医疗资源、婚姻状态及犯罪活动等。在明确调查对象的过程中，调查者需要依据调查目的与需求，灵活调整调查对象的范围。若旨在深入探讨某一特定现象或问题的本质，则可采用典型调查或个案研究的方法，聚焦于个别具有代表性的事例进行深度剖析与挖掘；若需从更广泛的角度把握总体特征，则可采用抽样调查的方法，从总体中精心挑选一部分样本作为调查对象，以此为基础进行推断与分析，实现以点带面、窥一斑而知全豹的效果。此外，对于某些要求全面性与准确性的研究项目，普查作为覆盖全体调查对象的数据收集方式，更是不可或缺的重要手段。

调查范围的确定有助于清晰定义调查结果可推广到的总体范围。选择调查区域应基于研究主题的需求和调查者的实际可能性。选定的调查区域应有助于实现研究目标，便于收集现场数据，并能有效节约人力、物力、财力和时间资源。通常，调查者应根据主客观条件先确定适当的调查范围，再选取具有代表性的地区或单位进行研究，并尽可能使现场调查的区域相对集中，以提高效率、降低成本。

（二）明确分析单位

在制定方案时，还需要明确调查的分析单位。所谓分析单位，是指一项社会调查中所研究的对象，个体、群体、组织、社区、社会产物都可以成为分析单位。

1. 个体

个体是社会调查中最常用的分析单位。作为构成社会的基本单元，个体的特征纷繁复杂，包括但不限于年龄、性别、职业、政治倾向及文化程度等多元维度。这些特征不仅是个体身份与经历的缩影，更是我们深入理解群体行为与社会现象不可或缺的钥匙。诚然，尽管任何个体在理论上均可作为分析单位，但社会调查的实践往往聚焦于特定群体，如大学生、公务员或老年人等，旨在通过这一聚焦，更精准地把握某一社会群体的共性与特性。这些群体，究其本质，均是由无数具有独特特征的个体汇聚而成的，他们的行为模式、价值观念乃至生活方式都在一定程度上反映了其成员个体的综合影响。当我们试图剖析某一群体中个体行为的发生机制时，分析单位自然而然地回归到了个体层面。调查者首先需要细致入微地观察、记录并分析个体的特征、行为及其背后的动因，然后通过对这些个体特征进行归纳、整理与综合，逐步构建起对该群体整体面貌的深刻理解与把握。在此过程中，个体作为分析单位的角色贯穿始终，成为连接微观个体行为与宏观社会现象之间的桥梁和纽带。例如，要调查某地育龄女性的生育情况，则每一个育龄女性都是分析单位。我们首先需要通过年龄、职业、受教育程度等来描述抽取到的每个女性的个体特征，然后通过描述其生育孩子的数量、性别、意愿等来描述每个人的状况，最后将这些描述结果整合起来，用来描述该地育龄女性的生育情况，也可以从个体特征的不同视角分析和解释导致这种生育情况的原因。所以，描述性调查以个体为分析单位实际上是为了描述个体组成的群体，而解释性调查以个体为分析单位实际上是为了发现群体运动的社会动力。

2. 群体

社会研究不能停留在个体层次上，在社会调查的过程中，家庭、邻里、班级、社团、老年人、农民、网民等各类群体也可以作为分析单位。不同的分析单位适用于不同类型的研究问题和研究目标。群体特征与个体特征的不同之处在于，群体特征通常是由多个个体特征的集合或汇总形成的。例如，家庭的特征可能包括家庭规模、结构、代际关系等，这些是单个个体所不具备的。家庭的经济状况可能是基于家庭成员各自的收入综合得出的结果，而家庭成员的平均年龄也是通过计算每个成员的年龄得到的。如果我们通过家庭的收入和教育支出来描述各个家庭的特征，想调查家庭的收入和教育支出之间存在何种关系，那么我们采用的分析单位就是家庭。以群体中的个体为分析单位和以群体为分析单位进行调查研究有显著的不同。例如，通过犯罪团伙的个体成员来研究犯罪动机，分析单位就是个体；通过对不同犯罪团伙之间的差异分析来研究犯罪动机，分析单位就是群体。

关于全国残疾人家庭收入状况的调查

在中国残疾人联合会的精心策划与部署下，《2023 年全国残疾人家庭收入状况调查方案》顺利出炉。该方案覆盖了全国 31 个省（自治区、直辖市）及新疆生产建设兵团的广阔地域，深入调研了 140 个县（市、区、旗）内共计 9706 户残疾人家庭的收入实况。数据显示，2022 年度，全国残疾人家庭的人均年收入达到了 22 262.8 元的水平，这一数字较 2021 年实现了 7.5% 的名义增长；若剔除物价等因素，实际增长率亦稳健地保持在 5.4%。回望过去，自 2016 年起，残疾人家庭的人均年收入便踏上了持续攀升的征途，展现了积极的增长态势。然而，当将这一数据置于更广泛的社会经济背景中审视时，不难发现，尽管增长显著，但 2022 年全国残疾人家庭的人均年收入仍仅占全国居民人均可支配收入的 60.4%，这一比例凸显了残疾人在收入分配中的相对弱势地位。进一步分析收入来源，我们发现转移性收入和工资性收入构成了残疾人家庭收入的主要支柱。而在支出方面，食品与医疗保健则占据了消费性支出的重要份额，反映出残疾人在生活基本需求与健康保障方面的特殊需求和压力。尽管全国残疾人家庭的收入总体呈现向好趋势，但残疾人作为社会中的特殊困难群体，其在增收与支出方面面临的挑战依然不容忽视。因此，在深化收入分配制度改革的进程中，我们必须将残疾人的实际情况纳入重点考虑范畴，致力于构建更加完善的残疾人家庭可持续增收机制，以期逐步缩小残疾人发展状况与社会平均水平的差距，让发展的成果更加公平地惠及每一位公民。

3. 组织

在社会调查的过程中，组织也可以作为分析单位。这里所说的组织指的是正式的社会组织，如学校、企业、医院、机关单位、超市等。以企业为例，其组织特征包括规模、员工数量、管理方式、年纯利润、总资产等。通过对组织的特征进行分析，同样可以解释和说明一些社会现象。例如，我们可以分析不同学校的教学质量、师资力量、学生表现等组织特征，以探讨教育资源的分配与利用问题；在研究超市行业的经营策略时，我们可以对比大型超市与小型超市在库存管理、市场定位、顾客服务等方面的策略差异等。

一项关于社区发展的社会调查

假设我们正在进行一项关于社区发展的社会调查。在这个过程中，我们可以将社区内的各种组织，如居民委员会、志愿者团体、社区文化中心等作为分析单位。这些组织在社区中扮演着不同的角色，具有各自独有的特征和功能。以居民委员会为例，它是社区治理的重要一环，负责协调居民之间的关系，解决社区内的各种问题。通过对居民委员会的组织结构、人员构成、工作机制等方面的分析，我们可以了解它在社区治理中的实际作用和效果。比如，我们可以考察居民委员会如何组织居民参与社区活动，如何协调与解决邻里纠纷，以及其在推动社区发展方面所做的努力和贡献。再来看志愿者团体，它通常由一群热心公益的居民组成，利用业余时间为社区提供各种服务。通过对志愿者团体的分析，我们可以了解社区内居民参与志愿服务的热情程度，以及这些服务对居民生活质量的改善程度。同时，我们还可以探讨志愿者团体在提升社区凝聚力、传承社区文化等方面的作用。最后，社区文化中心作为社区文化的重要载体，也是我们需要关注的分析单位之一。通过对社区文化中心的设施、活动、影响力等方面的分析，我们可以了解社区文化的特点和发展趋势，以及其如何满足居民的精神文化需求。通过将组织作为分析单位，我们可以更加全面、深入地了解社区发展的各个方面，从而为制定更加科学合理的社区发展策略提供有力支持。

4. 社区

作为特定地理空间内人群及其社会生活的集合体，社区的形态多样，横跨城市、乡村、街区等范畴，各自承载着独特的文化与生活方式。其复杂性不仅体现在人口的规模与密度上，更深深根植于社区文化多样性、成员间异质性（诸如年龄、种族、职业等差异）的交织，以及内部组织与制度安排的精密架构之中。通过对社区特征的细致剖析及其相互间关系的深入探索，调查者能够解锁诸多社会现象的密码。比如，社区的人口规模是如何微妙地调节着其流动性的，而流动人口的比例又是如何悄然改变着社区的异质性图谱的。这些研究不仅是学术探索的瑰宝，更是理解社区内部动态变迁、评估其对居民生活及社会结构影响的宝贵资料。值得一提的是，将社区作为分析单位，为调查者提供了一种从微观至宏观的研究路径。这一路径不仅帮助调查者洞察个体或小团体行为模式的微妙之处，更引领调查者跨越至更为宏大的社会结构与进程之中，实现了视角的飞跃与认知的深化。在此过程中，调查者不仅得以更全面、更系统地把握社会现象的本质，更为制定切实有效的社会政策与规划提供了坚实的科学依据。

5. 社会产物

除常见的个体、群体、组织及社区四大维度外，社会产物同样在社会调查中扮演着举足轻重的角色。社会产物作为人类行为及其结果的直接体现，涵盖了广泛而深刻的领域，如社会制度、社会关系、社会产品及社会事件等，为调查者理解社会现象提供了独特而丰富的视角。以家族关系为例，这一社会产物跨越了时间与空间的界限，成为连接不同文化与社会的纽带。通过将其作为分析单位，调查者能够深入剖析不同国家或地区中家族关系的异同，理解其在社会结构、文化传承及个体成长等方面的作用与影响。再如广告图片，这一看似简单的社会产品，实则蕴含着丰富的文化与社会信息。通过分析广告中男女形象的呈现方式，调查者能够揭示隐藏在视觉背后的性别观念与权力结构，进而探讨性别歧视在当代社会中的表现形式与影响范围。此外，群体性事件作为社会产物的一种极端表现形式，其规模、方式及目的等特征不仅反映了社会矛盾的激化程度，也为调查者理解社会变迁、政策效果及民众心态提供了重要的线索。将群体性事件作为分析单位，有助于调查者更加全面、深入地把握社会现象的本质与规律。

在社会调查中，分析单位的层次从个体到群体、组织、社区，甚至更宏观的社会产物，是逐级递进的。一个调查课题可以采用多种分析单位，这取决于研究问题的复杂性和研究目标。例如，在研究留守儿童的教育问题时，可以选择个人、家庭、学校、社区等不同的分析单位，以获取关于该问题的多维度信息。在选择分析单位时应注意，大多数调查选择一个或两个分析单位通常足以满足研究需求，但有些研究可能需要多个分析单位来捕捉现象的不同方面。分析单位的选择必须与研究结论保持一致，即如果使用某个分析单位进行调查，那么结论也必须基于同一分析单位，要避免简化论和层次谬误。

简化论是指将低层次分析单位（如个人行为）的数据直接应用于高层次分析单位（如群体、组织）的结论推导中。这种跨层次的跳跃往往忽略了中间环节的复杂性与多样性，从而导致结论的偏颇与失真。例如，仅仅基于微观层面个人行为的观察，就草率地推断出宏观群体或组织的运行规律，这种做法忽略了影响群体行为的多重因素与交互作用。而层次谬误则是与之相反的一种逻辑错误，是指将高层次分析单位（如社区、社会产物）的特性或现象，不当地归因于低层次分析单位（如个体、群体内成员）之上。这种推理忽视了分析单位之间的本质区别与界限，容易导致错误的结论与判断。比如，将某个社区的高犯罪率直接归咎于该社区内某一特定群体的成员，便是一种典型的层次谬误，因为它忽略了社区内部犯罪现象的复杂成因与多元影响因素。

因此，在进行社会科学研究时，正确选择和应用分析单位显得尤为重要。调查者需要具备敏锐的洞察力与严谨的逻辑思维能力，以确保在不同分析单位之间转换视角时，能够避免逻辑跳跃与错误归因。具体而言，这就要求调查者在收集与分析数据时，始终保持对分析单位层次性的清晰认识，并灵活运用适当的理论框架与分析工具，以揭示不同层次之间的内在联系与变化规律。同时，调查者还应注重多元视角的整合与比较，以全面、深入地理解社会现象的本质与全貌。

三、明确调查内容

在调查设计中，详细说明调查内容是落实调查目标的十分重要的一环。调查内容是分析单位的属性和特征，明确调查内容也就是根据课题要求确定调查的具体项目和指标。一个分析单位的属性和特征包括很多方面，通常可以将其分为三大类：状态、意向性和行为。

（一）状态

状态作为一系列客观可测的指标集合，构成了调查对象的基本轮廓与特征，常作为自变量在分析框架中占据基础地位。具体而言，对于个体而言，状态涵盖年龄层次、性别差异、受教育程度、职业类别及收入水平等关键要素；当视角扩展至群体、组织乃至社区时，状态则聚焦于其规模大小、结构布局等宏观特征；至于社会产品，其状态则通过大小尺寸、重量规格、颜色外观等物理属性得以体现；而社会事件的状态，则主要涉及事件发生的具体时间节点、地理位置，以及涉及的主体或群体范围等。任何一项深入的社会调查，其起点无不是对调查对象这些基本状态的全面把握与细致分析。

（二）意向性

意向性作为一种深植于调查对象内心的主观变量，是揭示其内在属性与动机的关键所在。它先于行为发生，并在无形中引导着人们的行动轨迹。在个体层面，意向性具体表现为个体的态度倾向、价值观念、个性特征、行为动机及偏好选择等方面；当视角扩展至群体、组织乃至社区时，意向性则体现为共同的目标追求、规范准则、利益关系、团队凝聚力及整体价值取向等深层次内容；对于社会事件而言，其意向性同样不可忽视，如游行示威活动可依据其背后的政治动机进行划分。此外，在商业谈判、工作会议、日常购物、宴会庆典、舞会郊游等各类社会活动中，调查者同样可以依据活动组织者的初衷与期望，对其意向性进行类似的剖析与归类。意向性调查的核心在于，深入探讨调查对象"知信行"中的"信"与"行"之间的桥梁作用，即他们知道或相信什么，他们如何感受与评价，他们采取行动的可能性如何。

（三）行为

行为作为调查对象属性和特征的外化表现，是连接内在意向性与外在环境的桥梁。它涵盖了各种可观察、可记录的社会行为与社会活动，如就业选择、婚姻缔结、升学深造、入党参军、职业变动等。在社会调查中，行为往往作为因变量出现，其发生与变化受到状态变量与意向性因素的双重影响。对于行为的深入调查，需要重点关注行为的具体内容（做什么）、发生时间（何时做）、地点环境（在何处做）和发生频率（行为有多频繁）等关键要素。通过这些细致入微的考察与分析，调查者能够更加准确地把握调查对象的行为模式与特征规律，进而为理解其内在心理机制与外部社会环境之间的相互作用提供有力支持。

（1）做什么。当要了解调查对象有什么行为时，通常会将各类行为都列举出来，让调查对象选择一项或多项答案。

（2）何时做。可以询问调查对象这样的问题：什么时候实施这一行为？目前是否仍在实施这一行为？将来是否还会继续这一行为？这些行为是不是习惯性的？是不是要持续下去？

（3）在何处做。最好按照一定的标准（如地理位置）规定一组可能的地点让调查对象挑选。因为如果让调查对象用自己的语言来描述，那么可能没有任何两个人会使用完全相同的词汇来描述同一个地点。

（4）行为有多频繁。调查者通常关心的是一种行为发生的相对次数，而不是绝对次数。因此，行为的发生频率最好用单位时间内的次数表示，如用每天或每周的次数表示。

在进行社会调查的方案设计时，面对纷繁复杂的属性和特征，调查者需要秉持精准聚焦与高效利用资源的原则，精心筛选并确定核心调查指标。这个过程不仅要求调查者深刻理解调查课题的本质要求，还要求其全面考量调查方法的适用性、调查者自身的专业能力和客观条件的限制，从而确保调查内容的针对性和实效性。以济南市城区交通状况调查为例，调查方案的设计需要首先明确调查的总体框架，即将复杂的交通状况细化为若干可操作的调查维度，如交通车辆状况、道路建设状况、交通管理状况及人员流量状况等。这一划分有助于将宏大的调查目标拆解为具体可操作的子项，为后续的调查工作奠定坚实的基础。随后，在每个选定的调查维度内，调查者需要进一步细化调查内容，以确保调查的深入与全面。以交通车辆状况为例，可进一步细化为机动车与非机动车的构成比例、客车与货车的数量分布、大车与小车的占比情况等具体指标。这个过程不仅有助于调查者精准把握交通车辆状况的全貌，还为后续调查问卷的编制、调查指标的选择及数据分析等工作提供了清晰的指引。

四、明确抽样方案

除普查外，任何社会调查都有抽样的问题，即如何选取调查对象，这是社会调查中十分重要的工作。即使对于依靠调查者的主观判断来抽取调查对象的典型调查而言，典型样本的抽取也是至关重要的。无论是描述性调查还是解释性调查，抽样都直接关乎调查结果的准确性和可靠性。因此，如何科学地设计抽样方案，确保所选样本能够真实反映总体特征，是每一位调查者必须面对和解决的问题。

不同社会调查项目所面对的调查对象总体、样本规模需求、精确度标准、总体内部的复杂结构与分布特征等因素，均呈现出显著的异质性。因此，在选择与确定高质量样本的过程中，调查者必须全面审视并综合考量这些复杂多变的条件。总体规模与结构的分析是首要任务，它决定了样本选取的广度与深度，因此精确度与典型度要求成为平衡样本质量的关键指标。一方面，追求高精确度的抽样有助于提升调查结果的可靠性；另一方面，这往往伴随着更高的成本与更大的实施难度。因此，调查者需要在现实条件的制约下，寻求精确度与可行性之间的最佳平衡点，实现在精确度最大化的同时确保抽样的可行性。此外，样本的代表性与典型性同样不容忽视。代表性强的样本能够更加准确地反映总体特征，但这也对样本的选取过程提出了更高的要求。调查者需要依据严格的抽样方法与程序，确保样本在总体中的分布具有代表性。而典型性则更多地依赖调查者对调查对象及其背景的深入了解与主观判断，通过选取具有典型意义的样本，深化对特定社会现象或问题的认识。总之，设计一份符合各方条件要求的合理抽样方案，需要调查者在深入分析总体特征、精确把握研究需求、充分考虑现实条件的基础上，综合运用专业知识与主观判断能力，实现抽样策略的科学化、精确化与可操作化。

在社会调查的方案设计中，调查者确实需要清晰地界定抽样的思路，这是确保调查有效性和可靠性的关键步骤。具体而言，抽样的思路应涵盖以下几个方面。首先，调查者必须明确调查总体的定义和范围。这涉及对调查对象所源自的总体进行详尽的鉴定，确保了解并准确界定了研究的边界。只有明确了总体，才能从中抽取出具有代表性的样本。其次，调查者需要精心选择并确定抽样方法和程序。这包括评估是单独采用某种抽样方法（如简单随机抽样、分层抽样、系统抽样等），还是根据研究需求综合采用多种方法。同时，调查者还需要详细规划抽样的具体步骤，确保每一步都符合科学规范。在抽样的过程中，抽样单位和抽样框的确定也是至关重要的，它们将直接影响样本的代表性和准确性。最后，调查者必须明确样本规模的大小及样本的准确程度。样本规模的大小应根据研究目的、总体规模、资源限制等多方面因素综合考虑确定，而样本的准确程度则与抽样方法、调查工具、数据收集和处理方式等因素密切相关。调查者需要在保证样本代表性的前提下，尽可能提高样本的准确程度，以满足研究需求。

五、明确资料收集方法和工具

调查方法确定之后，资料收集的方法也就随之确定了，但在调查方案的设计中应该指出更为具体的方法。常见的资料收集方法有文献调查法、问卷调查法、访谈调查法、观察调查法、抽样调查法、大数据抓取法等。比如，调查者选择了抽样调查法，就需要考虑是通过问卷收集资料，还是通过结构式访谈收集资料。如果是通过问卷收集资料，那么是邮寄问卷还是开展网络调查？每一种资料收集方法都伴随着特定的工具需求，这些工具的选择与应用需要紧密贴合调查课题的实际情况和需求。调查者需要深入分析各种方法的优劣，并结合自身资源条件与外部环境限制做出最为恰当的选择，以期实现研究效果的最大化。这个过程不仅考验调查者的专业素养与判断能力，更是对其灵活应对复杂情境能力的综合考量。

资料收集方法的不同，直接决定了后续资料分析的方法与策略的不同。对于定性的资料，由于其中往往蕴含丰富的主观情感和深层次的理解，因此更适合采用主观的、定性的分析方法，如内容分析、扎根分析或案例分析等。这些方法能够帮助调查者深入挖掘资料背后的意义与模式。而对于定量的资料，由于其通常以数值和统计数据的形式呈现，因此更适合采用客观的、定量的分析方法，如描述性统计、相关统计、方差分析或回归分析等。这些方法能够准确地揭示数据之间的关联与规律，为调查者提供科学严谨的决策依据。当然，定性的资料也可以转化为定量的数据并进行统计分析。在统计分析中，往往综合运用定性分析和定量分析。

另外，在调查的过程中还需要配备一些调查工具和设备，在设计方案时也要予以考虑。这些工具不仅与经费有关，而且存在使用和管理的问题。调查需要用到的工具包括计算机及各种统计软件、摄像机、录音笔、U盘、交通工具、相关书籍和文具、访谈提纲、调查问卷、小礼品等。

六、明确调查者及其分工

较大规模的调查单靠个人是难以完成的，往往需要组建调查团队，这就会涉及调查者的挑选和培训等问题。本章第一节已经介绍了调查者的素质要求，以及培训的具体内容和方法。在调查方案的设计过程中，也必须考虑好这些问题，不仅要确定调查团队的人员组成，还要明确每个人的具体任务和分工，并制定相应的组织管理办法。如何挑选、培训调查者也要提前做好计划，制定切实可行的培训方案，包括培训内容、培训方式和培训时间等。培训时间可以根据调查者的素质和经验、调查项目的规模和难度、其他客观条件来确定。

七、明确调查进度和经费预算

一项调查从什么时候开始、在什么时候结束，通常有一个时间上的限定。社会调查的规模、范围和方法不一样，调查的时间也不一样。例如，大规模的调查周期比较长，可能需要几个月甚至几年的时间；小规模的调查周期比较短，几周就可以完成。而且不同的调查对象和调查内容也有不同的最佳调查时间。例如，乡村调查要避开农忙时间，农贸市场调查要选择市场交易活跃的时间，企业调查要避开年终结算的时间等。为了在限定的时间范围内顺利完成调查，实现调查目标，调查者要在方案设计中进行时间分配和进度安排。每个环节分配的时间要恰当，并且留有余地。尤其是准备阶段的确定选题、设计方案和组建调查团队，要安排足够的时间，不要急于开始实地调查，或者过于匆忙地开始收集资料。

调查经费是每项调查必不可少的物质保障，包括调查者的差旅费、资料费、印刷费、劳务费等。在总体方案设计中，自然不能缺少调查经费的筹措和使用计划，以保证调查的顺利进行。

当然，除上述几个方面的内容外，方案设计可能还有一些其他有关工作的安排，如针对调查过程和结果利用媒体进行宣传等。每项调查的方案设计都不可能完全一样，具体内容要根据实际情况进行具体分析和调整。但所有的方案设计都应遵循以下几个基本原则。一是全面性原则。此原则强调方案设计的广度与深度，要求内容覆盖社会调查的全周期、各环节。作为调查的宏观架构与行动蓝图，方案需要细致入微，预见可能的挑战与障碍，并预设应对策略，以确保调查工作的完整性与连贯性。二是可行性原则。此原则强调从实际出发，审慎考量调查课题的合适性、范围与地点的合理性，以及经费预算的可行性。在规划的过程中，需要平衡主观意愿与客观条件，确保方案既具挑战性又不失可操作性，能够顺利付诸实践。三是经济性原则。此原则强调在追求调查质量与效率的同时，实现资源的优化配置与高效利用。方案设计应力求以最低的成本投入，即最少的人力、物力与财力，获取最大化的调查成效，实现资源效益的最大化。四是时效性原则。鉴于社会现象的动态性与变化性，此原则强调方案设计需要紧密关注时间维度。对于市场需求、毕业生供需状况等时效性强的调查领域，方案必须确保调查工作的及时性与准确性，避免滞后于现实发展，使调查工作沦为无效的努力。五是弹性原则。鉴于调查过程中可能遭遇一些未知因素与突发情况，此原则强调方案设计要具备一定的灵活性与适应性。调查者应预留调整空间与备选方案，以便在面对不确定因素时迅速响应，确保调查工作的连续性与有效性。

课后思考题

1. 某学生的社会调查选题为"网络对青少年的影响"，请指出该选题存在的问题。
2. 选取若干调查报告，分析其调查对象和分析单位。
3. 选择一个调查课题，并为其设计一份具体的调查方案。

拓展训练

关于城市居民垃圾分类行为研究的方案设计

1. 调查目的

了解城市居民有关垃圾分类的知识掌握情况、态度和行为，识别影响垃圾分类行为的关键因素，提出提升垃圾分类效率的策略与建议。

2. 调查对象

城市不同区域的成年居民。

3. 人员分工

项目负责人：负责整体规划、协调资源、监督进度。

调查团队：分为若干小组，每组包括 1 名组长和 4～5 名组员。

组长：负责本小组的具体任务分配、数据收集和初步分析。

组员：负责执行问卷调查、深度访谈和数据录入等工作。

数据分析团队：负责数据的最终分析和报告撰写。

4．调查方法

问卷调查：设计标准化问卷，收集定量数据。

深度访谈：针对部分样本进行深度访谈，获取定性数据。

5．调查内容

调查对象的基本信息：年龄、性别、职业、教育水平等。

垃圾分类知识：对垃圾分类的基本认识和理解。

分类行为：日常垃圾分类的频率、方式和困难。

影响因素：个人习惯、社区环境、政策认知等。

6．时间安排

准备阶段（1周）：培训调查者，测试问卷，筹备物资。

实地调查阶段（2周）：进行问卷调查和深度访谈。

数据整理与分析阶段（2周）：数据输入、清洗、分析。

报告撰写与反馈阶段（1周）：撰写调查报告并提出建议。

7．预算和经费

调查问卷印刷费：500元。

录音笔／采访设备租赁费：800元。

数据分析软件费用：300元。

交通费和小礼品（鼓励参与调查）：1000元。

紧急备用金：400元。

总计：3000元。

8．预期成果

一份详细的调查报告，包括数据分析结果和建议。

一份调查过程和结果的展示材料，用于交流展示。

讨论： 以上是某研究团队拟定的一份调查方案，请对该方案进行评价。

第五章
社会调查的科学性

学习目标

- 能够阐释社会调查科学性、客观性、倾向性、信度和效度的内涵；
- 能够理解社会调查客观性与倾向性的关系；
- 能够根据调查需要合理处理社会调查信度与效度的关系；
- 能够描述提升社会调查信度与效度的路径。

案例导入

　　"没有调查，没有发言权"这句话说的是社会调查的重要性。"没有正确的调查，同样没有发言权"强调的则是社会调查的科学性。放到社会调查活动中去理解和分析，社会调查的"科学性"从方法和程序上讲就是要遵循社会调查活动开展的规律；从内容上讲就是要能准确、客观地反映客观事实，主观要符合客观；从结果上讲则是要切实有助于问题的解决。唯有如此，社会调查工作的价值才能得以体现。因此，每个学生小组的调查课题，诸如"济南市交通拥堵现状调查""失地农民的可持续发展问题研究——基于山东省失地农民的调查""农村社区服务站服务效能研究——以烟台市吕格庄社区为例"等选题都来自实践，是社会关注的热点、群众关心的焦点和政府工作的重点。正是这种实事求是的精神和群众立场，保证了选题的科学性；每个学生小组都多次深入实地开展社会调查活动，保证了资料的真实性和全面性；学生小组根据不同的调查主题和实际需要选择了不同的调查方式与数据分析方法，形成了高质量的调查报告。以上调查报告不仅获得了大学生"挑战杯""调研山东"等大型竞赛活动的奖项，而且"济南市交通拥堵现状调查"的研究成果还获得了省领导的批示并被济南市交警大队采纳和应用。正是这种贯穿始终的科学性保证了社会调查价值的充分彰显。

　　纵观学术界对科学的定义，我们可以把科学界定为一种深植于实证数据与案例分析之中的知识体系构建方式。它严格遵循历史上积累下来的、被证明有效的规范与实践，以此作为知识进步与创新的基石。根据这一界定，可以推断"调查研究"与"科学"具有内在的一致性。社会调查的科学性使其成为便捷可靠的获取知识和解决问题的方法，也正因如此，这一方法才在世界范围内取得了普遍的共识和充分的合法性。但与任何事物都具有两面性一样，社会调查也极有可能陷入误区，表现出真实性不够、解释力不足等问题，这是有违调查者的初衷和原则的。而要避免出现这一结果，调查者需要在科学性的基本价值取向的引领下，根据不同的调查目的、制约条件选择合理的技术路线，还需要遵循社会调查的客观性、明确其倾向性，实现社会调查信度与效度的有机统一。

第一节　科学性是社会调查的基本价值取向

作为一种社会科学研究方法，与自然科学研究方法相比，社会调查有其自身的特殊性。首先，现代社会是一个异质性较高的社会。这种异质性不仅体现在个体间的差异上，还横跨了不同的社会群体与文化背景。其次，社会科学领域尚未进入高度的理论概括与演绎阶段，面对纷繁复杂且独特的社会现象，人们的理解大多仍停留于资料的收集与整理阶段，尚未构建起一套经过严格验证、广泛概括且能够普遍适用的社会理论体系。最后，社会问题的探究过程不可避免地牵涉到拥有丰富情感与主观意志的个体。因此，对于调查者而言，要确保调查过程完全科学，无疑是一项艰巨且充满挑战的任务。但科学性始终是社会调查的基本价值取向。

一、社会调查科学性的内涵

社会调查的目的是把事实真相搞清楚、弄通透，找到问题的本质和规律，最终为解决问题提供有效的思路与对策。由此可知，社会调查的科学性指的是社会调查要基于科学的方法，即调查者要使用科学的方法和工具来获取及分析数据。科学性是社会调查各个环节所必须遵守的重要原则，也是调查结果得以有效实施的前提条件。作为调查者，必须重视提升社会调查科学性的水平和程度。但社会调查总是要面对一些没有定论的争议，遇到诸如道德伦理、方法论、哲学等方方面面的问题。对于刚开始从事社会调查的人员来说，应当先去了解这些争论的事实，通过深入分析给出有自己独特见解的方案，而不是过早地开展相关工作，匆匆地准备一个答案。

二、社会调查科学性的关键特征

正如库恩（Kuhn）所说，追求科学并非一个预设好的、井然有序的过程，而是一个充满变数的过程，其间交织着各式各样的活动。然而，我们仍能捕捉到科学性的几大关键特征：①它要求我们以事实为依据，进行扎实的实证观察；②它鼓励我们勇于提出假设（预见或有根据的猜想），并对假设进行检验；③它致力于构建并验证理论，这些理论如同解密的钥匙，能够帮助我们理解世界的本质与规律；④它试图预见并改变世界，让这个世界变得更美好。尽管社会调查的开展不是一个完全有序的过程，其中包含许多活动，但使用一些普遍应用的科学方法作为起点是有益的。

三、社会调查所使用的两种主要的科学方法

在探讨社会调查的科学方法时，不得不提及两种方法：探究性方法与验证性方法。这两种方法虽均以实证数据为基石，但其目标与路径大相径庭。基本的探究性方法包括三个步骤：首先，调查者要踏入实地，开展观察；其次，调查者要深入研究、剖析观察所得，力图在纷繁复杂的信息中捕捉到隐藏的规律与模式；最后，调查者要基于这些规律与模式，做出初步的推断或总结，以求揭示世界某一领域的运作奥秘。基本的验证性方法也包括三个步骤：首先，调查者通常基于现有的理论（当前有效的科学解释）来提出假设；其次，调查者通过精心设计的实践与数据收集工作，用实证的方法检验假设；最后，调查者在数据的基础上，决定接受或否定这些假设。

根据以上步骤可以看出，探究性方法强调从特定的数据和观察开始，进而总结模式、构建理论。这种自下而上的研究方法也被称作归纳法，这一过程被称作归纳，它实现了"从特殊到一般"的飞跃。与此相对，验证性方法则强调从一般性理论开始，通过假设，用特定的数据对一般性理论进行检验。这种自上而下的研究方法也被称作演绎法，这一过程被称作演绎，它实现了"从一般到特殊"的运动。

探究性方法是理论生成的路径，它遵循"发现的逻辑"，鼓励我们从无到有，勇于探索未知的世界，进而生成和构建新的思想与理论。验证性方法是理论检验的路径，它遵循"证明的逻辑"，是理论稳固的基石，要求我们以严谨的态度，不断检验与修正现有的知识体系。新知识靠探究性方法来生成，不成熟的知识则靠验证性方法来检验或证明。最重要的是，在调查实践中，这两种方法往往相互交织，共同推动着科学研究的进步。

第二节　社会调查的客观性与倾向性

一、社会调查的客观性

（一）社会调查客观性的内涵

客观性是哲学中的一个中心概念，指的是事物不受主观思想或意识影响而独立存在的性质。客观性又称真实性，是科学活动的基本要求，也是人们思考问题、处理问题的基本方式。社会调查的客观性指的是全部调查活动应以公正、公平、求实的态度反映客观的事实，揭示事物内在的客观规律，力图科学合理地探索、描述、解释、预测和控制社会问题。

没有了客观性，社会调查就偏离了科学性，其作为社会科学研究方法的价值和作用也将不复存在。

（二）社会调查客观性的要求

1. 社会调查的实施要以科学的理论为指导

理论来自实践，理论指导实践。作为社会科学研究的重要方法，社会调查的实施必须以科学的理论为指导。这里所说的科学的理论既包括世界观和方法论层面的根本指导思想，又包括中观层面知识生成的科学路径，还包括微观层面与调查课题相联系的各相关学科的理论知识。

从世界观和方法论层面来讲，马克思主义哲学具有普遍的指导意义，是社会调查活动的根本指导思想。尤其是其中所包含的实事求是、群众路线和唯物史观，是社会调查客观性的有效保障和体现。首先，社会调查要坚持实事求是。实事求是的指导思想展现了主客观之间的辩证关系，指导我们做工作、想问题要从实际对象出发，探求事物的内部联系及其发展规律，认识事物的本质。在社会调查中坚持实事求是，必须克服形形色色的主观主义，跳出主顾效应和遵从效应的误区，努力做到不"唯上"、不"唯书"、不"唯己"、不"唯洋"，只"唯实"，并且要与形式主义和各式各样的"假调查""被调查"做斗争。总之，实事求是是科学社会调查的"活的灵魂"。调查者要努力排除一切主客观因素的干扰，从问题本身出发，出于搞清事情真相的目的去实地调查，尽可能全面地获取信息，选用恰当、科学的方法汇总、分析数据，探讨行之有效的问题解决办法。只有这样，才能真正做到实事求是，充分体现社会调查的初衷和价值。其次，社会调查要坚持群众路线。人民群众是历史的创造者，是推动社会发展的决定性力量。只有深入群众，才能了解群众的诉求，"想群众之所想，急群众之所急"，从而获得有价值的调查选题；"群众的智慧是无穷的"，只有深入群众，才能全面了解事情的真相，找到解决问题的有效办法。最后，社会调查还要以唯物史观为指导。唯物史观是马克思发现的"人类历史的发展规律"，具有丰富的内涵。其中关于社会存在与社会意识相互关系的原理、生产力与生产关系相互关系的原理、经济基础与上层建筑相互关系的原理、社会阶级与社会阶层相互关系的原理、领袖人物与人民群众相互关系的原理、科学技术与社会变革相互关系的原理、生态环境与社会发展相互关系的原理、社会进步与人的发展相互关系的原理等，对于整个调查过程具有重要的指导意义。唯物史观对社会调查的指导作用不仅体现在其具体原理上，其中所包含的立场和方法更是引导我们在实施社会调查时要立足于我国的国情，说中国的话、办中国的事，聚焦于当前的社会问题，构建自己的理论体系。

从中观层面来讲，社会调查的客观性还要遵循知识生成的科学路径。调查者要坚决避免主观臆断，谨慎看待直观经验、演绎和归纳这些知识生成的路径，合理使用探究性方法和验证性方法，以保证社会调查能更加客观真实地反映问题，形成有效的问题解决。

从微观层面来讲，社会调查的事实要以科学的学科理论为依据。社会调查作为一种获取知识、认识问题、解决问题的科学路径，具有明显的工具性特征；同时，社会调查又有具体的目标指向，涉及不同的学科领域。调查者运用科学的学科理论有助于调查的顺利推进，避免主客观不利因素的影响，最终实现预期目标。比如，我们要对中国社会阶层的流动情况进行调查，就需要从社会学、政治学等学科的角度掌握与社会阶层、政治体制等相关的理论，只有这样才能对当前的社会阶层流动情况进行更加专业化的描述、解释和分析。

2. 社会调查的选题要客观公正

社会调查的选题必须是具有研究价值的、明确化的、真实存在的社会问题，而不能是主观想象的、模糊的或无法做出科学回答的问题。

首先，社会调查的选题必须是社会问题。只有涉及人、人的社会行为、人的社会心理、社会群体、社会组织、各类社会主体之间社会关系的问题，才可以作为社会调查的选题；纯自然领域的选题，如有关某地气候变化情况的调查、有关某地地质灾害情况的调查等，不属于社会调查选题的范畴。但在对社会问题进行调查的过程中，当地的地理环境、气候条件等自然因素是可以当成背景条件或基础条件出现的。同时，社会调查的选题还必须是现实中真实存在的社会问题。这里就涉及对社会问题的界定。一个社会中必然会存在种种不和谐的社会现象，如贫困、犯罪等客观情况，这些情况对社会的良性运行构成了威胁，但它们是不是都叫社会问题？答案是否定的。只有社会的大部分成员都认为是、对社会发展产生了明显不利的影响、引起相关政府部门关注的不和谐现象，才能称为社会问题。社会调查的选题要围绕真实存在的社会问题展开，只有这样才具有客观性和研究价值。

社会调查选题的客观性

2023年，在开展社会调查课程时，有一小组的调查课题为"城市社区的环境卫生现状调研"，他们想以城市社区的环境卫生状况为主要调查对象。在老师的引导下，这组学生关注到很多城市都经历了创建卫生城市的过程，加上城市社区普遍实行物业化管理，使其环境卫生状况得到很大的改善。此时，再将城市社区的环境卫生状况作为核心主题展开研究已经不具有普遍价值了，这个选题就有脱离实际、闭门造车之嫌。后来，这组学生对该调查的重点进行了调整，最终将调查课题确定为"城市社区的环境卫生治理长效机制构建研究"。相较于最初的选题，该选题的可研究性和社会价值有了明显的提升。

其次，社会调查的选题要具有科学性，即社会调查的选题是在现有的科学认知范围内可以回答的问题，而不能是科学无法回答的问题。社会调查的选题应该关注一种现存的现象"是什么""为什么""怎么办"的问题，而不应该关注某种现象"是否应该存在""是否应该如此"等此类判断性的问题。例如，在了解与宗教有关的问题时，可以选择宗教信仰的地区差异、某地宗教信仰的特征等，而不要选择宗教是否愚昧、是否应该相信有神仙的存在等此类判断性的问题。尤其是最后一个问题，它已经超出了科学的范畴，以目前的科学水平，我们无法做出有经验的观察和确切的解答。

3. 社会调查的过程要客观中立

要想通过社会调查获取真实、准确的数据，整个调查过程就要尽量做到客观中立。这就要求在调查过程中调查者的主观想法要与客观事实尽量保持一致，使主观符合客观、还原真实。

首先，调查者要从多角度全面地思考问题。作为知识获取的方法和问题解决的路径，社会调查全部价值的发挥都建立在真实可靠的资料、科学有效的分析基础之上。因此，在调查的过程中，调查者要从多角度全面地思考问题，以还原事情的真相、提出可行性方案。

例如，在设计问题时可以围绕调查的中心议题从多层次、多角度展开。比如，在调查社区治理有关的问题时，可以面向社区居民、社区工作人员、社区社会组织等多主体设计相关的问题，从多视角了解事实。设计的问题既要包含社区治理取得的成绩，又要涉及当前社区治理存在的问题，还要涵盖社区治理的发展历程、社区居民的职业和年龄等相关背景资料。

其次，在调查的过程中尽量不使调查对象产生误解。调查对象是调查数据的重要来源，调查对象能否积极主动、全面真实地提供信息是调查活动需要重点考虑的问题。但有相关调查经验的同学都清楚，在调查的过程中，调查对象未必都能积极配合调查工作。这就需要调查者进行相应的沟通，说明来意，进行身份设定，打造一种易于被调查对象接受的形象，如权威人士或专业人士，这有助于打消调查对象的顾虑，避免其做出不真实的回答。另外，调查者在调查的过程中还要尽量避免对问题进行引导、解释，尽可能忠于问卷内容，否则容易影响调查对象作答的真实性。比如，调查者在对社区服务中心进行调查时，提到一个开放性的访谈题目：您认为社区服务中心在社区治理中做了哪些工作？针对这一问题，如果调查者进行进一步的引导和解释，举一些例子，如维护环境卫生、提供便民服务等，那么往往会把开放性的问题变成限定性的选择题，影响调查对象的思维，从而难以获得全面的信息。

最后，在调查的过程中调查者的态度要公正。社会调查必须出于"公心"，忠于事情真相。因此，在调查的过程中，调查者不能被外在的力量影响，也不能被外在的利益诱惑，更不能入戏太深，被情绪左右，而是要始终坚持初心和使命，站在公正的立场，实事求是地反映事物的面貌，这是正确把握客观性原则的关键。

4．调查数据的处理要客观严谨

社会调查的目的是通过深入实地探究问题的真相，找到解决问题的对策和思路。因此，对待调查所获取的数据不能先入为主，更不能更改、杜撰。调查者要遵循科学的原则，使主观符合客观，力求从数据中得出结论。对待数据，切忌情绪化，不能夸大事实，只选择能证明自己观点的数据，舍弃与自己想法相左的数据。另外，还要学习获取和处理数据的技术与方法，以保证数据的客观性和真实性。

5．调查报告的撰写要客观规范

在撰写调查报告的过程中，既要主题鲜明突出，又要注意行文的客观规范。在报告中所陈述的事实要力求客观，避免使用主观或感情色彩较浓的语句，尽量使用第三人称或非人称代词，如"研究表明……""研究发现……"等，不使用第一人称代词，如"我认为……""我们发现……"等。报告的结论一定是基于调查数据，通过科学的研究分析得出的，要有针对性，不能无中生有，对结论的表述也要力求精确，不能含糊其词、模棱两可。

综上，社会调查的客观性在一定程度上反映了调查者的态度与方法。为了弄清社会问题的真实面目，调查者需要端正态度，深入现场，实事求是，不轻信、不偏信、不宣泄、不夸大，客观陈述事实，理性分析数据。但还需要认识到，客观性原则是相对的，或者说是有一定限度的，也就是说，完全客观的社会调查是不可能做到的。从客观的方面来看，社会调查是有一定的目标指向的活动，是围绕某一特定领域的社会问题展开的，因此从调查课题的选取到调查活动的实施，再到调查结果的得出都会受制于社会的需要。从主观的方面来看，我们必须认识到，调查者无法完全剥离个人情感与偏见，以纯粹客观的态度审视调查事实。因为人是社会性的动物，人的认知框架总会受到文化背景、时代烙印和个人经历的影响，这就不可避免地会在调查过程中投射出"合法的偏见"或认知局限。即便调查者努力追求客观，这种内在的偏见与局限也难以彻底消除。从主观和客观的结合来看，社会调查所触及的主题远非自然科学研究中的纯粹客观对象，而是被赋予了一定意义的社会问题。因此，在社会调查的实践中，我们不能简单地以"纯客观"为幌子，忽视或掩盖调查过程中不可避免的倾向性。相反，我们应当积极寻求客观性与倾向性的有机结合，使二者在相互作用中共同推进调查活动的开展。

二、社会调查的倾向性

社会调查的倾向性是调查者在调查过程中在对事实信息进行选择和加工时有意或无意流露出来的对事实带有某种倾向的评价和看法。社会调查的倾向性是切实存在的，不会因为调查者的掩盖或无视而消失，这种倾向有时表现得明显，有时表现得含蓄。

（一）社会调查必然会体现调查者的主观价值取向

社会调查的客观性要求在调查的过程中，调查者要做到主观符合客观。即便如此，调查者在选择可调查的社会问题时也必然会受到自己的认知、喜好等倾向性的影响，选择自己熟悉的课题开展调查。比如，调查者选择社区养老问题作为调查课题，往往是因为对这一课题感兴趣或家人遇到过有关养老的问题，并不是因为这一课题的调查价值高于其他课题。还有的调查活动受到既有资源、条件的影响，如有些学校在乡村治理领域的研究实力强、成果多，受其影响的学生在开展调查活动时也往往会选择乡村治理领域的课题。这当然能提高调查的专业性，但也不可避免地会受到既有研究成果的影响。批判性思维强的调查者更偏向选择发现问题类的调查课题；反之，则偏向选择做法、经验总结类的调查课题。调查者在数据分析和报告撰写环节也不可避免地会受到自己的主观价值取向的影响。

（二）社会调查需要坚持人民立场、关注政府需要

开展社会调查的目的是获得知识、解决社会问题，推动社会的良性运转。在社会主义国家，一切权力属于人民，当前我国社会的主要矛盾是人民日益增长的美好生活需要和不平衡不充分的发展之间的矛盾。因此，社会调查所关注的社会问题必然是人民诉求最强烈的问题。调查者要站在群众的立场，多听群众的诉求，站在政府的角度思考问题的解决方案，为问题的解决提供可资借鉴的思路。社会调查要聚焦民生领域的问题，服务政府决策的需要，"想国家之所想，急群众之所急"，要立足于中国大地，办好自己的事情，讲好中国的故事，这也是社会调查倾向性的体现。

调查课题的倾向性

城市的交通拥堵问题既关系百姓出行，又是政府工作的重点领域，因此围绕城市交通拥堵主题展开研究就具有很好的社会价值。基于自身的体验和社会的需要，齐鲁工业大学的学生围绕"济南市交通拥堵问题"展开了研究，这一选题获得了当

年山东省社科联的调查课题立项。团队成员在充分了解济南市交通拥堵问题的基础上，深入探究了问题出现的原因，并提出了切实可行的对策。最终，这一研究成果产生了良好的社会反响，获得了省领导的批示并在济南市交警大队得以应用。

（三）社会调查必须坚持问题导向

有价值的社会调查要言之有物，坚持问题导向。也就是说，开展社会调查的初衷是解决某个社会问题。因此，从选题拟定到问卷设计、实地调查、报告撰写等各个环节都应该以问题为中心。开展社会调查当然需要借鉴现有的专业学科理论和技术，包括西方社会科学、自然科学领域的研究成果，但更应该聚焦现实问题的症结，立足我国的国情和现实，说中国的话、办中国的事，力求提出切实可行的解决方案。这既体现了社会调查的倾向性，也充分说明开展社会调查绝对不是一件轻松随意的事情。如果仅仅出于完成老师布置的任务、拿到学分的需要，或者为了哗众取宠、吸引眼球，甚至为了宣泄情感、表达"愤青"的特质而开展社会调查，那么根本不可能真正实现社会调查的目标。

三、社会调查客观性与倾向性的关系

（一）客观性与倾向性的辩证统一

首先，社会调查的客观性与倾向性并不矛盾。客观性指的是社会调查要忠于事实，避免主观随意，倾向性指的是调查者的立场。开展社会调查是有着明确目的的，是要解决社会问题、推动社会良性运转的。因此，开展社会调查要坚持人民立场，"想国家之所想，急群众之所急"，服务于中国特色社会主义建设，这就是社会调查的倾向性。其次，社会调查的客观性与倾向性是统一的。调查者的立场与倾向，通过客观公正的调查完全可以表达出来。而坚持人民立场，通过调查发现问题的真相，从现实条件出发，探讨解决问题的真实有效的方法，也恰恰是社会调查客观性的体现。最后，二者不可偏废。我们不能因为追求社会调查的倾向性而一味夸大问题的严重性，违背客观事实；也不能因为坚持社会调查的客观性而一味追求绝对理性，用工具理性代替价值选择。

（二）避免两种错误倾向

（1）社会调查要坚持客观性，但要避免客观主义的错误倾向。客观主义（自然主义）标榜人们在认识社会现象、分析社会问题时不掺杂主观见解。应用到社会调查中，则主张调查者只记录发生的事实，不能对调查事实进行选择和评价，这与社会调查的客观性原则是有本质区别的。社会调查的客观性原则并不要求纯粹的客观，而是基于人的主观性又超越主观性来达到与客观性一致的理性原则。事实上，纯粹客观中立的社会调查是没有意义的，因为任何问题都有其存在的社会环境和限制性条件，只有将其放到特定的历史社会环境中才能真正找到原因，提出解决办法。

（2）社会调查要坚持倾向性，但要避免主观主义的错误倾向。与客观主义倾向相反，主观主义倾向完全从社会调查的价值性出发，只强调立场，忽视社会事实，不愿意深入实地进行调查研究。显然，主观主义是错误的，它完全脱离了客观事实，只从主观愿望与臆想出发，力求使"客观符合主观"。如此，调查者往往会根据自己的经验、情感、态度，选择、拼凑甚至杜撰资料来证明自己先验的观点。显然，这样的调查活动非但达不到预想的效果，反而会误导公众，降低社会调查的威信。

◆ 第三节　社会调查的信度与效度 ◆

社会调查是一种获取知识和解决问题的有效路径，那么如何评估我们的调查是否真正能获取知识、解决问题，调查结果能否站得住脚？这就需要对调查所使用的工具（如量表、问卷等）测量的准确性进行检验。一种方法是用实践和时间来检验，这种检验方法的成本往往比较高，周期也比较长。因此，我们常常选择另一种检验方法，即针对同样的主题，不同的调查者在不同的地点和环境下如果能得到同样的结论，就可以认为这样的结论具有说服力。这就涉及社会调查的信度与效度问题。社会调查的信度与效度衡量的是社会调查的方法、技术和工具的选择是否有效、准确，也是检验社会调查科学性的重要指标。

在现实中，我们经常会遇到有关信度与效度的问题，如要考核员工的工作态度和组织归属感，可以采用观察调查法来测量。可以观察员工工作时的精神状态，看看其是否积极主动地承担相应的任务，能否与其他同事有效合作，能否主动维护组织形象等；也可以询问员工，了解他们是否满意目前的工作。我们还可以选择另一种方法来测量，即查阅公司的相关档案资料，了解在一段时间内员工岗位职责的完成情况，计算其主动性和创造性的工作成果数量等。你认为这两种测量方法哪种更可靠？

很显然，第一种方法可能会受到观察者主观因素的影响。例如，在判断员工工作时的精神状态时往往会受到观察者个人认识和评价标准的影响，而且如果连续几天都对同样的员工进行观察，结果可能会截然不同。可见，使用这种方法所得到的信息受到主观因素的影响较大，而且这种方法也会影响观察者对观察现象的理解，进而使其得出错误的结论。第二种方法相对来讲可靠很多，因为档案资料在一般情况下是稳定的，每次测量的结果也不会有太大差异。因此，二者相比较，第二种方法的信度更高。当然，从档案资料中所选取的观察指标也未必完全合理，只能在一定程度上反映员工的工作态度和组织归属感，却未必能全面、全周期地反映情况，这就需要考虑社会调查的效度问题。

一、社会调查的信度

（一）社会调查信度的概念

信度在学术研究中常被用来指代可靠性，是衡量测量结果质量的重要指标。信度是指在采用同样方法对同一对象进行重复测量的情况下，测量工具所测出的结果的一致性程度。也就是说，社会调查的信度衡量的是在社会调查过程中所选用的测量工具或测量手段是否能够稳定地进行测量。比如，测量同一袋大米（50kg）的重量，如果连续几次的测量结果都不一样，就说明所选用的测量工具没有信度，即测量结果不可靠、不能重复。如果多次测量这袋大米的重量，得到的测量结果都相同，都是 100kg，就说明所选用的测量工具的信度很好，但没有测出该袋大米的真实重量，这是效度问题。而如果多次测量结果都相同，换了另一种测量工具所测结果也都一样，都是 50kg，就说明所选用的测量工具既有信度，又有效度。

假设有一个测量结果,用 X 来表示,而与之对应的真实值,我们称之为 T。在测量过程中,难免会引入两种类型的误差：一种是系统误差 B，另一种是随机误差 E。则有：$X=T+B+E$。

在这个等式中，T 表示的是我们追求的,却往往难以直接触及的理想状态；系统误差 B 是可以识别并通过一定的手段来避免或减少的，而随机误差 E 是无法避免的。若得到的测量结果 X 与真实值 T 高度吻合，我们便有理由相信这次测量是可靠的，或者说是可信的。反之，若 X 与 T 之间存在显著的偏差，那么这次测量便可能在某种程度上失去了其应有的准确性，被视为不可靠或不可信的测量。然而，在实际操作中，由于系统误差 B 具有复杂性和难以直接量化的特性，因此我们往往在信度分析中将焦点更多地放到随机误差 E 上。这就意味着，在评估问卷或量表的信度时，我们会基于这样一个简化的等式——$X=T+E$，来探讨随机误差对测量结果的影响，并据此判断其信度水平。

为了得到接近 T 的真实的调查结果，在初步设计问卷之后，可以先进行预调查，收集少量样本（通常在 100 之内）进行问卷的信度分析，以便发现题项中存在的问题，并对问卷进行修正与完善，进而确定正式问卷并依此进行正式调查。

（二）影响社会调查信度的因素

事实上，即使在预调查的基础上完善了问卷，该问卷在后续的调查中也很有可能得出不同的测量结果，降低调查的信度。出现这一现象的原因除测量失误或操作不当外，主要是由随机误差这一必然性误差造成的。随机误差每次对测量结果的影响都不完全一样，因而会影响测量结果的稳定性。导致出现随机误差的因素有以下几种，这也是影响社会调查信度的因素。

（1）调查对象的参与态度与情绪稳定性。这如同测量过程中的隐藏变量。调查对象在接受调查的过程中是否会认真、耐心地配合，其情绪稳定性如何，其认识和想法是否前后一致，这些都会对随机误差产生影响，进而影响测量结果的稳定性。

（2）问题的数量设计。这犹如天平的两端，过少则难以获得全面的信息，过多则可能引发调查对象的畏难、厌烦情绪，影响数据的真实性。因此，寻求一个平衡点，让问卷既能全面覆盖所需信息，又不至于给调查对象带来过重的负担，是问题设计过程中需要仔细斟酌的工作。

（3）调查者的素养。这是连接测量工具与调查对象的桥梁。调查者的专业素养、操作规范性和人际交往能力会直接关系到测量过程中的信度。对调查者进行系统的专业培训，无疑是保障测量结果准确性的重要一环。

（4）测量工具的选择与设计。问卷与量表的合理性、问题的难易程度和措辞的严谨性，会直接影响调查对象的理解与反应，进而影响数据的收集质量与测量的稳定性。

在非结构式或非标准化的测量环境中，还需要特别警惕偶然因素与主观因素带来的干扰。

（三）社会调查信度的类型

信度有再测信度、复本信度和折半信度三种类型。

1. 再测信度

再测信度又称重测信度，是评估信度时常用的方法之一。再测信度是指使用同一份量表，对同一个调查对象在不同的时间进行重复测量，随后分析两次测量结果间的相关性。这一相关性指标在实质上揭示了测量结果的稳定性，或称之为稳定性系数。借助再测信度，我们能够洞察调查对象是否真正理解了测量内容，是否给出了稳定、真实的反馈。若两次测量结果大相径庭、相关度低，则意味着测量结果不够稳定；反之，若二者间差异细微、高度相关，则表明测量结果较为一致、信度较高。

值得注意的是，两次测量的时间间隔对于再测信度的误差具有显著影响。较短的时间间隔可能使调查对象轻易回忆起测量内容，而较长的时间间隔则可能使其更易受到外界因素的干扰。因此，为了确保再测信度的准确性，应精心设定两次测量的时间间隔，普遍建议设定为 2～4 周，且不宜超过 6 个月。

在进行再测信度评估时，还应注意以下两个重要问题：①再测信度一般只反映由随机因素导致的变化，而不反映被试行为的长久变化；②不同行为对随机误差的敏感度各不相同，因此在分析时需要区别对待。

再测信度的应用案例

在探讨再测信度时，我们往往会引用萨克斯、克鲁希特和纽曼所实施的有关"危害健康的评估调查"的再测信度案例。"危害健康的评估调查"是预防性药物研究的重要组成部分。这项研究旨在挖掘患者的背景、生活方式等因素与健康之间的微妙联系，其成果对于医生做出诊断及提出个性化的健康建议具有重要的参考价值。然而，这一美好愿景的实现，是建立在受试者所提供的可靠信息的基础上的。

为了验证这项研究的可靠性，调查者们精心设计了一场实验：首先，他们对207 名受试者进行了一次内容广泛覆盖个体特征及其日常行为模式的详尽的问卷调查。三个月后，调查者们再次向这些受试者发放了与首次完全一致的问卷，以期通过对比两次的回答来评估资料的信度。

然而，实验结果却令人大跌眼镜。仅有 15% 的受试者在两次问卷中保持了资料的一致性，这一数字无疑为研究的信度蒙上了一层阴影。更令人吃惊的是，近乎10% 的受试者在身高这一基本信息的填写上出现了差异；1/3 的受试者对父母年龄的记忆产生了偏差，甚至在有人提供的信息中，其父母的年龄在短短三个月内增长了20 岁之多；在涉及一些不良生活习惯的问题上，也有 1/5 的受试者回答得模糊不清；甚至有受试者在首次调查中提及母亲已逝，却在后续调查中改口称母亲健在；有人先前报告失去卵巢，随后又否认这一事实。

面对如此大幅的资料变动，我们不禁要问：这样的资料又怎能成为医生诊断的坚实基石？显然，此次测量的再测信度堪忧，资料的可靠性受到了严重质疑。

2. 复本信度

复本信度又称等价信度，是指使用两个或更多个精心设计的，在内容、形式、难度等关键维度上高度一致但又不完全相同的测量工具（原本与复本）对同一个调查对象进行测量，通过对所得结果进行对比分析，计算出它们之间的相关系数。这一系数是衡量复本信度的关键指标。在追求复本信度的过程中，一个至关重要的前提是确保所有复本与原本在测量效力上是无差别的。这意味着，从内容的深度与广度到形式的表现手法，再到题目的数量与难度，复本都需要与原本尽量保持一致，这无疑对测量工具的设计提出了极高的要求。

然而，在实际操作中，要创造出多个真正意义上等效的测量工具并非易事。因此，很多调查者往往采用对同一个问题从正反两个方面表述的方式来实现这一目标，即通过正反两个方面提问的方式来尝试实现这一目标。比如，原本中询问"生育一个孩子是否足够"，复本中则可能转变为"是否认为孩子多了更好"。这样的设计旨在检验调查对象在不同表述方式下的反应是否一致，从而间接评估测量的稳定性与可靠性。但是，有些调查中的问题很难反着问，或者反着问不仅违反了问卷设计的原则，还会对测量结果产生影响，所以测量中要求的真正意义上的复本常常很难编制出来。就像考试时所使用的 AB 卷一样，编制试卷的要求是两份试卷的难度、题量、题型、考查重点要一样，但实际上很难设计出具有完全等同测量能力的两份不同的试卷。

作为一种评估信度的方法，复本信度具有独特的优点，但也存在一定的局限性。其优点在于，首先，复本信度能巧妙地规避再测信度可能遇到的诸如记忆效果、练习效应等的潜在影响，确保了测量的准确性；其次，复本信度适用于进行长期追踪研究或调查某些干涉变量对测量结果的影响；最后，复本信度降低了辅导或作弊的可能性。其局限性在于，当调查对象对练习格外敏感时，复本信度虽能削弱但难以消除这种影响；有些测量的性质会因重复而发生改变；有些测量很难找到合适的复本。

3. 折半信度

折半信度是一种巧妙地通过分组来评估测量稳定性的方法。具体而言，调查者可将测量结果依据一定的标准（如题目的单双号或其他逻辑）一分为二，确保这两个子组在题目数量、性质及测量效力上保持高度相似。随后，对这两个子组的得分进行细致对比。若它们之间的相关度较高，则视为测量结果可靠；反之，测量结果就不可靠。例如，若想通过折半信度来验证问卷测量的稳定性，则可以使用一份包含 60 道题目的问卷，这 60 道题目是由测量效力相同、表现形式不同的两组题目（每组 30 道题目）组成的。然后根据预设的标准分别对这两组题目进行测量。测量完成后，收集并分析这两组数据的相关系数，以此作为判断测量稳定性的依据。值得注意的是，在实际调查中，折半信度面临的问题和复本信度相同，它也要求两个子组是测量同一概念或事物的，当然这也是比较困难的。

二、社会调查的效度

（一）社会调查效度的概念

效度又称有效度或准确度，是指测量工具或测量手段能够准确地测量出所要测量的现象或变量的程度。也就是说，它判断的是调查者设计的测量工具所测的结果能在多大程度上反映问题的真实情况。例如，测量一瓶饮用矿泉水的容积，使用测量工具反复测量后得到结果为 500L，这一结果显然是不真实的。这也说明，这一测量工具是没有效度的。再如，在对不同高校的教学水平进行调查时，"教师发表高级别论文的数量""教师获得各类教学竞赛奖的数量""学生的就业率"等指标都可以从不同方面反映高校的教学水平，而"学生的课余休闲娱乐形式""生源地"等此类问题则可能因偏离教学核心而难以有效反映高校的教学水平。

需要强调的是，效度与精度两个概念虽有关联，但不可混为一谈。效度衡量的是测量工具准确反映测量变量的程度；精度是指精确度，反映的是测量变量的精确程度或所使用的最小测量单位。以时间描述为例，"2021 年秋季"显然比"21 世纪 20 年代"更为精确。但这并不意味着在所有情境下都是精度越高越好，测量精度的选择取决于研究需要。例如，在对高校教师群体的年龄结构进行测量时，往往用老年教师、中年教师和青年教师进行年龄段的划分，没有必要精确到年月。另外，测量的精度高并不意味着测量的效度就高。例如，在测量一个人的身高时，精确到厘米往往比精确到毫米的效度更高。

（二）社会调查效度的类型

效度具有三种不同的类型，分别是表面效度、准则效度和构造效度。三种类型分别从不同的视角、用不同的标准衡量测量的准确性。

1. 表面效度

表面效度又称内容效度或逻辑效度，是指测量项目与测量目标之间的内容合适性和逻辑相符度。表面效度要求测量项目在内容和逻辑上必须"看起来"符合测量的要求，是调查者想要测量的现象或变量。例如，要测量员工的工作态度和组织归属感，其中有的项目如"工作效率低、拖拉""工作被动""积极主动""富有创造性""同事关系融洽"等与员工士气"看起来"有关系，符合测量的要求；而有的项目如"员工喜欢的休闲娱乐项目""员工穿衣是否新潮"等与员工士气"看起来"关系不大，因而就不具有表面效度。表面效度是一种十分常见的评估效度的类型。

要评价一次测量是否具有表面效度，首先要明确测量变量的定义，其次要明确收集的资料是否与测量的变量密切相关，在此基础上才能判断测量的表面效度。例如，要测量员工的工作态度和组织归属感，首先要明确这两个概念的内涵，如：可以将"工作态度"界定为，对工作所持有的评价与行为倾向，包括工作的认真度、责任度、努力程度等；将"组织归属感"界定为，员工对组织的一种依恋、承诺和忠诚。然后弄清楚概念的外延，最后确定问卷中的题目是否都能测量员工的工作态度和组织归属感。当遇到判断难题时，不妨邀请专家团队进行直接评价。如果大多数专家都认为有的问题明显是测量其他方面的，那么该测量就不具有表面效度；反之，这次测量就具有表面效度。

2. 准则效度

准则效度又称实证效度或统计效度，是指当用多种不同的测量方式或不同的测量指标对同一变量进行测量时，选取一种公认有效的测量方式作为基准并与其他方式进行比较，如果它们之间的相关性比较高，那么可认为这种测量方式具有准则效度。这里的关键在于选择那个被广泛认可、具有强大效力的"准则"。它如同标尺一般，为其他测量方式提供了可靠的参照。

3．构造效度

构造效度又称结构效度，是指测量工具与现有理论或命题之间的一致性，即测量工具是否真正测量出所构造的理论。例如，现有的观念往往认为专业课考试成绩好的大学生的考研意愿更加强烈。我们可以对比专业课考试成绩好的大学生和成绩不好的大学生的考研意愿。在建立测量指标并进行实际测量后，我们可以对比大学生的专业课考试成绩和考研意愿之间的关系。如果二者有关，即测量结果与研究命题相一致，那么说明这次测量具有构造效度；反之，如果测量结果与研究命题不一致，那么说明这次测量的构造效度不高。

三、社会调查信度与效度的关系

信度与效度是评价测量质量的主要指标，二者之间相互联系、相互制约。信度是效度的必要条件。一般来说，一种测量工具的信度低，效度肯定也低；信度高，效度不一定高；而效度高，信度肯定高。

虽然调查者都希望测量既有信度又有效度，但二者之间很难达成平衡。正如前面提到的测量员工工作态度和组织归属感的例子，如果调查者使用观察、访谈等社会调查法进行实地调查，则可以更清楚地了解哪些是真实信息，从而了解员工的工作态度和组织归属感的现状，因此效度更高；如果使用查阅档案、记录等社会调查法进行实地调查，则信度更高。因此，面对实际调查中的这一两难困境，调查者需要根据综合情况进行取舍。

课后思考题

1．如何理解社会调查科学性的基本价值取向？
2．如何理解社会调查客观性与倾向性的关系？
3．举例说明再测信度。
4．举例说明信度与效度的异同。

拓展训练

开始于 2003 年的中国综合社会调查（Chinese General Social Survey，CGSS）是中国最早的覆盖全国范围的综合性、连续性学术调查项目。该调查项目主要通过对城乡家庭的年度调查，来系统监测社会结构和生活质量之间的互动与变化，建立有关社会变动趋势的追踪资料数据库，为国内外学术界开展相关社会问题的研究提供资源。

CGSS 的数据之所以能成为当前研究中国社会的最主要的数据来源，得益于该调查项目中所包含的科学精神和方法。围绕"社会结构、生活质量及二者之间的内在连接机制"这一总体研究框架，该调查项目重点开展了以下工作。

（1）借助结构社会学的两种角度、两种方法研究社会结构。使用定位法对研究对象进行分组，使用关系法研究社会行为者之间的关系网络，以期全面呈现中国社会结构的现状。这一工作有效弥补了国内外传统研究中关系法使用不足的缺陷，也是基于中国社会自身特点的深度考量。

（2）从健康、人口、心理、社会经济、政治/社区五个维度对生活质量进行测量。这五个维度既相互独立又相互联系，能够较好地覆盖家庭或个体生活质量的方方面面，并且相关的研究也比较成熟。

（3）通过合理的研究假设，明确了生活质量与社会结构的内在连接机制。结合大量的现有研究成果，该调查项目重点从个人层面、人际层面、组织层面、制度层面展开分析。

讨论：CGSS 的数据之所以能成为当前研究中国社会的最主要的数据来源，与其研究成果的客观性和真实性密切相关，而高质量成果的取得离不开对科学性原则的坚守。请结合上述案例，谈谈对社会调查科学性原则的体会。

第三部分

社会调查的方法部分

第六章
文献调查法

✎ **学习目标**

- 能够阐释文献调查法的概念；
- 能够掌握文献调查法的实施程序；
- 尝试运用相关软件进行文献的阅读与摘记；
- 能够理解文献调查法的应用场景；
- 能够了解文献调查法的优缺点，正确使用文献调查法。

● **案例导入**

　　文献调查法是指不与调查对象直接接触，而是通过已有文献对某一主题、现象开展调查研究的方法。尤其是在对某些现象无法使用实验室研究、实地调查、观察等研究方法进行调查，而又有相关的文献资料可资利用时，文献调查法就成了首选。例如，有学生小组使用文献调查法开展"数字化时代消费者行为变化研究"课题，目的是深入了解数字化时代消费者行为的变化，并尝试为企业提供有效的营销策略建议。由于调查对象涉及国内外消费者的消费行为，部分调查对象难以直接接触到，因此该小组采用文献调查法实施调查。

　　为了全面获取相关文献，该小组选择了多种检索工具，包括 Google Scholar、百度学术、Web of Science 等学术数据库。同时，还利用校内外的图书馆资源进行补充检索。在获取了大量相关文献后，该小组又根据文献的标题、摘要和关键词进行了初步筛选，排除与研究主题不符或质量较低的文献。之后，该小组对筛选后的文献进行仔细阅读，提取关于消费者行为变化的关键信息，并进行分类整理。同时，记录文献的出处，以便在后续写作中引用。在阅读与整理文献的基础上，该小组完成了文献综述，梳理与归纳了数字化时代消费者行为的发展历程、新型消费者的行为特征、新型营销方式对消费者行为的影响。同时，对比了国内外研究的异同点，指出了未来研究的可能方向。最后，研究得出了以下主要结论：数字化时代消费者的行为经历了从传统到现代的转变，呈现出多元化、个性化的特点；新型消费者更加注重消费体验和情感价值，对产品或服务的质量、创新性、社交性和可持续性有着更高的要求；新型营销方式（如社交媒体营销、内容营销和移动营销等）通过创造个性化的营销内容和消费体验，提高了消费者对于产品或服务的认知度和参与度。

由此，我们可以看出文献调查法是一种行之有效的社会科学研究方法。它有特定的适用范围和优于其他社会科学研究方法的优点，如可以超越时空的限制去研究历史事实、现实问题。但在该项研究中，文献调查法也存在一定的局限性，如文献筛选标准可能存在一定的主观性、因语言或获取渠道的限制而导致文献查找不全面等。

文献调查是调查者从事社会科学研究、开展社会调查的基础和前提，是一种独立的调查方法。该方法通过研究大量的相关文献，来发现新问题、找到新视角、获得新论据、提出新观点、形成新认知，是一种古老且有效的调查方法。

◆◆ 第一节　文献调查法的概念与程序 ◆◆

一、文献的概念与种类

所谓文献，古文中最初的含义是有关典章制度的文字资料和熟悉掌故的人，后来发展为具有历史意义或研究价值的书籍。到了现代，随着社会的进步，文献的内涵和外延不断扩展，除了具有历史意义或研究价值的书籍，其他记录人类知识的文字、图像、符号、视频、音频等载体都被统称为文献。一般来说，文献必须具备三个基本要素。一是一定的知识信息。文献必须承载着一定的知识信息，否则不能被称为文献，如空白的纸张、录像带等，这些都不是文献。二是一定的物质载体。文献是看得见、摸得着的实体，那些仅存在于人们脑海中的知识构想或口头流传的故事传说，虽具有价值，但不能被称为文献。三是一定的记录方式。某些古迹、文物虽蕴含了一定的知识信息且具备物质载体，但若缺乏明确的记录方式以呈现其内在价值，则同样不能被称为文献。

综上所述，现代意义上的文献，是指采用特定的记录方式承载知识信息的各类物质载体。文献不仅是人类社会积累知识、探索未知的重要基石，也是推动交流、传播文化的关键媒介。

文献种类多样、数量繁多。按照不同的标准，可以划分成不同的类型。

（1）以文献来源为依据，可以分为个人文献、官方文献、社会组织文献和大众传媒文献等。个人文献是指当事人个人书写的日记、信件、讲话稿、文章、回忆录等，用以记录个人的生活经历、思想、感受等。官方文献是指各级政府部门编制的法律法规、各类文件、统计资料等。官方文献是国家意志的体现，是国家治理的重要工具和历史研究的宝贵资料。社会组织文献是指以各种企事业单位及社会团体为主体编写的文献，如规章制度、统计资料、总结报告等。社会组织文献不仅反映了组织的运营状况和发展历程，也为社会各界提供了了解这些组织的重要窗口。大众传媒文献是指传播信息、影响公众舆论的各种媒介，如书籍、报刊、广播影视、网络资料等。在信息爆炸的时代，大众传媒文献以其广泛的传播力和影响力，成为人们获取信息、了解世界的重要途径。

（2）以文献的加工深度为依据，可以分为一次文献和二次文献。一次文献又称原始文献，是指由亲身经历某一事件或行为的人当场记录的文献，如日记、信件、现场记录，现场拍摄的照片、音像资料，以及原创型研究论文等。一次文献为调查者提供了最原始、最真实的信息来源。二次文献是指在一次文献的基础上加工而成的文献，可以是对原始资料的整理、综述或评述，也可以是基于统计数据撰写的研究报告。这些文献虽然经过了加工处理，但同样具有重要的学术价值和参考意义。

（3）以记录技术为依据，可以分为手工型文献、印刷型文献、感光型文献、录制型文献、网络型文献等。手工型文献是指将知识内容用手工刻、铸、写的方式记录下来的文献，如甲骨文、竹简，手写的文稿、日记等。它们不仅承载着丰富的历史文化信息，也展现了人类智慧的早期形态。印刷型文献是指将知识内容印刷在一定的物质载体上的文献，如铅印、胶印、复印材料等。感光型文献是指以感光材料为物质载体，运用摄影等光学技术记录下来的文献，如照片等。感光型文献至今仍是人们获取信息的重要渠道。录制型文献是指以磁带材料或光盘材料为物质载体，运用录音、录像、刻录等电子技术记录下来的文献，如录音带、录像带、光盘等。录制型文献的出现极大地丰富了文献的表现形式和传播方式。网络型文献是指以数字化形式记录、通过多种媒体形式表达、分布存储在互联网不同主机上，通过计算机网络传递的文献。它们不仅打破了传统文献的时空限制，还为人们提供了更加便捷、高效的信息获取方式。

此外，文献还可以根据物质载体、学科领域、保密程度等标准进行分类。20 世纪下半叶以来，随着科学技术的高速发展，文献的数量和种类迅速增多，在为科学研究提供便利的同时，文献质量的良莠不齐也给调查者带来了一定的困扰。因此，学会鉴别和有选择地使用文献在当下显得尤为重要。

二、文献调查法的概念与特点

文献调查法是一种用科学方法收集文献资料、摘取有用信息，并对其进行整理分析以获得新认知的方法，这是一种古老的调查方法。文献调查法既可以作为独立的调查方法使用，也是开展各类社会科学研究的基础和必要环节。文献调查法之所以有效，是因为人类的社会活动具有历史的继承性和文化的延续性，因此前人的研究和记录可以为当前社会问题与现象的分析提供丰富的信息和有力的支撑。

文献调查可以分为定性的文献调查和定量的文献调查两类。定性的文献调查是在逻辑分析的基础上的理论建构，主要有研究综述、研究介绍或文献评述等形式；定量的文献调查是将文献资料转化为定量的数据，并依据这些数据对文献内容做出定量分析及关于事实的判断和推论的过程。

与其他资料收集方法相比，文献调查法具有以下几个比较突出的特点。

（1）间接性。该方法以各种文献为调查对象，而非针对社会事实和历史事件的当事人、文献资料的撰写者展开调查。

（2）历史性。使用文献调查法可以超越时空的限制去收集历史资料、汲取先人的智慧和经验，对人类社会过去发生的事件和已获得的知识展开调查。

（3）稳定性。在实施文献调查法的过程中，调查者不需要直接接触调查对象、介入研究场景，因此不会产生研究中常见的"干扰效应"。而且文献的内容是固定的，不会受调查者的主观感受和认知的影响，也不会因调查者的不同而发生改变，具有较强的稳定性。

三、文献调查的实施

文献调查要遵循一定的程序，主要包括明确主题、收集文献、整理文献、阅读文献和分析文献几个阶段。

（一）明确主题

所谓明确主题，就是明确研究的目的和问题。目的和问题不同，所收集、描述的文献范围就会有所差别，文献分析的重点也必然不同。所以，文献调查的首要工作就是确定自己所要调查的主题，同时明确该方法在研究中是作为辅助手段使用的，还是作为独立的方法使用的，进而确定收集、整理、阅读及分析文献的侧重点和方法。

基于调查主题的文献收集

如果以"当前我国乡村治理的有效路径"为调查主题，那么文献调查法一般是作为辅助手段使用的。文献的收集范围重点应集中于近五年国内外学者发表的有关乡村治理的文章、著作，当前党和国家有关乡村治理的方针、政策，近几年有关乡村治理实践创新的典型报道等。文献调查的目的是通过文献资料了解我国乡村治理的现状、存在的问题、典型的做法等，还可以了解当前这一领域的研究情况、研究空白等，以拓宽思路，为后续实地调研、深入研究等提供基础和指引方向。如果以"中国乡村治理的变迁"为调查主题，那么文献调查法往往是作为独立的方法使用的。此时需要收集中华人民共和国成立以来不同时期有关乡村治理的文章、著作、方针政策、相关治理实践的记录等各类文献。在这种情况下，文献成为主要的调查对象。

（二）收集文献

在明确了调查主题以后，需要确定所调查文献的内容范围、时间范围和类别，还要做好收集文献的准备工作并明确获取文献的渠道，然后根据拟定的调查方案收集文献。面对浩如烟海的文献，要想高效地实现调查目标，必须遵循收集文献的基本要求，掌握收集文献的具体方法。

1. 收集文献的基本要求

（1）价值性。价值性指的是所收集的文献对于调查主题是有价值、有意义的。如果某文献的内容与调查主题无直接关联或难以提供实质性帮助，即使其本身质量很高，也没有收集的必要。这是收集文献最主要、最基本的要求。

（2）可信性。可信性指的是文献的内容要真实可靠，可以作为开展研究的依据。在收集文献时，调查者应审慎评估文献作者的权威性及其对事实的掌握程度，同时考察文献内容是否客观真实地反映了事物的本质面貌，从而筛选出那些可信性较高的文献作为研究的依据。

（3）代表性。代表性指的是文献的作者、内容、形式等能起到典型性的作用。只有选择各类有代表性且符合研究需要的文献，才能准确、全面地反映当时的情况。比如，在研究我国的乡村社会时，费孝通先生的《乡土中国》无疑是典型的代表性文献。另外，在筛选代表性文献时也可适当关注权威性文献。一般而言，权威性文献往往具有更强的代表性。

（4）全面性。收集文献的内容要尽可能全面：既要有历史文献，也要有最新文献；既要有正面材料，也要有反面材料；既要有典型材料，也要有系统材料；既要有本专业的文献，也要有相关专业的文献等。总之，从内容上看，收集文献的内容越全面、越丰富，就越能实现调查目标。

（5）多样性。收集文献的形式应呈现多元化特征。一切与调查主题相关的文献，无论是印刷型文献还是网络型文献、感光型文献，无论是文字资料还是图片、音／视频资料，无论是公开发表的文献还是手稿、内部资料、档案文献等，都要广泛收集，以丰富调查者的研究资源。

（6）连续性。连续性指的是围绕调查主题收集的文献，在时序上要有一定的连续性和累积性，尽量不要中断，以确保所获取的资料能够完整、系统地反映调查对象发展变化的全过程，避免因资料残缺不全而导致分析偏差。

（7）时效性。时效性指的是对于与调查主题有关的各种新资料、新信息，调查者要保持敏感性，要及时了解、及时收集、及时分析、及时利用。只有这样，才能及时反映社会现象或社会行为的最新动态，提升调查研究的时效性和研究成果的实际应用价值。

总之，在使用文献调查法时，只有遵循了以上收集文献的基本要求，才能获得全面、有效的资料，为后续的信息摘取工作创造良好的条件。

2. 收集文献的具体方法

在今天这个信息化时代，各类检索工具较为丰富、便捷，为文献收集提供了便利。一般而言，常用的收集文献的具体方法有以下几种。

（1）检索工具查找法，即利用已有的检索工具查找文献的方法。该方法包括两种类型：手工检索法和计算机检索法。

手工检索法是指借助工具书（包括图书、期刊、目录、卡片等），通过手工翻阅的方式来检索信息的一种检索方法。手工检索主要针对一些文献著作的目录索引展开，进而通过这些目录查找相关的文献。例如，可以到期刊阅览室查阅现期期刊的目录，先找到需要阅读的文献再去阅读原文，对于过期的期刊，一般在年终的最后一期会有年度总目录；还可以通过上海图书馆出版的《全国报刊索引》、中国人民大学书报资料中心出版的各门学科的《复印报刊资料》索引来查找。

手工检索法的优点是简单、灵活，容易掌握，不需要特殊的设备；缺点是费时、费力，特别是进行专题检索和回溯性检索时，需要翻阅大量的资料并通过检索工具反复查询，不仅耗费大量的人力和时间，还会导致误检和漏检。作为一种传统的检索方法，在当今信息化时代背景下，手工检索法正在被计算机检索法取代。

计算机检索法是指借助特定的检索指令与检索词，从计算机检索系统的数据库中检索出所需要的文献信息的一种检索方法。计算机检索法中所使用的检索工具，按其信息指向可以分为两类：联机公共目录检索系统（Online Public Access Catalog，OPAC）和网络搜索引擎。OPAC 是最常用的检索工具，调查者通过进入目标图书馆的网址，就可以查到该图书馆的馆藏。例如，可以登录山东省图书馆（见图 6.1），根据页面主题，单击书刊查询、全省数字资源共享服务平台等板块并输入关键词、作者、期刊等信息，就能检索到所需文献。

网络搜索引擎是互联网上专门的检索工具。调查者只需要上网后在专门的检索工具〔如百度、Google、百度文库、中国知网（见图 6.2）、万方数据库等〕的主页上，输入要查询的书名、主题、关键词等具体信息，就可以获得相关的文献条目。

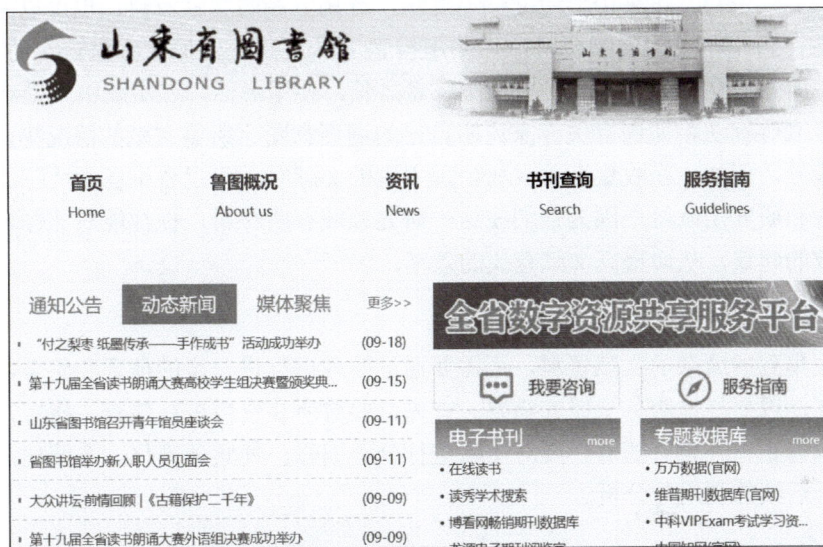

图 6.1 山东省图书馆联机公共目录检索页面

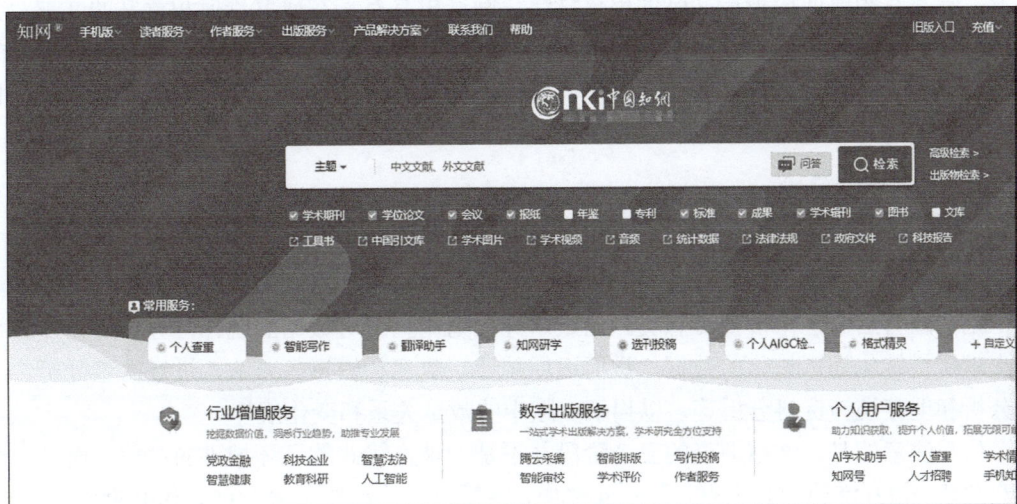

图 6.2 中国知网网络搜索引擎页面

计算机检索法的优点有很多，如方便快捷、功能强大、获得信息类型多、检索范围广等，是当前被广为采用的一种检索方法。

（2）参考文献追踪法。这种方法也叫追溯查找法，即利用作者本人在文献末尾所列出的参考文献目录，或者在文献中所提及的其他文献名目顺藤摸瓜，追踪查找有关文献资料，再利用追踪查找到的有关文献资料所列出的参考文献目录，或者在文献中所提及的其他文献名目，追踪查找更多有关文献资料，如此一步一步地向前追溯，直到完成文献检索。这种文献查找方法可能会存在所收集的文献覆盖性不全等问题，但因其相对效率较高，故被学者广泛采用。

（3）循环交替查找法。这种方法也叫分段查找法，即将检索工具查找法与参考文献追踪法巧妙融合，循环交替使用。在使用循环交替查找法时，可以先采用检索工具查找法，查找相关的文献资料，再采用参考文献追踪法，查找更多的文献资料；也可以先采用参考文献追踪法，查找相关的文献资料，再采用检索工具查找法，扩大文献查找的线索范围，直到收集完所需的文献为止。这种方法集二者之长，使用灵活，在实践中颇受欢迎。

（4）专家咨询法，即向有关专家说明自己的调查意图、所需文献的情况等，请他们提供建议和指导。例如，在收集有关乡村治理主题的文献时，可以咨询国内"三农"问题的专家、学者和研究团队等，因为他们在这一研究领域有所深耕，往往能对该领域的文献查找给出有效的建议，从而提高文献查找的效率。

（三）整理文献

对于收集到的庞杂的文献资料，还需要通过整理进行进一步的梳理和整合，使其从无序走向有序，以更好地服务于研究需要。首先，要对所获资料进行检查、核实，并对错误和遗漏加以修正、补充。随后，要对文献进行分类编码，使其条理化、系统化，力求简明扼要，便于后续的利用与分析。

（四）阅读文献

作为理解文献精髓的必经之路，阅读文献可以分为粗读与精读两个阶段。粗读即快速浏览，旨在在短时间内把握文献的整体脉络，筛选出具有潜在研究价值和意义的文献，为后续精读奠定基础。而精读则是一种深刻的理解性阅读，要求调查者不仅要全面把握文献的核心内容，还要具备鉴别真伪、客观评价的能力。阅读文献既是对文献的深刻理解，也是对其价值的再创造与升华。

（五）分析文献

作为研究过程中的关键环节，分析文献涵盖了定性与定量两大类型。定性分析侧重于理论层面的探讨，通过逻辑、历史、比较、系统、结构、功能、阶级等多种分析方法，深入挖掘文献背后的理论价值和意义。而定量分析则侧重于对数据的统计与分析，将非定量的文献资料转化为可量化的数据，进而运用统计、数理和模拟等方法，进行内容分析、二次分析和现存统计资料分析等，以揭示文献中的数量关系和变化规律。

值得注意的是，文献调查的五个阶段并不是一种直线式的环环推进的过程，而是一个相互关联、相互渗透的有机整体。在实践中，根据研究的需要常常会重复其中的某个环节。比如，在分析文献的阶段觉得收集的文献不够充分，就需要重新收集、整理和阅读文献；

在收集和整理文献的阶段，阅读文献的工作也要始终贯穿其中。正是在这样一个不断重复的过程中，调查者才能逐渐凝练和聚焦自己的调查主题，最终顺利完成调查任务。

第二节 文献阅读与摘记的方法

在收集资料的过程中会涉及大量的文献，如何才能选取到对研究有用且充足的文献，并对文献进行梳理和分析呢？在这个过程中，掌握相应的文献阅读与摘记方法就显得尤为重要。

一、文献阅读的方法

文献阅读的方法大致是先采用粗读的方式进行浏览，再精读并进行摘记。粗读是指在明确调查主题和任务的前提下快速浏览文献的内容提要、序言或摘要，对文献的内容、轮廓、主要思想等有一个大致的了解，以明确该文献对此次调查任务是否有价值。精读是指在粗读的基础上，对筛选出的文献进行有目的的、深入细致的阅读，以了解文献的研究时间、方法、结论和其他重要内容。通过精读，不仅要全面掌握文献的实质内容，而且要明确挑选出有价值的信息并进行摘记。

梁启超的读书三境界

谈及读书之法，不得不提及中国近代史上的璀璨明星——梁启超。他不仅自身成就斐然，更以卓越的教育理念，把自己的9个孩子都培养成了国之栋梁，书写了"一门三院士，九子皆才俊"的佳话。在《民国家训》中，梁启超为子女们揭示了读书的三境界：鸟瞰、解剖与会通。

鸟瞰，即登高望远，一览无余。通过快速浏览书的序言、简介及各部分的首尾，迅速把握全书的概貌与精髓，如同飞鸟掠过群山，将山的轮廓尽收眼底。

解剖，即深入肌理，细致剖析。此阶段需要全神贯注，力求理解透彻，甚至达到与作者心灵相通的境界。这个阶段要多动笔，一是为了标注重点，二是为了记录阅读心得，三是为日后重温提供线索。

会通，即融会贯通，触类旁通。将书中知识内化于心、外化于行，不仅要理解作者的意图与思路，更要结合自己的见解进行再创造，实现知识的升华与能力的飞跃。

梁启超认为，唯有历经此三境界，方能真正把握书籍之精髓，形成自己独到的见解与认识。

二、文献摘记的方法

文献摘记指的是文献信息的摘取和记录。收集文献的目的是摘取与调查主题有关的信息。因此，文献摘记是文献阅读的重要环节，"好记性不如烂笔头"，只阅读、不摘记会导致有用信息被遗漏，影响对文献的利用。因此，调查者在精读文献的过程中，要及时摘记文献的研究时间、方法、结论等主要信息。

（一）文献摘记的原则

为了保证文献摘记的清晰、高效，在摘取信息时应遵循以下五条原则。

（1）明确性原则，即信息的摘取要紧紧围绕调查主题进行，选择对调查有价值的数据与见解，以免造成时间和精力上的浪费。

（2）准确性原则，即对摘取的信息要进行多次核实、检验，确保每一条信息都准确无误，为研究的可靠性奠定坚实的基础。

（3）规范性原则，即在摘取文献的原文、主要内容、出处等信息时，要严格遵循既定的格式与规范，便于后续查阅与利用。

（4）评述性原则，即在摘取信息的过程中，不能只是单纯复制、粘贴，要融入思考，记录自己对资料的理解、困惑、评价、疑问等，以提升资料的可用性。

（5）有效管理原则，即对摘取的信息进行科学管理，通过列出主题、标出关键词等方式建立索引和交叉参考文献，以便使用时能快速找到自己所做的记录。

（二）文献摘记的主要方法

文献摘记的主要方法有标记、批注、抄录、札记和提纲。

（1）标记，就是在文献上做记号，如在文字下面加点或画线，以表示着重强调或标明此处为全句或全段中最重要的部分。一般字数较少时加点，字数较多时画线。画线可以采用直线、曲线、单线、双线等多种类型。需要注意的是，对文字的标记不能太多，如果全文密密麻麻布满了点、线，就失去了强调的意义，导致重点不突出。

常用的几种标记方法

着重号	……	标示关键性的字句
直线	—	标示比较重要的内容
曲线	∼	标示特别重要的内容
感叹号	！	对某些内容表示欣赏
问号	？	对某些内容表示疑问
三角号	△	标示一段文字中并列的几个观点
双圈号	◎	标示一段重要内容的结束

（2）批注，就是在页眉、页脚或页面旁边的空白处记录阅读文献时的简要体会、心得、评语、疑问或注释等，分为眉批、旁批和尾批。

（3）抄录，就是把文献中有价值的信息抄下来，分为全录和摘录。全录就是对文献进行全文照抄、完整复制，摘录就是将有价值的、自己需要的信息摘要抄录下来。摘录时可以使用原文，和原文保持一致；也可以根据自己的需要对原文进行加工、整理，用自己的语言把原文的基本观点、主要事实和数据概括简要地抄录下来。抄录的信息一般应写在活页上，或者输入计算机的有关文档中。抄录时，切记要注明出处（作者、书名或篇名、卷次、页码、出版单位、出版日期等）。如果使用活页抄录信息，应一条信息一张活页，并注明题目，指出信息属于什么主题；如果使用计算机输入信息，应一条信息一份文档、一类信息一个文件夹，并注明题目，指出信息属于什么主题。如此在整理资料时才便于归类。

（4）札记，就是在阅读文献后记下来心得、感想、批评、疑问、意见等。札记的写法多种多样，如提纲式的骨架勾勒、摘录式的精华提炼、仿写式的创意模仿、评论或评注式的深度剖析、心得式的情感抒发、随感式的即兴记录、存疑式的疑惑探索、简缩式的精简总结等。札记中既要陈述文献的主要内容，说明从中能知道什么，又要评价该文献的长处和短处，解释它对于本研究的价值。

（5）提纲，就是把整本书或整篇文章的内容要点以条目的形式用简括的语句依次记载下来。这样可以掌握整篇文献的内容和逻辑结构，便于把握整体。在撰写提纲之前要仔细研究整篇文献，将其内在逻辑和层次结构搞清楚。提纲既要系统全面，又要简明概括，还要忠于原文。从内容上看，提纲包括索引关键词、文献的基本信息、文献的主要内容和文献阅读后的感想四部分内容。建立索引关键词有利于之后更加便捷地检索出相关文献。一般将研究关键词、文献类型（如原始文献、文献综述、政策解读等）、文献作用（如了解其研究思路、开拓视野，学习与借鉴其观点、研究方法、流程设计等）等作为索引关键词，确定了索引关键词后可以用其命名相关文献。文献的基本信息指的是文献的标题、作者、发表期刊及影响因子、发表时间等。文献的主要内容指的是文献的研究背景、研究目的、研究方法、研究思路、研究结论等。文献阅读后的感想指的是阅读完该文献后需要及时跟进的文献、可以借鉴和引申的观点、启发等。

提纲式摘记的写作步骤

一、建立索引关键词并用其命名文献

索引关键词可由"研究关键词＋文献类型＋文献作用"等要素组成，如叶继红的《数字技术赋能基层治理的逻辑、困境与路径》文献，可以保存为 Word 文档的形式，并用"基层治理＋原始文献＋思路、观点借鉴"来命名。

二、记录文献的基本信息

可以使用 Word 文档记录诸如文献的标题、作者、发表期刊及影响因子、发表时间等基本信息，也可以直接从中国知网等相关检索平台截取文献的基本信息。

三、记录文献的主要内容

对文献主要内容的记录包括文献的研究背景、研究目的、研究方法、研究思路、研究结论等。可以采用条目式列出，也可以采用表格记录（见表 6.1）。

表 6.1　文献主要内容记录方法示例

研究背景	党和国家的顶层设计提出了加强基层数字治理的紧迫性与必要性，学术界围绕数字技术如何促进基层治理展开了大量的研究，但对数字技术赋能基层治理的作用机理的研究还不够系统、深入
研究目的	尝试探讨数字技术赋能基层治理的作用机理与功能表现
研究方法	理论分析、逻辑分析
研究思路	分析当前基层治理问题对数字技术赋能提出的要求→分析数字技术赋能基层治理的逻辑→分析数字技术赋能基层治理的困境→分析数字技术赋能基层治理的路径
研究结论	需要加强部门之间的协同联动，促进技术与治理的深度融合，健全科学的绩效考评制度，保持技术治理的适度韧性

四、写出文献阅读后的感想

本部分主要包括需要及时跟进的文献、可以借鉴和引申的观点、启发等。举例如下。

1．需要及时跟进的文献

[1] 徐勇．基层治理的基本问题与结构转换 [J]．探索与争鸣，2023（01）：5-9.

2．可以借鉴和引申的观点

该文献从信息、对象、流程、功能四个方面深入探讨了数字技术赋能基层治理的作用机理，使二者之间的关系更加明确和系统。

3．启发

该文献从事物之间的内在逻辑入手，系统分析了数字技术与基层治理之间的联系。从事物之间的内在逻辑入手展开研究是展开系统分析的重要视角和思路。

三、文献阅读与摘记的软件

文献阅读与摘记的软件在学术研究中扮演着重要的角色，可以帮助用户高效地管理、阅读和引用文献。目前使用比较多的文献阅读与摘记软件有四种。EndNote 是一款广泛使用的文献阅读与摘记软件，支持多种国际期刊的参考文献格式，提供丰富的写作模板。Zotero 是一款开源且免费的文献阅读与摘记软件，具有强大的可扩展性，支持简易信息聚合（RSS）订阅追踪期刊的最新文章。Mendeley 是一款免费的文献阅读与摘记软件，提供 2GB 的云端存储空间，支持多平台使用。NoteExpress 是一款国产的文献阅读与摘记软件，对中文文献的支持优于国外软件，适合中文用户使用。这些文献阅读与摘记的软件尽管在功能上有所差异，但是总体来说都可以实现如下功能。

（1）创建图书馆。可以创建图书馆（Library），搭建一个属于个人的文献数据库。

（2）导入文献。可以通过多种方式导入文献，包括手动输入、直接从在线数据库中下载、通过 PDF 全文导入等。

（3）管理文献。可以对文献进行分类，添加笔记、附件和评论，并使用过滤器和搜索功能快速找到特定的文献。

（4）编辑文献。可以编辑文献的详细信息，如作者、标题、期刊名称、发表年份等。

（5）同步和共享。云同步功能允许用户在不同设备间同步图书馆，使用户可以与他人共享图书馆或特定文献。

（6）管理和注释。允许用户直接在软件内打开和阅读 PDF 文件，并进行标记高亮、添加注释等操作。

（7）引文和笔记。在阅读文献时，可以创建引文和笔记，方便后续查找和引用。

（8）插件和集成。提供了与 Word 等文字处理软件的集成功能，通过插件实现在文档中管理和插入引用文献。

第三节　文献调查法的应用场景

文献调查法是一种通过对文献的研究获得新知识、新认识的方法。了解和掌握文献调查法的应用场景对每一位调查者来说都至关重要。

一、历史性研究

文献调查法作为一种独立的调查方法使用时，往往用于历史性研究课题中。比如，我们要对社会变迁、人们婚姻观念的变化进行研究，往往涉及较长历史阶段的趋势性分析。问卷调查法、实验室观察法等调查方法更关注现实情况，因而与之相比，文献调查法在这种调查中更为适用。因为各个历史时期的社会风貌与生活点滴，往往会以各式各样的文献形式被详尽记载与描绘下来。例如，我们要研究 20 世纪下半叶中国人婚姻观念的特点和演变轨迹，最好的方法就是利用这 50 年间的各种有关婚姻观念的文献进行分析和研究。

二、探索性研究

大家可能都曾有过这样的经历，在写一篇论文或展开一项研究之前，老师往往会要求我们先查阅相关文献。事实上，我们在对任何一项主题展开正式研究之前，一般都要进行探索性研究或前期研究。除到现场去观察访谈、走访专家外，文献调查法往往是一种使用更为普遍的方法。对一般的社会调查来说，文献调查法不是一种独立的调查方法，只能起到辅助作用，但其作用不容小觑。

（1）帮助调查者找到研究空白，确定调查主题。通过对现有文献的梳理，调查者能够快速、清晰地获取有关调查主题的研究成果、研究空白、研究趋势等信息，有效避免选题的盲目性和重复性，从而避免时间和精力上的浪费。

（2）帮助调查者获取与调查主题有关的信息。调查者在围绕一项主题展开调查时，需要获取有关该主题的全面、系统的信息。要想获取这些信息，除进行实地调查外，进行文献调查也是很好的途径，可以保证后续调查的顺利开展。比如，我们要对社区服务中心进行调查，通过文献调查可以更加全面地认识到社区服务中心的功能、类型、运行机制等，因为这是他人已有的研究成果，相对而言较为深刻和系统。

（3）帮助调查者了解与调查主题有关的理论、方法和现有条件等。通过文献调查，调查者可以充分了解与调查主题有关的各种理论观点、调查方法、政策环境，以及调查工作面临的各种主客观条件，进而为提出研究假设、设计调查方案、确定调查方法、安排调查工作提供必要的参考。

由此可见，文献调查法在整个社会调查活动中扮演着不可或缺的角色。它既是一种重要的资料收集方法，又能指引调查工作的有效开展。

第四节　对文献调查法的评价

文献调查法作为一种追溯人类历史智慧的手段，是一种间接的非介入式调查方法。文献调查法的基本特点决定了它有许多优点，也不可避免地具有一定的缺点。

一、文献调查法的优点

（1）文献调查法不受时空限制，研究范围非常广泛。实地调查法、问卷调查法、观察调查法、访谈调查法等调查方法的实施均受时空限制，而文献调查法可以通过对相关文献资料的梳理和研究再现古今中外的事实场景，以实现调查目标。

（2）文献调查法可以避免调查者与调查对象在互动过程中可能出现的反应性误差。文献调查法是一种间接的非介入式调查方法，不需要与调查对象进行直接的互动，有助于减少因外在环境、调查者和调查对象素质不同等因素造成的误差。

（3）文献调查法的实施安全、方便、高效。文献相对来讲内容稳定，受外界因素的制约较少，实施起来较为安全。而且在当今时代，文献的获得也较为便捷，对资金、时间和设备的需求较少，实施起来效率较高。

二、文献调查法的缺点

（1）调查者缺少对所获取资料的切实感受。"实践出真知"，通过文献调查法获取的往往是间接信息，缺少直接调查的感受和体会，必然会影响调查者对信息的认知和分析，也会导致调查结果较为抽象和枯燥。

（2）信息的质量难以把握。文献的质量参差不齐，很多文献的价值也难以准确判断，在浩瀚的文献海洋中寻找高质量、有价值的文献费时费力；有些文献可能因年代久远、记录不详或受主观因素的影响，导致信息的真实性和准确性大打折扣。

（3）信息的系统性和完整性不足。现有的文献往往难以构成一套完整的体系，在某些研究领域可能存在大量的空白，加之文献具有一定的滞后性，新的研究成果、观点和方法往往需要经过一段时间的沉淀与积累才能以文献的形式呈现出来。这可能导致文献调查法在某些情况下难以反映最新的研究进展和动态，在面对复杂问题时难以全面深入地揭示问题的本质和规律。

（4）对调查者的要求高。文献的数量多、信息的标准化程度不够，这就需要调查者具有较高的文献检索、阅读、分析能力，对调查者的专业知识、研究素养和实践经验提出了较高的要求。

课后思考题

1. 什么是文献调查法？它有哪些特点？
2. 收集文献有哪些基本要求？
3. 文献调查的步骤有哪些？

拓展训练

《史记》是由西汉史学家司马迁撰写的中国历史上第一部纪传体通史，是中国古代史学中的一部杰作。书中详细记载了上至上古传说中的黄帝时代，下至汉武帝太初四年间共3000多年的历史。全书包括十二本纪、三十世家、七十列传、十表、八书，共130篇，约526 500字。本纪记载历代帝王的政绩，世家叙述诸侯和勋贵的兴亡，列传记录重要人物的言行事迹，表为大事年表，书则包括各种典章制度。

《史记》的取材相当广泛，当时社会上流传的《世本》《国语》《国策》《秦记》《楚汉春秋》《诸子百家》等著作和国家的文书档案，以及实地调查获取的材料都是司马迁写作《史记》的重要材料来源。更为可贵的是，司马迁对收集的材料进行了认真的分析和选取，淘汰了一些无稽之谈。对一些无法弄清楚的问题，也采取了商榷的态度或记载下了各种不同的说法。正是由于取材广泛、修史态度严肃认真，《史记》的史学和文学名著地位才得以造就，并享有"史家之绝唱，无韵之离骚"的盛名。

讨论：结合以上材料，讨论文献调查法在调查研究中的意义和作用。

第七章
观察调查法

学习目标

- 能够了解观察调查法的概念与类型；
- 能够掌握结构式观察、参与观察和间接观察的方法，学会设计观察工具；
- 能够理解观察调查的实施程序；
- 能够了解观察调查法的优缺点，正确使用观察调查法。

案例导入

某专业学生曾对教室的课桌文化进行观察分析。使用多年的课桌会留下学生闲暇时涂抹的痕迹，通过对课桌涂鸦的观察，能对学生的状态有所了解。对课桌涂鸦的研究可借鉴其他观察调查法的研究过程。

首先，设计课桌文化观察表，用于收集与研究目的有关的课桌文化观察内容。课桌涂鸦除了语言涂鸦，还有图画涂鸦。调查者要充分考虑这两种涂鸦的内容、表达的情绪、涂鸦的面积等。

其次，选取合适的教室，获得足够的涂鸦样本。调查者应对学校的教室进行统计，获得教室的抽样框，通过概率抽样得到观察的样本教室。

再次，收集涂鸦素材，获得分析资料。调查者应对所有样本教室中的课桌涂鸦进行拍照并填写观察表格，然后对相应的数据进行编码统计。

最后，通过对课桌上篆刻的文字、绘制的人物进行观察和数据分析，调查者会得到一些有趣的结论：①学生的课桌涂鸦中以勉励自己学习的表达最多，如刻"早"字向鲁迅先生致敬，刻"考研必胜"为自己加油鼓劲，刻"本座已有人占"表明自己在此学习等；②学生的课桌涂鸦中表达个人情感的内容也很多，如刻"爱"字等。

人类认识世界往往从观察开始，因此观察调查法是社会调查中非常重要的一种方法。这种方法指的是调查者直接感知和记录，获得与调查目的、调查对象有关的社会信息。调查者可以使用观察表等工具直接获得观察信息，也可以通过观察获得的认知来构思研究的理论框架。观察调查法通常在实验室研究、实地研究中使用，并结合其他方法开展。

第一节　观察调查法的概念与类型

无论是自然科学还是社会科学，观察都是人类认识世界的基本方法，也是人类从事研究的重要手段之一。观察有多种类型，每一种观察都有自己独特的调查优势。调查者常借助不同的观察方法来获得定量或定性的资料。

一、观察调查法的概念

观察调查法是指调查者根据一定的调查目的、调查提纲或观察表，用自己的感官和辅助工具直接观察调查对象，从而获得资料的社会调查方法。在人文社会科学研究领域内，观察调查法被广泛用于收集社会中的第一手资料或原始数据。观察调查法的核心在于：调查者不仅可以依赖其感官直接捕捉社会现象，还可以借助辅助工具提升自身的信息获取能力，并及时记录下与调查主题紧密相关的社会现象及行为模式。

观察这一研究手段远非简单的事物感知与机械记录。实际上，观察所触及的内容深刻地受到调查者自身研究视角的影响。调查者选择的研究问题、融入的个人经历与感悟、预先设定的研究假设，乃至调查者与调查对象之间复杂而微妙的关系，都是决定观察过程走向与结果呈现的重要因素。因此，在进行观察时，调查者需要保持高度的自觉与自省，以确保观察活动的客观性、全面性和深入性。

在社会调查中，调查者会根据不同的调查目的采用不同的观察调查法，从而获得更有效的观察资料。总体来看，观察调查法的类型包括四个方面，即实验室观察和实地观察、结构式观察和非结构式观察、参与观察和非参与观察、直接观察和间接观察。

二、观察调查法的类型

（一）实验室观察和实地观察

从观察的场所来看，观察调查法可根据是在实验室进行观察，还是在实地研究现场进行观察，分为实验室观察和实地观察。

实验室观察的场所设在实验室，实验室中配备单向透视镜、录像机、录音机等设备，便于调查者在不影响调查对象行为的情况下，获得调查对象的语言、行为和互动数据。例如，心理学家为了观察幼儿之间的互动情况及是否存在霸凌行为，常将观察的场所设在装有单向透视镜和其他视听设备的实验室中，并在教师的耳中配备能够接收信息指令的设备。心理学家通过单向透视镜观察幼儿的聚散行为，以及是否存在肢体冲突、语言冲突等行为，并通过指令指导教师做出相应的教育反应。在这样的观察情景中，幼儿看不到心理学家，单纯地认为自己在教室中游戏，行为表现正常，能够确保调查者得到真实的幼儿互动信息。

实地观察与实验室观察有很大的不同。在实地观察中，调查者需要在自然的环境中观察，即在实际的社会生活中观察。这种观察无法做到实验室观察的可控性，所以无法对观察的场所和对象进行严格的控制。实地观察是调查者为探索真实的社会关系而深入现实生活，对实际发生的现象进行的观察，观察结果更贴近社会现实。例如，社会学家对偏远地区中一个无名的部族感兴趣，意图了解其文化和社会结构。那么，社会学家可以通过线人引荐深入该部族社会，成为其中的一员，在与其他部族成员的长期生活中观察到部族生活的真实状态。社会学家通过对部族成员生活的近距离观察，能够对部族的社会活动与社会结构形成深入的认知。在这种情况下，社会学家目中所视、耳中所听、身体所感都将成为观察的内容。这种观察内容会因不同的人物、情景而有所改变，调查者不能操控，只能如实记录。

（二）结构式观察和非结构式观察

根据观察的程序不同，观察调查法可分为结构式观察和非结构式观察。

结构式观察是一种正式的、程式化的调查方法。在结构式观察中，调查者要先准备好根据调查目的设计的观察工具，再依次对调查对象进行统一的观察记录。为了便于后期的统计，结构式观察设计的工具常关注那些明确具体、可以量化的行为和特征。因此，可以对结构式观察的结果进行定量的处理和分析。

作为一种开放式的调查方法，非结构式观察的特点在于没有设定观察的框架。在观察的过程中，调查者要全面捕捉当前发生的行为，并及时记录下来。非结构式观察赋予了调查者极高的自由度，调查者可以在观察前设计一份较为开放的观察提纲，并根据实际情况进行适时调整，以适应观察现场的复杂性和多变性。由于非结构式观察具有灵活性，因此对其所得的资料往往难以像对结构式观察的结果那样进行严格的定量分析。然而，这并不意味着非结构式观察的价值有限。相反，它通常能够提供更为丰富、深入且贴近现实的定性描述，帮助调查者从更广泛、更综合的角度理解调查对象的行为和社会现象。在某些探索性研究中，非结构式观察更是成为不可或缺的研究手段。

（三）参与观察和非参与观察

从调查者参与观察活动建立的角色关系来看，观察调查法可分为参与观察和非参与观察。

参与观察是指调查者亲自参与到所观察的社会活动中，成为其中的一员进行的观察。参与观察尤其适用于实地研究，调查者以社会成员的身份参与到社会活动中，近距离观察调查对象的所作所为，同时获得与调查对象同样的角色心理，从而有助于观察的开展。有学者认为，参与实地研究的调查者大都扮演以下三种身份：完全成员式调查者、积极成员式调查者和边缘成员式调查者。这些身份的共同之处在于都具有参与性与成员性。实施非参与观察的研究人员认为：如果要真正地理解调查对象，就不能置身事外地"观察"对方；调查者只有作为被研究文化群体中的一个"成员"参加到他们的生活中去，才能真正理解他们。

非参与观察是指调查者处于观察现象之外，没有参与调查对象的活动，只是从第三方的视角观察调查对象的活动和表现。在实施非参与观察时，调查者没有直接进入调查对象的日常生活，也没有参与他们的活动，而是以旁观者的身份了解事情的发生发展情况与动态变化。在非参与观察中，为了达到更好的记录效果，调查者可以在条件允许的情况下，使用录像机对现场进行录像或开展其他相关信息的记录。非参与观察的优点在于，调查者的第三者立场使观察具有一定的客观性。非参与观察的缺点在于：第一，若调查对象知道自己正在被审视，就会受到社会效应的影响，导致行为变形，失去观察真实性的意义；第二，调查者只能收集到表面性的资料，很难向调查对象提问，无法了解其行为的意义；第三，观察行为的非参与性导致观察距离可能较远，使调查者无法获得完整的视听资料，影响观察信息的收集。

（四）直接观察和间接观察

根据观察的对象不同，观察调查法可分为直接观察和间接观察。

直接观察是指对那些正在发生、发展和变化着的行为进行的观察，即调查者目睹人们的行为，目睹正在发生的事件和过程。例如，调查者观察街头乞丐，可以直接观察到乞丐的言行、什么样的人愿意施舍、施舍行为是给钱财还是给食物或物品等。由此，调查者对乞丐行乞的时间、地点、方式，以及施舍人群进行的观察就是直接观察。

间接观察的对象通常不是正在活动着的人，而是人们的行为之后、事件发生以后所留下的各种痕迹。例如，调查者通过观察地面车胎的留痕来判断车辆当时的速度、是否急刹车、行驶状况等信息，这就是一种间接观察。同样，教师通过观察学校课桌上的涂鸦信息，可以感知学生的思想和情感状况，这也是一种间接观察。间接观察能提供直接观察不能收集到的信息，是调查者获取信息的另一种途径。

田野调查

作为社会科学研究中的一种重要方法，田野调查旨在通过实地观察、访谈、记录等方式，深入了解调查对象在社会、文化、经济等方面的情况。田野调查源自文化人类学及考古学精髓的方法论，是"直接观察调查法"的生动实践与深度应用，为正式的研究工作精心收集了第一手资料。因此，凡是实地踏足、亲身参与的现场调查活动，皆可冠之以"田野研究"或"田野调查"之名。

我国有学者对浙江省海盐县的种粮大户进行了田野调查。调查者深入海盐县的农村地区，重点关注了一个经营1100亩稻田的种粮大户——老许。

通过访谈和观察，调查者详细记录了老许的农田经营模式、主要人员构成（夫妻两人加三个长期聘用人员）、农田数量及流转情况、稻虾联合养殖的收益等。调查发现，稻虾联合养殖的每亩收益能够达到2000元，远高于种麦稻两季收益的600元左右，且老许能够熟练使用各种农业机械，包括小麦开沟机、整地机、插秧机等。

该调查紧密结合了现代农业技术在中国农村的应用，展示了农民如何通过创新实现增收致富。

第二节　观察的方式与设计

　　本节介绍结构式观察、参与观察和间接观察三种观察调查法。在社会调查中，结构式观察和参与观察所用的情况较多，因此对这两种观察调查法进行重点阐述。结构式观察因其观察内容直接具体、观察目的简单明确和观察表设计简明，故而受到调查者的偏爱，因此结构式观察的设计也是本节的重点内容。

一、结构式观察

（一）结构式观察的界定

　　结构式观察方便调查者依据研究目标，有目的地收集相关信息。结构式观察的结果往往采用定量数据分析，能实施复杂的统计运算，因此这种观察更受调查者的偏爱。

　　结构式观察设计的内容主要包括：对观察的内容进行详细分类；构建标准化程序，以便客观地测量和记录；对记录的内容进行定量分析。结构式观察的典型例子是哈佛大学的社会学家贝尔斯对小团体成员互动的研究。后来，社会学家伯盖塔又将它扩充为18项，称为"互动过程评分"。贝尔斯和伯盖塔设计的两套分类系统为观察、描述小团体成员的互动行为提供了标准化的工具。分类系统的构建根植于广泛而深入的初步观察之上。例如，小团体成员在长期的互动过程中，会逐渐形成一系列稳定的行为模式。这些行为模式既是某一具体团体独特性的体现，也是对过往经验的积累。科学合理的分类犹如一个精准的筛子，能够有效聚焦观察资料的核心，剔除冗余与次要信息，但这一过程需要经过细致的筛选、严谨的检验和持续的完善方能达成。

（二）结构式观察的设计

　　结构式观察是一种系统化的观察调查法，它要求调查者事先在精心设计的观察卡片上详细列出各种观察范畴与分类。这种设计确保了观察的规范性和一致性。调查者在进行观察时，只需在对应的格子内做出标记，记录下观察到的现象，无须即时加入个人主观的评价或解读。

　　结构式观察的具体观察内容类似问卷调查，观察卡片上的范畴类似问卷的题目。此外，对观察数据的处理与分析，可以采用处理问卷数据的方法，即对数据做出总体描述、分类统计、相关分析等。表7.1所示为中西快餐消费观察表，这是一种简单的结构式观察表示例。

表7.1　中西快餐消费观察表

基本情况	类别	□中式快餐　　　　□西式快餐	
	地点		
	年　　月　　日	星期＿＿＿	节假日：□是　　　□否
	客流量	＿＿＿人／时（平均）	

续表

消费人群	性别	☐男	☐女	
	年龄层次	☐儿童	☐中青年	☐老年
	社会层次	☐高	☐中	☐低
	（衣着）	☐好	☐中	☐差
	（车）	☐开车	☐不开车	
餐饮服务质量	卫生间状况	☐好	☐一般	☐差
	设施折旧度	☐低	☐中	☐高
	游戏设施	☐有	☐无	
	（适用人群）	☐儿童	☐成人	
精神要素	服务员精神面貌及服务态度	☐好	☐中	☐差
	服务员衣着	☐好	☐中	☐差
	服务速度及效率	☐高	☐中	☐低
	服务是否周全	☐是	☐否	
开放式问题	1. 你更喜欢去吃中式快餐，还是西式快餐？（对顾客）			
	2. 餐厅内有给你留下深刻印象的事情吗？是什么？（对顾客）			
	3. 您的饭店的宗旨是什么？（对管理人员）			
	4. 您的饭店对服务员的管理要求是什么？（对管理人员）			

二、参与观察

（一）参与观察的概念

参与观察是在自然情景中进行的直接观察，一般采用非结构式观察的形式。参与观察获得的信息量大、信息真实，容易挖掘行为背后的原因，故而在田野工作中应用颇多。

最早，参与观察是人类学和民族志研究中使用的研究方法；随着社会科学的发展，参与观察也被其他领域的调查者采用。

参与观察的核心在于对某一特定文化现象进行全方位、深层次的描绘。此方法不预设任何具体的理论框架或假设，也不追求像结构式观察那样严谨的观察架构。正因如此，它允许调查者在纷繁复杂的现象中自由探索，逐步提炼出调查对象的本质特征。为了实现这一目标，调查者需要投身于研究领域之中，进行长期而细致的观察。调查者需要具备高度的社会融入能力，以便在实地环境中自然而然地收集资料和信息。在这个过程中，调查者还需要努力超越自身的文化背景限制,尝试在目标文化环境中实现自我重塑,即所谓的"再社会化"。这不仅有助于调查者更深入地理解调查对象,还能确保观察结果的客观性和准确性。

(二)参与观察设计的主要内容

任何观察都要考虑以下基本问题:观察什么、何时何地实施观察、观察双方的关系如何,以及如何得到准确的观察资料。参与观察设计的主要内容涉及以下几个方面。

1. 进入观察现场的设计

进入观察现场有多种途径,具体的选择方式因人而异。在《街角社会》中,作者借助一名线人顺利进入意大利裔人群居住的社区,以一种正式成员的身份获得观察街角社会青年社会活动的机会。而进入现代社会的社区,则一般要经过有关部门的允许。例如,在进行调查时,调查者拿着上级政府机构开具的推荐信或委托书,相关社区的工作人员便愿意接受调查者参与本社区的工作,并对相应工作予以配合。如果无法获得这种正式的关系,那么通过熟人关系也能得到待进入社区的接纳,这也是一种有效的途径。另外,为了获准进入观察现场,可以通过开展协作研究或申请短期合作等方式为当地解决某些困难或提供帮助,在获得对方的认可与好感后,调查者就可以进入观察现场进行研究。

2. 观察的内容设计

参与观察既然是非结构式观察,就不存在被设定好的观察范畴和观察内容限制。参与观察的内容应包括以下四点。第一,现场情景。现场情景能够反映整个事件发生的背景和活动开展的状况。人们的行为只有在特定的情景中才会产生特定的意义,因此观察现场的情景有助于调查者理解事件发生发展的情况和相关人物之间的关系。第二,调查对象。观察不仅是对人物行为的观察,还要明确人物在社会生活中扮演的角色、拥有的社会地位及其社会关系。只有以社会角色的视角看待调查对象,才能深刻领悟其行为背后的社会规范及动机。第三,人们的行动及态度。调查对象的行动是客观可视的,调查者可以通过观察人们的行动及其展示的态度,推断其行动背后的动机,借以理解调查对象。第四,社会行动。社会行动不是以个体为视角的行动,而是以社会角色和社会事件为视角的行动,具有一定的社会行动意义。调查者需要有良好的社会想象力,以理解社会角色及相应的社会行动。

3. 观察的时间与地点设计

时间的观察包含行为与事件发生的时间、出现的频率、持续的时间等。需要与调查对象共同活动的参与观察,本身就要求调查者融入当地的生活,随时随地进行观察,因此观察地点是随时存在的,如同观察时间也是随时存在的一样。

社会学家在对某城镇展开深入研究之际,实施了一项别具匠心的策略。他们指挥观察员长期入驻该城镇的公寓或私人住宅中,要求他们在日常生活的每一细微之处都积极融入城镇的生活。这些观察员被期望如同真正的居民一般,参与城镇的各项活动,与地方社群建立起深厚的联系,并承担起作为该社区成员应尽的责任与义务。通过这样的要求,观察员对调查对象的行为发生的时间与地点就有了更准确的把握。

4. 与调查对象关系的设计

调查者进行参与观察的主要目的是,通过建立相互信任、自然放松的关系,让调查对象感受不到调查者的行为对其生活的威胁与干扰。

如何与调查对象建立良好的关系？首先，调查者需要明确自己扮演的角色，以符合角色的形象出现在观察现场。而角色的设定则由调查者进入观察现场的因素决定：如果凭借线人或熟人关系进入观察现场，那么调查者的身份便不容易被质疑；如果凭借上级机关的推荐进入观察现场，那么调查者本身会受到当地社区官方的照应，也容易获得当地居民的尊重。其次，调查者应遵守当地的风俗习惯，通过自身形象和行为的本地化来获得当地居民的好感。比如，调查者应该学习当地的语言，参与当地居民的活动，这样不但能够保证调查者理解当地居民的交流内容，也容易通过良好的互动使调查对象消除隔阂，愿意为调查者提供信息，愿意以真实的面貌呈现真实的社会生活。

5．提高观察准确性的设计

观察的准确性，实际上是观察的效度问题，观察的有效性需要在不同观察时间和不同调查者相互印证的基础上得到。在打消调查对象顾虑的前提下，确保观察准确性的关键在于完整地获得观察记录。为了提高观察的准确性，调查者可以关注以下几个方面。

（1）及时进行观察记录。完整真实的观察记录能让调查者得到所观察现象和行为的详细信息，为后续的研究分析提供详实的资料基础。因此，调查者应尽量当场或在短时间内完成观察记录，以减少记忆的错误和遗漏。《街角社会》的作者每天晚上都要花费大量的时间，对当天发生的事件进行客观中立的梳理与描述。这些丰富的素材对作者思考街角社会的社会行为、社会结构起到了非常重要的作用。

（2）及时整理工作笔记。调查者对现场人物和事件的观察与记录，尽量不要对调查对象产生影响。当场或短时间内的记录往往潦草、杂乱，因此事后的整理就显得非常重要。对工作笔记的整理一般包含对客观事实的描述，以及自己的理解、解释、印象和感受等。为了保证记录的客观性和准确性，调查者通常要将客观记录和主观感受进行分割，归类表达。这样在后期处理资料时，才不会把客观现实与主观理解混淆。另外，也可以由两个以上的调查者分别记录，以便相互对照、取长补短，避免个体观察的失误或主观内容的混杂。

（3）借助现代记录工具。为了提高观察的有效性，调查者还可以借助现代记录工具进行观察的记录。现代记录工具有很多，常见的有录音笔、录像机和监控摄像头等，这些工具都能起到记录的作用。调查者需要比较观察记录和机器录制的内容，以提高工作笔记记录的有效性和可靠性。

（4）借助分类系统进行分析。面对众多的记录资料，能够系统地对观察记录进行整理与分析就显得非常重要。在此情况下，调查者可以通过分类或流程图的方法来概括、整理观察记录。分类整理观察记录，就是以人物、事件或行为为指标，对观察记录的内容进行分类，建立研究资料的档案，以便事后进行查阅和检索。流程图可以帮助调查者从资料库中梳理出事件发展的重要阶段，并对事件在各个阶段的特征与表现进行分析和描述。流程图的优点在于，能够依据时间线将事件串起来，以便找到事件发展的逻辑和脉络。

（三）参与观察的适用场景分析

1．适合参与观察的情况

相较于其他观察调查法而言，参与观察可以让调查者亲身参与研究情景的现场活动，亲身感知当地的社会文化和大众心理，看到事件或行为的产生、发展等多个过程，获得有关调查对象的丰富具体的信息。这些都能促进调查者详细了解调查对象，从而促进研究理论的构建。参与观察对以下情况的研究最为有利。

（1）相对未知的社会现象研究。无论是远离主流社会的人群还是蛮荒的古老部族，关于这些群体 / 社会如何运作、文化如何、形态如何的资料，采用其他方法都很难获得。而参与观察可以帮助调查者直面现实的社会群体和社会现象，获得第一手资料。

（2）挖掘"事实"背后的真相。调查者看到的"事实"与行为当事人表达的内容之间存在一定的差异，并且局外人与局内人对同一事物的看法也不相同。调查者借助参与观察对"事实"展开社会研究，能有效揭示"事实"背后的真实情况。调查者对所经历的事件和所见闻的资料进行整理与分析，能还原"事实"的客观性和真实性。

（3）开展个案和连续性的项目。个案本身具有人物行为发生、发展的事件线索。当调查者被允许参与个案的发展时，调查对象的言谈举止就很容易被观察到。同理，连续性的项目具有同样的特点。如果调查者需要了解有关事情的发展脉络、与其他事件的关联情况，那么采用参与观察方法可以从亲历者的角度获得相关信息。

（4）构建自己的"扎根理论"。当调查者有了新的想法，意图构建新理论时，参与观察能帮助调查者依据自己的研究进程不断调整应收集的观察资料，并在理论抽样饱满时获得自己的核心概念和理论假设，通过不断修改最终形成自己的基本理论。

（5）结合其他研究方法。参与观察可以单独使用，也可以结合其他研究方法使用，以帮助调查者全面立体地获得社会资料。比如，在实地研究中，深度访谈和参与观察常常相伴使用；而在问卷调查或正式访谈前进行参与观察，能有效锁定问卷的主体结构或访谈的主要问题。

2. 不适合参与观察的情况

参与观察不适合调查条件有限的观察和对复杂情况的观察。

（1）时间和人力上的有限性，限定了参与观察不能进行规模宏大的调查，仅能进行有限的个案调查和较小社区的调查。

（2）参与观察仅限于公共活动和熟人活动，无法完成对调查对象隐私的观察。因此，在涉及私密的领域时，需要采用更合适的方法进行资料的收集，如深度访谈。

（3）无法对社会现象进行高级统计和因果分析。对于参与观察获得的数据，可以采用流程图、表格等工具来表达，也可以采用概念组、概念图等工具来展示，但无法进行高级统计，故无法获得数量上的因果分析。调查者通过开展细密、深入的观察，仅可以对人们行为的因果进行一定的推论。观察的确可以明确地回答"谁在什么时间、什么地方与谁一起做了什么"，但很难准确地回答"他们为什么这么做"。

参与观察者的身份进入

国内学者折晓叶在谈到做乡村研究时，坦言自己也曾遇到很多困难。她曾说："作为陌生人的感觉，时常让我觉得难以真正进入这个村庄的社区生活。其中首先的障碍，是与村里人之间在穿着、相貌、语言、心理和身份上的距离。这可以从他们对你探究、猜测、冷眼的目光中，从与你谈话时的尴尬中感觉到。"

参与观察者在进入现场之后，不但面临当地语言、风俗和习惯不同的难题，还面临如何与民众建立信任的难题。信任的取得和友善关系的建立，需要参与观察者长期努力，通过长时间的接触和共同活动来取得当地人的信任。折晓叶在研究的过程中参加了当地人的一次活动，取得了当地人的信任，获得了当地人的接纳。那是折晓叶进村不久，村干部邀请她参加村里的"春茗会"。在此次活动中，村里会邀请很多贵客，答谢各方给予乡村的支持。会上有一项抽奖活动，折晓叶抽到了一等奖。当自己被人群欢呼着拥到领奖台上时，折晓叶这才感觉到自己开始被当地人接受了。自那之后，很多当地人都会与她打招呼，还会和她随便谈上几句。没有想到一张奖券竟然让当地人在不经意中接纳了她。后来，她通过参加村里的各种活动，与当地人友善交流，获得了很多真实的乡村资料。

三、间接观察

结构式观察和参与观察都属于调查者直接进行观察的观察调查法，即调查者直接观察调查对象。除此之外，还有一种容易被大家忽视的观察调查法——间接观察。间接观察可以在不具备直接观察条件的情况下，利用遗留的中介物实施对调查对象的观察。间接观察包括物质痕迹观察和行为标志观察。

（一）物质痕迹观察

物质痕迹观察包括腐损测量和积累物测量。

1. 腐损测量

腐损是指人们在活动时有选择性地使用某类物品而对物品造成的腐蚀和磨损。腐损能够带给调查者一定的信息，使之推测人们的行为。例如，图书馆中磨损得比较严重的书刊通常表明它更受读者的欢迎，图书馆中磨损得比较严重的地毯通常表明这个区域的落座率更高。再如，观察山路转弯处路旁栏杆和设置物的损毁程度，可以判断此处车辆的出事率，以及是否应增设警示牌等装置。

读书的痕迹观察

多次翻阅书籍后，会在纸张上留下痕迹，纸张越黑、边缘越破损、笔墨留痕越多，往往意味着读者对这部分内容越看重，停留时间越多，思考也越多。

因此，一些学生在备考期末考试时，会以自己的教材丢失为由，找任课教师借阅教科书。如果教师将自己上课常用的书籍借给学生，学生就会根据书籍的磨损程度来推测教师看重的章节、知识点等重要信息。这些学生通过有重点地押题、推测教师的出题来有目的地备考，从而投机地获得较好的分数。

如果教师借给学生从未翻阅过的新书，新书干净的纸页上没有任何痕迹，就会让处心积虑的学生没办法获得有效的信息，失去对教师阅读习惯的推测，从而无法实施自己的押题计划。

2. 积累物测量

调查者通过对人们遗留下来的物品进行观察，同样可以推测人们的行为。例如，观察私家车上的灰尘可以判断该车停放的时间。曾经有调查者通过翻阅人们亲手书写的文字来推测人们的状态。比如，通过观察其字迹是潦草还是工整、字迹撰写占地是大还是小、字迹是美观流畅还是笨拙丑陋，来判断书写者的个性是急躁还是稳重、是拘谨还是大气等。将物质痕迹资料的收集和分析方法作为辅助手段，可以为调查者提供某些行为线索，佐证其他方法获得的资料。

（二）行为标志观察

行为标志观察是指通过观察人们表面或无意识的行为，获取外在行为的信息与资料，以此推测被观察人群的行为方式和价值观。行为标志观察的假设是，这些外显现象是人们行为或态度的间接反映。

"丢失邮件或物品"观察实验

有学者实施了一项"丢失邮件或物品"观察实验，以此对社会行为、道德观念及人际互动模式进行一次深刻的洞察。

在实验中，研究人员精心策划，将标有地址的邮件或物品故意散落在不同城市、不同时间段的街道上，随后细致记录这些邮件或物品的归还情况。另一位社会学家在 S 市居民夜间交往关系的研究中，选用了铝制钥匙作为测试物品。

实验结果令人深思。白天钥匙的回收率显著高于夜间，这一发现与日常中人们对于问路、填写问卷等行为的积极反应形成了鲜明对比。随后，研究人员深入挖掘，揭示了夜间活动者独特的价值观——他们或许在面对同类时展现出更多的友善与互助，但对于与其非直接相关的遗失物品，则可能因种种原因而选择忽视。进一步的分析更是揭示了夜间活动者与白天活动者在性格特征上的显著差异。夜间活动者被描绘为豪爽、敢于冒险、性格开朗的一群人，而白天活动者则更多地展现出理智、社会化的一面。

第三节　观察调查的实施

从广义的角度来看，观察调查的实施包括确定观察问题、制订观察计划、设计观察提纲、进行观察、记录与整理资料、统计检验、撰写报告等一系列的事情。但在实际操作的过程中，以上各个阶段之间会有交叉和融合。从狭义的角度来看，观察调查的实施包括观察前的准备工作、进行观察和观察的记录。以下着重介绍狭义的角度。

一、观察前的准备工作

观察前的准备工作做得是否充足，直接影响观察的过程是否流畅、能否有效对观察问题进行资料收集。因此，在观察之前，调查者应该确定观察问题，制订观察计划，设计观察提纲。

（一）确定观察问题

在规划观察活动之前，调查者的首要任务是清晰界定观察问题。值得注意的是，这里的"观察问题"并非研究的终极议题，它源自调查者对"研究问题"进行深入剖析之后，为了达成研究目标而精心挑选的一个或多个具体的视角。

观察问题是指使用观察方法，根据观察需要而设计的、通过观察活动来回答的问题。提出"观察问题"的目的是回答"研究问题"，前者是完成后者之使命的一个工具。

确定观察问题

一位调查者研究的主题是"从学生高考选择院校看中国社会变迁"。调查者使用多种研究方法对该问题进行了研究，也设计了参与观察的方法。调查者预计对中国 S 市的 8 个家庭进行观察，了解家长的教育方式。变量涉及家庭的经济状况、家长的教育水平、孩子的教育经历等。在这个研究设计的框架下，调查者精心确定了一系列细致入微的观察问题，这些问题直接触及了孩子们日常生活的多个维度，如：孩子们日常偏好穿哪些品牌的服饰？他们的足迹遍布了哪些旅游胜地？闲暇之余，他们通常会选择哪些娱乐活动来放松自己？目前他们正就读于哪所学校，与哪些伙伴共度校园时光？孩子们在校外是否还参加了学习辅导班？每月他们又能从家长那里获得多少零花钱作为自由支配的资金？这些问题不仅具体，而且易于回答，它们如同访谈中的精心设问，旨在深入挖掘孩子们的生活细节。

从这一系列具体的观察问题中，我们可以窥见研究问题的抽象轮廓。研究问题往往是一个宏观且深远的议题，需要通过多个具体、可观测的指标来逐步揭示其本质。而这些观察问题正是调查者在设计观察计划和观察提纲时不可或缺的基石。它们引导着调查者以更加细致、系统的方式去观察和记录，从而逐步构建起对研究问题全面而深入的理解。

（二）制订观察计划

观察问题明确之后，调查者可以据此制订观察计划。观察计划的内容范围广泛，但总体来看，观察计划应包括以下主要方面与具体内容，如表 7.2 所示。

表 7.2　观察计划的主要方面与具体内容

序号	观察计划的主要方面	具体内容
1	观察的内容、对象、范围	计划观察什么？ 想对什么人进行观察？ 打算对什么现象进行观察？ 观察的具体内容是什么？ 内容的范围有多大？ 为什么这些人、现象、内容值得观察？ 通过观察这些事情可以回答什么问题？

序号	观察计划的主要方面	具体内容
2	观察的地点	打算在什么地方进行观察？ 观察的地理范围有多大？ 这些地方有什么特点？ 为什么这些地方对研究来说很重要？ 将在什么地方进行观察？ 与调查对象之间是否有（或有多远的）距离？ 这个距离对观察的结果有什么影响？
3	观察的时刻、时间长度、次数	打算在什么时间进行观察？ 一次观察需要多长时间？ 需要对一个人（群）/地点进行多少次观察？ 为什么选择这个时刻、时间长度、次数？
4	观察的方式、手段	打算用什么方式进行观察？ 是隐蔽式还是公开式？ 是参与式还是非参与式？ 观察时是否打算配备录音、录像等设备？使用（或不使用）这些设备有何利弊？ 是否准备现场进行笔录？ 如果不能进行笔录怎么办？
5	观察的效度	观察中可能出现哪些影响效度的问题？ 打算如何处理这些问题？ 打算采用什么措施获得比较准确的观察资料？
6	观察的伦理道德问题	观察中可能出现什么伦理道德问题？ 打算如何处理这些问题？ 如何使自己的研究尽量不影响调查对象的生活？ 如果有的话，打算如何帮助他们解决生活中的困难？ 这么做对研究会有什么影响？

（三）设计观察提纲

初步的计划明确之后，调查者便可以着手设计观察提纲了，以便将抽象的观察目标细化为具体可行的行动指南。观察提纲的设计应严格遵循两项核心原则：可观察性原则与相关性原则。可观察性原则要求调查者聚焦于那些能够直接目睹、亲身体验的现象与行为，确保观察活动的真实性与可靠性。相关性原则强调所选取的调查对象必须与既定的观察问题紧密关联，能够为解答这些问题提供实质性的信息与线索。通过这样的方式，调查者能够更加精准地把握观察的重点与方向，确保观察活动既有的放矢，又深入细致。

调查者可以借鉴问卷中问题设计的两种思路设计观察提纲：第一，从观察的维度（主要方向）出发，围绕该维度设计观察的具体内容（如观察的人物都有谁，都是什么身份等），这是从抽象维度到具体操作的过程；第二，明确观察的具体内容，将需要观察的内容分类，分别列入观察提纲，这是从具体操作中提炼抽象维度的过程。观察提纲应体现的维度与具体问题如表 7.3 所示。

表 7.3　观察提纲应体现的维度与具体问题

序号	观察的维度	观察的具体问题举例
1	谁（Who）	谁在场？ 他们是什么人？ 他们的角色、地位和身份是什么？ 有多少人在场？ 这是一个什么样的群体？ 在场的人在群体中各自扮演的是什么角色？ 谁是群体的负责人？ 谁是追随者？
2	什么（What）	发生了什么事情？ 在场的人有什么行为表现？ 他们说／做了什么？ 他们说话／做事时使用了什么样的语调和形体动作？ 他们之间的互动是怎样开始的？ 哪些行为是日常生活中的常规行为？ 哪些行为是特殊表现？ 不同参与者在行为上有什么差异？ 调查对象行动的类型、性质、细节，以及产生和发展的过程是怎样的？ 在观察期间他们的行为是否有所变化？
3	何时（When）	有关的行为或事件是什么时候发生的？ 这些行为或事件持续了多久？ 这些行为或事件出现的频率是多少？
4	何地（Where）	这些行为或事件是在哪里发生的？ 这个地方有什么特色？ 其他地方是否也发生过类似的行为或事件？ 这些行为或事件与其他地方发生的行为或事件有什么不同？
5	为什么（Why）	为什么这些事情会发生？ 促使这些事情发生的原因是什么？ 人们对于发生的事情有什么不同的看法？ 人们行为的目的、动机是什么？
6	如何（How）	这些事情是如何发生的？ 事情的各个方面相互之间存在什么样的关系？ 有什么明显的规范或规则？ 这件事情是否与其他事情有所不同？

二、进行观察

　　观察的步骤一般是由开放到集中，由全方位观察到逐步聚焦。在观察中，调查者面临着如何与调查对象互动，如何确定观察内容等问题。

（一）开放式观察，全面掌握观察场景

在观察初期，调查者通常以开放的心态对观察现场进行全面、整体的观察，尽量打开自己的感官，体会现场发生的一切。除此之外，调查者还要有对周遭事物的敏锐感知力和反思力。进入观察现场后，调查者应该准备一些问题以了解现场的关系，如：这是什么地方？有何特点？空间布局如何？有什么物品摆放？现场来了多少人？现场来人的特征、年龄、衣着打扮、行为特点都是什么？这些人来干什么？他们如何互动？他们之间的相互关系是什么样的？通过类似的问题，调查者很快就会获得对现场的认知。

在这个阶段，观察记录应该以全面描述为主，调查者应该尽可能记录下所有自己所看、所听和所感的东西。尤其是初次进入观察现场时，调查者本人会对现场非常敏感，这时将这些感受记录下来，能提升后期对现场的观察经验值，有助于后续对调查主题的分析。在熟悉了观察现场之后，调查者也应保持对环境的敏感度，以提升自己的细微观察能力，抓住容易被忽视的细节。根据建构主义的观点，人对现实的每一次理解都是一次重构。因此，调查者也许会发现，因为身份的变化，自己对原本习以为常的事物的理解也发生了变化。

开放式观察

> 一位调查者希望对老年人的聚众娱乐行为进行观察。在观察的前几次，调查者应对老年人经常娱乐的周围场所有整体的认识和了解，如周围的物质环境和人文环境如何。调查者可以先行在老年人娱乐地点的周遭闲逛，对前来凑热闹的人群进行观察，有机会时与他们攀谈，询问他们参加活动的心情、周围环境是否舒适、管理是否人性化等。对老年人娱乐所处的大环境有了较完整、较全面的了解之后，调查者就可以开始对老年人的行为互动进行细致入微的观察了。

（二）逐步聚焦，锁定核心观察点

在初步感知观察现场并明确研究问题之后，调查者即可着手进行观察的细化与聚焦。聚焦的深度与广度，将直接受到研究问题本身、特定调查对象和具体研究情境等多重因素的影响。通过这样的聚焦过程，调查者能够更加精准地捕捉关键信息，为后续的分析与解读奠定坚实的基础。

锁定核心观察点

> 沿用上例，若对"聚众娱乐（如打牌、跳广场舞等）的老年人相互之间是如何认识的"这一问题进行观察，则观察的焦点需要聚焦于他们日常交谈的具体内容上。这包括他们如何提及初次相遇的情景、如何发现共同的兴趣，或者通过何种社交圈子逐渐熟络起来等细节。
>
> 而若观察的问题转变为"老年人是如何邀请对方参加活动的"，则观察的焦点应是老年人相互之间邀请的语言艺术和肢体动作。这涵盖邀请时的礼貌用语、幽默调侃，以及可能伴随的手势或身体语言，如轻拍肩膀、微笑示意等，这些都能深刻地反映老年人之间独特的社交方式和活动组织模式。

一般来说，聚焦时的视野有狭窄和开阔两种方式。例如，如果在上述研究中需要聚焦于街口里某一位观牌人的表情和动作上，那么这便是比较狭窄的聚焦视野；但如果该调查者对所有观牌人的表情和动作都进行观察，观察的焦点比较宽泛，那么这就是比较开阔的聚焦视野。在实际观察中，调查者可以交替使用狭窄的视野和开阔的视野。

除此以外，聚焦还可以采取其他方法，如主次程序法、方位程序法、动与静结合法、时间抽样法、场面抽样法、追踪法等。

逐步聚焦

在观察老年人聚众打牌的行为时，调查者可以先观察老年人的表情和动作等，再观察牌场的物质环境（如是在公园一角还是在街边一隅、周围环境是否嘈杂、是否影响行人安全等）和人文环境（如观牌人的表情和动作），以了解这些次要部分对打牌人与观牌人的行为互动有什么影响。

调查者可以采取由近到远或由右到左的方法逐步聚焦。比如，调查者可以先观察圈中间打牌人的行为表现，再观察外层观牌人的表情和动作。

调查者还可以采用从静态到动态的方法逐步聚焦。比如，调查者可以先对牌室的静态环境进行观察，接着观察附近的观牌人，最后将视线聚焦到打牌人身上。反之，调查者也可以先对动态人群进行重点观察，再对静态人群进行观察；既可以对二者进行比较，也可以观察这两种不同人群对彼此行为的影响。

（三）回应式互动，有效获得当地重要的行为规范

为了保证观察的效度，调查者应该尽量融入当地的文化之中，这可以参考实地研究中的观察。在实地研究中，调查者就通过与当地人一起生活、共同做事，来与之保持友好的关系，尽可能与当地人在日常生活中的行为保持一致。在观察中，使用回应式互动通常有助于获得有效的资料，即调查者要对当事人采取的行动做出反应，而非率先采取行动。

回应式互动

一位调查者在幼儿园进行参与观察时，十分注意自己的行为是否合适。只有在孩子们率先对他提出问题，或者主动邀请他参加游戏时，他才会根据需要做出必要的反应，如回答孩子们的提问、反问孩子们问题、参加孩子们的游戏等。

调查者没有主动询问孩子们问题，而是安静地在一定的位置观察孩子们。直到有孩子主动询问他问题，并邀请他参加活动，他才通过回应式互动和其他适应性策略参与到孩子们的日常活动中，亲身体验孩子们的活动规范。

从行为的主动性来看，回应式互动通常是调查对象主动采取行动，主动对调查者提问，主动邀请调查者参加活动，主动提出活动规矩。这样的方式便于调查者融入当地的日常生活，从而在了解当地重要的行为规范的情况下了解当地的文化。

有趣的是，很多当地人因长期生活在自己的文化圈中，反而对自己文化中最为重要的规范不自知。当地人熟知的行为规范，往往是构建本地文化最重要的价值内核。调查者只有真正参与到当地人的生活中，作为一名群体成员共同分享生活经验，才能了解当地人习

以为常的文化习俗。

（四）选择观察内容，不忘研究初心

在观察的各个阶段，调查者确实需要不断地对观察内容进行细致的筛选与界定。在这个过程中，调查者应当频繁地审视自我，思考以下核心问题：我的观察核心在哪里？什么内容更重要？我是否应当调整观察的范围？通过这样的自我反思与调整，调查者能够更加精准地定位观察的重点，使观察活动更加聚焦、高效。

调查者在任何时刻都必须牢记自己的研究问题，只有明确了问题，才能锁定调查的重点并选择调查对象。如果研究的目的是了解学校课堂的教学情况，调查者就要关注教师的行为、学生的行为、师生的各种互动；但如果研究的目的是了解教室前排学生与后排学生的学习状况，那么教师的行为就不是观察的重点，调查者应将注意力放在前后几排学生的行为反应上。

三、观察的记录

在观察时，调查者除使用自己的感官外，还可以使用录像机、录音笔进行记录，当然也可以使用纸笔对观察的内容进行记录。记录在观察中占据十分重要的地位，是观察中必不可少的步骤。

（一）记录的重要性

在观察中，记录的作用十分重要。首先，人的大脑结构决定了记忆的有限性。绝大多数信息通过大脑的筛选而被遗忘，只有经过重点加工的信息才能保存在长时记忆中。因此，人不可能将所有看到、听到的事情都回忆起来。为了保证观察能尽量保留现场的所有信息，为后续的研究提供真实的现场信息，调查者要学会使用纸笔或其他工具进行记录。

其次，记录可以强化对信息的记忆与理解。通过手脑齐动对观察现象进行记忆，调查者会加深对信息的记忆，从而在潜意识中对记录下的信息进行加工与重组，有效提升对观察现象的认识。记录实际上是一个将社会现象的发生发展情况变成文字编码的过程，有利于调查者对信息进行归类储存。

再次，记录能帮助调查者对观察现象进行加工与思考。记录本身是一个澄清事实、组织思路的过程，在记录的过程中，大脑会对观察现象进行加工与思考。在调查者的笔下，每一次的记录不仅是对观察现象的简单记录，更是抉择、分类与对比等决策活动的开始，这也是调查双方的一种互动。调查者对纷繁复杂的观察现象细细过滤，只有经过深思熟虑、精心筛选的信息才能被记录下来。因此，记录本身就是对观察现象的思考过程。

最后，记录可以提升记忆力和关注力。及时记录本身就是一项技术性的工作，这项工作在留下信息的同时也在训练调查者的记忆力，使其对调查对象更加关注，从而提升调查者的关注力。

（二）记录的程序

第一，绘制现场图。观察开始前，调查者可以先根据观察现场画一张现场图。这张现场图不仅包括观察现场的物质环境（如现场的布置、人数等），还包括观察现场的人文环

境（如人们的文化水平、社会层次等）。现场图不需要多么精致，只要能体现现场的真实状态即可。

第二，按照时序进行观察。在记录观察活动时，遵循时序原则至关重要。此举的意义在于能够忠实地还原事件发生的先后顺序及其所处的具体情境，为日后的深入分析与资料检索提供坚实的基础。此外，时序记录还确保了对事件细节的完整保留，这对于后续理论框架的构建与完善具有不可估量的价值。在非结构式观察中，调查者更需要尽量将所有的事情都记录下来。尤其在观察的初期，完整而丰富的记录能够更容易地将人带入观察现场。因此，在做实地记录时，调查者必须注意记录的完整性，以便为后续研究报告的深度描述提供直接资料。

（三）记录的格式

在定性观察中，因为没有观察框架，观察内容也不明确，所以记录的格式因人而异，往往随调查者的视角及研究情境的变化而有所变化。为了确保记录的准确性，调查者需要遵循以下核心原则：条理井然，检索便捷。具体而言，在进行定性观察记录时，可以遵循两大关键步骤。其一，标识性记录。在记录的开篇，应当清晰地标注调查者的姓名、观察内容、地点信息、具体时间节点、笔记名称等。此外，还应在记录的每一页边缘，细心标注上本笔记的标号与页码。其二，段落性记录。在记录的过程中，应当力求简洁明了。每当新的事件发生、陌生的面孔出现、新的话题被提及时，都是划分新段落的最佳时机。

可以将细致的现场记录分成四个部分：第一部分为"实地笔记"，用于记录观察到的事实性内容；第二部分为"个人笔记"，用于记录调查者个人在实地观察时的感受和想法；第三部分为"方法笔记"，用于记录调查者所使用的具体方法及其作用；第四部分为"理论笔记"，用于记录调查者对观察资料进行的初步理论分析。表 7.4 便是按照这种架构设计的实地观察记录表。

表 7.4 所示为一位调查者从 18:00 到 18:30 在 S 市某社区河边公园观察到的钓鱼事件信息整理。

表 7.4　社区河边公园钓鱼的实地观察记录表

实地笔记	个人笔记	方法笔记	理论笔记
18:00：河边西南的栏杆处有 5 个人在钓鱼，周围有 3 个人围着第二个钓鱼者观看；围观者与钓鱼者都是男性，其中钓鱼者都是 60 多岁的人，围观者中除一个 30 多岁的人外，其余都是 50～70 岁的人	我觉得这些人真闲，将大把的时间用于钓鱼，比年轻人幸福多了	人数是我亲自数的，年龄是我估计的	18:00 大家都吃完饭出来玩了，老年男性似乎更愿意自娱自乐
18:10：围观第二个钓鱼者的人数发生了变化，一个人跑到第三个钓鱼者处看。第二个钓鱼者附近的围观者在和钓鱼者交流	钓鱼者和围观者之间似乎不是很熟悉，钓鱼者和钓鱼者之间似乎也不是很熟悉	我只是站在距离他们比较远的位置观察，没有听清他们的谈话	也许钓鱼能力是河边人际交往的强势能力
18:20：第一个钓鱼者钓上的鱼被他扔在脚边，没有扔到水桶或河里。那是一条泥鳅	钓鱼者对钓上鱼的品种还有要求，还是挺挑剔的	我走过去看见那条被丢掉的鱼在那人的脚边乱蹦	这个老人的道德感可能不高

续表

实地笔记	个人笔记	方法笔记	理论笔记
18:30：第四个钓鱼者收拾摊位回家了，他把钓上的鱼全部扔回河里，一条也没带走	第四个钓鱼者可能就是过来消磨一下时间而已	第四个钓鱼者离我不远，我看到他的桶里有近20条小鱼，之后都被他扔回河里	老年男性的晚年休闲偏向个人行为，而非群体行为

（四）记录的语言

记录不仅是将观察时所见所闻的"事实"转化为文字的过程，更是一种深刻的概念化构建。调查者所使用的语言，不仅是对"事实"的直接映射，更为后续概念的"编码"与"解码"奠定了坚实的基础。因此，调查者在进行记录时，必须对自己的语言选择进行审慎考量，确保每一个词汇都能准确无误地传达出观察现场的真实面貌。

1. 具体、清楚、实在

记录的语言力求达到具体、清楚、实在的完美融合。这三者犹如三足鼎立，相互支撑，缺一不可。

（1）具体。它要求调查者在记录时避免笼统与模糊，力求将每一个细节都精准捕捉并生动呈现。这样的语言能够使读者清晰地了解观察现场的每一个细微之处。

（2）清楚。它关乎表达的条理与逻辑。清楚的记录内容确保了信息的准确传递，降低了误解与混淆的可能性。

（3）实在。它是对记录内容真实性的坚守。实在的语言忠实于调查者的所见所闻，让记录成为观察现象的直接映射。这样的记录不仅可信度高，更能为后续的研究与分析提供坚实的基础。

使用具体的语言做观察笔记

在观察一家店铺的经营情况时，若写成"这家店铺生意没落，员工人浮于事，没有效率"，便属于运用抽象与概括性的语言。但如果写成"在这家店铺中，店员有10名，但顾客仅有1～2人"，然后在"个人笔记"部分加上注释"我感觉这家店铺的生意萧条，状况不佳"，这样的表达能够清楚地区分具体语言的观察和个人的观感、体会。

这三个标准是紧密相连、相互影响的。一种具体的描述往往自然而然显得清楚且实在，同样，清楚的语言也更容易让人感受到其背后的具体和实在，而实在的记录则往往能够通过具体的细节与清楚的表达，进一步提升其可信度。因此，在进行记录时，应当将这三个标准视为一个整体。

2. 命名准确

在进行记录时，若出现一些需要对读者交代的情况，就会面临为事物命名的问题。命名指的是给事物起名字，用这个名字来指代这个事物。若现有的语言体系中有相应的词语，则可以直接用这个词语为该事物命名，如"碗"的命名；若现有的语言体系中没有这类词语，便要自主为其命名了。

调查者在为观察到的事物命名时，还需要考虑"从谁的角度""使用谁的语言"来为其命名的问题。起码应该考虑三种不同的人群：调查者群体、调查对象群体、读者群体（包括观察过后的调查者本人）。

观察记录中的命名准确

在观察幼儿园小朋友的活动时，调查者注意到一个温馨而富有创意的场景：一个小女孩巧妙地利用一个瓶盖，为她的芭比娃娃模拟了一场用餐仪式。在这个特定的场景中，小女孩显然将瓶盖视为一个"碗"，用于盛放投喂给芭比娃娃的"食物"。这一行为不仅展现了小女孩较强的想象力和创造力，还体现了儿童在游戏中对日常物品进行角色转换的独特视角。

然而，调查者深知该物品在常规语境下的真实身份：一个瓶盖。这种认知上的差异，正是观察记录中值得捕捉和探讨的有趣之处。它提醒我们，在解读儿童的行为时，应尊重并尝试理解他们的内心世界和认知方式。

在撰写观察记录时，调查者既要忠实记录观察到的现象，又要考虑读者的理解背景。因此，调查者可以采用以下方式进行描述："在观察中，一个小女孩创造性地将瓶盖当作芭比娃娃的'碗'，展现了儿童在游戏中对物品功能的灵活运用。从调查者的视角来看，这是一个普通的瓶盖；但在小女孩的世界里，它化身为一个充满魔力的'碗'。"

这样的描述既保留了观察现象的原始面貌，又通过对比调查者与调查对象之间的认知差异，为读者提供了丰富的解读空间。

◆ 第四节　对观察调查法的评价 ◆

观察调查法的客观性使资料的信度较高，因此成为社会调查中重要的方法之一。但观察调查法也面临对资料获取的深度不够，受时间、人力等条件的限制等问题。

一、观察调查法的优点

（1）资料客观可靠。观察调查法的资料往往通过人的感官或仪器获得，相比访谈调查法的资料更为客观，不被主观想法左右。观察调查法强调，调查者应尽力营造无干扰环境，让调查对象处于自然状态，从而直接捕捉真实的社会现象。在这样的情境下，调查对象的言行难以伪装，确保了资料的高度真实性。诚然，观察过程中难免存在误差，但与问卷调查法和访谈调查法相比，观察调查法所获取的资料在可靠性方面通常更胜一筹。

（2）适合开展趋势研究。社会科学研究中事物的变量关系纷繁复杂，调查者若想开展对复杂现象的全面客观的观察，往往需要较长的时间，因此观察调查法更适合开展趋势研究。观察到的数据可以通过观察工具进行量化，量化后的数据更容易被绘制成动态趋势图，从而帮助调查者了解变量间的相关关系。

（3）资料具体生动。观察调查法不需要借助中间环节，能够直接收集第一手资料，资料是具体、生动的。这便于调查者获得更直接、更清晰的感受，有利于研究假设的提出和理论的构建。

（4）操作简便易行。观察调查法可以借助观察记录表进行资料的收集，也可以借助仪器进行资料的收集，操作简便易行。观察调查法的应用灵活、适应性强、使用范围广泛。调查者可以通过参与观察与调查对象密切交往，随时观察，也可以借助远程观察工具，对调查对象实施无干扰的观察。这种操作的便利性使调查者更愿意用观察调查法开展研究。

二、观察调查法的缺点

（1）受制于观察的客观性。观察调查法作为客观性比较强的调查方法，强调的是事物的外部联系，以及观察到的外部现象，因此不适合用于探讨事物的内部联系，尤其是主观看法类信息的收集。个人的动机往往隐藏得很深，无法通过观察获得。因此，对于一些重要的问题、敏感的现象，不适合使用观察调查法。

（2）受制于调查者的局限性。由于观察需要场地、仪器，并且花费时间，因此观察的行为受到调查者各方面条件的约束。调查者使用的观察工具严重依赖人的感官，并在观察过程中容易受到调查者的知识、能力、情感等因素的影响。因此，人对事物的观察并不是完全客观的，也不能保证观察是完全准确的。

（3）受制于观察范围的局限性。观察调查法与访谈调查法都需要借助人力，只能在特定的时间和较小的范围内进行观察。调查者人数和精力的有限性，决定了在同一时期内调查对象的有限性。因此，观察调查法的规模一般不大，不能像问卷调查法那样进行大规模的调查。

由此可知，调查者应充分了解观察调查法的优点和缺点，判断其适用的范围。在实际应用中，观察调查法还可以与其他资料收集方法一起使用，以扬长避短，达到最好的研究效果。

📌 课后思考题

1. 什么是观察调查法？观察调查法的类型有哪些？
2. 结构式观察的优点和缺点有哪些？
3. 如何做好观察的记录？
4. 哪些因素会影响观察的效果？

✏️ 拓展训练

请尝试进入某个公共场所（如图书馆、火车站），对公共场所人们的行为进行观察，完成观察记录表。观察记录表中可以包含以下要素，如表7.5所示。

表7.5　观察记录表

实地笔记 （侧重对时间、地点、人物、行为等进行具体的描述）	个人笔记 （侧重记录调查者本身的主观理解）	方法笔记 （侧重对客观性观察行为的描述）	理论笔记 （侧重调查者理论的构建）

第八章
访谈调查法

学习目标

- 能够了解访谈调查法的概念与功能，以及与其他方法的区别；
- 能够知晓访谈调查法的几种类型，学会设计结构式访谈与半结构式访谈；
- 能够描述访谈调查的实施过程，做好访谈的准备、提问、追问、倾听与回应、记录与收尾；
- 能够了解访谈调查法的优缺点，正确使用访谈调查法。

案例导入

在对数字乡村产业的调查中，调查者发现由于相关部门片面强调理性规划，导致出现"数字下乡而乡村不动"的问题，调查者认为这其实是陷入了"村民主体性缺场"的困局。于是，调查者采用访谈调查法获得大量村民对数字乡村产业的看法。根据这些访谈记录，调查者认为这场困局主要表现在以下三个方面。

（1）"参与意愿"之困。中国乡土社会具有封闭性和稳定性的特点，在空间场域上自成一体，缺少与外部环境的信息资源交换。同时，乡土性的生活世界和行为规范代代相传，形成一种有机的团结。中国乡土社会更是礼俗社会，靠礼俗维系着日常秩序。受传统乡土社会的影响，村民对于数字乡村产业的发展有强烈的排异心理。在数字乡村产业的建设过程中，相关部门只重视冰冷的技术化转型，而忽视了乡村的感性基础，缺乏"社会式教育"下的感性引导，致使二者矛盾激化，导致村民在心理上不信任甚至排斥新型数字乡村产业的发展，造成参与意愿低下的困局。一位村民这样评价数字乡村产业："俺们从老一辈人开始，就是扛着锄头下地。现在用这种高科技设备，心里多少还有点不放心呢。"（个案1，男，51岁，A村村民）

（2）"知行能力"之困。在数字乡村产业建设场域中，参与主体多为乡村外部技术人员，将真正的村民排除在产业建设发展之外，村民的自身能力无法借助实践空间得到提升。且村民受到地域、资源、教育等条件的限制，学习和运用数字技术的能力较差。在数字乡村产业发展中，数字技术的复杂性与抽象性也使村民难以在短时间内适应，产生强烈的排斥心理，由此造成知行能力较差的困局，使数字乡村产业发展较难产生实际性的效果。有代表性的一种想法是："啊？我才不弄呢，谁爱弄谁弄。咱又不是那些技术人员，咱没文化啊，一时半会儿学不会。万一操作不好机器，不就全白瞎了吗！"（个案2，男，46岁，B村村民）

（3）"创新创造"之困。创造性是村民主体性的最高层次，即村民主体在实践中的自我完善与自我改造，为乡村建设提供内在动力。然而，受中国传统"关起门来过日子"思维的影响，村民对于村庄内各项事务的参与意识不强。在数字乡村产业发展之初，村民对其态度较为冷漠，参与创新创造的态度消极被动。随着数字乡村产业的发展，看得见的经济利益使越来越多的村民参与到数字乡村产业建设中来。但大多数村民仍将其定义为"一份工作"而非"一个事业"，数字乡村产业发展缺乏创造性，产业活力较低。且"输血"式资源输入下的村民参与数字乡村产业建设处于较为被动的局面，一旦脱离外部人力、物力、财力资源的加持，就会陷入内在动力持续性和创造性不足的窘境，面临"人走茶凉"的风险。对于创造，村民认为："创造啥呢？反正我是一点儿也听不明白。要是创造这个产业，离开了国家派下的那些人才可不行。我觉得这样种个地啊、赶个集呀，也不孬。"（个案3，女，48岁，C村村民）

访谈调查法是社会科学研究中重要的调查方法之一。访谈过程是调查者与调查对象面对面的社会互动过程，调查者通过对访谈资料的分析，可以获得对一定社会现象的认知。访谈调查法可以作为一种独立的调查方法用于社会调查，也可以与观察调查法、问卷调查法等调查方法相结合，对复杂问题展开调查。此外，访谈调查法还可以作为正式研究的前期准备，帮助调查者明确调查内容。随着新调查方法的产生和运用，访谈调查法又成为扎根理论和案例研究的重要手段。

◆ 第一节　访谈调查法的概念与功能 ◆

为了对抗社会科学研究的复杂性，社会科学研究的学者会采用多种调查方法，多角度获取研究资料。其中，访谈调查法作为常用的调查方法，被广泛用于定性研究之中。调查者通过与调查对象进行沟通交流，以求获得调查对象更深入的想法和理念，理解调查对象行为背后的原因。

一、访谈调查法的概念

访谈调查法又称访问调查法，是指调查者通过交谈的方式从调查对象那里收集第一手资料的调查方法。社会科学研究是探索人类观念、意义构建与语言表达的广阔领域，访谈调查法在其中无疑占据了举足轻重的地位。它不仅深入人心，还能从多维度满足调查者的探索需求。

在形式上，访谈与日常谈话非常接近，但二者有本质上的差别。首先，访谈是一种调查方法，有明确的调查目的。访谈的目的是获取研究资料，进行社会科学研究工作。因此，对于收集到的研究资料，需要运用科学的数据处理手段进行分析，进而获得对社会发展的认知，或者对社会事件发生发展的内在原因进行解读。访谈信息虽广泛，但紧紧围绕调查目的展开，能体现宏观的社会变化和中宏观的社会互动。而日常谈话的目的不是为社会科学研究服务，而是满足个体在社会生活中的交往需求。因此，日常谈话的信息是少量的、微观的、个体性的、碎片化的。

其次，访谈具有明确的规则。访谈的目的是获取广泛而具有代表性的资料，可以运用不同的访谈调查法，如结构式访谈与无结构式访谈、直接访谈与间接访谈等，且每种访谈调查法的规则均有不同。而日常谈话则非常随意，谈话双方的开始与结束等谈话过程和谈话内容完全由双方自主决定。

最后，访谈具有明确的控制方式。访谈调查法的主要方向和访谈内容由调查者操控，调查者决定研究内容、访谈的表现形式、访谈的进度等。而日常谈话的主控双方没有明显的区别，并且谈话双方没有受到明确的控制，交流的内容随意性较强，多半与个人的生活和工作有关。

二、访谈调查法的功能

访谈以口头交流为表现方式，调查者通过与调查对象的交流可以获得所需的资料。访谈调查法的功能涉及以下几个方面。

（1）通过访谈，了解调查对象的想法。调查对象的想法、价值观、情绪感受和行为规范，都是调查者感兴趣的资料。访谈调查法最主要的功能就在于通过与调查对象的交流，获得其主观性的资料，这些资料很难通过客观观察和实验的方式获得。

（2）通过访谈，了解调查对象的经历。通过访谈，可以了解调查对象的生活轨迹，以及他们亲身经历或耳闻目睹的各类事件。调查对象亲身讲授所经历的事件，披露的细节能够反映出当事者的心态与想法，有助于调查者把握调查的真实性。

（3）通过访谈，深入了解调查现象。调查者能够借助与调查对象的深入交流，获得更广阔的视野，从多个角度对调查现象进行更深入的把握。调查者对调查现象的深入把握有助于研究假设的提出和研究方向的明确。

（4）通过访谈，明确研究边界。通过访谈，调查者可以辨别出哪些问题是敏感问题，哪些工作的处理有什么注意事项。因此，访谈往往作为研究的第一步，能够有效帮助调查者明确研究边界，思考如何开展下一步的工作，为后续的研究提供指导。

（5）通过访谈，建立良好的受访关系。访谈双方的互动能够迅速提升双方的熟悉感，建立良好的受访关系，缓解调查对象的抵触心理，有助于加快研究进程的顺利推进。

（6）通过访谈，提升调查对象的认知。访谈双方的交流有助于加深双方对研究事件的理解。调查对象在此过程中得到倾诉的途径，不但有助于其重新组织自己的想法，提升对事件的认知，还能帮助调查者充分了解事件。

三、访谈调查法与其他方法的区别

访谈调查法具有其他方法所没有的功能，这使访谈调查法成为定性研究中非常重要的研究方法，为许多社会工作者的研究提供了丰富而翔实的数据资料。

（1）与问卷调查法相比，访谈调查法更具主动性、开放性和灵活性。问卷调查的结构和语言都是调查者事先定义好的，调查对象只能被动接受；而访谈则赋予了调查对象更大的主动权，调查对象无论怎样表达、表达多少内容、谈到什么程度都容易被接受。问卷调查的问题已经被题目限定住，不能任意发挥；而访谈的问题则开放自由，具有更高的灵活性。访谈的问题可以依据当时的谈话情景随时调整，调查者可以在细节上追问，进而对访谈内容和意义进行进一步的解释。此外，在处理敏感问题时，访谈调查法更具优势。调查对象在持续放松的环境中，能打开心扉对一些敏感问题产生脱敏，从而使调查者获得更多的询问机会。

（2）与观察调查法相比，访谈调查法能充分了解调查对象。通过直接交流，调查者能直接获知调查对象对所发生事件的真实反应和态度。虽然观察调查法能客观地收集到调查对象的外显行为，但行为背后的深度原因还需要通过询问才能知晓。访谈调查法能直抵调查对象的内心，直接了解其心理活动。访谈调查法得天独厚的优势使其成为社会科学研究中重要的调查方法之一，无法被其他方法取代。

（3）与文献调查法相比，访谈调查法具有即时性反馈和意义解释的功能。文献调查法只能获取现成的间接资料，在此基础上进行推理论证；而访谈调查法则直接面向调查对象，调查对象能即时对调查者的问题进行回复与反馈，表达对某些事件的看法。因此，调查者能在第一时间了解调查对象的观点与看法，迅速明确事件、人物和客观事物之间的关系及存在的意义。

◆ 第二节　访谈调查法的类型 ◆

依据不同的分类标准，可将访谈调查法分为多种类型。

一、按结构分类

依据访谈结构不同，可将访谈调查法分为结构式访谈、无结构式访谈和半结构式访谈。

（一）结构式访谈

如果访谈问题与答案都已在访谈前被规定好，那么这属于有严谨结构的访谈，即结构式访谈，又称封闭式访谈。

在结构式访谈中，调查者遵循精心设计的、具备固定结构的统一设计来引导对话。此类访谈的显著特点在于高度的标准化：无论是调查对象的选择标准、提问的具体内容、问题的呈现顺序，还是记录访谈细节的方式，都遵循既定的规则与流程。调查者对待每位调查对象都秉持着相同的严谨态度，确保每位调查对象都面对相同的问题，经历相同的访谈流程。

一般来说，定量性质的研究往往使用封闭的结构式访谈。结构式访谈的优点在于，问题更明确，答案便于收集数据，容易进行统计分析。结构式访谈的问题与答案形式可以参考问卷的设计。结构式访谈一般不适用于初始阶段的研究，在研究的初始阶段更适合使用开放灵活的访谈。

（二）无结构式访谈

无结构式访谈，又称开放式访谈，它摒弃了传统访谈中预设问题的束缚，转而赋予调查对象无限的表达自由。此类访谈的精髓在于，探索调查对象内心深处自认为重要的问题、独到的视角、对事物意义的独到诠释，以及他们特有的概念构建与表述方式。在这个过程中，调查者化身为引导者与倾听者，其角色定位在于辅助而非主导。调查者致力于营造一种宽松自由的交流氛围，可灵活变换访谈的形式，根据现场的情况随时调整策略，确保访谈能够深入而有效地进行下去。例如，在实地研究中，访谈双方有了信任基础之后，调查者问："您怎么看待中国家庭在孩子教育方面舍得花费重金的社会现象？这样做值得吗？"经过一段时间人际交流的沉淀，调查对象更愿意敞开心扉将自己内心的想法说出来。提问后，无论调查对象如何表达，调查者都尽量不要随意打断对方的谈话，应在对方的侃侃而谈中了解调查对象的想法及其在孩子教育方面的做法。

（三）半结构式访谈

如果访谈可以依据提纲进行，问题比较宽泛，或者在询问中还有追问，这就是一种半开放、半结构式的访谈。半结构式访谈，又称半开放式访谈。在半结构式访谈的框架内，调查者巧妙地平衡了对访谈结构的适度掌控与对调查对象参与热情的激发。调查者预先构思了一个大致的访谈提纲，为调查指明了探究的方向。同时，调查者以此为起点，灵活驾驭着对话的节奏，鼓励调查对象多多交流。以社区对老年人防诈骗服务工作的半结构式访谈为例，调查者的题目表达了其要获取资料的方向，也可以根据访谈的具体情况灵活调整。

社区对老年人防诈骗服务工作的半结构式访谈

（1）您认为您所在的社区对老年人的服务状况如何？

（2）您认为开展老年人防诈骗服务工作有必要吗？

（3）您认为您所在的社区在防止老年人受骗方面的工作开展得如何？

（4）社区针对老年人防诈骗有开设相关讲座／培训吗？

（5）您认为什么样的防诈骗服务工作较为有效？

二、其他分类标准

除按结构分类外，访谈调查法还可以依据正式程度、接触方式、调查对象人数和访谈次数进行分类。

（一）正式访谈与非正式访谈

依据正式程度不同，可将访谈调查法分为正式访谈与非正式访谈。正式访谈是指调查者和调查对象正式约好时间与地点，正式对某些特定问题进行交流。非正式访谈是指访谈双方没有就访谈内容进行正式约定，只是调查者在与调查对象一起活动时，根据当时的情景进行的交流。两种方法各有优劣，可以在实践中结合或交替使用。正式访谈能对研究的问题进行持续、深入细致的交流；而非正式访谈的轻松自然属性，容易使调查对象打开心扉，更易获得调查对象的真实态度。

（二）直接访谈与间接访谈

依据接触方式不同，可将访谈调查法分为直接访谈与间接访谈。直接访谈是指访谈双方正式对某一问题展开询问的面对面交谈。间接访谈是指访谈双方没有直接面对面接触，而是事先约好时间，通过电话等方式展开询问与交流。直接访谈的优点在于，调查者不但能获得调查对象的语言信息，还能捕捉到调查对象的肢体动作等非语言信息，由此对调查对象提供信息的真实性及表现程度有更准确的判断。

在间接访谈中，颇具代表性的是电话访谈。电话访谈的优点在于，可以解决访谈双方距离过远的问题，使访谈双方能正常展开访谈；另外，在调查对象不愿意出镜的情况下，这种方法能让调查对象放松心情，助力调查者顺利完成访谈任务。

（三）个别访谈与集体访谈

依据调查对象人数不同，可将访谈调查法分为个别访谈与集体访谈。个别访谈是指每次访谈仅有一位调查对象参与，这种一对一的交流模式使访谈双方能够建立起更为紧密与深入的联系。在个别访谈中，调查对象能够享受到更为专注的倾听与反馈，从而获得更多的表达与交流机会，这对于调查者深入挖掘其内心世界、了解其真实想法无疑是大有裨益的。

而集体访谈则呈现出多人共议的特点。在此类访谈中，多位调查对象围绕共同的话题展开讨论，调查者则需要扮演好协调者的角色，巧妙地引导谈话的方向与节奏，确保每位调查对象都能充分表达自己的观点。集体访谈的独特之处在于其互动性与集体智慧的碰撞。相较于个别访谈，集体访谈虽在给予每位调查对象充分表达自我的机会上稍显不足，但其优势也较为明显，即能够构建一个相互交流的平台。调查对象围绕共同的话题展开热烈的讨论，通过思维的碰撞与融合，共同构建出对"事实"与"知识"的集体理解。

（四）一次性访谈与多次性访谈

依据访谈次数不同，可将访谈调查法分为一次性访谈与多次性访谈。一次性访谈的特点在于内容的集中与精练，通过单次深入的交流便能圆满完成资料收集的任务。这种方法高效快捷，适用于那些信息需求明确且相对简单的场景。

多次性访谈适用于那些需要持续追踪或深入剖析的复杂问题。通过精心设计的访谈结构，多次性访谈能够引领调查者由表及里地逐步揭开问题的真相。在每一次的访谈交流中，调查者都能根据调查对象的反馈与新的发现，适时调整访谈的方向与深度，确保调查工作的全面性与深刻性。塞德曼认为，如果要对调查对象的经历和看法进行深入的了解，起码应进行三次访谈。

（1）初次访谈，旨在奠定基础。在此阶段，调查者应采取倾听的态度，让调查对象自然讲述。

（2）第二次访谈，将焦点转向当前情境。调查者需要围绕研究的核心问题，引导调查对象深入阐述现状，特别关注与问题紧密相关的细节。

（3）第三次访谈，聚焦于自我反思与情感探索。在此阶段，调查者应引导调查对象审视自身行为背后的意义，深入剖析认知与情感层面的动机和影响。通过这个过程，努力在调查对象的行为、思想与情绪之间构建起桥梁，以开展更深刻的理解与洞察。

无论进行多少次访谈，都有一个核心原则，那就是所收集的资料应力求达到饱和状态。这意味着调查者需要确保所获取的信息是全面且深入的，能够充分反映调查对象的观点与经历。而当后续访谈中开始频繁出现与先前资料相重复的信息时，则提示我们访谈的广度与深度已经基本满足需求，无须过度增加访谈次数。

第三节　访谈调查的实施

调查者在预备访谈时，需要提前做一些准备工作，如抽取调查对象、设计访谈提纲、明确访谈的时间与地点、与调查对象建立适宜的关系等。在进行访谈时，调查者要注意恰当采用提问、追问、倾听与回应的方式，并做好记录与收尾工作。

一、访谈前的准备工作

（一）抽取调查对象

无论是结构式访谈、无结构式访谈还是半结构式访谈，都需要对调查对象进行样本的抽取。抽取调查对象的方法与问卷抽样的方法一致，调查者可以根据自己的需要进行访谈人数的确定、抽样方法的选择。抽样方法既可以使用非概率抽样，也可以使用概率抽样。如果是初步的研究，可以采用无结构式访谈，这样无论是方便抽样、配额抽样、判断抽样还是滚雪球抽样都可以使用。但随着研究逐渐正式化，抽样变得严格，此时使用概率抽样更具科学性，如简单随机抽样、等距抽样、等比抽样等。

（二）设计访谈提纲

尽管无结构式访谈和半结构式访谈没有结构或结构性较差，但为了保证访谈效果，调查者通常都会在访谈之前设计访谈提纲。这个访谈提纲比较简单，只是简单列出访谈中需要重点了解的问题，以及访谈涉及的内容范围。

访谈问题往往是研究问题的具体化，因此访谈问题应该简单明了、易于操作。调查者可以在访谈时将访谈提纲简单写在一张 A4 大小的纸上，这样可以随时把握访谈进度，并为下个题目的提问做好准备。

另外，访谈提纲通常在调查者对访谈内容和调查对象了解较少的时候使用，因此访谈提纲中所列的问题应尽可能开放，给出调查对象做出各种反应的余地。在一次访谈后，调查者会根据前次的访谈情况对访谈提纲进行修改，以便后续的访谈获得更好的效果。

（三）明确访谈的时间与地点

开启访谈的第一步是访谈双方明确访谈的时间与地点。访谈的时间与地点一般以调查对象的想法为主，以方便调查对象履约；同时，应让调查对象感到舒适，能带着愉悦的心情进入访谈状态。比如，邀请一位女性访谈，要充分考虑到该女性在这个时间段是否有其他工作，访谈不能占用其工作或休息时间；同时，要考虑女性的安全问题，尽量不去不安全的地方，要选择公共场所中不容易被打扰的地方。另外，访谈时间也要与调查对象商议好，不能为图方便，一次性占用调查对象过多的时间。

（四）与调查对象建立适宜的关系

与调查对象建立适宜的关系有助于访谈的成功进行。访谈双方的关系取决于双方就访谈事宜达成的共识。

首先，调查者应主动向调查对象介绍自己的研究课题。调查者应以真诚的态度向调查对象介绍调查的目的、如何抽取调查对象、希望调查对象协助做哪些工作，以及调查对象访谈自愿的原则与研究的保密工作等，以此打消调查对象的怀疑，顺利完成访谈工作。

其次，调查者应允许调查对象采用自己熟悉的语言与表达方式。为了确保调查对象能顺畅表达自己的感受和思想，调查者应尽量鼓励调查对象采用自己熟悉的语言与表达方式，如地方性语言和当地惯用的表达方式。这样调查者便能把注意力放在表达的思想和内容方面，而不是矫正发音等方面。

最后，调查者采用的技术和手段需要取得调查对象的首肯。为了保持与调查对象的良好交谈，调查者可以准备录像或录音设备，这样就能全神贯注地关注访谈进程并做出适宜的反应了。这些技术设备的应用往往能将调查者从访谈记录中解脱出来，故而受到调查者的欢迎。但技术设备是否可以安装在现场，仍需要获得调查对象的允许，以便让调查对象得到被尊重的感觉。

二、访谈中的提问

提问是访谈中非常重要的环节，调查者在筹备访谈工作时应关注如何提问，并在合适的时机进行相关问题的追问。访谈提问的方式会受到调查对象个人因素、双方关系、访谈环境等多方面因素的影响。因此，调查者应多做准备，学会随机应变，根据实际情况选择最好的提问方式。

对居民进行"健康风险"的访谈设计

1. 当您听到"健康风险"这一关键词时，您会自动想到些什么？
2. 您认为自己面临着哪些健康上的风险？
3. 您有没有为自己的身体健康做些什么？

4．许多人说，水、空气和食物中的有毒物质危害着我们的健康。

（1）您如何看待这一问题？

（2）您有没有感觉自己的健康受到了环境污染的侵害？如果有，您认为是哪些方面？

（3）是什么促使您关心环境污染对身体健康的侵害？

…………

11．针对"环境与健康"这一问题。

（1）您通常从什么渠道获取有关"环境与健康"这一问题的信息？

（2）您对自媒体中有关"环境与健康"方面的信息有何看法？

（一）开放式问题与封闭式问题

访谈问题的答案设计决定了访谈类型是开放式的还是封闭式的。开放式问题是指没有固定答案、能给出多种可能性回答的问题。开放式问题通常表达为"什么""如何""为什么"之类的词语，如"您如何看待本地的医疗系统？社区医院的管理如何？您平时是如何管理身体健康的"。

对调查对象的回答有严格限定的问题是封闭式问题，其答案只有"是"或"不是"两种选项，如"您认为本地的医疗收费合理吗？您认为现在看病的支出费用很高吗？您支持国家对医疗系统的反腐败治理吗"。

在无结构式访谈中，调查者可以通过问题的开放性，获得很多值得深入探讨的想法。无结构式访谈在结构和内容上的灵活与宽松，给了调查对象随意表达的自由，令其表达得更加充分。而封闭式问题限制了调查对象的回答，如果调查者不继续追问，那么双方的谈话很容易结束，不能突出面对面访谈的优势。

如何对首次住宿的大学生进行访谈

调查者对首次住宿的大学生进行访谈，如果将问题设计成"你第一次离家在校住宿的感觉如何"，这个开放式问题的优点在于，调查对象无论是开心还是不适应，都有回答的空间。

但若调查者头脑中认定出门在外的大学生肯定想家，问题设计偏向出门在外的种种不适应，如"你认为第一次离家住宿有什么不方便的地方吗？是人多不便，还是吃饭不适应"，结果有些同学一反常态地认为"离家很好，没人管了"，那么后面的问题就没办法再继续询问了，这就是调查者在设计访谈提纲时出现的错误。因此，在设计访谈提纲时，调查者一定要放开思路，考虑调查对象的各种反应，只有这样才能让不同的调查对象都能有机会回答问题，并按照其思路完成访谈。

封闭式问题在设计上的固有框架不仅限制了调查对象回答的广度，更深层次地束缚了调查对象的思维路径。这类问题往往会在不经意间透露出调查者个人的偏见或倾向，如同预先设定的模具，试图将调查对象的思想纳入既定的范畴之中。例如，当调查者询问调查对象关于性格类型的自我归类，特别是采用"内向"与"外向"这一二元对立的方式时，实则是在引导调查对象在这两个标签之间做出选择。然而，这样的分类方式可能并不符合调查对象的自我认知，他们或许拥有更为复杂多变的性格特质，难以简单地归于某一类别；又或许，他们即便在日常交流中使用了这些标签，也并未真正认同其能全面而准确地描述自己的性格全貌。

如果调查对象对过于开放的访谈结构不习惯，那么调查者可以适当考虑设计封闭式问题。通过封闭式问题的限定性，调查者可以为调查对象确定一个基本的思考方向。

（二）具体型问题与抽象型问题

访谈的问题还可以分成具体型问题与抽象型问题。

具体型问题的优点在于问题的明确性，在细节上容易确定调查对象的行为和状态。通过这些具体情节，调查者容易得出比较真实可靠的结论。尤其对那些不善于回顾事件和总结生活的人来说，具体型问题更易回答。具体型问题更接近对事件细节和具体行为等的询问，如"昨天上午您去老年大学了吗？哪些人去了？您都干什么了"。

相较于具体型问题，抽象型问题的概况性和总结性更强，是对事件比较笼统或偏整体性的陈述，如"您是否喜欢您的学校？您学校的管理如何"。抽象型问题偏向总体感知，可作为访谈初期的开放式问题，帮助调查者大体了解调查对象的态度和整体认知。抽象型问题的缺点在于，人们往往仅凭自己的主观印象回答这类问题，真实性与实际情况会有所偏差，因此抽象型问题应该尽量少用。

探究婚恋原因的具体型问题访谈

当调查者问丈夫"你是出于什么原因决定与你妻子结婚的"时，这样的问题很难让调查对象回答，他往往不知从何说起。此时，若调查者以具体型问题进行访谈，则效果会更好，如：

"你们当时是怎么认识的？"

"你们在一起都说了什么？"

"你们在一起都做了什么？"

"后来关系是如何发展的？"

"你们是如何确定恋爱关系的？"

"是谁提出来结婚的？"

"你们是如何决定结婚的？"

"双方的家人是如何看待你们之间关系的？"

⋯⋯⋯⋯⋯⋯

提及这类话题，那位丈夫的脸上不禁绽放出温柔的笑容，并且娓娓道来。通过这些细致入微的故事情节，不仅能捕捉到调查对象情感的流动，还得以窥见更为真实可靠的生活图景。这样的结论远非简单的因素分析所能企及。

三、访谈中的追问

追问是指调查者就调查对象之前谈到的某个观点、概念、词语等进行探询，将其拿出来向对方发问。在访谈的过程中，调查者应有意识地使用追问的手段，由问题的层层递进获取更多的信息。

（一）追问的注意事项

在定性研究中，调查者除使用开放、具体、清晰的问题进行提问外，还要注意使用追问的策略，通过适当的追问获取更详细的信息。在追问的过程中，调查者应注意以下几个方面，以提升追问的效果。

（1）用调查对象的语言进行追问。追问主要以调查对象前面的表述内容为基础，是调查者对其中某个观点、概念、词语等有疑问，或者想要继续探讨时发生的探究性行为。为了保证调查对象能明白调查者的用意，知晓自己要解释的部分，调查者应尽量用调查对象用过的语言和概念追问，仔细询问调查对象刚谈到的观点或行为。

追问

调查对象在描述人际行为和感受时用到了"疏离的亲密"一词，这让调查者感到疑惑，于是他会追问："您用到了'疏离的亲密'一词，这个词是什么意思？"待调查对象对"疏离的亲密"一词进行解释后，若调查者还想进一步了解调查对象的表现，那么他还可以继续追问："您平时都怎么维持这样的关系呢？"

（2）追问要注意时机与水平。首先，在访谈的起始阶段，不宜过度进行追问。这是因为在访谈初期，双方往往还处于相互了解与建立联系的阶段，此时的首要任务是营造一种温馨而熟悉的交流氛围，通过轻松自然的对话，逐步拉近彼此的距离，为后续的深入探讨奠定良好的基础。

其次，调查者不应为完成访谈任务而忽视调查对象的理解水平，一味按照事先设计好的提纲逐题发问。这样做会破坏访谈双方交流的流畅性，同时会使调查者不能很好地理解调查对象所述内容的整体思路。

（3）追问一般发生在需要深度理解时。访谈双方交流的流畅性在于，调查者要给予调查对象充分的表达空间，并且对调查对象有正确的理解。当调查者感受到调查对象所言有所隐瞒时，为了更好地理解调查对象，可以采用适当的追问策略。当调查对象比较完满地进行了解释时，双方的沟通再次顺畅，访谈会继续进行。

（二）追问的具体策略

（1）使用开放式问题进行追问。追问的策略因人而异，但调查者应该使用开放式问题进行追问，以获得详尽的陈述。例如，调查对象对当时的情形只是简单地描述为"非常好"，但对如何好、人们有什么表现、现场有什么样的气氛、大家收获如何却没有表达清楚。这时调查者可以用"怎么个好法"开始一系列的深度追问，当然也可以用"是什么样的呢"或"在哪些方面呢"进行追问。使用最多的有效追问方式是"还有其他的吗"。

（2）静默也是一种有效的追问策略。当调查者没有用语言进行追问，只是拿着笔静静地坐在那儿，等待调查对象的进一步回答时，调查对象为了避免尴尬，会不自觉地填补上这段谈话的空白。

（3）立场中立，获得更多的追问机会。对于调查者而言，整个访谈过程不宜对对方进行价值判断与评价，应时刻保持中立的立场。同样，追问过程也应保持中立的立场，只有这样调查对象才会免去对受到评价的担忧，后续才能自然地陈述及回答问题。因此，在每一种情况下的深度追问中，调查者保持绝对中立的立场都是十分必要的。

（4）保持敏感，从调查对象的角度理解表述内容。在访谈时，适度的追问能让调查者获得更多的相关资料。因此，为了保证追问能提出好的问题，问到有效的内容，调查者应对调查对象的谈话保持高度的敏感。调查者应适当将自己头脑中的理论清空，全身心地倾听对方的谈话，遇到重要的词语或事件时需要记录下来，并进行适当的追问。调查者即便对调查现象持有个人见解，也应主动摒弃先入为主的观念，有意识地站在调查对象的立场，重新审视并深入理解这些现象。

四、访谈中的倾听与回应

访谈的核心在于捕捉调查对象对研究问题的独特见解，这就要求调查者必须成为一位敏锐的倾听者，用心聆听调查对象的心声，深入理解他们审视问题的视角与运用的语言表达方式。通过这样的倾听与回应，调查者能更全面地把握调查对象的思想脉络，为研究提供丰富而深入的素材。

（一）访谈中的倾听

（1）积极地倾听。这要求调查者倾注全部的真诚与专注，将精力聚焦于调查对象一人之上。调查者的面部表情、身体动作，无一不在向调查对象传递着强烈的信号："您的每一句话都深深吸引着我，我正以最诚挚的心倾听您所说的每一个字。"这样的倾听态度不仅能让调查对象深切地感受到被尊重与被珍视，更为双方之间的对话搭建起了一座温暖而和谐的桥梁，使交流一直在一种无比融洽与舒适的氛围中自然进行。

（2）理解与建构性地倾听。倾听的积极性除了从外在的态度上体现，还能从倾听的理解程度上体现。这种倾听也可以被理解为一种"理解与建构性地倾听"。

理解与建构性地倾听是指调查者在倾听的过程中，不仅主动与对方展开对话，还持续审视自身的倾听姿态与内在假设，力求与对方保持平等的交流姿态。通过这一过程，双方共同参与对"现实"这一复杂概念的理解与诠释。因此，这种倾听方式超越了简单的信息接收，上升为一种深层次的认知互动。

理解与建构性地倾听

调查者开展一项跨文化研究，对部分留学生进行访谈，访谈内容涉及跨文化人际交往。调查者在与某调查对象的谈话中听出了"如何在异域文化中保持自己母国文化的特色"这一议题。

随着访谈的深入，访谈双方围绕这一议题展开了热烈的讨论。最终，经过思想的碰撞与交融，他们共同发现了"文化认同"这一概念。它如同一块拼图，恰好填补了调查者理解调查对象意图的空白，使调查者的表达变得更加确切。然而，令人意想不到的是，在研究的初期阶段，这一重要概念并未进入双方的视野，这成为后续探索中一个意外的收获。

（3）有情感地倾听。调查者应从情感的角度探讨倾听带给调查对象的影响。投入不同情感的倾听会带给调查对象不同的感受，进而影响调查对象的倾诉欲望。

人作为社会性动物，很容易对彼此的情感产生呼应。如果调查者面无表情地倾听，那么调查对象就会压抑自己的情感；如果调查者能与调查对象产生共鸣，则有利于调查对象敞开心扉，释放自己的情感。

有情感地倾听

在某次访谈中，一位老奶奶向调查者倾诉自家的悲惨遭遇：大女儿远嫁不在当地，小女儿家境贫寒，自己则一身疾病没钱医治。如果此时调查者面对老奶奶的悲伤无动于衷，老奶奶就会感受到对方的无情，进而失去倾诉的欲望，这样访谈就会面临无疾而终的情况。因此，调查者面对调查对象的回答时，应尽量将自己代入对方的情绪与情感中，与之感同身受，与对方产生情感共鸣。只有这样有情感地倾听，才能让调查对象产生被接纳的感觉，从而愿意披露自己的内心想法。

（二）访谈中的回应

访谈的成功不仅需要调查者主动提出问题、认真倾听，还需要调查者适当对调查对象的表述进行身体和语言上的回应。回应可以保持访谈的持久性和连续性，深化访谈双方对相关问题的探讨，有效达成双方情感上的连接。

在与调查对象进行交流时，调查者的回应一般有重复／总结式、认可式、鼓励式、自我披露式等方式。

（1）重复／总结式回应。重复式回应是对访谈内容进行部分重复，以引起对方的注意，同时表明调查者正在认真听。总结式回应是在重复的基础上进行适当总结。调查者在访谈的过程中有意或无意地对调查对象表述的内容进行重复，一方面可以核对自己对该内容的理解是否正确，另一方面可以加深调查对象对此的印象并使其展开一定的细节性描述。

重复式回应

调查者需要了解高中生的日常生活，便与一些高中生进行访谈。在访谈中，很多高中生都会谈到自己在高中的学习很辛苦，每天的作业很多，都没时间娱乐。这时，如果调查者对此进行重复："每天作业这么多，都没时间娱乐，这么累呀！"那么通常调查对象会接着说："是呀，每天要做语文××页试卷、数学××页试卷，不到23点都不能休息……"

（2）认可式回应。调查者只有对调查对象表述的内容表示某种程度的肯定，让调查对象感知到对方一直在认真倾听，才会使他们产生继续表述的动力。常见的认可式回应有非语言式的点头、微笑并看着对方、边点头边记录、用"嗯嗯""是呀""是吗"等词语回应。

调查者在访谈中恰当地使用认可式回应，能使对方感受到自己是被接受、被欣赏的，从而愿意继续交流。

（3）鼓励式回应。访谈不可避免地会触及调查对象不愿意披露的事情，如个人隐私、过去经历过的伤心事等。一旦触及这些事情，调查对象的情绪就会变得低落，不愿意回忆细节和发生的过程。在这种情况下，调查者需要在情感上给予调查对象鼓励与支持，让对方感受到理解和关爱。待情绪平复后，调查对象才愿意在个体的可承受范围内进行一定程度的交流。

（4）自我披露式回应。调查者适当地用自身相似的经历与调查对象交流，更容易获得对方的情感共鸣和好感。比如，调查者在展开相关话题时，谈到自己曾经也有过类似的经历："我也在那个地方生活过，那边的环境的确很恶劣。"调查者的这种表述会拉近与调查对象的心理距离，打消其心理隔阂。同时，调查者也要注意避免自我披露过多，忽视应将调查对象作为谈话主体的事实。

访谈中的回应

某学者访问一位生物化学家，生物化学家在谈及自己与同事之间的冲突时，不愿意暴露自己的问题。

调查对象："没有必要再谈那件事。"

调查者："当然没有必要。我感兴趣的并不是有关的人，而是引起冲突的那种情况以及发生了什么事情。"

通过表明自己并不是对有关的人感兴趣，调查者打消了调查对象不必要的顾虑，并使其就自己认为可以谈的内容继续谈下去。

（三）应避免的回应方式

（1）避免展示自己的优越感。调查者基于一定的调查目的开展访谈工作，其文化层次、认知水平和生活经验等不可避免地与调查对象有所差异。调查者切勿在访谈中利用自己的专业优势或经验优势对调查对象的谈话内容进行评价，否则会挫伤调查对象的情感和访谈意愿。

避免展示自己的优越感

当调查对象表明自己因过去经历的挫折而影响了现在的行为时，调查者回应道："您现在这样做恰好符合阿德勒的理论。"如果调查对象知道阿德勒，那么访谈双方还能继续交流。但绝大多数人根本就不知道阿德勒是谁，更不知道阿德勒有什么理论，话题到此很难不陷入尴尬，调查对象一定觉得自己很无知，这样访谈双方的和谐气氛就会受到影响。

（2）避免对访谈内容进行价值评判。在访谈的过程中，调查者对访谈内容的回应要避免掺杂个人判断，而应保持价值中立。

为了保持访谈的流畅性，调查者要时常对调查对象进行回应，然而这种回应容易给人带来日常聊天的错觉，并丧失中立的立场。有的调查者可能隐晦地进行评价，有的调查者则可能非常冲动地直接评价。比如，当调查对象谈到有段时间自己为完成任务一直加班工作时，调查者可能这样回应："您这样工作对心脏不太好，对健康有害，您不能这样做。"这样的回应就没有保持态度客观中立。调查者在访谈中要尽量约束自己的言行，不要妄自对调查对象表述的内容进行评判。为了避免丧失中立的立场，调查者可以采用重复确认的方式，让调查对象感觉自己受到关注而不是遭到评判。

五、访谈中的记录与收尾

除选择合适的访谈类型、做好访谈前的准备工作外，调查者还要考虑对访谈内容进行记录并选择合适的方式结束访谈。

（一）访谈中的记录

访谈记录在定性研究中非常重要。调查者通过访谈记录可以进行事件回顾，了解调查对象的所思所想，构建研究的理论体系。随着时代的发展，访谈的过程和内容已能够借助现场的录音、录像设备完成记录。如果调查对象不愿意被录音、录像，或者现场的访谈条件不足，那么调查者还要做好现场访谈的记录准备。

现场访谈的记录有四种方式，分别为内容型记录、观察型记录、方法型记录和内省型记录。现场访谈的记录方式与定性观察的记录方式接近。

（1）内容型记录是指记录调查对象在访谈中所说的内容，重点在于尽量对调查对象所说的内容进行原汁原味的记录。

（2）观察型记录是指记录调查者所看到的东西，如访谈的现场情况、调查对象的表现和行为等。

（3）方法型记录是指记录调查者所使用的方法，以及这些方法对调查对象、访谈过程和结果所产生的影响。比如："这时候本人直接和调查对象的眼睛对视，鼓励他继续说下去。他的眼神中闪过犹豫，我离得近看得很清楚。"

（4）内省型记录是指后续记录调查者个人因素对访谈的影响和调查者的反思，并对后续的访谈提出一定的建议，如性别是否影响调查对象的交流意愿，态度是否对调查对象的情绪有影响，年龄是否会造成调查对象的轻视或压力等。

访谈初期，调查者很难知道哪些资料有用。因此，调查者应尽量在自身能力范围内记录所有的事情。若现场没有录音、录像设备，调查者就容易疲于记录，忽视与调查对象的互动，极大地影响访谈双方的交流效果和流畅性。因此，调查者需要学习或自创速记方法，便于当时快速记录。

（二）访谈中的收尾

完整的访谈需要有一个自然的收尾工作。访谈中的收尾工作不仅与访谈内容有关，还与现场的其他因素有关，如访谈的气氛、约定的时间限制、调查对象的状态、访谈的环境变化等。

访谈应该在融洽的气氛中进行，如果出现访谈双方较陌生、访谈方式不合适、调查对象戒备心较重等情况，那么访谈时间的持续并不能取得预期的效果。此时，调查者可以酌情提前结束访谈，寻找合适的机会进行下一次访谈。

如果调查对象在访谈约定的时间之外还有其他事情需要完成，此时及时停止访谈是非常有必要的。访谈不能一次性地解决所有问题，没必要为了完成访谈任务而拖延调查对象的时间。若调查对象明显面露疲惫，不停打哈欠或坐立不安，调查者也应及时关注到这些现象，适当加快或提前结束访谈工作。

调查者要考虑以柔和的方式结束访谈工作，尽量表现得自然一些。为了提醒调查对象工作即将结束，调查者可以这样暗示，如："您还有什么想说的吗？""您对今天的访谈有什么看法？"若要续约下一次访谈，可以表达为："您最近工作忙吗？我们什么时候还能继续？"

如果调查者边整理物品边问："您今天还有什么活动安排？"那么调查对象很快就会领会其用意，主动表示自己还有事情要忙，访谈就可以结束了。

最后，调查者还要向调查对象许诺遵守保密原则，并对调查对象表示感谢，也可以相约下一次访谈的时间和地点。

◆ 第四节　对访谈调查法的评价 ◆

访谈调查法因其可以直面调查对象，深度探讨问题的根源而广受欢迎，但也存在访谈主观性强、材料整理困难等不足，尤其是对调查者有较高的专业要求。

一、访谈调查法的优点

（1）适用范围广泛。在众多调查方法中，访谈调查法是应用非常广泛的一种方法。访谈的对象适用于一切有正常思维能力和口头表达能力的调查对象；访谈的场所既可以是公共场所，也可以是私密场所；访谈的议题既可以抽象，也可以具体。访谈调查法既可以作为独立的调查方法出现，也可以辅助其他调查方法。

（2）访谈方式灵活。访谈不仅限于传统的面对面交流，随着科技的发展，电话访谈和线上访谈应运而生，为调查者提供了更为便捷和高效的调查手段。这些访谈方式各具特色，调查者能够根据不同的调查需求和调查对象的实际情况，灵活选择合适的访谈方式，从而广泛覆盖各类人群，收集到更为全面和深入的资料。

访谈方式的灵活性还表现在调查者与调查对象的交流过程中。若出现调查者事先准备的问题数量不足，或者调查对象有不理解的情况，则调查者可以调整询问的问题，针对调查对象的疑问进行适时的解答。这种收集资料的灵活特性，在所有调查方法中表现得最为突出。

（3）探讨问题深入。访谈调查法能对问题进行深层次的询问和探讨。通过与调查对象进行细致入微、层层递进的交流，调查者能够深入问题的核心，进行更为透彻的探讨。这一特性使访谈调查法在揭示社会现象的因果链条与内在本质方面展现出独特的优势，能够帮助调查者触及并理解那些隐藏在表面之下的深层次的内在联系。相比之下，问卷调查法和观察调查法等调查方法，尽管各有其价值与适用场景，但在探索社会现象的深度与广度方面往往受到一定的限制，所获取的信息可能较为片面或表面化，难以触及问题的根本。

（4）信息真实具体。访谈调查法以其独特的语言互动特性，能够深入挖掘出丰富且具体的资料。这种方法允许调查对象以生动、具体的方式自由叙述事件或现象的细节，真实表达个人的见解与感受。在访谈的过程中，调查者拥有适时解说、引导与追问的灵活度，这使其对复杂问题的探讨成为可能，进而使调查者能够获取更为深层次的信息。此外，通过细致观察调查对象的非语言信息，如动作、表情等，调查者还能有效判断其回答内容的真实性，为研究结果增添一份可靠的保障。

二、访谈调查法的缺点

（1）主观性强。访谈调查法是访谈双方直接接触的调查方法，因此调查者本身的情况容易影响调查对象的回答状况。如果调查者本身的访谈经验不足，就容易造成个体主观想法的外泄；或者调查对象被对方的外貌、性别、年龄、语气等因素影响，使其表达内容被干扰，影响访谈内容的真实性。因此，访谈调查法要求调查者的知识面要广、社会阅历要深，还要有熟练的访谈技巧，只有这样才能有效控制访谈场面，把握问题的实质，避免被虚假信息蒙蔽。

（2）记录与整理困难。访谈调查法获得的资料繁杂琐碎，导致信息记录与整理困难：其一，调查对象对问题的回答往往缺乏统一的模式和标准，不便后期整理资料；其二，谈话内容丰富，容易为后期资料的整理带来巨大的困难。过多的访谈记录容易加大后期的资料整理难度。访谈数据的处理和分析也非常复杂，语音资料的标准化程度很低，难以做定量分析。

（3）成本较高。作为一种基于面对面交流的调查方法，访谈调查法的特点在于深度与个性化程度较高，常以一对一的形式展开。这一特性决定了访谈调查法在时间与资源上的较高投入，尤其是在进行大规模调查时，其局限性尤为明显。即便采取群体座谈的方式，也难免受到人数与物理空间的制约，限制了调查对象的广泛性和多样性。而且访谈过程中可能遭遇拒访或调查对象难以寻觅等意外情况，不仅增加了调查的不确定性，还在无形中提高了成本。若欲扩大访谈规模，提升样本的代表性，则必须投入更多的资源用于调查者的培训与管理，这无疑又是一笔不菲的开销。

（4）匿名性差。由于访谈通常是当面回答问题，因此调查对象往往感觉缺乏隐秘性，顾虑多。这种安全感的缺乏导致调查对象对于一些敏感问题或需要吐露真实想法的问题有刻意回避或不做真实回答的反应。因此，在不便通过当面询问获得资料的情况下，调查者只能靠其他调查方法，如问卷调查法或观察调查法解决这一问题。

💬 **课后思考题**

1. 通过学习本章内容，你对访谈调查法有哪些新的认识？

2．你认为在实施访谈调查法时哪些环节是关键？为什么？

3．在访谈提问的过程中有什么需要注意的事项？

拓展训练

　　随着越来越多的老年人跟随子女进入城市生活，很多老年人的生活就此发生了重大的改变。在这场人生场景的改换中，农村老年人的城市适应性和心理健康情况有待社会及家庭给予关注。请你针对进城的老年人进行访谈，并设计结构式访谈表。访谈提纲大体包括以下方面。

1．调查对象来自哪个地方。

2．调查对象来城市的目的。

3．调查对象的身份。

4．调查对象来城市的时间。

5．调查对象对所在城市的认知程度。

6．调查对象在城市的生活起居感受。

第九章
问卷调查法

学习目标

- 能够了解问卷调查法的概念与程序；
- 能够了解问卷调查的方式；
- 能够掌握调查问卷的结构与设计，能够进行问卷的问题设计；
- 能够描述在实施问卷调查时应做好的一些工作；
- 能够了解问卷调查法的优缺点，正确使用问卷调查法。

案例导入

科研诚信是科研人员的基本素养，也是其开展科研工作的前提和保障。随着科研诚信管理的不断加强，我国的科研诚信与优良学风建设已蔚然成风。但也应当清醒地看到，在科研诚信和学术风气方面仍然存在个别不容忽视的问题，值得探究。

开展科研诚信的调查工作，有助于充分把握广大科研人员的科研诚信素养和科研诚信的现状，并根据不同类型科研人员的特征，分析科研诚信表现的差异，从而找出科研诚信建设的突破点，进一步提升科研人员的科研诚信水平。

调查科研人员的诚信，就要设计科研诚信问卷。首先，要明确科研人员的基本情况，包括性别、学历、工作经历、科研水平等，这是调查问卷的基本组成部分。其次，要根据调查需要设计问卷调查的主要内容，包括科研诚信的内容、科研诚信的现状、科研失信的原因、提升科研诚信水平的建议等。考虑到问卷题目可以有多种类型，不同类型的题目对调查内容有一定的适应性，因此应根据调查需要选择合适的问卷题目类型，从而设计出合理的问卷题目。

开展问卷调查，需要进行问卷调查的抽样，也就是选择恰当范围的调查对象，既确保调查的代表性，又确保调查的全面性。比如，在选择科研人员时，要充分考虑到符合科研人员基本特征的合理分布。在明确调查对象后，需要根据调查对象的特点采取合适的调查方式。考虑到科研人员大多具有较高的学历、有过参与调查的经历，为了提高调查效率，可以采用网络调查的方式开展问卷调查。当然，在正式调查之前，要做好试调查工作，确保调查内容无遗漏，否则出现调查问题不足或遗漏的情况，会大大降低问卷调查的成效。

最后，在对问卷进行审查的基础上，做好问卷调查的数据收集和编码工作，是做好问卷调查收官工作的重要步骤，可以确保科研诚信调查有效完成。

问卷调查法是国内外社会调查中使用较为普遍的一种方法，广泛应用于社会分析、市场调查、心理研究等领域，是一种非常有效的数据收集工具。设计和实施问卷调查需要仔细规划与考虑。

第一节　问卷调查法的概念与程序

一、问卷调查法的概念

问卷调查法是指调查者根据调查目的，通过向调查对象发放问卷来收集情况或征求意见的一种调查方法。与访谈调查法相似，问卷调查法通过调查对象的回答获取信息，但它在以下方面与访谈调查法有明显的区别。

（一）调查方式

问卷调查法通常使用统一设计的问卷，由调查对象填写答案或由调查者代填答案；而访谈调查法是一种面对面的访谈方式，调查者直接向调查对象提问并记录答案。

（二）交互性

问卷调查法较少涉及直接的交互，大多数情况下由调查对象独立填写问卷，调查者与调查对象之间缺少实时的对话；而访谈调查法具有更高的交互性，调查者和调查对象之间会进行实时的交流和对话。

（三）调查形式

问卷调查法主要以书面形式进行，调查对象通过填写问卷来回答问题；而访谈调查法主要是口头形式的调查，调查者与调查对象进行面对面的访谈。

（四）数据类型

问卷调查法通常产生定量数据，调查结果可以进行量化和统计分析；而访谈调查法通常产生定性数据，调查结果侧重于描述和解释。

（五）抽样方式

问卷调查法通常使用抽样调查的方式，通过随机抽样选取调查对象，以保证结果的代表性；而访谈调查法的调查对象通常是有限的，使用非随机的方式进行选择。

（六）调查范围和效率

问卷调查法通常适用于大规模调查，可以涵盖更广泛的调查对象，且调查效率较高；而访谈调查法通常适用于小样本调查，在对特定群体进行调查或深入了解个别案例时更为适用。

二、问卷调查法的程序

问卷调查法的程序主要包括以下几个步骤：设计调查问卷、选择调查对象、发放调查问卷、回收调查问卷、审查调查问卷。完成问卷调查后，还需要整理问卷资料并对其进行统计分析。

（一）设计调查问卷

设计调查问卷需要经历四个关键步骤，包括明确目的与前期准备、初稿设计、评审和试调查、修改并定稿。这些步骤确保了问卷的质量和有效性。

（二）选择调查对象

在选择调查对象时，可以使用随机抽样的方法，也可以将特定范围内的全部成员（如一个社区、一个村子、一家公司）作为调查对象。除此之外，为了保证研究的可靠性，调查对象的数量应超过研究对象的数量，因为问卷的回复人数基本不可能等于调查人数，收回的问卷也不可能完全有效。

（三）发放调查问卷

发放调查问卷可以采用多种方式，包括现场发放、委托寄送、网络发放、电话访问或上门访问等。如果调查范围较大，需要大量调查者开展调查工作，则需要对调查者进行培训，以提高调查的有效性。在现场问卷调查中，调查者应向调查对象做口头说明，以提高问卷的回收率和有效性。总之，问卷调查是一个系统性的过程，需要仔细规划和执行。只有遵循正确的步骤和方法，才能收集到可靠和有用的数据，为后续的统计分析和理论研究提供支持。

（四）回收调查问卷

回收调查问卷是问卷调查的重要环节。问卷发放的方式有多种，但是随着网络的广泛普及，除部分针对性较强的调查采用访问问卷和现场问卷外，网络问卷因其便捷高效的特点正被越来越多地使用。因此，在条件允许的情况下，应尽可能选取更为高效合理的问卷调查方式，以便回收问卷。

（五）审查调查问卷

审查调查问卷是至关重要的一步。在问卷调查的过程中，调查对象的不可控程度较高，经常会出现问卷不合格或无效的情况。针对这种情况，如果不加以审查、甄别，而是直接将这些问卷的数据录入系统并进行统计分析，不但会影响问卷调查的质量，还会对调查结果产生较大的影响，导致调查者难以发现问卷的真相。因此，对每一份问卷进行严格审查是问卷调查中不可或缺的环节。只有淘汰所有无效问卷，才能确保调查结果的可靠性和科学性。问卷审查的过程不仅能排除数据中的错误和偏差，还能确保所得结论是建立在可信赖的信息基础上的。这将有助于确保调查结果的准确性和可靠性，进而提升整个调查研究的质量与水平。

◆ 第二节　问卷调查的方式 ◆

问卷调查的方式有多种，按照问卷填写者的不同，可分为自填式问卷调查和代填式问卷调查。其中，按照问卷传递方式的不同，又可将自填式问卷调查分为印刷物问卷调查、邮寄问卷调查、网络问卷调查和现场问卷调查；按照与调查对象交谈方式的不同，又可将代填式问卷调查分为访问问卷调查和电话问卷调查。

一、印刷物问卷调查

印刷物问卷调查在某些情况下也被称为"报刊问卷调查"。这种问卷调查方式利用报纸、杂志等印刷出版物作为媒介，将问卷刊登在报纸或杂志上，邀请广大感兴趣的读者填写并回复。读者可以在报纸或杂志上直接填写问卷，或者将填好的问卷邮寄回指定的地址。印刷物问卷调查通常适用于针对广大公众的调查，利用报纸的广泛传播特性和读者基数进行数据收集。因调查对象的数量较多，故这种问卷调查方式的适用范围较广。但它的缺点也很明显，即调查对象的知识水平参差不齐、不回答的现象较多、问卷回答质量有待考证。随着网络媒体的兴起和纸质媒体的衰落，这种问卷调查方式逐渐退出了历史舞台。

二、邮寄问卷调查

邮寄问卷调查在某些情况下也被称为"邮寄调查"或"信函调查"。这种问卷调查方式通过将问卷以信函的形式邮寄给调查对象，邀请他们填写问卷并将其邮寄回调查者指定的地址。调查对象可以在收到问卷后，在家里或办公室填写，并将填好的问卷通过邮寄的方式寄回。邮寄问卷调查不受地域限制，可以有针对性地选择调查的范围和对象。但是，它跟印刷物问卷调查类似，问卷回复率较低，加之采用邮寄的方式将问卷寄送给调查对象，导致调查费用也较高。随着网络问卷调查的广泛使用，这种问卷调查方式也已很少使用。

三、网络问卷调查

网络问卷调查在某些情况下也被称为"电子问卷调查"。这种问卷调查方式利用互联网和在线调查工具,将问卷以电子的形式发送给调查对象,调查对象可以通过网络访问问卷并填写答案。网络问卷调查具有较高的便捷性和高效性,而且成本低廉、影响范围广泛。同时,它也存在调查对象不典型、回答质量较低、不能控制调查对象在何种条件下做出回答等缺点。因此,在具体的调查实践中,对于能够确定调查对象的网络问卷调查,可以采取一对一联系的方式提升问卷调查的质量;而对于无法确定调查对象的网络问卷调查,要尽量提高自身对回收问卷的鉴别能力。

网络问卷调查工具:问卷星

问卷星是一个专业的网络问卷调查平台,除了为用户提供便利的问卷调查服务,还能协助用户开展问卷设计、数据收集、结果分析等一系列工作。与传统的问卷调查方式相比,问卷星具有快捷、易用、低成本的明显优势,已经被大量单位和个人广泛应用到客户满意度调查、市场调查、员工满意度调查等方面。此外,高校的学术调研、社会调查、在线报名、在线投票等活动也往往使用问卷星来开展。

四、现场问卷调查

现场问卷调查在某些情况下也被称为"送发问卷调查"或"分发问卷调查"。这种问卷调查方式将问卷直接送给目标调查对象,可以通过送货、手递等方式进行。与其他问卷调查方式相比,现场问卷调查通常适用于针对特定群体或特定地区的调查。能够确保问卷直接到达调查对象手中,加之能够面对面告知调查对象一些填写说明,因此采用这种问卷调查方式收集到的信息的可靠性会比较高。但是,由于这种问卷调查方式一般是针对特定群体的调查,因此它的调查范围较为狭窄。

五、访问问卷调查

访问问卷调查是指调查者直接与调查对象进行面对面的访谈,并根据调查对象的回答情况来代填问卷。访问问卷调查可以通过利用各种访谈技巧,深入了解调查对象的真实情况,回复率高,并且调查对象群体也十分典型,获取的信息的真实性和可靠性较高。但是,访问问卷调查的费用较高、效率较低、调查范围狭窄,并且对调查者访谈技巧的要求较高。

六、电话问卷调查

电话问卷调查是指调查者以打电话的形式与调查对象进行交流,并按照预定的问卷顺序提问,同时记录调查对象的回答,或者在电话访谈结束后整理数据。采用电话问卷调查时,调查者能够自由选择不同的调查对象,调查时间相对较短,但一部分调查对象可能会草草挂断电话,并且调查者需要储备相当多的电话号码簿,投入较多的人力和物力。

不同种类问卷调查方式的利弊如表 9.1 所示。

表 9.1　不同种类问卷调查方式的利弊

项目	自填式问卷调查				代填式问卷调查	
	印刷物问卷调查	邮寄问卷调查	网络问卷调查	现场问卷调查	访问问卷调查	电话问卷调查
调查范围	较广	较广	很广	较窄	窄	较窄
调查对象	难以控制、选择	可控制、选择	有一定的控制、选择	可控制、选择，但比较集中	可控制、选择，但过于集中	可控制、选择，但比较集中
影响回答的因素	无法了解、控制和判断	无法了解、控制和判断	有一定的了解、控制和判断	有一定的了解、控制和判断	便于了解、控制和判断	有一定的了解、控制和判断
回复率	很低	较低	较低	较高	高	较高
回答质量	较低	较低	较低	较高	较高	较高
调查者	较少	较少	很少	较少	多	较多

资料来源：江立华，水延凯. 社会调查教程 [M]. 7 版. 北京：中国人民大学出版社，2018：186.

第三节　调查问卷的结构与设计

调查问卷的结构与设计决定了问卷调查的内容，并在很大程度上决定了问卷调查的信度和效度，尤其是对效度的影响巨大，甚至会影响整个调查工作。因此，调查问卷的设计是问卷调查的基础性、关键性步骤。

一、调查问卷的结构

问卷的整体结构与布局不仅关乎问卷卷面的美观程度，更重要的是会影响问卷的质量。问卷的整体结构与布局对调查的影响贯穿整个问卷调查过程。在问卷准备阶段，良好的结构与布局可以帮助调查者减少印刷费用、降低成本，同时一份具有完整结构与合理布局的问卷还可以帮助调查者在问卷培训阶段从整体上把握和理解问卷。在问卷调查的实施过程中，结构清晰、布局美观的问卷可以提高调查对象对问卷的好感，降低拒答率，并且有助于调查对象在填写过程中保持逻辑上的一致性，使其准确、完整地回答问卷中的问题。

此外，问卷的结构对于数据的质量和后续分析的效果具有重要的影响。合理的结构设计能够减少回答的偏差和误解，提高数据的准确性和可靠性，为后续的数据分析提供有力的支持。

问卷一般由说明词部分、主体部分、结束语部分三个部分组成。

（一）说明词部分

问卷的说明词是指在问卷中用于解释或引导调查对象填写的文字部分，通常出现在问题之前或选项之间，用于提供相关背景信息、说明问题的含义或提醒调查对象注意事项。说明词的作用是帮助调查对象理解问题的意图，提供准确的背景信息，并为调查对象的问题回答提供明确的指导。因此，根据解释内容的不同，说明词又可以细分为两部分：一部分为卷首语，另一部分为问卷填写说明。

1. 卷首语

卷首语是问卷调查的自我介绍信，一般应该包括以下内容。

（1）调查的目的、意义、主要内容。

（2）填写问卷的原则和应该注意的问题。

（3）调查结果的保密措施。

（4）感谢语。

为了引起调查对象的兴趣和重视，获得其支持与配合，卷首语部分的用语应该明确、简洁、谦逊、诚恳。下面就是一份调查问卷的卷首语：

> 尊敬的调查对象：
>
> 您好！非常感谢您对我们此次科研诚信调查工作的支持，并在百忙中填写这份问卷。本调查的目的是了解科研人员的科研信用状况及其影响因素，并在此基础上设计科研诚信的指标体系。本问卷不记名，您所提供的所有资料只作为研究使用，我们保证对您填写的所有内容保密，填写时请不要有任何顾虑。
>
> 感谢您的支持与配合！

2. 问卷填写说明

问卷填写说明是指向调查对象解释如何填写问卷的一段文字，它提供了问卷填写方式、注意事项和指导性语言，以确保调查对象正确理解和按要求填写问卷。例如，对于文化程度不高或对问卷调查接触较少的调查对象来说，他们可能无法完全了解每种问卷及其填写方式。因此，需要使用指导性语言来详细说明问卷的填写方式和要求。常见的问卷填写说明主要有三种形式。

（1）独立于问卷的单独册子。这类问卷填写说明通常适用于调查内容丰富、问卷结构复杂、调查时间较长、对调查对象有特定要求等情况。

（2）印制在问卷封面的背页或问卷封面卷首语下方的文字，用于向调查对象说明问卷的填写方式和要求。这类问卷填写说明通常适用于问卷较短或调查问题比较简单、问卷不需要复杂的详细说明、问卷填写要求较少等情况。

（3）简单的问卷填写说明。如果对填写问卷没有特殊要求，就不需要单独设计版面来印刷问卷填写说明。因此，这类问卷填写说明没有固定的位置，主要对需要特殊说明的问题进行指示。这类问卷填写说明在问卷调查中极为常见。

下面就是一个在卷首语的下方，属于第一部分内容的简单问卷填写说明：

> 第一部分：请根据您个人和单位的实际情况，在相应选项的序号上打钩：

在编写问卷填写说明时，有以下几点需要特别注意。

（1）清晰明确。问卷填写说明应该清晰明确，避免使用模糊或含糊不清的语言，确保指示和要求易于理解，避免歧义或误解。

（2）简洁明了。问卷填写说明应该简洁明了，避免使用过于复杂或冗长的语句，而应使用简明扼要的表达方式，让调查对象能够快速理解并遵循问卷填写说明。

（3）结构有序。问卷填写说明应该按照逻辑顺序组织，从整体到细节进行说明，以确保调查对象能够按照指示的顺序进行填写，避免混淆或思维跳跃。

（4）语言通俗。避免使用过于专业的术语来表达问卷内容，尽量使用通俗易懂的语言，以确保无论调查对象的文化程度和背景如何，都能够理解问卷填写说明。

（5）强调提示。对于特别重要或需要特别注意的问题，可以使用加粗、下画线或其他格式突出显示，以引起调查对象的注意。

（6）提供示例。对于需要按特定格式或方式填写的问题，可以提供示例或样本，以便调查对象更好地理解并遵循问卷填写说明。

（7）考虑特点。根据调查对象的特点和背景，调整问卷填写说明的内容和表达方式。考虑调查对象的文化背景、年龄、教育水平等因素，确保问卷填写说明与调查对象的特点和背景相符合。

（二）主体部分

问卷的主体部分是指问卷中的问题，这是问卷的核心所在，是真正能为调查者提供所需信息的部分，是整个问卷中最为重要的组成部分。下面将主要介绍问题的类型及结构。

1. 问题的类型

从调查问题所要收集的信息类型的角度来看，问卷中的问题可以被分成以下四类。

（1）背景性问题

背景性问题主要是调查对象个人的基本情况，如性别、年龄、民族、文化程度、婚姻情况、工作年限、职业、职务、职称、收入等；有时还包括调查对象家庭的某些情况，如人口数量、收支情况等；也有可能包括调查对象所在单位的基本情况，如企业性质、企业规模、所属行业等。这类问题几乎出现在所有类型的问卷中，其必要性和重要性主要体现在以下两个方面。

首先，通过设置背景性问题，可以确定其是否符合目标调查对象的特定条件，从而对样本进行筛选和匹配。在很多情况下，调查者感兴趣的是某个或某些特殊的人，而非所有的社会大众，如关于在校大学生求职意向的调查，在问卷调查之初就需要筛选出符合条件的调查对象。此时，调查对象个人的基本特征信息可以帮助调查者甄选出想要的调查对象，剔除不满足条件的调查对象，保证数据获得的有效性。

其次，调查对象的基本特征是调查结束后对调查数据进行描述分析的重要分类依据，有助于对调查对象进行统计分析和分类，从而更好地分析不同群体之间的差异。而且，通过对不同背景特征的调查对象进行比较，可以揭示不同背景因素对调查结果的影响，从而深入剖析调查主题。

出于以上两个方面的考虑，一般情况下，问卷中都要包含对调查对象的背景进行询问的问题。下面就是一个有关受教育程度的背景性问题：

您的受教育程度是？

☐ A. 高中/中专及以下　　　　☐ B. 大专
☐ C. 本科　　　　　　　　　☐ D. 研究生

（2）客观性问题

客观性问题是问卷调查中的常见题型，包括知识类问题、事实类问题等，下面主要介绍知识类问题。

知识类问题常用于了解调查对象在特定领域或主题上的知识水平。这类问题可以帮助调查者评估调查对象对于相关概念、事实或信息的了解程度。调查者在设计知识类问题时，要确保问题简洁明了，清晰表达所需的知识点，避免使用复杂的语句或术语，以免给调查对象带来困惑，尤其要考虑调查对象的背景和教育水平，确保问题的难易程度与调查对象的知识水平相匹配。对于一般受众，问题应该更偏向基础知识；而对于专业人士或特定领域的人群，问题可以更具挑战性。例如，在针对理财产品的问卷调查中，调查者想知道调查对象对理财产品的使用情况，于是设计了以下问题：

您使用过以下哪些理财产品？（可多选）
☐ A. 信用卡业务产品　　　　☐ B. 贷款业务产品
☐ C. 信托理财产品　　　　　☐ D. 保险理财产品
☐ E. 结算业务产品　　　　　☐ F. 其他

（3）主观性问题

主观性问题是指调查对象的思想、情感、态度、愿望、动机等主观方面的问题。例如：

您认为下列哪种因素对科研人员的诚信影响最大？（可多选）
☐ A. 科研人员的求真务实精神　　☐ B. 科研人员的严于律己精神
☐ C. 科研人员的恪守职责精神　　☐ D. 科研人员的诚实守信精神
☐ E. 科研人员的创新能力　　　　☐ F. 科研单位对科研人员的科研训练

（4）检验性问题

检验性问题是指为检验回答是否真实、准确而设计的问题。例如：

您哪年参加工作？＿＿＿＿＿＿
您参加工作时的年龄是？＿＿＿＿＿＿

检验性问题一般安排在问卷的不同位置，通过相互检验来判断回答的真实性和准确性。

以上四类问题在实际的问卷调查中经常出现，但是不同类型的问题之间并不是完全互斥的。问卷中的某问题可能既是客观性问题，又是检验性问题，既是背景性问题，又是客观性问题，如有关户籍性质、受教育程度等方面的问题。调查者在设计问卷时，可以根据自己的需要和兴趣点，灵活选择合适的问题类型及确定其在问卷中的权重和分布，并没有固定的标准要求一份调查问卷必须包含以上所有类型的问题。但是一般而言，背景性问题是要包含在内的，因为这类问题是调查者筛选调查对象和进行后期数据分析的重要依据，其他类型的问题则由调查者按需选择使用。

2．问题的结构

问题的结构指的是问题的整体组织和布局方式，涉及问卷中问题的排列顺序、问题之间的逻辑关系、选项的排列等方面。问题结构的设计对于获取有效、准确的数据非常重要。问题的排列顺序混乱，不仅会影响调查者的调查效率，更重要的是会影响调查对象在填写问卷时的逻辑思路，干扰其对问题的回答。

因此，调查者在设计问卷时需要考虑问题在问卷中的顺序，并按照一定的逻辑将它们整合到一起，形成一份条理清晰的问卷。一般而言，问题的排列顺序不当对问卷调查造成的不利影响主要表现在以下几个方面。

（1）问题排列混乱、结构不当会对调查对象理解和把握问卷造成障碍。如果问卷的结构混乱、问题的排列顺序不当，则可能使调查对象在回答后续问题时将前面问题的含义混淆进去，从而导致回答错误或不准确，还可能导致调查对象跳过或遗漏某些问题。

（2）问题排列混乱、问卷结构逻辑性差会影响调查对象的回答，甚至会出现调查对象拒答或中途停止回答的情况。获得调查对象的信任和配合是问卷调查得到真实、准确的数据信息的重要前提。如果问题的排列顺序不合理，则可能使调查对象感到疲劳和厌倦，从而影响其对后续问题的认真回答，导致回答质量下降或回答过程中出现回避行为。因此，调查者在设计问卷时，一定要从方便调查对象回答的角度出发，尽量使问卷更容易被对方接受。

（3）问题的排列顺序可能对调查对象产生诱导作用。调查对象对问卷中问题的回答会受到各种因素的影响，一次问卷调查是否有效，在很大程度上取决于调查者能否剔除障碍因素、加强有利因素。例如，将一系列正面问题排在一起，可能引导调查对象对于这些问题持更积极的态度；而将一系列负面问题排在一起，可能导致调查对象倾向于给出负面回答。这种偏倚可能影响调查结果的准确性和客观性。

一般而言，为了方便调查对象回答问卷问题，也为了便于调查者的后期分析，问卷中的不同问题多是按照以下几种方式排列的。

（1）按问题的类别排列

背景性问题一般被放置在问卷的开始，主要考虑调查对象对这部分问题比较熟悉，方便作答，以获取调查对象的一般背景信息。但是，如果背景性问题中涉及某些敏感的个人信息，如调查对象的联系电话、姓名、家庭住址等，则一般将这类问题放置在问卷的最后。

客观性问题一般被放置在主观性问题前、背景性问题后。客观性问题是涉及客观事实、经验或观点的问题，通常是有明确的。这类问题可以按照一定的逻辑顺序排列，以帮助调查对象更容易理解和回答。

主观性问题一般被放置在客观性问题后，调查对象在已经熟悉问卷并建立了一定的信任后，更容易接受和回答这类问题。对一些较为敏感的社会现象或事件的看法和态度之类的问题，在编排时要将其放置于问卷偏后处，否则调查对象在回答之初就遇见这类问题，容易产生警惕和排斥心理，也就可能会拒绝回答或随便乱答，造成问卷数据偏差。

检验性问题一般要与被检验性问题分开，但同时要注意不能造成调查对象的逻辑混乱。这些检验性问题要与询问调查对象年龄的问题分开编排，以帮助调查者识别调查对象是否在认真回答问题，以及是否存在逻辑矛盾或不一致的回答。检验性问题通常是简单的问题，其答案应该是显而易见的。但同时要注意，这些问题的位置不能随便安排，如安插在完全不相关的几个问题之间，造成调查对象的逻辑混乱。

（2）按问题的时间顺序排列

按问题的时间顺序排列可以让调查对象根据事件发生的先后顺序自然地填写问卷，避免因时间的来回跳跃而影响调查对象的回答思路。既可以根据调查事物的过去、现在、将来的历史顺序排列问题，也可以反过来，先问当前的有关问题，再由近及远地追溯过去的情况。

（3）按问题的复杂程度或敏感程度排列

一般来说，应该按照先易后难、由浅入深、循序渐进的顺序排列问题，将相对简单、容易回答的问题放置在问卷的开始，以打消调查对象的畏难情绪。这些问题应该是调查对象无须思考或仅提供基本信息的问题，如性别、年龄、婚姻状况等。在调查对象完成了简单问题后，可以逐渐引入一些中等难度的问题。这些问题可能需要调查对象进行一定的思考或回忆，但不至于过于困难。例如，问及某个产品或服务的常见使用场景或满意度评级等。在调查对象适应了简单和中等难度的问题后，可以引入一些更具挑战性的问题。这些问题可能涉及较深入的主题，需要运行推理或分析能力。在设计这些问题时，需要确保问题清晰明了，避免引起困惑或歧义。如果问卷中包含一些敏感问题，如个人隐私或观点倾向等，可以考虑将它们放在最后。这样做可以增加调查对象的信任感和舒适感，在建立了良好的调查关系后更容易回答这些问题。

总之，富有逻辑性的问题排列可以提高问卷调查的信度和效度。但为了某些特殊目的，也可以进行非逻辑编排。比如，调查对象往往对自己的收入、支出等内容比较敏感，这时就可以将相关内容编排到问卷的最后，从而避免一开始就影响调查对象的配合意愿。此外，检验性问题也应分别设计在问卷的不同位置，但不能过于突兀，否则会影响问卷的逻辑性。

（三）结束语部分

结束语是问卷的最后一部分，应该表述简洁，内容包含诸如感谢参与、保护个人信息的承诺和提供必要的联系方式等。结束语部分是与调查对象的最后一次互动，因此需要确保给予他们积极的印象，并传达出调查者对他们参与的重视和感激之情。除书面感谢外，调查者在问卷调查结束后，还应该在口头上向调查对象表示衷心的感谢。在有些情况下，调查者还会为调查对象准备一些小礼品，以示谢意。

问卷结束语除向调查对象表示感谢外，还可以征询调查对象对本次问卷调查的建议和看法。例如：

> 您填写完这份问卷后有何感受？
> □ A. 很有用　　　□ B. 不知道　　　□ C. 没有用

二、调查问卷的设计

什么样的问卷算一份好的问卷？如何设计一份高质量的问卷？

一份高质量的问卷应达到以下四个要求。一是有清晰明确的目的。问卷应该有明确的调查目的，确保调查目的清晰可见。调查者在设计问卷前需要明确调查目的，并将其反映到问题的设置和内容上。二是确保问卷收集到的信息是可靠的。问卷调查就是通过问卷来收集信息，并且以此作为数据分析和决策的依据，依靠调查结果来反映真实的社会问题和现象。只有保证信息真实可靠，才能确保调查研究的科学性和真实性。因此，问卷设计需要总结以往的经验，揣摩调查对象的心理，利用一些策略和技巧，最大限度地收集调查对象真实的行为、态度和想法。三是尽可能降低收集资料过程中花费的人力、物力和财力等成本。调查者希望通过问卷尽可能收集到丰富的信息，但这并不意味着问题越多越好、信息量越大越好。在很多大型调查中，因为具有庞大的数据量或巨量的调查对象，所以每增加一个问题，相对应的成本，包括前期的印刷成本、调查过程中的拒访代价及时间和人力成本、后期的录入成本等都会增加。此外，过于复杂的问卷也会给调查对象带来填写问卷的心理压力，导致调查对象不愿意配合调查，从而降低问卷调查的质量。因此，一份好的问卷应该能在成本控制范围内高效地收集到研究所需的信息。四是具有可行性，也就是可操作性。这就要求调查者在设计问卷时从实际出发，从调查对象的角度出发，切忌想当然地设计问题，切忌理论脱离现实，并且不要超出调查对象的知识范围和理解范围。

（一）问卷设计的原则

要想设计一份科学、实用的高质量问卷，应该掌握以下几个原则。

1. 目的性原则

问卷中的问题必须围绕调查目的和调查主题设计。只有明确了调查目的，调查工作才有方向，调查内容和形式才更有针对性。在设计问卷之前，需要明确调查目的和要解决的问题，这样可以确保问卷的设计与所需信息保持一致，并避免问卷内容过于冗杂或与目标不相关。调查对象的选择也要遵循目的性原则，根据调查目的选择目标调查对象，了解调查对象的背景、特点和需求，以使设计的问题更加贴近调查对象，并获得准确和有意义的回答。合适的样本选择也能提高问卷的代表性和可靠性。

2. 客观性原则

问卷设计的问题必须符合调查对象的客观情况。例如，"你平均每天花多少时间用于学习？"这个问题就是客观的，要求调查对象提供他们平均每天学习时间。在设计问卷时，应确保问题具有客观性且与调查对象的实际情况相符，只有这样才能获得准确和可靠的调查结果。

3. 简明性原则

问卷的设计要做到简明扼要，力求设计出与调查主题相对称的、"少"而"精"的简明问卷。这里的"少"既指问题应该尽可能简短，避免展开冗长的叙述或使用复杂的语言；又指少使用高级词汇，多使用调查对象易于理解的常用语言，避免使用复杂或高级的词汇，确保问题的语言和表达方式符合调查对象的背景与教育水平；还指尽量用较少的题目来达到调查目的，避免因过多的问题给调查对象带来过重的负担，从而影响调查质量。这里的"精"是指每个问题都应该质量较高，并且只涉及一个主题或一个概念，避免将多个问题合并在一起。这样可以确保调查对象能够明确回答每个问题，使问卷调查具有较高的信度和效度。

4. 适应性原则

在设计问卷时，调查者应考虑到调查对象的特点和需求，以确保他们对问卷具有适应性和可接受性。适应性原则的目标是使调查对象感到舒适，使他们愿意参与并提供准确的回答。在设计问卷时，调查者应以调查对象的情况为出发点，切实考虑其能力和心理等方面的特点，了解调查对象的基本信息，包括他们的背景、文化、教育水平、语言能力等。根据这些特点调整问卷的语言、难度和问题的形式，使其更符合调查对象的理解和回答能力。凡是调查对象难以理解、回答的问题，都不应该提出，或者应该转变提问的方式。例如，"您对企业的产品满意吗？"这类问题就过于笼统，即使调查对象勉强回答了，调查者也难以获取有效的信息。

5. 针对性原则

在设计问卷时，问题应该直接针对调查目的或调查主题，具有明确的目标和相关性。针对性原则的目标是确保问题能够提供有价值的信息，并与调查目的保持一致。凡是调查对象不可能自愿真实回答的问题，尤其是那些涉及隐私性、敏感性、威胁性的问题，都不应该正面提出。例如，对于"您是否有违纪行为"等问题，调查对象一般不会如实回答，因而一般不宜正面提出。

（二）问卷设计的步骤

1. 明确目的与前期准备

首先，明确调查目的和调查主题，从而明确从调查对象那里获得信息和数据的总体情况。其次，了解基本状况，即通过多种途径了解调查对象的特点、需求和背景。调查者可围绕调查主题，亲自与各类调查对象进行自然、融洽的交流，展开初步的访问和观察，从而丰富问卷设计的客观依据。最后，收集相关材料。既要收集与调查主题相关的一些基本素材，又要收集前人使用过的相关问卷，为设计问卷提供参考资料。

2. 初稿设计

首先，根据调查目的和调查主题，设计适当的调查问题。确保问题清晰、具体、直接，并与调查目的一致，同时应使用适当的问题类型，如单选题、多选题、开放式问题等。其次，组织问题的顺序和逻辑结构，确保问题之间的连贯性和关联性。再次，根据需要对问题进行分类，并按照逻辑顺序对问题进行排列。最后，为每个问题提供适当的说明或上下文信息，以帮助调查对象理解问题的背景和含义。需要注意的是，设计问卷时要避免问卷过长，以免使调查对象产生疲劳和不愿意回答的情绪。

3. 评审和试调查

问卷初稿设计好后，调查者应向相关领域的专家、实践人员和有代表性的调查对象征求意见，听取他们的建议。同时，在问卷正式使用之前，招募一小部分有代表性的调查对象进行问卷的试调查，让他们完成问卷并提供反馈意见，并根据反馈意见对问卷进行修订和改进。在修订和改进问卷时，要考虑问卷的格式和布局，查看问题是否清晰可见，是否易于阅读和回答，分析问题是否具体，用词是否准确，检查问题的难易程度和问题之间的逻辑是否混乱，指导语是否明确，核查问题能否全面反映调查目的和需要，从而进一步完善相关问题。

4. 修改并定稿

根据评审意见和试调查中反映的不足，修改与补充问卷的内容，最终形成较为完善的问卷。

　　在整个问卷设计的过程中，应始终关注问卷调查的目的和调查对象的需求，并根据反馈和结果对问卷进行调整与改进。这样可以确保问卷能够提供准确、有价值的数据，以支持调查者的研究或调查目的。

（三）问卷主体的设计

　　问卷主体的设计包括问题的设计和答案的设计。问卷中的问题有许多不同的类型，但无论什么样的问题设计，都要保证清晰、具体和有效。问题的设计既要保证简洁明了、指向明确，又要保证有清晰的主题，确保答案（选项）的质量和效果，以获得准确、有用的信息，同时使调查对象能够轻松理解和回答问题。以下是设计问题和答案的要点与要求。

1. 问题的表述

　　问题的表述在问卷设计中非常重要，因为清晰、准确和易于理解的问题表述可以帮助调查对象正确理解问题的意图并提供准确的回答。因此，调查者在表述问题时需要遵循以下要求。

　　（1）具体性。问题应该具有清晰和具体的表述，避免模糊或含糊不清。调查者应该使用具体的词语和明确的语句，使问题的意图清晰明了。例如，对于"世界观""家庭和睦情况"这样一些笼统的问题，调查对象往往难以给出有针对性的回答。即使勉强回答了，答案也缺乏真实性、针对性、有效性，更无法进行合理的统计分析。如果要调查调查对象在家庭和睦方面的认知情况，可以这样问："您认为，家庭和睦的重要性是什么？"

　　（2）单一性。问题的内容要聚焦，不要将两个或两个以上问题混合在一起提。例如，"你们班的同学经常读课外书吗？"这类问题将一个班的同学混合在一起，调查对象是无法准确回答的。因为一个班的学生，有的经常读课外书，有的偶尔读课外书，有的从不读课外书。可以改为："你们班每学期读课外书达到 3 本的同学的比例是多少？"

　　（3）通俗性。问题的表述要通俗易懂，不能有太强的专业性，也不能让调查对象先计算或处理相关信息后才能回答，更不能使用让调查对象感到陌生的语言、概念。例如，对一般居民就不宜问"您家的恩格尔系数是多少"等问题。因为一般的调查对象不可能准确理解"恩格尔系数"等专业术语的含义，即使了解这个专业术语也需要计算后才能回答。

　　（4）准确性。表述问题的语言要准确，不能出现模棱两可的表述，以免引起调查对象的混淆或导致其给出不准确的回答。调查者应该确保问题的意图明确，让调查对象能够准确理解并给出明确的回答。例如，应该避免使用"也许""大约""可能"这些模棱两可的词语，以便让问题更加准确、明晰。而且，问题的表述应该避免使用双重否定的结构，以免引起混淆或误解；相反，应该使用肯定的语句和明确的表述，确保问题的意图清晰、可理解。例如，"不属于不够努力工作的原因是？"可以改为"属于不够努力工作的原因是？"

　　（5）简明性。表述问题的语言应该简短、扼要，避免冗长或复杂的叙述。调查者应该使用简单的词汇和短语来表达问题的意思，让调查对象能够迅速理解问题的要点。而且，要避免在问卷中重复类似的问题或内容，应该确保每个问题都有独特的目的和信息，避免冗余和重复造成回答的疲劳或无效性。

　　（6）客观性。客观性意味着问题的表述应该中立、无偏见，不包含个人观点或评价，并且在表述问题时不能表现出对任何一方的倾向性和诱导性，例如："您认为公司 A 的产品比公司 B 的产品更好吗？"这个问题暗示了公司 A 的产品更好，可能导致调查对象在回答时受到影响。另外，在问题的表述中要避免出现那些有权威性的暗示或引导。例如，"权威人士表示 C 是必不可少的，请问您是否同意？"这个问题使用了权威人士的说法，可能会引导调查对象在回答时倾向于同意。可以改为更中立的表述："您认为 C 在这个情境中是否有必要？"

（7）肯定性。使用肯定形式的问题表述可以提高问题的清晰度和回答的准确性。例如，"您是否觉得该服务高效？"可以改为："您觉得该服务高效吗？"通过避免使用否定形式的问题表述，可以使问题更加明确和易于理解。

总之，问题的表述是问卷设计中一个非常重要且专业的环节。遵循以上问题表述的要求可以提高问卷的质量和可靠性。清晰明了、中立客观、单一主题的问题表述有助于调查者获得准确和有用的调查数据，提升调查对象的参与度和满意度。

2. 特殊问题的表述

对于某些涉及隐私性、敏感性、威胁性的问题，应该进行表述方式的特殊处理，以方便调查对象接受这些问题，并给出坦率、真实的回答。具体有以下几种特殊处理方法。

（1）消疑法。对于敏感话题，在表述问题时，一方面应该使用中性、客观的语言，避免冒犯对方或引起对方的不适，另一方面应该在引导调查对象回答敏感话题之前，提前提醒他们即将涉及敏感话题，并允许他们选择跳过这个问题。

（2）假定法。先用一个假设判断作为问题的前提，再询问调查对象的看法。例如，"如果您是部门的负责人，您将如何开展员工激励？"这时，调查对象就会结合自己的真实想法如实地回答问题。

（3）转移法。通过将注意力从调查对象自身的经历转移到一般情况或他人的观点上，使问题更令其感到舒适和容易回答。例如，"如果您的朋友遇到类似的情况，您会给予什么建议？""一般而言，人们认为……""您觉得大多数人会如何看待……"。然而，在使用转移法设计问题时仍需谨慎，确保问题的表述不会使调查对象产生偏见或误解。

（4）模糊法。针对某些隐私问题设计一些比较模糊的答案，以便调查对象给出相对真实的回答。例如，个人收入是一个隐私问题，许多人不愿明确回答，将其设计成几个收入的层次，就可以获得一个相对准确的数据。例如：

> 您的月收入为？
> □ A. 4000 元以下　　□ B. 4000～5999 元　　□ C. 6000～7999 元
> □ D. 8000～9999 元　　□ E. 10 000 元及以上

3. 答案的类型

问卷调查的目的是通过调查对象对问题的回答，来获得调查者想得到的信息。因此，问题的答案类型就决定了获取信息的类型。调查者应该根据调查目的和特点合理确定答案的类型。答案的类型有四种，分别是封闭式答案、混合式答案、开放式答案和跳跃式答案。

（1）封闭式答案。所谓封闭式答案，是指调查对象需要从给定的选项中选择一个或多个答案。这种答案类型通常用于收集定量数据并进行统计分析。封闭式答案的回答方式有多种，其中常用的有以下几种。

① 填空式，即在问题后面的横线上或括号内填写答案的回答方式。这种回答方式适

合回答答案比较简单的问题。但是，答案应该比较明确，这意味着不能设计一些难以理解或发散性的问题。由于设计中没有给出具体的答案，因此填空题也可以看作最简单的开放式问题。例如：

您的年龄是？_____

② 判断式，即要求调查对象从给定的选项中选择一个来表达他们对于某种陈述的判断或态度的回答方式。这种回答方式通常采用二元选择，即"是"或"否"、"同意"或"不同意"等。设置判断题的目的是了解调查对象对于特定陈述的看法或立场。例如：

您同意以下陈述吗？"健康饮食对维持身体健康至关重要。"
□A．是　　　　　　　　□B．否

③ 选择式，即列出多个答案，由调查对象自由选择其中一个或多个的回答方式。它包括平等型答案和序列型答案。平等型答案是指每个答案的地位都是平等的，都有着相同的重要性；序列型答案是指将答案分成不同的层级，由调查对象从中选择属于自己的那个。

平等型答案如下：

为什么选择该品牌产品？（请在您选择的项目前打"√"，可任选三项）
□A．安全卫生　　　　□B．口感好　　　　□C．质量有保证
□D．保鲜好，更新鲜　　□E．价格合理、可追溯

序列型答案如下：

您的学历是？
□A．初中及以下　　　□B．高中/中专　　　□C．大专
□D．本科　　　　　　□E．研究生

④ 顺序式，即列出若干答案，由调查对象对答案进行排序的回答方式。这种回答方式需要明确排序的原则，要求调查对象根据原则进行先后、优劣等排序。例如：

您在日常生活中最担心的食品安全问题是？（请按突出程度将下列选项的编号填写在下面的空格内，最突出的填在左边第一格，然后依次向右填写。）
1. 在食品中违规使用添加剂
2. 食品生产中的卫生情况
3. 使用劣质原材料
4. 农药、兽药、激素等残留问题
□　□　□　□

⑤ 等级式，即列出不同等级的答案，由调查对象结合自己的判断进行选择的回答方式。例如：

您对某产品的口感满意吗？
□A．非常不满意　　□B．比较不满意　　□C．一般

☐ D. 比较满意　　☐ E. 非常满意

常用的表示等级的词语还有：非常了解、比较了解、不好说、比较不了解、非常不了解，完全同意、同意、中立、不同意、完全不同意等。

封闭式答案有许多优点。由于调查对象只需要从给定的选项中选择答案，因此可以节省回答问题所需的时间，这对大规模调查或对时间敏感的研究非常有益。而且，封闭式答案提供了结构化的数据，易于进行统计分析和比较。调查对象的回答可以直接转化为数字或分类变量，使数据整理和分析过程更加高效。封闭式答案还有利于询问一些敏感、隐私问题，当调查对象不愿意表达自己的想法时，对已有的答案却有可能进行真实的选择。

封闭式答案也存在一些缺点。封闭式答案通常提供有限的选项，可能无法捕捉到调查对象的详细观点和经验，这可能导致数据的精确度和深度受到限制。另外，调查对象只能从给定的选项中选择答案，而封闭式答案可能无法涵盖所有可能的观点和答案，这可能导致调查对象被迫在选项之间做出折中或不完全准确的选择。在某些情况下，封闭式答案的选项可能被调查者主观解读，而不一定能涵盖所有可能的选择，这可能导致数据的失真或无法完全捕捉到调查对象的真实观点。

（2）混合式答案。所谓混合式答案，是指将封闭式答案与开放式答案结合起来。它实质上是半封闭、半开放的答案类型，可以有效发挥两种类型的优点，更加全面地获取相关信息。例如：

您认为实行最低生活保障制度的好处有哪些？（请在适当的选项前打"√"）
☐ A. 支持困难群众　　　☐ B. 保障社会稳定
☐ C. 塑造社会风气　　　☐ D. 推动经济发展
☐ E. 其他（请填写）_____

（3）开放式答案。所谓开放式答案，是指不提供任何问题的具体答案，而由调查对象自由填写。例如：

您认为吸引人才的关键是什么？_____

开放式答案最大的优点是灵活性和适应性强，允许调查对象提供详细和个性化的答案，从而深入了解他们的观点、意见和经验。开放式答案提供了更全面、更丰富的数据，有助于调查者获得更深入的理解。开放式答案可以帮助调查者揭示新的问题、观点和主题，发现以前从未考虑到的因素，这有助于研究的深入和提出新的研究假设。

开放式答案的缺点是可能存在调查对象回答问题的程度不一致的情况。有些人可能提供详细和有深度的答案，而有些人可能给出简短和不充分的答案，这可能导致数据的不一致性和比较研究的开展困难。开放式答案的解释和分析更加主观，需要调查者进行解读和判断。不同的调查者可能会对同一开放式答案产生不同的理解，导致主观解释的风险。而且，开放式答案所产生的数据通常是非结构化的，处理和分析这些数据需要更多的时间与精力。

（4）跳跃式答案。跳跃式答案是一种在问卷调查中常用的技巧，用于根据调查对象的回答情况，有选择性地跳过或跳转到下一个相关问题，以提高问卷的效率和用户体验。跳跃式答案可以根据调查对象的特定条件或回答选项，决定下一个需要回答的问题。例如：

请问您是否曾购买过我们的产品？
□ A. 是（跳转到问题3）
□ B. 否（跳转到问题2）
您对以下哪个产品感兴趣？（多选）
□ A. 产品甲（跳转到问题4）
□ B. 产品乙（跳转到问题5）
□ C. 产品丙（跳转到问题6）
□ D. 不感兴趣（跳过下一个问题，直接跳转到问题8）

跳跃式答案可以根据实际调查需要进行设计，以便提供更精确和更相关的信息，同时减轻调查对象的回答负担，降低调查的冗余性。在设计跳跃式答案时，需要仔细考虑逻辑和流程，以确保用户体验顺畅和数据收集准确。

4. 答案的设计

问卷中的答案设计非常重要，直接影响数据的质量和可分析性。答案的设计需要调查者进行多方面周密细致的考虑，且必须满足一定的基本要求和规则。对于答案的设计，一般应满足以下几点要求。

（1）相关性。答案的设计应与问题保持一致，确保选项能够准确地回答问题。选项应涵盖问题所涉及的不同方面和可能的答案。如果问题涉及多个维度或选项，则应提供相应的多个选项以反映这些不同的方面。例如，"请评价您对以下方面的满意度"，答案选项应包括产品质量、交货速度、客户服务等。

（2）同层性。答案设计的同层性是指答案选项在同一层级上应具有相似的性质、范围或特征。这种设计原则有助于确保选项之间的比较和选择的准确性。例如，"请选择您喜欢的旅行方式"，答案选项应包括自驾游、徒步旅行、自行车旅行、骑马旅行等。通过保持答案选项在同一层级上的同层性，可以为调查对象提供清晰、一致的选择，并使调查对象能够更容易地进行比较和选择。这有助于提升数据的准确性和可比性，并简化数据分析和解释的过程。在设计问卷时，应注意确保答案选项的同层性，以提供有意义的数据和有用的结果。

（3）全面性。答案设计的全面性是指答案选项应全面、完整地涵盖所有可能的情况和选择。例如，在研究调查对象最喜欢的旅游目的地类型时，可能有以下选项：海滨城市、山区风光、历史文化名城、都市购物等。但每位调查对象喜欢的类型都不一样，调查者也不可能完全穷尽这些选项，因此可以再设计一个开放式答案，如"其他（请说明）"。通过提供包容性选项和预留空白选项，可以满足调查对象多样的回答需求，也有助于收集到全面和准确的数据。

（4）互斥性。答案设计的互斥性是指答案选项之间应是相互独立、互不重叠的。例如，您通常使用哪种交通方式上班［选项：步行、自行车、公交车、开车、其他（请注明）］。这样，选项中的每一个答案都是相互独立、互不重叠的，以确保调查对象能够在选项之间进行明确和独立的选择，避免回答时产生混淆或歧义。在设计问卷时，应审查答案选项，确保它们在概念上是互斥的，并避免任何重叠或重复的部分。

（5）准确性。答案设计的准确性是指答案选项应准确地反映调查对象的真实情况或观点。在设计答案选项之前，要充分了解调查对象的背景、经验和观点，这样可以更好地把握他们可能做出的回答和选择，确保答案选项准确地反映他们的真实情况。并且要考虑到调查对象的多样性，答案选项应能够覆盖不同的观点和情况，确保答案选项的范围广泛，涵盖各种可能性，以充分反映调查对象的真实选择。还有一点需要注意，设计的答案要避免使用过于正面或负面的词语，而应使用中性和客观的描述。例如，您对以下健康问题的了解程度如何？（选项：非常了解、了解一些、不清楚、不太了解、非常不了解）。这样设计答案，既能充分考虑到广泛的受众群体，又足够中性客观，可以提高答案设计的准确性。

（6）简明性。答案设计的简明性是指答案选项应清晰、简洁，易于理解和回答。一般来说，一个问题的答案不应太多，否则既可能影响调查对象对问题的理解，又会给调查者的统计分析带来困难。当出现答案过多的情况时，应该仅保留几个可满足绝大部分回答需要的主要答案，或者对问题进行拆分。

（7）权威性。在设计答案时，可以参考权威的研究、统计数据或相关专业机构的观点和分类。这样可以增加答案设计的权威性和可靠性。通过设计有较强权威性的答案，可以提高问卷调查的可信度，并为后续的数据分析和研究提供有力的依据。

（8）多元性。答案设计的多元性是指在设计答案时为每个问题提供多种不同的答案选项或响应方式，以充分反映调查对象的个体差异和多样性。例如，可以设置为多选题、数值区间或开放题等。这样的答案设计方式，允许调查对象选择所有适用的选项，能够更好地捕捉调查对象的多重观点和体验，提供更全面的数据，并且让调查对象自由地表达自己的意见和观点。总之，通过多元的答案设计，可以更好地满足调查对象的多样性需求，为调查者提供更全面和准确的数据。这样可以提升问卷调查的可信度和可靠性，以得到更具深度和广度的调查结果。

此外，在设计答案时，最好为应对意外情况留下一点余地，这样或许能使调查获得一些意料之外的可贵信息。

AI 设计问卷

目前，AI 的功能越来越强大，可以帮助调查者设计调查问卷。只需要发给 AI 一些指令，它就能自动设计调查问卷。发给 AI 的指令非常简单，只包含三个部分：背景信息、调查框架、设计要求。以前工作最头疼的部分，就是"学起来简单、用起来难"。现在完全没有这种担心了，因为我们只需要知道一项工作的理论和要求是什么，告诉 AI 让它来执行就行了！下面是 AI 的提示词，可以修改调查目的直接使用。

背景信息：

我正在为了了解"大学生心理健康情况"设计调查问卷，请根据下方我给出的要求帮我设计问卷的题目。

调查框架：

确保问卷的信度，即一致性、稳定性和可靠性达标。因此，你在设计问题时应该设计一些相似但不完全一样的问题，或者增加测谎题。

确保问卷的效度，即表面效度和内容效度达标。因此，你应该确保题目通俗易懂、没有歧义，且回收的数据可以分析出我要了解的问题。

确保问卷的完成率。你在设计题目时要确保问题均可回答，确保让调查对象能够顺利完成回答，不要设计涉及调查对象隐私的问题。

设计要求：

标题应该简洁明了，让调查对象一眼就明白调查目的。

要给出导语，并在导语中说明调查目的和意义，让调查对象更容易上手或启发他的思考。

问题的设置要有梯度，前面 2～3 个问题要浅显易答，之后再深入，直到给出你想问的核心问题。

确保问题按照合理的顺序排列，使调查对象能够顺畅地完成问卷。

多设置封闭式问题，开放式问题不要超过 2 个。

问题要清晰具体，一个问题只围绕一个目的，不能兼问。

避免设置引导性问题，确保问题不会引导调查对象给出特定的回答。

问题的选项要能穷尽，可以设计"不知道""无所谓"等选项，确保调查对象能够至少选择一个答案。

问题和答案必须精准、可量化且有统一的标准，不应出现类似"你的心理健康吗"这样的问题。

在设计问题时要考虑"信度"和"效度"的可验证性。

问题的数量不要超过 30 个。

◆◆ 第四节　问卷调查的实施 ◆◆

问卷调查的实施有诸多要求，除了要提高回复率，更重要的是要确保问卷调查的信度，引导调查对象认真配合调查工作。在实施问卷调查时，应做好以下一些工作。

一、提高调查者的专业水平

调查者应具备相关领域的学术背景和专业知识，特别是与调查主题相关的知识；熟悉研究领域的理论框架、概念和术语，以便能够正确理解问卷的内容和问题，并对收集到的数据进行恰当的解释和分析；熟悉调查技能，包括问卷设计、样本选择、数据收集和统计分析等方面的技能；了解不同的调查方法和工具，以便选择最符合调查目的的方法，并能够正确地应用和操作这些方法；遵守伦理和道德准则，确保调查过程中的合法性、隐私保护和对研究伦理的尊重；明确告知调查对象有关调查的目的、保密性和匿名性原则，并确保收集到的数据仅用于调查目的。

除此之外，为了保证调查过程顺利完成，调查者可以争取权威机构或政府的支持，减少调查过程中的阻碍；积极参与学术交流和知识分享，如参与学术会议、研讨会议和研究小组，与其他专业人士交流和讨论研究成果；通过学术论文、报告和出版物等形式发表研究成果，提升自身在相关领域的专业性和权威性。有了专业性和权威性较高的调查者的参与，可以确保问卷调查的实施符合科学标准和研究要求，从而获得高质量和高可信度的调查结果。

二、选取恰当的问卷调查方式

问卷调查的方式有很多种，调查者参与的问卷调查方式包括访问问卷调查和电话问卷调查。其中，访问问卷调查是一种通过面对面访谈来收集调查数据的方式。在访问问卷调查中，调查者会直接与调查对象进行个人访谈，并在访谈过程中填写问卷或记录调查对象的回答。电话问卷调查是一种通过电话进行调查的方式。在电话问卷调查中，调查者通过电话与调查对象进行交谈，并根据问卷内容记录其回答。在实施电话问卷调查时，调查者需要注意保持专业和礼貌，与调查对象进行有效的交流。并且需要注意确保机密性和隐私安全，以保护调查对象的个人信息和隐私。

除调查者参与的问卷调查外，还有通过网络和委托发放问卷的方式。网络问卷调查即在设计问卷之后创建问卷链接，在各种网络平台上分发问卷。委托问卷调查即利用各种中介机构（如快递公司、调查机构等）分发问卷。这种方式适用于需要覆盖广泛样本、时间有限或需要专业资源的情况，调查者需要寻找一个可信任的委托方，确保调查信息真实可靠，不会泄露调查对象的隐私信息。

三、获得调查对象的理解与配合

在实施问卷调查时，需要考虑和处理好有关调查对象的工作。首先，要确定目标群体。明确调查的目标群体，即希望从中获取信息和意见的人群。目标群体可以根据研究问题、特定需求或人口统计学特征等因素进行定义和选择。其次，选择适当的样本。样本可以通过随机抽样、分层抽样或其他抽样方法来获取，以提高样本的代表性和可靠性。再次，提供明确的指导和说明，以确保调查对象清楚了解如何填写问卷和回答问题。除此之外，还需要尊重调查对象的参与意愿。如果调查对象不愿意参与调查或不愿意回答某些问题，应尊重其决定，并确保不对其产生任何负面影响。最后，提供回馈和结果报告。在调查完成后，应向调查对象提供相关的回馈和结果报告，告知他们其意见和回答对研究的贡献，并向他们展示调查结果和可能的应用。

总之，在实施问卷调查时，与调查对象开展良好的沟通和互动是非常重要的，这样能确保调查的质量和有效性。

四、注意调查过程中的关键问题

要做到有效实施问卷调查，在这个过程中需要达到以下要求。

（1）开展清晰的沟通和说明。在发放问卷之前，要向调查对象清晰地解释调查的目的、重要性和保密性，并提供必要的说明和指导，确保调查对象理解问卷的填写方式。

（2）保护调查对象的隐私和个人权益。尊重调查对象的隐私和个人权益，确保收集到的信息仅用于调查目的，并采取必要的保密措施，如匿名填写或保护个人身份信息。

（3）确保样本的代表性。根据调查目的选择合适的样本，并确保样本具有代表性，避免在样本选择上出现偏差或带有歧视性，以确保调查结果的可靠性和有效性。

（4）合理安排时间。根据调查对象的时间，合理安排问卷的发放和回收时间，避免对调查对象造成过多的干扰或负担。

（5）监控问卷的回收情况。监控问卷的回收进展和情况，确保及时跟进未回答的问卷，并解决可能出现的问题或困惑；及时处理错误或不完整的问卷，以保证数据的准确性和完整性。

（6）提供支持并解答疑问。在问卷发放的过程中，提供必要的支持并解答调查对象的疑问或困惑，确保调查对象能够正确理解问题并提供准确的答案。

（7）关注回复率和有效性。关注问卷的回复率和有效性，并考虑采取措施提高回复率，如提供奖励或采用多种发放方式。

（8）考虑文化和语言的敏感性。在设计问卷和进行沟通时，应考虑调查对象的文化和语言背景，避免使用可能引起误解或歧视的语言或表达方式。

五、提高问卷的回复率

在问卷调查中，提高问卷的回复率是关键，以确保获得足够的回答来代表目标调查对象。影响回复率的因素有很多，要想提高问卷的回复率，可以采取以下措施。

（1）选择具有吸引力的调查主题。使用吸引人的标题和简短的介绍来激发调查对象的兴趣，让他们了解调查的主题和可能的收益，以吸引他们参与。社会热点问题、切身利益问题，以及具有新鲜感或奇异性的特殊问题，往往会引起调查对象的兴趣，并激发其回答的积极性。因此，选择一个恰当的调查主题，是提高问卷回复率的一个重要条件。

（2）提高问卷的设计质量。问卷的设计质量对问卷的回复率和有效率往往产生巨大甚至决定性的影响。问卷的设计质量既取决于问卷的内容、问题的表述和结构、答案的类型和方式，也取决于问卷的形式、长度和版面。调查者应设计简洁、易懂的问卷，避免设计冗长和复杂的问题；使用简明扼要的语言，确保问题清晰明了，降低理解的难度，只有这样调查对象才更愿意花时间回答。

六、有效处理无回答和无效回答

问卷调查总会出现无回答和无效回答的情况，面对这种情况，不能简单删除这种回答，而是应该进行全面深入的分析，弄清无回答和无效回答的原因，及时采取补救措施。

对于无回答的情况，在问卷截止日期之前，可以发送提醒邮件、短信或打电话给未回答的调查对象，以提醒他们参与调查。但这对于印刷物问卷调查、邮寄问卷调查等无记名调查的方式不是很适用。不过，对于这种问卷调查方式，可以通过研究不同区域的不同回复率来区分不同的受众群体。

对于无效回答的情况，可以先在问卷中插入一些验证问题，以确保调查对象的回答是有效的。例如，要求他们在特定问题上选择特定选项，如果他们未能正确回答，则可以将其回答标记为无效。一般来说，凡是带有共性的问题都与问卷的设计有关，如问题选择不当、问题结构不够合理、问题表述不准确、回答方式不符合实际等。分析调查对象的回答模式，可以判断他们的回答是否有效，如连续选择同一个选项或在多个问题上选择相同的选项，可能表明他们没有认真回答或没有理解问题，这些回答就可以被视为无效回答。

第五节　对问卷调查法的评价

问卷调查法的优缺点并存，通过对问卷调查法进行全面评价，可以确定其优势和局限性，从而提高未来问卷调查的质量。

一、问卷调查法的优点

（1）适用范围广。问卷调查法可以突破时空限制，根据调查需求在广阔的范围内对广大调查对象同时进行调查，适用范围广，这也是问卷调查法最大的优点。不仅如此，问卷调查法还可以应用于各种研究领域和主题，适用于大规模样本的调查，能够覆盖广泛的人群和地域。

（2）便于统计分析。问卷中的问题是根据调查需求编制出来的可量化处理的信息。调查者在对各种答案进行了编码后，可以通过统计分析对信息进行整理、归纳和推断，并使用计算机进行大容量、高效率的定量分析。

（3）信度和效度较高。问卷调查法通过在大样本中收集数据，减少了随机误差的影响，并使用标准化的问题和测量方法，设计问题的方法具备很高的灵活性，可以确保问题的内容和形式与所要测量的概念相符，问卷收集的数据可以经过反复的测试和验证，具有较高的信度和效度。此外，调查对象可以利用空余时间填写问卷，有足够的时间从容回答问题，因此有利于提高回答的质量。

（4）保密性强。虽然访问问卷调查和电话问卷调查需要调查者与调查对象沟通交流，但是大部分情况下，在问卷调查中调查者与调查对象并不直接见面，而且不需要调查对象署名回答问题，这可以打消调查对象的顾虑，有利于调查对象如实反映自己的真实情况和想法，从而使调查者获取那些不宜当面询问的敏感问题、尖锐问题等信息。

（5）高效和经济。相较于其他数据收集方法（如访谈或观察），问卷调查法具有高效和经济的优点。调查者可以通过电子邮件、在线平台等方式快速分发问卷，降低人力和物力成本。

二、问卷调查法的缺点

（1）结果依赖调查对象的主观回答。问卷调查法是一种书面调查方法，调查对象只能根据问卷题目和答案回答问题，调查信息相对封闭，难以反映生动、具体的社会情况。问卷调查的结果依赖调查对象的主观回答，可能受到其主观认知、偏见或记忆失真的影响，存在信息的主观性和不准确性较高的风险。

（2）问卷质量参差不齐。在问卷调查，特别是自填式问卷调查中，调查者不了解调查对象填写问卷时的真实情况，也就无法控制或掌握调查对象是否认真填写问卷。当调查对象对问题理解有误时，就无法得到具体的指导和说明；当调查对象回答不准确、不完整时，也无法得到及时纠正，从而导致问卷质量下降。此外，一些主观性问题还可能存在回答的不一致性和模糊性。因此，调查者对回答质量难以做出正确判断。

（3）受限于问卷的设计和量表的选择。问卷调查大多是封闭性的，答案也大多是固定的，既难以适应复杂多变的实际情况，又难以做深入探讨和定性研究。特别是当问卷设计出现重大缺陷，难以有效反映问题全貌时，问卷调查的效度就会大打折扣。受限于问卷设计和量表选择的质量与准确性，不同的问卷设计和量表选择可能导致结果的偏差或不可比性。

（4）样本选择偏差。问卷调查依赖调查对象的自愿参与，可能存在样本选择偏差，即调查结果不一定能够代表整个目标群体，而只能反映参与调查的人的观点和特征。这可能是因为调查者在定义目标人群时存在一定的偏向性，样本选择可能无法真实地代表整个目标人群。也可能是因为调查者使用了不合适的抽样方法或抽样框架，导致样本选择偏差，因此最好使用随机抽样的方法。

（5）不够全面具体。自填式问卷调查的回复率和有效率一般较低，由于调查者难以与调查对象沟通交流，因此较难对无回答和无效回答进行分析研究。问卷调查往往只能获取调查对象的观点和行为，难以深入了解背后的动机、原因和情境，无法提供细致的解释和深入的洞察。而且问卷调查只适用于有一定文字理解能力和表达能力的调查对象，对于未成年或老年群体、文盲或半文盲群体的适应性差。这也是问卷调查法难以克服的局限性。

课后思考题

1. 问卷中问题的类型有哪些，分别适用于什么具体内容？
2. 问卷中问题的回答方式有哪些，分别有哪些特点？
3. 在进行问卷调查时，怎样才能提高数据的信度和效度？
4. 你认为问卷设计与问卷数据分析的关系是什么？

拓展训练

数字乡村建设调查问卷

尊敬的女士/先生：

您好！我们是乡村治理课题组，正在进行一项关于数字乡村建设情况的调查研究。本问卷实行匿名制，所有数据只用于统计分析。对于您的回答内容，我们将予以严格保密，请您放心填写，在符合的选项前打钩即可。谢谢您的配合！

1. 您的性别是？
   - ☐A. 男
   - ☐B. 女

2. 您的年龄是？
   - ☐A. 18 岁及以下
   - ☐B. 19～35 岁
   - ☐C. 36～55 岁
   - ☐D. 56 岁及以上

3. 您的家庭共有几口人？_____

4. 您家庭的月收入是？
   - ☐A. 3000 元以下
   - ☐B. 3000～5999 元
   - ☐C. 6000～8999 元
   - ☐D. 9000 元及以上

5. 您的学历是？
   - ☐A. 初中及以下
   - ☐B. 高中 / 中专
   - ☐C. 大专
   - ☐D. 本科及以上

6. 本村在开展数字乡村建设之前，您上网的方便程度如何？
   - ☐A. 非常方便
   - ☐B. 比较方便
   - ☐C. 一般
   - ☐D. 不方便
   - ☐E. 非常不方便

7. 本村在开展数字乡村建设之前，您办理相关服务的方便程度如何？
   - ☐A. 非常方便
   - ☐B. 比较方便
   - ☐C. 一般
   - ☐D. 不方便
   - ☐E. 非常不方便

8. 本村在开展数字乡村建设之前，您家庭收入的主要来源是？（可多选）
   - ☐A. 个体经营
   - ☐B. 外出打工
   - ☐C. 村集体经济收入
   - ☐D. 本村务农
   - ☐E. 其他

9. 本村在开展数字乡村建设之前，您参与本村活动的频次如何？
   - ☐A. 非常多，经常参与
   - ☐B. 一般，有空就参与
   - ☐C. 参与较少
   - ☐D. 从不参与

10. 本村在开展数字乡村建设之前，您主要通过哪些渠道了解村庄的公共信息？
    - ☐A. 村庄公示、广播
    - ☐B. 手机、互联网
    - ☐C. 新闻报道
    - ☐D. 与其他村民交流
    - ☐E. 不了解

11. 据您了解，在开展数字乡村建设之前，村里的集体经济（如农民专业合作社、村集体企业）规模如何？
    - ☐A. 规模大
    - ☐B. 不清楚
    - ☐C. 规模小

12. 本村在开展数字乡村建设之后，您上网的方便程度如何？
    - ☐A. 非常方便
    - ☐B. 比较方便
    - ☐C. 一般
    - ☐D. 不方便
    - ☐E. 非常不方便

13. 本村在开展数字乡村建设之后，您办理相关服务的方便程度如何？
    - ☐A. 非常方便
    - ☐B. 比较方便
    - ☐C. 一般
    - ☐D. 不方便
    - ☐E. 非常不方便

14. 本村在开展数字乡村建设之后，您家庭收入的主要来源是？（可多选）

☐A. 个体经营　　　　☐B. 外出打工　　　☐C. 村集体经济收入

☐D. 本村务农　　　　☐E. 其他

15. 本村在开展数字乡村建设之后，您参与本村活动的频次如何？

☐A. 非常多，经常参与　☐B. 一般，有空就参与

☐C. 参与较少　　　　　☐D. 从不参与

16. 本村在开展数字乡村建设之后，您主要通过哪些渠道了解村庄的公共信息？

☐A. 村庄公示、广播　☐B. 手机、互联网　☐C. 新闻报道

☐D. 与其他村民交流　☐E. 不了解

17. 据您了解，在开展数字乡村建设之后，村里的集体经济（如农民专业合作社、村集体企业）规模如何？

☐A. 规模大　　　　　☐B. 不清楚　　　　☐C. 规模小

18. 您对国家出台的《数字乡村发展战略纲要》等政策文件的了解程度如何？

☐A. 非常了解

☐B. 听说过，但具体内容不了解

☐C. 没听说过

19. 您对本村数字化智能设备（如灌溉设备、通信设备）掌握的熟练程度如何？

☐A. 非常熟练，能独立操作

☐B. 比较熟练，能掌握基本的操作方法

☐C. 能力有限，需要他人帮助

☐D. 压根不会使用

20. 您或身边人是否通过电子商务（如微信朋友圈、淘宝店、拼多多、抖音/快手直播）的方式售卖农产品？

☐A. 是　　　　　　　☐B. 否

21. 您家附近的网络信号如何？

☐A. 非常好，一直满格或接近满格

☐B. 较好，偶尔信号不太好

☐C. 一般，信号一直不太好

☐D. 较差，信号不好，有时会没有信号

☐E. 非常差，几乎接收不到信号

22. 您对本村在开展数字乡村建设方面的举措满意吗？

☐A. 非常满意　　　　☐B. 比较满意　　　　☐C. 不清楚

☐D. 比较不满意　　　☐E. 非常不满意

23. 本村在开展数字化乡村建设之后，您认为在哪些方面变化较大？（可多选）

☐A. 收入水平

☐B. 消费方式（购物方式）

☐C. 日常交往（交往渠道、频率等）

☐D. 娱乐方式（休闲娱乐等）

☐E. 公共参与（参与社区公共事务）

☐ F．服务满意度（教育、医疗等）

☐ G．居住环境（居住便捷度、公共卫生条件）

24．本村在开展数字乡村建设之后，您对新生活环境的适应程度如何？

    ☐ A．非常适应   ☐ B．比较适应

    ☐ C．没感觉，变化不大   ☐ D．非常不适应

25．您认为本村开展的数字乡村建设对哪些方面起到了作用？（可多选）

    ☐ A．智慧党建   ☐ B．村务公开   ☐ C．视频监控

    ☐ D．便民服务   ☐ E．智慧医疗   ☐ F．其他

26．您对本村数字乡村建设未来发展的支持程度如何？

    ☐ A．非常支持，有足够信心

    ☐ B．一般，缺乏充足信心

    ☐ C．极力反对，完全没有信心

27．您认为本村数字乡村建设的哪些方面仍需改进？（可多选）

    ☐ A．网络、通信等基础设施建设亟待完善

    ☐ B．电子商务服务点过少

    ☐ C．数字产品宣传度不高

    ☐ D．医疗、社保等生活服务的数字化程度有待提高

    ☐ E．技术能力不足、相关人才短缺

    ☐ F．其他

28．未来，您认为应该如何促进本村的数字乡村建设？（可多选）

    ☐ A．加大政策宣传，提高村民对数字乡村的认知

    ☐ B．政府加大资金投入

    ☐ C．建设物流网络、通信设施等数字基础设施

    ☐ D．引进专业性人才，开展相关技术性培训

    ☐ E．加强与企业的合作，开发新技术

    ☐ F．推进农村电子商务的发展

    ☐ G．其他

再次感谢您对我们调查活动的参与和支持，谢谢！

讨论：请对上述问卷进行分析，找出需要改进的内容。

第十章
大数据抓取法

✎ 学习目标

- 能够了解大数据抓取法的概念与特点；
- 能够根据数据收集需求设计大数据抓取的方案；
- 能够初步掌握大数据抓取的实施方法，并结合数据收集需求展开实施；
- 能够了解大数据抓取法的优缺点，正确使用大数据抓取法。

◉ 案例导入

为了研究金融科技对企业融资效率的影响，调查者需要获取不同地区的金融科技情况。在缺少相关金融科技的统计数据，进行客观评价相对困难的情况下，使用大数据抓取法从互联网上抓取金融科技的关键词并构建金融科技指数，是对金融科技进行衡量的一种可行方法。调查者可选取能反映金融科技的相关词汇，如大数据、云计算、人工智能、区块链、生物识别、在线支付、移动支付、第三方支付、网贷、网上融资、网络融资、网络小额贷款、网络贷款、网银、网络银行、电子银行、在线银行、开放银行、互联网银行、直销银行、互联网金融、金融科技等，将上述各关键词的百度搜索指数全部采集后进行汇总。

之后，运用网络爬虫技术，抓取百度新闻高级检索页面的网页源代码并提取搜索的结果数量，并将同一地级市或直辖市层面的所有关键词搜索结果数量加总，得到总搜索量。这样就可以构建衡量地级市或直辖市层面金融科技发展水平的指标体系了。

大数据抓取通常指的是使用自动化工具从互联网上收集、整理和存储大量数据的过程。这些数据通常包括文本、图片、视频、音频等多种形式，可以用于各种分析和应用，如市场研究、客户洞察、产品开发等。

第一节　大数据抓取法的概念与特点

一、大数据抓取法的概念

大数据抓取法是一种运用大数据抓取手段，从多种数据源中提取信息，并将这些信息转换为结构化或半结构化格式的数据收集方法。大数据抓取法通常包括数据源识别、数据收集、数据清洗、数据存储、数据管理等步骤。通过进行大数据抓取，调查者可以从海量数据中提取有价值的信息，为决策和创新提供信息支持。

二、大数据抓取法的特点

（1）大规模性。大数据抓取涉及的数据量通常非常庞大，可以达到 TB 甚至 PB 级别。由于数据量庞大，因此传统的数据存储和处理方法难以应对，通常采用分布式存储和计算技术。

（2）多样性。多样性既指抓取的数据类型多样，包括文本、图片、视频、音频等，又指数据来源多样，可以通过社交媒体、电子商务平台、传感器网络、物联网设备等多种渠道抓取数据。不同来源的数据在格式、结构和内容上有很大的差异，需要采用不同的技术和方法进行处理与分析。

（3）实时性。大数据抓取需要快速进行，以跟上数据源的更新速度，获得最新的信息。大数据抓取需要高效的数据传输和处理能力，实时处理和分析数据是大数据技术的核心要求之一。

（4）自动化。抓取过程通常不需要人工干预，由软件自动完成。自动化程序能够减少人工干预，提高数据处理的效率和准确性。

（5）准确性。高质量的数据抓取能够保证数据的完整性和准确性，为后续的数据分析提供可靠的基础。

（6）可扩展性。随着数据量的增加，抓取系统应能够轻松扩展。可扩展性体现为抓取系统能够通过增加硬件资源或优化算法来提升处理能力。

第二节　大数据抓取的方案设计

大数据抓取的方案设计是一个系统化的过程，涉及多个步骤，包括需求分析、数据源选择、技术选型、数据存储、数据处理、数据安全与合规、系统架构设计。

一、需求分析

大数据抓取的需求分析是构建有效的大数据收集平台的首要步骤。它涉及对数据收集需求的深入理解，以确保收集的数据能够满足企业的任务目标和业务需求。以下是进行需求分析的几个关键方面。

（1）最终用途。明确抓取数据的最终用途，如市场分析、用户行为研究、舆情监控等。

（2）数据范围。确定需要抓取的数据范围，包括时间范围、地理范围等。

（3）数据类型。确定需要抓取的数据类型，如文本、图片、视频、音频等。

（4）数据质量要求。明确对数据的质量要求，如数据的完整性、准确性、及时性等。

二、数据源选择

根据需求分析的结果选择合适的数据源，如社交媒体平台、新闻网站、电子商务平台和其他数据源。

（1）社交媒体平台，如微博、微信、抖音等。这些平台上有大量的用户生成内容，可以用于舆情分析、市场研究等。

（2）新闻网站，如新华网、人民网、英国广播公司（BBC）、美国有线电视新闻网（CNN）等。这些网站上的新闻报道可以用于事件追踪、舆情监控等。

（3）电子商务平台，如淘宝、京东等。这些平台上的商品信息、用户评论等可以用于市场分析、用户行为研究等。

（4）其他数据源，如政府公开数据、行业报告、学术论文等。这些数据源可以用于政策研究、行业分析等。

三、技术选型

技术选型是一个复杂的过程，涉及对各种数据收集工具进行了解和选择。调查者需要选择合适的抓取技术和工具，如网络爬虫程序、应用程序接口（API）等。

（1）网络爬虫程序。网络爬虫程序是一种自动化的工具，可以模拟用户的行为，自动访问网页并抓取数据。常用的网络爬虫程序有 Scrapy、BeautifulSoup、Selenium 等。

（2）API。许多网站和平台都提供 API，允许开发者通过编程的方式抓取数据。使用 API 抓取数据的优点是所抓取的数据的结构化程度高，抓取效率高。

（3）第三方数据抓取平台。一些第三方数据抓取平台能够提供现成的数据抓取服务，如 Octoparse、ParseHub 等，可以大大简化数据抓取流程。

四、数据存储

数据存储是大数据生命周期管理的关键环节，涉及数据的收集、存储、处理和分析等多个环节。以下是数据存储的一些核心特征和解决方案。

（1）数据库选择。根据数据的类型和规模选择合适的数据库，如关系型数据库（MySQL、PostgreSQL）、非关系型数据库（MongoDB、Cassandra）等。

（2）数据模型设计。设计合理的数据模型，确保数据的存储效率和查询效率。数据模型设计包括表结构设计、索引设计等。

（3）数据备份和恢复。制定数据备份和恢复策略，确保数据的安全性和可用性。

五、数据处理

数据处理是大数据分析的关键步骤，涉及数据的清洗、转换、加载等多个环节。以下是数据处理的一些核心步骤和常用技术。

（1）数据清洗。清洗数据中的噪声和错误，确保数据的质量。数据清洗包括去重、填补缺失值、纠正错误等。

（2）数据转换。将数据转换为分析所需的格式，如数据类型转换、数据聚合等。

（3）数据加载。将处理好的数据加载到数据仓库或分析平台，准备进行进一步的分析和应用。

六、数据安全与合规

数据安全与合规性是确保数据安全、合法和符合道德规范的关键。在大数据抓取中要确保抓取过程符合相关法律法规，保护数据的安全和隐私。

（1）法律法规遵守。确保数据抓取过程符合相关法律法规，如《中华人民共和国网络安全法》《中华人民共和国数据安全法》等。

（2）隐私保护。对收集到的数据采取措施以保护用户隐私，如数据匿名化、加密存储等。

（3）访问控制。制定严格的访问控制策略，确保只有已授权人员才可以访问数据。

七、系统架构设计

在设计大数据抓取的系统架构时，需要考虑需求驱动、可扩展性、数据集成、高性能、安全性、持续监控等多个原则。遵循这些原则有助于构建一个高效、可扩展、安全的数据生态系统，为业务创新和决策支持提供强有力的支撑。

（1）系统模块划分。将系统划分为若干模块，如数据抓取模块、数据存储模块、数据处理模块等，确保各模块之间的独立性和协作性。

（2）系统可扩展性设计。设计系统的可扩展性，确保系统可以根据需求的变化进行扩展，如增加数据源、扩展存储容量等。

（3）系统可维护性设计。设计系统的可维护性，确保系统可以方便地进行维护和升级，如日志记录、监控报警等。

第三节　大数据抓取的实施

基于软件的大数据抓取实施涉及具体的技术实现，目前网络爬虫是一种广泛应用的方式。

一、网络爬虫的概念

网络爬虫（Web Crawler），又称网络蜘蛛（Spider）或网络机器人，是一种自动化程序，用于从互联网上抓取数据。它按照预定的规则或算法，自动浏览或抓取网络中的数据，如文本、图片、视频、音频等。网络爬虫是搜索引擎的核心组成部分，负责收集和整理互联网上的数据，以便用户查询。调查者可以使用编程语言（如 Python）和库（如 Scrapy、BeautifulSoup）开发网络爬虫程序，用于从网页上抓取数据。

二、网络爬虫的原理

网络爬虫是一种用于自动获取网页内容的程序。它可以模拟用户浏览网页的过程，通过发送超文本传输协议（HTTP）请求获取网页的源代码，并利用解析和提取技术获取所需的数据。

（一）HTTP 请求与响应过程

网络爬虫向目标网站发送 HTTP 请求，其中包含统一资源定位符（URL）、请求方法［如获取数据（GET）或传送数据（POST）］、请求头（Headers）等。服务器接收到请求后，会返回 HTTP 响应，其中包含状态码、响应头和响应体（网页内容）。

（二）常用的网络爬虫技术

（1）请求库：如 requests 和 aiohttp，用于发送 HTTP 请求。requests：一个简单而强大的 HTTP 库，支持 HTTP 连接保持和连接池、安全套接字层（SSL）证书验证、Cookies 等。aiohttp：一个基于 asyncio 的异步 HTTP 库，适合高并发的爬虫场景。

（2）解析库：如 BeautifulSoup、lxml 和 PyQuery，用于解析网页内容。BeautifulSoup：一个用于解析超文本标记语言（HTML）和可扩展标记语言（XML）的库，简单易用，支持多种解析器。lxml：一个高效的 HTML 和 XML 解析库，支持 XPath 和层叠样式表（CSS）选择器。PyQuery：一个 Python 版的 jQuery，语法与 jQuery 类似，易于上手。

（3）存储库：如 pandas 和 SQLite，用于存储抓取的数据。pandas：一个强大的数据分析库，提供数据结构和数据分析工具，支持多种文件格式。SQLite：一个轻量级的数据库，支持结构化查询语言（SQL），适用于小型爬虫项目。

（4）异步库：如 asyncio 和 aiohttp，用于实现异步爬虫，提高抓取效率。

三、网络爬虫的分类

（1）通用网络爬虫（General Purpose Web Crawler）。这类爬虫的目标是从几个 URL 扩展到整个网络，主要用于为搜索引擎和大型网络服务提供商收集数据。这类爬虫抓取的范围广泛、数量巨大，对抓取速度和存储空间的要求较高，而对抓取页面的顺序要求相对较低。通用网络爬虫通常采用并行的工作方式，以提高爬行速度，但这也带来了重复性高、质量差和通信带宽代价大等问题。

（2）聚焦网络爬虫（Focused Web Crawler）。聚焦网络爬虫，又称主题网络爬虫，专门抓取与预定主题相关的网页。由于其目的性明确、抓取范围小，因此速度较快，能大幅节约硬件和网络资源。这类爬虫适用于需要抓取特定信息的场景。

（3）增量式网络爬虫（Incremental Web Crawler）。这类爬虫只抓取网页更新的部分，对没有发生变化的部分不进行重复抓取，从而有效减少了数据下载量，缩短了运行时间，降低了时间和空间上的耗费。但这种策略增加了算法的复杂性。

（4）深层网络爬虫（Deep Web Crawler）。这类爬虫用于抓取那些隐藏在搜索表单后面的页面，如需要注册或填写表单才能访问的页面。这类爬虫需要具备填写表单的能力，以访问深层网页。

四、网络爬虫的关键步骤

（1）分析目标网站。确定需要抓取的数据和目标网站的结构。

（2）编写网络爬虫代码。使用 Python 或 Scrapy 编写代码，定义如何访问目标网站、提取数据和处理异常情况。

（3）测试和调试。在开发过程中不断测试和调试网络爬虫，确保其能够正确抓取数据。

（4）部署和运行。将网络爬虫部署到服务器上，并设置定时任务以定期运行网络爬虫。

五、网络爬虫的具体实施

接下来通过一个抓取金融科技关键词的 Python 爬虫小案例，帮助大家更好地学习和理解 Python 爬虫的基础知识。以下是案例的简介和源代码。

```python
start_date = '2013-01-01'
end_date = '2023-12-31'
# keywords_list = ["云计算", "人工智能", "区块链", "物联网", "生物识别"]
# cities = ["北京","上海"]
# keywords_list =["大数据","云计算","人工智能","区块链","物联网","生物识
    别","在线支付","移动支付","第三方支付","网贷","网络贷款",
#                  "网银","网络银行","电子银行","互联网银行","直销银行","
    互联网金融","金融科技","fintech","智能投顾","智能客服",
#                  "nfc支付","网上银行","小额贷款","数字经济","机器学习","
    互联网理财","量化投资","数字资产","数字货币"]
keywords_list = ["机器学习", "互联网理财", "区块链", "物联网", "生物识别"]
```

```
cities = [" 北京 "," 上海 "]
# date = 'year' # month year day
# 爬取数据到 data
search_search_index(cookie, start_date, end_date, keywords_list, cit-
    ies)
# 将数据做表
table_type = '.xlsx'
# source = ['all', 'pc', 'wise']
data2table(keywords_list, cities, table_type, source='all')
data2table(keywords_list, cities, table_type, source='pc')
data2table(keywords_list, cities, table_type, source='wise')
import json
import pandas as pd
import os
from qdata.baidu_index import get_search_index
import time
def get_mean_index(df, date='year'):
# year, all_mean, pc_mean, wise_mean = None, None, None, None
# if date == 'year':
# 按年求均值
year = df['year'].drop_duplicates().values.tolist()  # [2011, 2012,
    2013, 2014, 2015, 2016, 2017, 2018, 2019, 2020, 2021, 2022, 2023]
all_df = df[df['type'] == 'all']
pc_df = df[df['type'] == 'pc']
wise_df = df[df['type'] == 'wise']
all_mean = all_df.groupby('year')['index'].mean().astype(int).values.
    tolist()
pc_mean = pc_df.groupby('year')['index'].mean().astype(int).values.
    tolist()
wise_mean = wise_df.groupby('year')['index'].mean().astype(int).values.
    tolist()
# if date == 'month':
#      print
# else:
#      print
return year, all_mean, pc_mean, wise_mean
def load_area(cities_list):
# 加载所有地区名和对应的区域代码
with open('./areas.json', 'r', encoding='utf-8') as file:
json_data = file.read()
data = json.loads(json_data)
areas = {'area_name': [], 'area': []}  # area ,city name or provinces
for k, v in data['cityShip'].items():
areas['area_name'].append(data['provinces'][k])
areas['area'].append(k)
if v != []:
for dict in v:
```

```python
areas['area_name'].append(dict['label'])
areas['area'].append(dict['value'])
areas_df = pd.DataFrame(areas)
if cities_list is not None:
subset = areas_df[areas_df['area_name'].isin(cities_list)]
else:
subset = areas_df
return subset
def search_search_index(cookie, start_date, end_date, keywords_list,
    cities):
# 加载城市
areas_df = load_area(cities)
save_dir = './data'
if not os.path.exists(save_dir):
os.makedirs(save_dir)
get_counter = 0 # 记录爬取条数
batch_size = 5
for start_idx in range(0, len(keywords_list), batch_size):
end_idx = start_idx+batch_size if (start_idx+batch_size)<len(keywords_
    list) else len(keywords_list)
keywords = keywords_list[start_idx:end_idx]#[' 云计算 ', ' 人工智能 ', ' 区块
    链 ', ' 物联网生物识别 ', ' 在线支付 ']
keywords = [[key] for key in keywords]#[[' 云计算 '], [' 人工智能 '], [' 区块
    链 '], [' 物联网生物识别 '], [' 在线支付 ']]
for index, row in areas_df.iterrows():
area_name = row['area_name']
area = int(row['area'])
#
save_data_path_list = [f'./data/{keyword[0]}_{area_name}_index.json'
    for keyword in keywords]
if not os.path.exists(save_data_path_list[0]):
start_time = time.time()
res_list = list(
get_search_index(keywords_list=keywords, start_date=start_date, end_
    date=end_date, cookies=cookie,
area=area))
df = pd.DataFrame(res_list)#0   [ 在线支付 ]   wise   2023-12-29      65
# 更改数据类型方便求均值
df['index'] = df['index'].astype('int')
df['date'] = pd.to_datetime(df['date'])
df['year'] = df['date'].dt.year
# 保存每个 关键词 _ 地区 的年均值
for k_th in range(len(keywords)):
# 获取一个关键字的
keyword = keywords[k_th][0]
save_data_path = save_data_path_list[k_th]
k_df = df[df['keyword'].apply(lambda x: x == [keyword])]
```

```
# 计算均值
year, all_mean, pc_mean, wise_mean = get_mean_index(k_df)
# 保存数据
result = {"地区": [], "年份": []}
result['年份'] = year
result['地区'] = [area_name for i in range(len(year))]
result[f'{keyword}_all'] = all_mean
result[f'{keyword}_pc'] = pc_mean
result[f'{keyword}_wise'] = wise_mean
with open(save_data_path, 'w', encoding='utf-8') as file:
json.dump(result, file, ensure_ascii=False)
print(f'keywords:{keyword},area:{area_name}, 已经爬取完毕')
end_time = time.time()
get_counter+=len(keywords)
print(f' 本次爬取总条数 {get_counter}, 上 {len(keywords)} 条用时: {(end_time-
    start_time):.2f}s')
print(' 所有数据爬取完毕 ')
def data2table(keywords_list, cities, table_type, source):
# 加载城市
os.makedirs('./out', exist_ok=True)
areas_df = load_area(cities)
if table_type == '.xlsx':
results = {"城市": [], "年份": []}
flag = 0   # 地区，年份加载一个关键词的
for keywords in keywords_list:
results[keywords] = []
for index, row in areas_df.iterrows():
area_name = row['area_name']
save_data_path = f'./data/{keywords}_{area_name}_index.json'
if os.path.exists(save_data_path):
with open(save_data_path, 'r', encoding='utf-8') as file:
result = json.loads(file.read())
# print(pd.DataFrame(result))
# exit()
if flag == 0:
results["城市"] += result['地区']
results['年份'] += result['年份']
results[keywords] += result[f'{keywords}_{source}']
flag = 1
results_df = pd.DataFrame(results)
results_df.to_excel(f"./out/search_index_{source}.xlsx", index=False)
```

表 10.1 所示为北京市金融科技关键词的抓取结果，最终抓取生成 5110 条数据。由于篇幅限制，表 10.1 只展示北京市 2014 年到 2023 年金融科技关键词的抓取结果。

表 10.1　北京市金融科技关键词的抓取结果（2014—2023）

单位：个

关键词	年份									
	2014	2015	2016	2017	2018	2019	2020	2021	2022	2023
大数据	704	817	760	1009	902	651	483	433	373	288
云计算	425	438	462	549	457	376	358	323	302	285
人工智能	376	390	564	1209	1099	803	660	516	472	660
区块链	1	64	466	983	2494	1099	787	665	538	375
物联网	444	538	542	725	730	619	494	410	388	449
生物识别	42	64	64	80	87	76	73	70	71	59
在线支付	99	98	82	84	100	72	54	35	37	34
移动支付	176	168	156	183	172	140	124	120	108	105
第三方支付	215	244	194	204	202	147	134	128	137	115
网贷	190	201	203	301	365	271	205	183	162	166
网络贷款	85	123	113	121	119	88	87	88	67	63
网银	280	259	197	167	177	143	137	137	128	126
网络银行	85	102	72	65	66	56	55	38	37	31
电子银行	122	126	119	112	113	103	105	84	75	69
互联网银行	12	112	79	101	102	120	114	109	101	98
直销银行	144	169	142	170	156	132	131	120	103	87
互联网金融	528	710	471	412	313	192	190	163	149	139
金融科技	20	39	106	197	212	177	216	207	193	177
fintech	1	23	166	280	256	210	184	173	182	199
智能投顾	0	0	85	188	165	122	108	104	83	74
智能客服	0	0	0	0	107	106	107	107	106	104
nfc 支付	34	40	88	99	101	91	62	47	24	23
网上银行	699	640	579	456	464	376	343	303	291	298
小额贷款	314	390	444	399	293	189	187	166	161	153
数字经济	0	0	0	19	178	189	251	300	422	370

资料来源：编者根据抓取结果整理获得。

◆ 第四节　对大数据抓取法的评价 ◆

大数据抓取已经成为信息时代不可或缺的工具之一。它们可以帮助用户更高效地收集和处理数据，从而获得更多的商业价值和竞争优势。大数据具有许多优点和潜力，如提供更准确的分析、优化业务决策、实时分析数据、促进创新和改善用户体验。然而，大数据也面临着隐私和安全、数据质量、技术挑战、信息超载和道德伦理等问题。了解这些优点和缺点可以帮助我们更好地利用大数据的价值，并采取相应的措施应对潜在的问题。

一、大数据抓取法的优点

（1）信息丰富。可以抓取到大量的数据，为分析和决策提供丰富的信息。

（2）实时更新。能够实时抓取数据，保持数据的时效性。

（3）自动化。自动化的抓取过程节省了大量的人力和时间。大数据的抓取过程高度自动化，减少了人工干预的需求，提高了数据收集的效率，降低了人为错误的风险。

（4）成本效益。相较于传统的数据收集方法，大数据抓取法的成本更低。

二、大数据抓取法的缺点

（1）数据质量。尽管通过大数据抓取技术能够抓取大量的数据，但这些数据的质量可能存在问题。抓取的数据可能包含错误、不完整或重复的信息，需要进行额外的数据清洗和验证等工作。

（2）法律风险。大数据抓取过程中可能涉及数据隐私和版权问题。不当的抓取行为可能违反相关法律法规，存在法律风险。

（3）技术挑战。要想运用高效的大数据抓取技术，就需要具备丰富的技术知识和技能。抓取过程可能涉及复杂的数据结构和格式，需要进行解析和转换。

（4）数据安全。大量的数据存储和处理工作需要确保数据安全与隐私保护。

大数据抓取是一种强大的工具，可以为各种业务和研究提供支持，但同时需要注意其带来的数据质量、法律合规和技术挑战等问题。通过合理的技术手段和管理措施，可以最大限度地发挥大数据抓取的优势，降低其潜在的风险。

💬 **课后思考题**

1．能够进行大数据抓取的软件有哪些？

2．如何开展大数据抓取的需求分析？

3．大数据抓取法的优缺点是什么？

拓展训练

　　网络大数据的涌现带来了庞大、多变的信息资源，这要求我们寻找既经济又创新的信息处理方法，以迅速获得超越数据本身的洞察力和决策力。在这样的需求背景下，可视化技术应运而生。数据可视化能够使人们直观地感知数据，快速识别数据模式、差异和异常，直观地进行聚类分析，并迅速发现新的攻击模式和预测攻击趋势。因此，面对信息安全问题，许多企业希望将监测到的大数据转化为可视化的信息。数据可视化已逐渐成为网络安全技术和管理的关键组成部分。

　　数据可视化通常在特定的问题目标框架内，通过宏观模式视角、微观单点视角、关联关系视角，利用形状、位置、尺寸、方向、色彩、纹理等视觉元素进行设计，实现数据的图形化展示。网络安全可视化则利用人类视觉对模型和结构的识别能力，将抽象的网络和系统数据以图形的形式展现出来，整合网络异构数据，通过多角度的可视化展示全面、准确地监测与分析网络事件，反映当前网络及设备的数据传输、网络流量的来源和流向、遭受的攻击类型等安全状况，从而帮助人们快速分析网络状况，识别网络异常或入侵行为，预测网络安全事件的发展趋势。

　　作为一项新兴技术，网络态势可视化技术结合了网络安全态势感知与可视化技术。它通过可视化图形的方式向用户展示网络中的态势状况，利用计算机和人脑对图像的强大处理能力，实现对网络异常行为的分析和检测。网络态势可视化技术充分利用了计算机和人脑在图像处理方面的优势，提高了数据综合分析能力，有效降低了误报率和漏报率，提高了系统检测效率，缩短了反应时间，同时具备较强的异常行为预测能力。

　　讨论：请结合可视化技术，加深对大数据抓取法的理解。

第四部分

社会调查的报告撰写部分

第十一章
社会调查资料整理

📝 **学习目标**

- 能够了解资料的类型和资料整理的价值与原则；
- 能够掌握文字资料、统计资料、问卷资料的整理方法；
- 能够结合社会调查，学会运用文字资料、统计资料、问卷资料的整理方法。

案例导入

文献管理是开展学术探索和社会调查的基本工具。调查者掌握文献管理的技能，不仅可以高效地收集和筛选信息，还能厘清研究思路、捕捉创新灵感。

文献管理不仅可以帮助我们系统地积累知识，更能提高研究效率。但我们往往会忽视文献管理的重要性，尤其是在阅读量较小的时候。事实上，即使在文献阅读的初始阶段，有条理、有规划地管理文献也能为将来的文献综述和参考文献引用等工作带来极大的便利。

那么，如何才能高效地进行文献管理呢？

选择合适的文献管理工具是建立高效的文献管理系统的关键一步。现有的文献管理工具众多，如 EndNote、Zotero、Mendeley、NoteExpress 等。在众多功能各异的文献管理工具面前，应如何选择呢？关键在于遵循"适合需求"原则。虽然各类工具在功能上各有特色，但它们的基本功能是相似的。因此，在选择时应结合自身实际情况考量。特别是在进行文献综述时，EndNote 所提供的丰富的期刊参考文献格式极大地简化了工作。

因此，选择文献管理工具的关键在于深刻理解自己的需求，并据此评估工具的可用性和易用性，选择最符合个人需求的工具。需要注意的是，选择合适的工具固然重要，但持之以恒地使用它才是关键。只有通过长时间的积累和运用，才能充分发挥文献管理工具的优势。当然，工具仅仅是一种辅助，根据文献管理的需求，有针对性地开展文献管理工作，才是文献管理的根本遵循。

资料整理涉及对资料的分类、归档、存储和检索，以便能够快速、准确地找到所需的信息。资料整理的目的是提高工作效率，确保信息的准确性和可访问性，助力知识管理和决策支持。在数字化时代，资料整理还包括对电子文件和数据的管理，这通常涉及使用特定的软件工具和系统。

◆ 第一节　资料整理概述 ◆

资料整理就是根据社会调查的目的，运用科学的方法，对调查所获取的资料进行审查、分类、汇编、编码、绘制概念图等加工，并以集中、简明的方式反映调查对象总体情况的工作过程。资料整理是社会调查的基础性工作，资料整理是否科学全面，决定了社会调查的成败。要做好资料整理工作，应该先弄清楚需要整理的资料有哪些类型，再弄清楚资料整理的价值与原则，这是资料整理的前提和基础。

一、资料的类型

调查所获取的资料类型众多，包括文字、数据、图像、视频、实物等。这些资料各具特色，但在调查研究中最常见的资料主要有三种：文字资料、统计资料和问卷资料。

（一）文字资料

文字资料是指以文字形式存在的信息记录，是交流思想、传递知识、记录历史的重要工具。文字资料的类型繁多，包括书籍、期刊、报纸、报告、信件、手稿、会议记录、法律文件、政府公文、日记、笔记等。随着信息技术的发展，文字资料也包括电子文档、电子邮件、博客、社交媒体帖子等数字形式。文字资料在各领域发挥着重要的作用。例如，在学术研究中，学者依赖书籍和期刊文章来获取理论基础与研究方法；在政策制定中，政策制定者参考以往的政策文件和研究报告来制定新政策。

（二）统计资料

统计资料是指通过统计方法收集、整理和分析的数据资料，用于揭示事物的特征、规律和趋势。这些数据资料以统计表或统计图的形式，被汇编在各种统计手册、年鉴和专题数据库中，包括原始数据、次级数据、定性数据、定量数据等。统计资料在科学研究、管理决策等领域发挥着重要的作用，统计资料的准确性和可靠性对于决策者至关重要。因此，统计资料的收集和处理需要遵循严格的科学方法与伦理标准。随着大数据技术的发展，统计资料的收集和分析变得更加高效与精准，但也带来了数据隐私保护等新的挑战。

（三）问卷资料

问卷资料是指通过问卷调查收集的数据，是社会科学研究中常见的一种数据来源。问卷资料通常是标准化的数字信息，还包括个别的文字资料。问卷资料的质量取决于问卷的设计、分发和数据处理。为了提高问卷的有效性，调查者需要确保问题的清晰度、相关性和中立性，同时需要考虑样本的代表性和调查的响应率。随着技术的发展，网络问卷调查变得越来越普及，它提供了快速、便捷的方式来收集大量数据。整理问卷资料，就是将问卷中记录的数据通过编码的形式，整理并汇总成有序的、可分析的数据。

二、资料整理的价值

（一）资料整理是提高资料准确性的要求

运用各种调查方法获得的调查资料往往是分散的、零乱的，甚至是虚假的、错误的，也有可能存在短缺、冗余等问题。对资料进行整理，既是对资料的审阅检查和校对核实，从而甄别资料的真伪与冗乱，消除资料中的假、错、缺、冗等问题；又可以提高资料的有序性和系统性，从而方便对资料进行统计分析，提高资料的质量和使用价值。

（二）资料整理是开展问题研究的基础

调查的目的是发现问题的真相，而问题真相的来源是对资料的科学合理地统计分析。作为统计分析的基础，资料的真实、准确和完整显得十分重要。因此，资料整理是深入学习和研究的基础。通过对资料进行分类，不仅可以快速定位所需信息，缩短查找资料所需的时间，提高工作效率，更重要的是可以提高问题研究的准确性。

（三）资料整理是资料保存共享的前提

社会调查是一个复杂的过程，耗时耗力，社会调查的原始资料不仅要服务于当前的调查目的，更要为今后研究同类问题提供参考和借鉴。因此，对于社会调查中所获取的原始资料，应认真整理并长期保存。资料整理有助于长期保存资料，便于日后的查询和使用。同时，资料整理有助于建立统一的知识库，方便调查者共享和利用这些资料，促进知识的传播和应用。

总之，在从调查到研究、由感性到理性的社会调查过程中，资料整理是一个不可缺少的中间环节。当然，资料整理不仅仅是对资料进行简单的物理排列或数字化存储，还包括对信息的理解和解释，以及对知识结构的构建。在数字化时代，资料整理还需要考虑对信息技术的应用，如数据库管理、云计算、大数据分析等，以面对信息时代带来的挑战。

三、资料整理的原则

（一）真实性原则

在调查研究中，使用虚假的资料会比缺乏资料更加危险。郭沫若曾指出："无论做任何研究，材料的鉴别都是最重要的基础阶段。材料不够固然成问题，而材料不正确却会得出错误的结论。这样的结论比没有更有害。"因此，真实性原则是资料整理首要的、最根本的原则。

（二）准确性原则

调查者要保证资料的准确无误、事实清楚。资料是开展研究的前提，如果资料事实含糊不清、数据相互矛盾，就难以得出科学准确的结论。当然，也不能过于追求资料的准确性，只要能够说明问题，就是符合要求的资料。比如，在收集调查对象的收入水平时，并不一定要十分精确，只要明确一个收入区间就可以了。毕竟这是比较敏感、隐私的信息，过于追求准确可能会加大调查的难度。

（三）完整性原则

资料整理要尽可能全面和完整，涵盖所有与主题相关的信息。如果有缺失或遗漏，就可能影响最终的调查结果。因此，在收集资料时，既要有历史资料，又要有现实资料；既要有正面、肯定的资料，又要有负面、否定的资料；既要有主体资料，又要有辅助资料等。

（四）标准化原则

在资料整理的过程中，尽量采用统一的规范和标准，以确保不同来源的资料具有可比性和兼容性。整理出来的资料要统一，包括调查对象要统一、资料的统计方式要统一、调查数据的计量单位要统一、调查结果的表现形式要统一等。

（五）简洁性原则

整理所得的资料应尽可能系统化、条理化，去除一些对反映问题作用不大甚至是无关的资料，并以简单明了的方式汇总资料。

（六）可追溯性原则

对资料整理的过程和结果要进行记录与备份，确保可以追溯到原始的信息来源。这有助于保证资料整理的可靠性和可验证性。

总之，资料整理应力求真实、准确、完整、标准、简洁和可追溯。只有收集到符合上述特点的资料，相关研究、决策才会更加有效。

第二节　文字资料整理

在定性研究中，所收集的田野笔记、录音资料、文献档案等，通常呈现出零散且庞杂的特点。这就要求调查者对这些初步资料进行系统整理，如资料审查、资料分类、资料汇编、资料编码、绘制概念图等。通过这些步骤，可以使分散的资料系统化和条理化，最终形成存档的文本资料，为研究分析提供扎实的基础。做好文字资料的整理工作，既需要按照基本步骤推进工作，又需要掌握具体的整理方法与技巧。

一、资料审查

资料审查是指经过仔细推敲和深入考察，识别和判断文字资料真伪的过程。资料审查主要包括三个方面：一是对文字资料本身的真实性进行审查，二是对文字资料内容的可靠性进行审查，三是对文字资料内容的适用性进行审查。

（一）对文字资料本身的真实性进行审查

该审查是指通过仔细审视和考察，判断所收集的文献资料、观察笔记、访谈记录等原始资料是否真实存在。常用的审查方法包括以下两种。

（1）外观审查。从文字资料的外部特征入手，如作者、编者、出版者、版本、印刷技术、纸张等，通过这些外在条件来判断资料的真实性。例如，不同版本的资料在内容细节、排版上可能存在差异，纸张的年代感、印刷的方式也能帮助人们判断资料的真伪。

（2）内涵审查。通过分析文字资料的内容、使用的词汇、应用的概念、利用的写作技巧及风格等内在特征，判断资料的真实性。对于观察笔记和访谈记录，可以从记录的时间和地点、内容的连贯性、语言的表达、字迹等方面进行分析。例如，内容重复、时间不一致、语言雷同或字迹一致的记录，可能是虚假的记录。

（二）对文字资料内容的可靠性进行审查

该审查是指通过仔细审视文字资料的内容，判断这些内容是否准确反映了调查对象的实际情况。常用的审查方法包括以下四种。

（1）基于实践经验和常识判断。通过以往的实践经验和常识来验证文字资料内容的可信度。如果文字资料中的信息明显与经验、常识相违背，则应进一步调查核实，确保信息的准确性。

（2）逻辑一致性检验。通过分析文字资料内容的内部逻辑，判断其是否存在矛盾或违背事物发展规律的情况。如果文字资料中存在明显的逻辑不一致或与常理相悖的部分，则应重新核实该资料，并剔除不符合事实的部分。

（3）来源判断。根据文字资料的来源评估其可靠性。一般来说，直接参与事件的人提供的信息比旁观者提供的信息更具可信度，多数人提供的信息比少数人提供的信息更可靠。此外，有文字记录的资料比仅口口相传的资料更可信，引用率高的文献通常比引用率低的文献更可靠。

（4）对比性审查。一般来说，多种来源互相印证的资料比单一来源的资料的可靠性要高一些。在进行对比性审查时，应确定对比中关注的关键要素，如主题、结构、语气、文学风格、使用的词汇等，然后根据对比的关键要素进行比较与识别。

（三）对文字资料内容的适用性进行审查

该审查的关键在于确认文字资料是否符合研究的初始设计目标，是否适合用来分析和解释研究中的关键问题。如果收集到的文字资料违背了原设计要求，或者无法准确回答研究所要探讨的问题，那么这些资料就被视为不适用。如果出现不适用的情况，则应根据调查需要进行适当补救，通常应进行补充调查，以确保资料的真实性和适用性。如果无法进行补充调查，且这些资料无法达到研究要求，则应将其剔除，以免对整个研究资料的完整性和准确性产生不良影响。

二、资料分类

资料分类是指根据资料的性质、内容或特征，将异质的资料区分开来，将同质或相近的资料合并为类的过程。分类可以使分散的文字资料系统化、条理化，为进一步研究、寻找规律性联系提供依据。

资料的整理和归类是理解社会现象的基础工作。这一过程可以帮助调查者建立起对社会现象不同类别的认识，这些认识构成了调查者对社会现象基本理解的起点。分类工作是揭示事物内在结构的基础步骤。要想深入理解事物的内在结构，首先需要将其分解为若干不同的部分，而分类正是按照一定标准进行这种分解的过程，因此它是理解事物内在结构不可或缺的一步。此外，分类也是探索不同类型事物之间关系的重要基础。在研究各类事物之间的相互作用时，首先需要明确它们的分类，分类是研究各类事物之间关系的根本出发点。

中国知网的文献资料

中国知网收录的文献种类大致可以分为以下几种：学术期刊论文、学位论文、会议论文、报纸、年鉴、图书、专利、标准等。这些文献资料的收录范围广泛、种类齐全，为学术界、企业界和广大用户提供了丰富多样的参考资料与研究资源。在学术期刊论文中有很多分类，那么对于收集到的学术期刊论文，应该按什么原则整理呢？

分类的方法通常分为前分类和后分类两种。前分类是按照事物或现象的类别事先设定分类标准，随后依据这些标准收集和整理资料。也就是说，分类工作实际上在调查开始前就已计划好。采用前分类方法的调查形式包括结构化的观察记录、标准化的访谈记录等。后分类则是在资料收集完成之后，根据其性质、内容或特征进行分类整理。对于非结构化的观察记录、非标准化的访谈记录和文献调查资料，通常在资料收集后再进行分类整理。

分类的准确性取决于如何选择分类标准，而分类标准的选择通常基于研究需要。选择分类标准应遵循以下三个原则。

（1）科学性原则。分类标准必须符合科学原理，确保分类有科学合理的理论依据。

（2）客观性原则。分类标准应符合客观实际，避免主观判断导致分类结果产生偏差。

（3）有效性原则。分类工作应服务于调查目的，能有效解释研究所需探讨的问题。

值得强调的是，分类并不仅仅是一种程序性的技术操作，更是一种在理论指导下对调查资料进行概括与抽象的分析方式。例如，在对有关闲暇活动的调查资料进行分类时，调查者可能将其分为生存类、发展类、享受类，或者高雅休闲类、大众娱乐类等。这些分类背后通常体现了调查者的理论假设或解释，如社会不同发展阶段的休闲方式、不同社会阶层的休闲兴趣差异等。

三、资料汇编

资料汇编是指按照调查目的和要求，对分类后的资料进行汇总和编辑，实现资料的系统、完整、集中展示，从而有效反映调查对象总体情况的过程。汇编是为了将分散的资料整合为连贯的整体，便于后续进行分析和解释。

在资料汇编的过程中，初期步骤是依据调查目的和特定调查对象的详细情况来设定一个恰当的逻辑框架。通过这种方式，可以使整理后的资料详尽地反映调查对象的实际情况，并有助于阐明研究中需要解答的疑问。汇编时还需要对分类后的资料进行初步处理。例如，给每类资料加上标题，标注重点部分，并按照逻辑结构依次编号，使资料整齐有序。

资料汇编的基本要求如下。

（1）完整和系统。基于资料汇报的基本逻辑，将所有相关的资料汇编在一起，从而系统全面、层次明确地展示资料，以全面反映调查对象的实际情况。

（2）简明和集中。资料汇编应尽量使用简洁的文字说明，重点突出调查对象的总体情况，避免因过于啰唆复杂而干扰后期的研究。如果有必要，还可对资料的价值进行简要的评述，为进一步的研究提供参考。

四、资料编码

资料编码是指根据资料的内容和意义，对其进行解释和标识的过程。与问卷资料的编码不同，文字资料的编码更多是通过后编码法进行的，主要按照内容对文字资料进行解释和标识，构建分析资料所需的主题或概念。

初始编码是文字资料整理的基础步骤，是指在尽量忠于原始资料的基础上，对资料进行初步的解释和标识。初始编码关注的主要问题是资料涉及哪些研究领域，这些资料表明了哪些事实，这些资料可能支持哪些理论。初始编码通常仅对资料进行快速的判断、处理和标识，以便调查者开展后续的理论分析。

初始编码的方式主要包括以下三种。

（1）逐段编码。逐段编码是指对文本的每一行、每一段落进行总结、命名和编号。逐段编码可以使每个段落的核心内容更加明显。

（2）行动编码。行动编码是指通过行动反映社会现象的基本信息，即根据资料中记录的人的行动进行编码，编码时采用词汇、概念等标识行动。

（3）事件编码。事件编码是指根据资料中记录的事件进行编码，强调事件内容和名称。事件编码可以帮助调查者分析事件之间的关系，尤其是因果关系，从而为构建理论提供突破口。

虽然初始编码仅是对资料的简单编码，但它是定性资料整理和初步分析的重要基础。

美国社会学家安索·斯特劳斯提出了定性资料的三种编码类型。

（1）开放式编码。开放式编码要求编码过程保持客观和中立，不带有理论倾向。它强调编码的主要任务是明确资料中记录了什么事件、什么行动，以及调查对象的观点是什么。这一过程为后续理论分析提供了一个开放的平台。具体的操作方式是，在初步浏览资料之后构建主题清单，然后根据清单对资料进行逐步编码。

（2）轴心式编码。轴心式编码要求围绕某一类属建立起密切相关的亚类属，逐步明确资料内容的属性和维度。轴心式编码主要回答的是调查对象在何种环境或条件下采取了某种行动等问题。具体的操作方式是，从初步编码入手，思考原因与结果、条件与互动等问题，寻找能够聚合的类别或概念，进而形成分析的逻辑框架。

（3）选择式编码。选择式编码是一种在数据收集接近尾声时采用的方法，它涉及对先前已识别出的主题进行有意识的重新编排和融合，以围绕中心概念或观点构建理论，旨在形成一套连贯的意义体系。选择式编码的关键在于挑选出特定的主题，并深入分析其内在的含义。例如，在研究工作业绩的问题时，调查者可能将学历情况作为首要主题，进而对相关资料中的回答进行比较和研究。

编码完成后，调查者通常还需编制编码簿，记录编码的内容、数量、类型，以便查阅。

五、绘制概念图

理论的构建通常需要一些基本概念，而这些基本概念中往往包括许多变量。为了便于形成问题、得出结论，调查者可以使用概念图来组织和展示概念之间的关系。概念图能够通过罗列知识来帮助调查者直观地展示理论和命题。

概念图由概念、命题、连接线和层级结构四种图标组成。概念是反映事物本质属性的词或词组；命题是指一个判断（陈述）的语义（实际表达的概念），是两个概念之间通过某个连接词形成的意义或关系；连接线表示不同概念之间的相互关系；层级结构是不同层次概念的排列组合方式。在概念图中，主题概念是核心，一般置于概念图的最上层或中心，从属的概念、命题则安排在下层或四周，并用连接线表示各种概念、命题之间的关系。概念图的绘制可参考图 11.1。

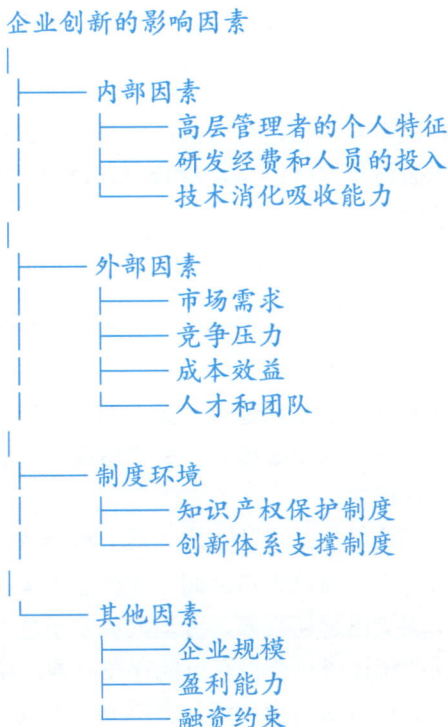

```
企业创新的影响因素
│
├──── 内部因素
│     ├──── 高层管理者的个人特征
│     ├──── 研发经费和人员的投入
│     └──── 技术消化吸收能力
│
├──── 外部因素
│     ├──── 市场需求
│     ├──── 竞争压力
│     ├──── 成本效益
│     └──── 人才和团队
│
├──── 制度环境
│     ├──── 知识产权保护制度
│     └──── 创新体系支撑制度
│
└──── 其他因素
      ├──── 企业规模
      ├──── 盈利能力
      └──── 融资约束
```

图 11.1　企业创新的影响因素概念图

图 11.1 是用人工智能画出的概念图，你是否也可以用先进的人工智能软件画出一张更加美观的概念图？

需要说明的是，绘制概念图的目的是更加清晰地构建理论且更好地阐释问题。因此，在绘制概念图时，不能舍本逐末，过度追求外在形式，而应该重点思考如何更好地提升概念图的解释力。

第三节　统计资料整理

统计资料整理分为两个方面：首先是对原始数据的整理，其次是对已经处理过的次级数据的进一步加工。对原始数据的整理主要是将其分类或分组，以便能够进行统计分析；而对次级数据的整理则是在整理完原始数据之后，通过统计表格和图形等方式对数据进行进一步的分析处理。统计资料整理是统计分析的基石，通常包括资料检验、资料分组、资料汇总、制作统计表和统计图等环节。

一、资料检验

资料检验是统计资料整理的第一步，目的是检查、验证统计资料的完整性和正确性，确保数据可以为后续分析提供可靠的基础。资料检验包括两个方面。

（一）完整性检验

统计资料的完整性检验主要包括两个方面：一是检验调查对象是否齐全，每个调查对象是否全面完成了相应的表格填写等；二是检验调查表的内容是否完整，核验每张调查表是否有缺报指标或漏填的情况。

（二）正确性检验

统计资料的正确性检验主要是核对资料中的数据是否符合客观实际。统计资料的正确性检验有以下三种方法。

（1）经验判断法。经验判断法是指通过调查者的工作经验来判断统计资料的真实、正确情况。例如，在调查经济发展统计数据时，如果出现了落后地区的国内生产总值高于发达地区的情况，就应该认真核实。

（2）逻辑检验法。逻辑检验法是指从逻辑关系上检验统计资料是否符合实际情况。例如，收入与支出之间、劳动人口与总人口之间、新产品销售收入与总销售收入之间通常有一定的逻辑关系。如果出现支出远超收入、劳动人口多于总人口、新产品销售收入大于总销售收入等异常情况，这些统计资料就很有可能存在问题，需要复查和核实。

（3）计算审核法。计算审核法是指对统计资料或统计报表中的各项数字在计算方法和计算结果上进行有无错误的审核。例如，检验分组数据的合计数是否与整体数值相符，各部分占总体的比率相加是否达到 100%。同时，还需要检验调查指标的计量单位是否统一，以及不同调查方法采用的计算方式是否标准化。

对于检验过程中发现的问题，如填写不全、数据有误、逻辑不合理等，应及时核实并分析其中的原因，然后采取措施补充或更正。对于无法补充或更正的统计资料，应视为无效资料，并在资料中予以删除，从而确保统计结果的准确性和真实性。

二、资料分组

统计资料核对无误后，下一步就是对其进行初步整理，即对统计资料进行分组，使数据条理化、系统化。

资料分组是指根据调查对象的某些特征或标志，将数据划分为不同类别或组成部分。这一过程涉及两个层面。首先，对整个数据集来说，它涉及"分割"操作，即把总体中的每个单位根据其特性进行区分；其次，对单个单位来说，它涉及"整合"操作，即将具有相似特征的单位归并为一组。

分组应遵循以下原则：以调查目的为依据，以客观实际为基础，以界限明确为要求，并且坚持穷尽性和互斥性原则。分组的主要目的是通过反映各组事物的特征，考察总体的构成情况，并研究各组之间的相互关系。分组的一般步骤包括选择分组标志、确定分组界限、编制变量数列。

（一）选择分组标志

分组标志是分组的标准或依据。调查者应根据调查目的、调查对象的情况，选择恰当的分组标志。常用的分组标志有以下五种。

1. 质量标志

调查者可以按照事物的性质或类别对资料进行分组。例如，可以将一个班的学生按性别分为男生和女生，可以将企业按所有制性质分为国有企业、民营企业和外资企业，等等。按质量标志分组可以将不同性质的事物区分开来，不但能帮助调查者认识事物的不同特征，还能方便调查者进行对比分析。

2. 数量标志

调查者可以按照事物的发展规模、速度、比例等数量特征对资料进行分组。例如，以城区人口划分城市等级，可以分为超大城市（1000 万人口及以上）、特大城市（500 万～1000 万人口）、Ⅰ型大城市（300 万～ 500 万人口）、Ⅱ型大城市（100 万～ 300 万人口）、中等城市（50 万～ 100 万人口）、Ⅰ型小城市（20 万～ 50 万人口）、Ⅱ型小城市（少于20 万人口）（注意，这里遵循"上限不在内"原则）。按数量标志分组，也是一种方便调查者识别事物特征并进行对比分析的分组方法。

3. 空间标志

调查者可以按照事物的地理位置或区域范围对资料进行分组。例如，按照经济发展状况可以将我国分为东部、中部、西部，按照降雨量可以将我国分为干旱地区、半干旱地区、半湿润地区、湿润地区、多雨地区。通过空间标志分组，可以区分不同地域的事物，有助于调查者了解事物的空间分布情况，并能对不同地理位置、区域范围内的事物进行对比研究。

4．时间标志

调查者可以按照事物发生发展的持续时间、间隔时间或先后顺序对资料进行分组。例如，工业总产值可以按照月度、季度、年度进行分组，学生的培养可以按照学年、学期进行分组。通过时间标志分组，可以区分不同时间节点或时期的事物，有助于调查者揭示事物的运动、变化和发展趋势。

5．复合标志

除上述四种基本标志外，还可以根据实际需求，组合使用两个或两个以上的标志进行复合分组。例如，国家统计局设定大型工业企业的标准为从业人员 1000 人及以上，营业收入 4 亿元及以上；中型工业企业的标准为从业人员 300 人至 1000 人，营业收入 2000 万元至 4 亿元；小型工业企业的标准为从业人员 20 人至 300 人，营业收入 300 万元至 2000 万元；微型工业企业的标准为从业人员少于 20 人，营业收入少于 300 万元（注意，这里同样遵循"上限不在内"原则）。此时的分组标准就是由质量标志和数量标志组合而成的复合标志。

选择分组标志是资料分组的核心步骤，选择的科学性直接关系到分组结果的准确性。因此，调查者需要基于调查的目的、需求以及调查对象的实际情况，遵循科学理论的指导，审慎且实事求是地选择合适的分组标志。

（二）确定分组界限

分组界限是指划分组与组之间的间隔。确定分组界限需要考虑组数、组距、组限和组中值等因素。

1．组数

组数是指组的数量，调查者可以根据调查需要合理确定组数。如果数量标志范围小、标志值不多，那么可以对每个标志值进行编组，组数等于标志值的项数。例如，分析大学一至四年级学生的职业生涯目标建立情况，可以将每个年级作为一组。如果数量标志范围较大、标志值较多，则可以将相近的几个标志值合并为一组，从而减少组数。例如，调查人口的年龄结构，可以将相邻的 5 个年龄层合并为一组。

2．组距

组距是指各组中最大数值与最小数值之间的距离。如果各组组距相等，则称为等组距数列；反之，则称为不等组距数列。调查者可以根据调查需要选择合适的组距类型。如果采用等组距数列，应先确定组数，然后用变量的最大值与最小值之间的差值除以组数，从而得出组距大小。如果采用不等组距数列，则根据调查需要确定各组的组距。

3．组限

组限是指组距两端数值的限度。一般将每组的起点数值或最小数值称为下限，将每组的终点数值或最大数值称为上限。组限有两种表现形式：一种是封闭式组限，即在变量数列中最小组的下限值和最大组的上限值是确定的；另一种是开口式组限，即在变量数列中最小组的下限值或最大组的上限值是不确定的。表 11.1 所示为某企业员工收入分组情况，左为封闭式组限，右为开口式组限。

表 11.1 某企业员工收入分组情况

项目	封闭式组限		开口式组限	
	员工月收入	员工人数 / 人	员工月收入	员工人数 / 人
合计	—	500	—	500
普通工人	2000 ～ 3000 元	250	3000 元以下	250
销售人员	3000 ～ 4000 元	144	3000 ～ 4000 元	144
科研人员	4000 ～ 5000 元	100	4000 ～ 5000 元	100
部门经理	5000 ～ 6500 元	5	5000 ～ 6500 元	5
总经理	6500 ～ 10 000 元	1	6500 元及以上	1

资料来源：编者根据调查资料整理获得。

划分组限后，如果某一数值正好与某一组组限的起点值或终点值相同，则应遵循统计学中的"上限不在内"原则，将该数值划归于下限的那一组。例如，某员工的月收入为4000 元，就应将其划归于下限 4000 ～ 5000 元的人员。

4. 组中值

组中值是指各组标志值的代表值。组中值是根据各组组距上限与下限之间的中点数值确定的。

封闭式组限数列的组中值的计算公式是：

$$组中值 =（下限 + 上限）/2$$

例如，在表 11.1 中，科研人员的组中值 =（4000+5000）/2=4500。

开口式组限数列的组中值的计算公式是：

$$缺下限的组中值 = 开口组上限 - 相邻组组距/2$$
$$缺上限的组中值 = 开口组下限 + 相邻组组距/2$$

例如，在表 11.1 中，普通工人的组中值 =3000-（4000-3000）/2=2500；总经理的组中值 =6500+（6500-5000）/2=7250。

（三）编制变量数列

在统计学中，将能够取不同数值的量称为变量，将数量标志的不同数值汇总并编制为数列的过程称为编制变量数列。这一过程涉及将各个数量标志的数值分类归入适当的变量数列表。常见的变量数列表包括以下几种类型。

（1）按质量标志分组的变量数列表：按照事物的质量特征对变量进行分组。

（2）按数量标志分组的变量数列表：按照事物的数量特征对变量进行分组。

（3）按空间标志分组的变量数列表：按照事物的地理或空间特征对变量进行分组，能够反映不同空间位置的数据分布。

（4）按时间标志分组的变量数列表：按照事物的时间维度对变量进行分组，能够分析不同时间段的数据变化。

（5）累积频数表：旨在将各个值的频次按照一定的顺序相加，形成一张综合表格，便于分析各值的累积情况。

三、资料汇总

资料汇总是对资料进行集中整理的过程，即将分好组的数据归纳至相应的表格，并执行必要的计算与求和，以便以一种集中和系统化的方式展示调查对象的总体数量特征。汇总的操作分为两种方法：一是通过手工进行，二是利用工具或软件辅助完成。

（1）手工汇总。这类方法包括画记法、折叠法、分表法、过录法和卡片法等。这些方法通常适用于小规模的数据处理和汇总。

（2）辅助汇总。随着计算机的普及，各类汇总软件得到广泛的应用。在进行辅助汇总时，首先需要将原始资料转化为各类软件可识别的数据格式，建立数据文件，然后进行汇总和计算。目前，在大多数情况下，数据可在 SPSS、Excel、DBase、Stata 等统计软件中直接输入。

四、制作统计表和统计图

在对汇总资料进行分析时，为了将其通过表格或图形的形式展示出来，制作统计表和统计图是必要的步骤。

（一）统计表的制作

统计表是以表格的形式反映变量数值分布的工具，是描述统计资料数量特征及其相互之间关系的主要形式。统计表的特点是系统性、完整性、简洁性和集中性，同时便于计算、查找和对比研究。

1. 统计表的结构

从形式上看，统计表通常由以下要素组成：表号、表题、标目（横标目和纵标目）、指标数值、表注。

（1）表号。这是统计表的序号（如"表 11.2"），通常位于表格的上方，一般在表号后用空格与表题进行分隔。

（2）表题。表题是统计表的名称（如"人口年龄结构"），简洁明了地说明表中统计资料的内容，通常位于表格的上方。

（3）标目。标目分为横标目和纵标目。横标目通常放在表格的左侧，说明总体各组或各单位的标志；纵标目则通常放在表格的上侧，描述总体各组或各单位的各种指标。

（4）指标数值。这是统计表的核心部分，通常用频数、比例、均值等数值来反映各组或各单位相关指标的数量特征。

（5）表注。表注用于对表内标目、统计方式和数据进行解释或说明。由于表内数字与文字不能混杂，因此所有需要解释或说明的内容均应写入表注中。此外，资料来源也应放到表注里，用于说明统计数据的出处，确保数据的可信度与可靠性。

从内容上看，统计表由主词和宾词两部分组成。主词就是统计表所要说明的总体或总体各组、各单位的名称，通常放在表格的左侧；宾词就是统计表用来说明主词的各种指标，通常放在表格的上侧。统计表的结构可参考表 11.2。

表 11.2　人口年龄结构

项目	2019 年		2020 年		2021 年		2022 年	
	人口数 / 万人	比重 /%	人口数 / 万人	比重 /%	人口数 / 万人	比重 /%	人口数 / 万人	比重 /%
总人口	141 008	100.00	141 212	100.00	141 260	100.00	141 175	100.00
0 ～ 14 岁	23 689	16.80	25 277	17.90	24 678	17.50	23 908	16.90
15 ～ 64 岁	99 552	70.60	96 871	68.60	96 526	68.30	96 289	68.20
65 岁及以上	17 767	12.60	19 064	13.50	20 056	14.20	20 978	14.90

资料来源：国家统计局. 中国统计年鉴 [M]. 北京：中国统计出版社，2023：33.

2. 统计表的分类

（1）按照主词结构的不同，可以将统计表分为三类：简单表、分组表和复合表。

① 简单表，是指未对主词进行任何分组的统计表。在简单表中，主词通常只列出总体各部分的名称，或者按照地域分布和时间顺序进行排列。这种表格的特点是信息直接、明了，适合展示不需要复杂分类的数据。

② 分组表，是指根据某一特定标志对主词进行分组的统计表。分组表根据一个标志对数据进行分类，能够揭示不同类型现象的数量特征，从而有助于研究调查对象总体的内部结构。例如，表 11.1 是按员工收入分组的统计表，而表 11.2 则是按人口年龄结构分组的统计表。这种表格的优点是能够深入分析数据，揭示其内在联系。

③ 复合表，又称交互分类统计表或列联表，是指根据两个或两个以上的标志对主词进行分组的统计表。复合表能够将多种标志结合起来，从多个角度反映社会现象的不同数量特征。这种表格的设计使调查者能够更全面地分析数据之间的关系，识别不同变量之间的交互影响，从而提出更深层次的见解。通过复合表，调查者可以更有效地探索数据中的潜在模式和趋势。复合表可参考表 11.3。

表 11.3　国民经济和社会发展总量

单位：万人

项目	1978 年	2000 年	2021 年	2022 年
总人口	96 259	126 743	141 260	141 175
城镇人口	17 245	45 906	91 425	92 071
乡村人口	79 014	80 837	49 835	49 104

资料来源：国家统计局. 中国统计年鉴 [M]. 北京：中国统计出版社，2023：4-11.

（2）按照宾词结构的不同，可以对统计表进行两种设计：简单设计和复合设计。

① 简单设计，就是宾词各指标的平行配置设计，其指标栏数等于各标志分组项数之和。同时，各指标之间没有数值关系，如表 11.4 所示。

表 11.4　各地区按性别和受教育程度分的人口（1）

单位：人

项目	6 岁及以上人口	性别		受教育程度						
		男	女	未上过学	小学	初中	高中	大学专科	大学本科	研究生
北京	21 297	10 868	10 429	282	2309	4388	3600	3303	5498	1918
天津	13 355	6841	6514	239	2143	4205	2385	1785	2316	282
河北	71 816	35 581	36 235	2021	17 913	28 340	11 997	5888	5192	467

资料来源：国家统计局．中国统计年鉴 [M]．北京：中国统计出版社，2023：45-47．（由于采用四舍五入计算法，因此可能出现表中数据与加和数不符的情况）

②复合设计，就是宾词各指标的互相重叠设计，其指标栏数等于各标志分组项数的乘积，因而指标栏数有较大增加，如表 11.5 所示。

表 11.5　各地区按性别和受教育程度分的人口（2）

单位：人

项目	6 岁及以上人口	男							女						
		未上过学	小学	初中	高中	大学专科	大学本科	研究生	未上过学	小学	初中	高中	大学专科	大学本科	研究生
北京	21 297	89	1085	2309	1835	1711	2792	1048	194	1224	2079	1765	1592	2706	870
天津	13 355	72	1013	2234	1241	958	1172	151	167	1131	1971	1143	828	1144	131
河北	71 816	683	8307	14 791	6308	2841	2419	233	1338	9606	13 550	5688	3046	2773	233

资料来源：国家统计局．中国统计年鉴 [M]．北京：中国统计出版社，2023：45-47．（由于采用四舍五入计算法，因此可能出现表中数据与加和数不符的情况）

从表 11.4 和表 11.5 中可以看出，在简单设计中，指标之间是相加关系，如表 11.4 中有性别 2 栏、受教育程度 7 栏，则指标栏数为 2+7=9 栏；在复合设计中，指标之间是相乘关系，如表 11.5 中有性别 2 栏、受教育程度 7 栏，则指标栏数为 2×7=14 栏。因此，复合设计的指标不能过多，否则不仅工作量大增，而且会导致统计表不够简单明了。

3．制作统计表时应该注意的问题

在制作统计表时，有几个关键点需要特别关注。

（1）总体布局。应根据统计分析的目的、要求，以及需要统计分析的具体数据，统筹考虑统计表的布局，确保统计表既分组合理、逻辑清晰，又重点突出、主次分明。

（2）表题要求。表题文字要简洁且准确，需要明确说明统计表的主要内容，以确保读者能够迅速理解统计表所展示的信息。

（3）标目的排列。在明确纵标目和横标目的概念后，需要按逻辑顺序排列标目。如果表格跨页，则纵标目和横标目应在新的页面中照原样列出。

（4）合计与总计。主词和宾词的合计、总计通常应安排在表的前面，以便读者首先获得一个总体概念。如果只列出部分项目，则合计必须位于前面，并在所列部分指标名称前标注"其中"字样。

（5）栏目编号。统计表的栏目一般应进行编号。主词栏目通常用（甲）（乙）（丙）等标记，而宾词栏目则用（1）（2）（3）等编号。为了说明各栏目之间的关系，有时需要用适当的公式标明，如（6）=（4）×（5）等。

（6）表格线设计。在表格的设计中，顶部和底部应采用粗线以明确界定表格范围。表格内部的分栏可以使用细线分隔，或者为了简洁可以选择不画线（横表头线除外）。表格的左右边缘可以选择开放不封闭，以此来维持表格的清晰和整洁。（为了保持全书表格的格式统一，这里未完全按照要求设计表格线和表头。若要了解统计表的格式，可参考第十二章的相关内容。）

（7）单位标注。在表格中使用的计量单位，如果单位种类统一，则可以在表格顶部右侧统一标注。当单位种类较多时，应在每个数据指标下方分别标注。若表格中的主要项目涉及多种计量单位，则可以单独设置一个"计量单位"列，以便清晰展示。

（8）数字输入。在填写表格时，数字应整齐排列，确保数字的小数位或位数对齐，且整个表格中数字的精确度需要保持一致。如果某一行的数字与前一行相同，则应直接填写该数字，而不是使用"同上"或其他符号代替。对于无须填写或空白的单元格，应使用短横线"—"来表示；而对于缺失数据的单元格，则使用省略号"…"来标注。所有估算的数据都应在表格的注释中进行说明，负数应在数字前加上负号以示区分。

（二）统计图的制作

统计图是根据统计数据绘制的图形，不仅可以反映调查对象的数量特征，而且与统计表相比，具有更加形象、生动、直观、概括和醒目的特点，在统计分析中被广泛采用。统计图可大致分为以下四种类型。

1. 几何图

几何图是利用点、线、面来表示统计数据的图形，主要包括以下四种。

（1）圆形图（饼图）：通过圆形的面积或扇形的大小表示数量关系，适用于定类变量的展示。

（2）条形图（柱状图）：通过直条的高度或长度表示统计数据的特征，分为单式条形图、复式条形图和结构条形图。在绘制条形图时，可以用绝对数、相对数或平均数等来表示数据特征，图形一般为等宽的长条形。

（3）直方图：通过条形的面积表示统计数据的特征，适用于定距变量的展示。其绘制要点在于条形的高度和宽度均有意义，且各条形需要连续排列。

（4）曲线图：通过折线等方式显示数据变化，适合展示连续性数据的趋势。

2. 美术图

美术图，又称形象图或绘画图，它采用形象来表达统计数据，主要用于展览、宣传和广告。这类图形包括象形图、装饰图和特种美术图。

3. 统计地图

统计地图以地图为背景，运用点、线、面等几何图形或美术图来表示统计数据的地域分布状况。例如，通过点的大小、线的粗细或颜色的深浅等方式展示统计数据的地域分布。

4. 复合图

复合图是由两种或两种以上统计图组合而成的图形，如条形图与曲线图的复合图、条形图与美术图的复合图、方形立体图与统计地图的复合图等。

需要说明的是，制作统计图的目的是更加清晰地展示统计对象的特征。因此，不能为了制作统计图而耗费大量的精力，更不能因制作过于复杂的统计图而加大对统计数据的理解难度。现在使用计算机绘制统计图变得十分方便和高效，常用的制图软件包括 SPSS、Excel 和 SAS 等。

第四节　问卷资料整理

问卷资料整理具有承前启后的作用，衔接着问卷调查和数据分析两个过程。通常分为问卷审查、问卷编码、数据录入和数据清理四个阶段。

一、问卷审查

问卷审查是指对调查回收的问卷进行审阅，及时发现问卷调查过程中产生的无效或错误问卷，剔除乱填、空白和严重缺答的废卷。问卷审查是确保问卷调查数据质量和调查过程合法性的重要环节，可以保证问卷调查的有效性和可靠性。

（一）问卷审查的内容

（1）审查问卷填写的完整性。确保问卷中的每个问题都得到回答，没有遗漏的部分。

（2）审查问卷填写的可信性。审查问卷中是否出现了一些超出常规的异常值，或者出现了大面积雷同的内容，或者出现了不同类型题目回答内容冲突的情况。

（3）审查问卷填写的逻辑性。如果问卷中包含逻辑跳转或条件问题，则需要仔细审阅，确保逻辑跳转设置和路径正确，并确保调查对象在填写问卷时思路顺畅。

（4）审查问卷填写的认真性。如果是在线填写，则可以根据回答问卷的时间判断调查对象是否认真填写。回答时间过长或过短都可能影响问卷调查的准确性。

（二）对审查中发现问题的处置

如果在审查中发现问题，则应该进行适当的处置。

（1）对可纠正问题的处置。对于在问卷中发现的能够解决的问题，应该在审查过程中予以更正。比如，出现了漏填问题，如果能够联系到调查对象，则应该及时联系并请其予以补充。

（2）对无法纠正问题的处置。对于在问卷中发现的无法解决的问题，如在审查过程中发现问卷数据填写超乎常规，又无法准确识别具体的调查对象，就应该将该问卷视为无效问卷。

　　总之，问卷审查是提高问卷合格率和指标合格率的关键过程。只有筛选出不合格的废卷和不合理的指标，才能确保问卷的质量，进而提高问卷的回复率和科学性，保证研究的顺利实施。

二、问卷编码

　　编码是问卷调查的重要步骤，编码的质量直接关系到问卷调查数据的后期处理工作。从字面意思来看，编码是一种为问题和选项赋予特定标识符或代码的方法，以便后期进行数据收集和分析。在编码时，可以用数字、字母、符号或组合来表示问题和选项，以简化数据录入和统计处理的过程。

　　编码工作多在问卷调查结束后，由调查者单独开展。在进行编码之前，调查者需要确保编码系统在整个问卷中是一致的，即同样的问题和选项在不同的页面或部分中使用相同的编码方式，这有助于保持数据的一致性和可比性。比如，关于职业类型的编码，多统一采用《中华人民共和国职业分类大典》（2022 年版）中的编码；关于地区的编码，则采用我国行政区域规划提供的各省编码。这些关于问卷编码标准的规定文件不仅有助于调查者迅速、准确地在统一标准下对问卷进行编码，也是调查者在后续数据分析工作中的重要参考资料。

　　对样本量较大、问卷内容较多的调查而言，编码尤为重要。直接对大型调查数据的相关资料进行手工汇总是非常困难和烦琐的。一套良好的编码系统可以简化数据管理和分析过程，提高问卷调查的效率和准确性。

　　从对象上看，问卷编码分为两部分：一部分是针对问卷中的问题进行编码，另一部分是针对问题的选项进行编码。通常情况下，问卷中的各个问题并不需要调查者在问卷调查结束后进行专门编码，为每个问题赋予唯一的标识符或代码。如有需要，可以使用数字、字母或符号来表示问题编码，如 Q1、Q2、Q3 等，或者 P1、P2、P3 等。在这种情形下，不同部分的问题编码均从 1 开始，加上前面的字母，即可确定该问题在问卷中的位置。如果问题有多个选项，也可以对每个选项进行编码。一般使用数字来表示选项编码。例如，选项 A 可以编码为 1、选项 B 可以编码为 2。

　　问卷编码的重点在于对不同问卷问题的选项进行编码。这类编码根据问题类型和回答方式的不同而略有差异。对于选择题，不同选项的编码就是选项的数字序号。如果是封闭式问题，就需要调查者进行编码，然后将其录入计算机中；如果是开放式问题，有两种处理方式，一种是直接将答案录入软件，另一种是在调查结束后先进行答案的粗略汇总和分类，再进行编码。后一种方式更常用和有效，因为它便于数据的录入和分析。编码的具体方式和格式可以根据需求及实际情况进行定制。重要的是确保编码系统在整个问卷中是一致、清晰和易于理解的。

（一）通常情况下的选项编码

　　通常情况下，对于问卷问题的选项编码，常使用阿拉伯数字，一般使用从 0 开始的基于十进制系统的数字表示方法。在问卷调查中，每个问题的选项会被分配一个唯一的编码，这样可以方便进行数据整理、统计和分析。例如，在询问调查对象的性别时，可能的答案有男性或女性，调查者可以提前设定选项（1）为男性、选项（2）为女性；在回答结束后进行编码时，设定男性编码为1、女性编码为2，即将选项序号作为编码，这样就方便进行数据录入了。使用阿拉伯数字作为编码有助于简化数据管理和处理过程，提高数据的可读性和可比性。但在实际操作中，对于这类问题通常无须进行额外的编码工作。因为这类问题的选项序号与调查对象的答案选项是一致的，调查者可以直接使用选项序号作为编码，从而省去了编码的步骤。在录入数据时，调查者可以直接录入调查对象所选的选项序号，而无须进行烦琐的编码操作。这种方式简化了数据录入过程，并且保证了数据的准确性和一致性。

（二）特殊情况下的选项编码

特殊情况下，也可以使用基于二进制系统的数字表示方法进行编码。比如，关于是和否的问题，"是"可以用0表示，"否"可以用1表示。有些多选项的题目，也需要对每个选项进行拆分，有多少个选项就拆分为多少个题目。例如：

> 您认为留住人才的关键因素是？（可多选）
> ☐ A. 工资待遇　　☐ B. 住房待遇　　☐ C. 工作环境
> ☐ D. 发展机会　　☐ E. 子女上学　　☐ F. 生活条件
> ☐ G. 奖励措施　　☐ H. 税收优惠　　☐ I. 创业服务
> ☐ J. 社会保障　　☐ K. 交通便利　　☐ L. 其他

根据每个选项是否被选中，分别用0和1来表示。这样就可以清晰地反映各选项的选择情况，从而便于进行统计分析。

三、数据录入

数据录入就是把问卷调查结果的原始资料转换为计算机可读取的数据，并录入计算机中，建立数据文件的过程。数据录入主要有以下几种方式。

（一）手动录入

手动录入是最常见的方式，即将问卷中的数据逐一录入计算机或数据库中。可以使用电子表格软件（Excel）或数据库管理软件（如Access）等工具进行录入。手动录入需要人工操作，速度相对较慢，但可以在录入数据的过程中进行数据审查，确保数据的真实性、完整性。

（二）扫描识别

对于大批量的纸质问卷，可以使用自动化扫描识别技术进行数据录入。这种技术使用光学字符识别或图像处理技术，能够将纸质问卷的数据转换为电子数据。专用的扫描仪或多功能打印机可以扫描问卷，并通过软件自动识别和提取数据。但是，自动化扫描识别可能受到问卷质量和扫描设备的影响，需要进行后续的数据校对和修正。

（三）导入数据

如果问卷数据已经以电子的形式存在，如从问卷星等网络调查中导出的数据，则可以直接将数据导入计算机或数据库中。这种方式避免了手动录入的过程，提高了录入的效率和准确性。可以使用相应的导入工具或编程语言来实现数据的导入。

数据录入看似简单，但这项工作非常重要，也很容易出错，需要认真校对。如果条件允许，最好采取双录入的方法，然后互相校对、互相纠错，这样就有可能基本消除录入差错。条件允许的话，可以采取导入数据的方式，避免人工录入出现错误。但是，对导入的数据也要进行严格的检查，确保数据的准确性。

四、数据清理

数据清理是指对收集到的问卷数据进行筛选、校验、修正和处理，以保证数据的质量和准确性。在录入数据后、统计分析前，还应借助计算机仔细地进行数据清理，避免使错误数据进入运算过程。数据清理有以下几种方法。

（一）异常值清理

问卷中的任何一个变量都有某种有效编码值范围，凡超出这个范围的数据，肯定是错误的。比如，"性别"这一变量的有效编码值是：1 男、2 女、0 无回答。检查后发现有其他数据，说明数据录入有误，需要认真核实。这种核实既可以采用人工的方式，也可以通过软件进行。例如，使用 SPSS 软件的频数统计表查找录入的差错，然后执行寻找命令，就可以找到存在异常值的问卷，从而更正错误。

（二）逻辑验证清理

逻辑一致性清理比有效范围清理复杂一些，它实际上是对数据进行逻辑验证，确保数据的一致性和合理性。比如，前面问"您的工作年限是"，回答为"2 年"，但是后面再问"您的职称是"，回答为"正高级"。虽然有可能出现这种特殊情况，但是如果有较多的调查对象给出这样的回答，那么这个选项就很可能存在逻辑谬误的问题。要想纠正这类错误，应该根据变量测量层次采用不同的方法。对于定类、定序或定距变量，可以采用交互分类统计（列联表）方法，检查变量之间是否存在逻辑矛盾；也可以使用 SPSS 软件查找出现问题的答卷，更正逻辑错误。

（三）数据质量抽查

如果在录入数据时输入的错误数据在合理值范围内，那么查出这类输入错误的唯一办法就只能是一份一份地进行核对。由于这种方法核对的工作量过大，因此一般只能采用随机抽样的方式，从全部样本中随机抽取一部分问卷进行核对。然后，用这一部分问卷核对的结果来评估全部问卷的数据质量。但这种抽样检查的方式也有误差，并且样本数量的多少关系到数据的真实性。

课后思考题

1. 在进行文字资料整理前，如何收集到所需的文字资料？
2. 统计资料的来源主要有哪些？
3. 怎样进行问卷资料的编码？
4. 资料整理和统计分析的关系是什么？

拓展训练

山东省想加快建设绿色低碳高质量发展先行区，必须充分认识、准确把握绿色低碳高质量发展的现状与不足。现在要选取2007—2021年山东省16个城市的面板数据，在构建绿色低碳高质量发展评价指标体系的基础上，运用泰尔指数、障碍度模型等方法，分析山东省及其16个城市的绿色低碳高质量发展水平和演进趋势，并深度剖析准则层、指标层的绿色发展障碍因子和作用机理。

讨论：请收集相关统计资料并进行整理。

第十二章
社会调查统计分析

📝 **学习目标**

- 能够了解统计分析的类型和应用范围；
- 能够掌握内容分析、扎根分析、案例研究等定性分析方法的操作和具体应用方法；
- 能够了解扎根理论的基础；
- 能够掌握一些常用的定量分析方法的操作和具体应用方法；
- 能够在调查报告的撰写中综合运用不同的统计分析方法。

案例导入

对《红楼梦》的研究是众多专家的重要关注点，至今几种主流观点仍然纷争不已。关于《红楼梦》的研究，不仅观点不同，在研究方法上也存在很大差异，统计分析就是其中的方法之一。

1987年，李贤平就以电子计算机为工具，对《红楼梦》的语言进行了研究，获得了大量新的发现。他的主要工作步骤如下。

（1）把全书的120回各看作一个个对象，不分前后两大块，平等对待。

（2）从统计语言学的角度建立识别特征，主要分析下列47个虚字的出现频率，有时还用到句长分布。

①13个文言虚字：之、其、或、亦、方、于、即、皆、因、仍、故、尚、乃。

②9个句尾虚词：呀、吗、唎、罢唎、啊、罢、罢了、么、呢。

③13个常用的白话虚字：了、的、着、一、不、把、让、向、往、是、在、别、好。

④10个表示转折、程度、比较等意思的虚字：可、便、就、但、越、再、更、比、很、偏。

⑤后缀于名词的"儿"字及后缀于副词、形容词和动词的"儿"字。

（3）利用各种统计分析方法（主要有主成分分析、典型相关分析、多维尺度法、广义线性模型、类 $x2$ 距离与相关系数），探索各回写作风格的接近程度，并用三种层次聚类方法对各回进行分类。

通过统计分析，李贤平对《红楼梦》有了新的见解。

此外，威斯康星大学陈炳藻、华东师范大学陈大康、东南大学韦博成等学者也从不同角度，基于统计分析的方法对《红楼梦》进行了研究，得出了不同的结论。

社会调查的统计分析是一种科学的研究方法，适用于收集、分析和解释与社会现象有关的数据。统计分析包括定性分析和定量分析两种类型。统计分析的结果可以帮助调查者更好地理解社会现象，为政策制定和社会研究提供依据。

第一节　社会调查定性分析

对调查者来说，进行深入的定性分析是一项艰巨的任务。定性资料的展示形式多种多样，难以进行标准化处理。通过定性研究方法所获得的资料又多以文本的形式出现，让人难以从浩如烟海的信息中明确变量及其之间的关系。而内容分析法、扎根分析法、案例研究法适用于对定性资料的分析，它们通过编码过程，把文字／图片等资料转化成可以处理的变量和归类化数据。

一、内容分析法

（一）内容分析的含义

内容分析来源于广告学，是对被记载下来的人类传播媒介的研究。内容分析的资料可以是调查的书面资料，也可以是各种文字汇报、档案资料、信件和研究论文等。

作为一种研究手段，内容分析的核心在于对资料内容进行深入而系统的剖析。这个过程要求客观、系统，还要强调定量。首先，"客观、系统"强调内容分析的严谨性与规范性，要求调查者依据事先规划好的步骤展开工作。其次，"定量"揭示了内容分析的本质是聚焦于量化分析。

随着不同学科研究方法的融合，内容分析法被广泛用于社会科学研究中。一些调查者也曾使用内容分析法来研究海报、广告、散文小说、儿童读物、艺术作品等，以了解这些作品对形象的塑造和对性别的认知等。

社会心理学领域的杰出学者麦克拉纳汉于 1948 年发起了一项研究，旨在对比分析美国与德国两国的国民性。他选择 1929 年在美国与德国广受欢迎的 45 部戏剧作为研究样本。通过对这些戏剧内容的深入剖析，麦克拉纳汉构建了一种独特的视角，用以透视两国人民在那一时期的社会心态、价值取向和普遍的心理状态。戏剧内容与国民性的比较如表 12.1 所示。

表 12.1　戏剧内容与国民性的比较

国别		美国	德国
主题		个人问题（感情、平常生活等）	社会问题（观念、哲学、历史等）
结尾形式	大团圆	67%	40%
	悲剧	9%	27%
	其他	24%	33%
态度、性格的变化		通过说服、讨论、讲道理等，强调教育的可能性	固执、不妥协，必须用大力气才能改变

资料来源：袁方. 社会研究方法教程 [M]. 北京：北京大学出版社，2005：404.

（二）内容分析的程序

总体来说，内容分析与调查研究在多个关键步骤上呈现高度的相似性。二者均强调选取具有代表性的样本作为分析基础，同时，它们都依赖特定的工具与程序来系统地收集资料。最终，这些资料会得到细致的分析，以揭示其深层含义并得出相应的结论。下面简要介绍内容分析的程序。

1. 确定分析单位

分析单位与观察单位可以相同。例如，在对当代大学生的电子消费情况进行研究时，调查者需要对单个大学生进行观察以收集信息，最终也以大学生为落脚点进行分析。这时，分析单位就是个体，分析单位与观察单位是相同的。

分析单位与观察单位也可以不同。例如，研究中需要比较家庭成员的平均收入，应将单个家庭设置为分析单位。此时需要收集家庭中每个成员的收入，因此个体是观察单位，但家庭则是分析单位。

2. 选择抽样方法

无论使用哪种研究方法，都会遇到抽样的问题。由于内容分析面对的是明显的、外在的资料，因此可以从资料的期刊号、页码、标题、段落、词汇等层次入手进行分析。所有的抽样方法都可以在内容分析中使用。

内容分析法的抽样单位与分析单位

对《西游记》中沙和尚的形象进行内容分析，可以将所有提到沙和尚的页码记录下来，每隔 10 页选择他的语言或行为进行抽样分析；对屠格涅夫的某篇著作进行内容分析，可以每隔 50 个自然段选出一个自然段的文字进行抽样分析；对某歌星的歌曲进行内容分析，可以对其歌曲进行编号，并随机选出 15 首，以此分析其歌曲的风格。

这表明，当分析单位和抽样单位不一致时，不影响抽样及后续数据的处理。比如，我们要对不同的视频博主进行分析，那么分析单位就是视频博主。首先，我们要对视频博主进行抽样。接着，对视频博主的视频作品进行抽样，这样就能得到要分析视频的名单，这就是抽样样本。最后，就可以分析这些视频的内容，以了解不同的视频博主。

3. 编录

在使用内容分析法时，需要编录抽样样本中的各种层次的信息，对相关信息进行分类记录。编录涉及两个方面的工作：一是选择编录单位，二是编制编录单。

编录单位是指调查者需要观察和点算的单位。编录单是对定性资料进行观察和记录的工具，编录单的结构与结构式观察所用工具的结构相似。编录单的设计应紧密围绕编录单位的选择展开，确保每一个单位都能得到全面而细致的关注。例如，若以完整电影为编录单位，则每部电影都应成为编录单上的独立篇章，并记录其情节发展、主题表达及艺术特色。

明确编录单位后，需要对编录单位进行赋值。在赋值之前，需要进行分类。分类要遵循两个原则：互斥性和穷尽性。比如，将所有小说中的人物都归入"男性"类或"女性"类，这属于互斥性；但若个别小说以动物为主人公出现，为了保证穷尽性，我们需要在"男性""女性"之外再设立一个选项"其他"，这便是穷尽性。

表 12.2 所示为小说《致加西亚的信》的编录单，其中对小说中的主要人物进行了编录。

表 12.2　小说《致加西亚的信》的编录单

变量	赋值
人物的年龄	1. 青年（18～40 岁）
	2. 中年（41～59 岁）
	3. 老年（60 岁及以上）
人物的文化程度	1. 小学及以下
	2. 初中
	3. 高中或中专或技校
	4. 大专
	5. 本科及以上
	6. 不详
人物的职业	1. 企业家
	2. 教育家及思想家
	3. 科技人员
	4. 服务人员
	5. 行政管理人员
	6. 运动员
	7. 其他

续表

变量	赋值
人物的政治面貌	1. 党派人士
	2. 无党派人士
人物是否有创新能力	1. 有
	2. 无
人物成功的行业	1. 服务业
	2. 工业
	3. 农业
	4. 机关单位
	5. 部队
	6. 其他
人物的住所	1. 东部
	2. 西部
	3. 中部
	4. 其他
人物的精神面貌	1. 开拓进取，自强不息
	2. 刻苦钻研，勇于创新
	3. 诚实守信，忠于职守
	4. 平等待人，自尊自爱

（三）内容分析的类型

根据调查者信息分析的差异，内容分析也有不同的类型。这里主要介绍计词分析、概念组分析、语义强度分析。

1. 计词分析

计词分析需要做以下工作：第一，确定记录单位，即与研究问题有关的关键词；第二，统计关键词，这一步需要计算各个记录单位的频数和百分比；第三，比较，这一步需要对同样本进行变量间的比较。

例如，调查者选择两组词，一组词全部与经济有关，另一组词全部与道德有关。现对近十年来某地的家庭纠纷案件进行梳理，统计这两类词汇在不同案件中出现的频数，或者统计关键词在不同案件中所占的百分比。由此发现在不同年份的家庭纠纷案件中，当事人的法治观念是否随着时间的变化而发生变化。

2. 概念组分析

将单词作为记录单位的研究过于简单，这时可以考虑使用概念组分析，即将与研究有关的词以类别组合在一起，每一组代表一个概念，同时也是假设中的一个变量。

例如，假若调查者认定：经济不好的时候，犯罪率高，人们容易将犯罪与经济相联系；经济高速发展的时候，犯罪率高，人们往往将犯罪与社会价值相联系。那么，可以将"犯罪""经济""社会价值"定义为三个概念组，如表 12.3 所示。

表 12.3　概念组

犯罪	经济	社会价值
犯罪	失业	道德
青少年犯罪	通货膨胀	尊重
诈骗	经济下行	权威
偷盗	破产	善良
故意伤害	货币贬值	传统

概念组分析需要收集两个时期（经济下行时期和经济上行时期）内多年（如 3 年）登在主流媒体上的相关资料，以文章为分析单位，计算相关词汇出现的次数。

前面谈过，分析时的变量是概念组，所以当某个词出现时就算其概念组出现了一次，分析时只看出现次数总计就行了。

如果前面的理论假设是正确的，则应该看到：在经济下行时期，多数文章将犯罪与经济相联系；在经济上行时期，多数文章将犯罪与社会价值相联系。如果可以得到表 12.4 所示这种统计结果，那么可以说原假设是正确的。

表 12.4　变量关系表

变量	经济下行时期的频数	经济上行时期的频数
犯罪—经济 犯罪—社会价值	410 90	108 322
总计	500	430

3．语义强度分析

计词分析侧重于衡量数量方面的差别，语义强度分析则根据情感的强弱程度进行衡量。语义强度分析会对词语的"强度权"予以排序，以显示不同词语在语义强度方面的差别，如"仇恨"比"讨厌"的加权数要高。下面是一组例子，如表 12.5 所示。

表 12.5　语义强度加权表（1）

词语	加权数
不知道	0
不喜欢	+1
讨厌	+2
仇恨	+3
喜欢	+1
喜爱	+2
崇拜	+3

下面展示的是词语的正、负度加权数，以体现肯定或否定的意义。仍以上组词语为例，如表 12.6 所示。

表 12.6　语义强度加权表（2）

词语	加权数
不知道	0
不喜欢	−1
讨厌	−2
仇恨	−3
喜欢	+1
喜爱	+2
崇拜	+3

二、扎根分析法

扎根分析法是以扎根理论为指导，为了发现社会现象之间的关系，通过收集多种资料来创建一种新理论的研究方法。扎根理论的核心在于，通过资料编码、对比获得核心概念，并借助备忘录和实质编码（如开放式编码）获得概念间的链接，由此推进理论编码的实现，完成理论的最终生成。因此，扎根分析最重要的工作就是不断编码，不断进行比较分析。

虽然扎根分析法涉及纷杂的数据信息，并进行不断编码和比较分析，但这种研究方法跳出了研究者内在的认知，能够帮助其以社会事实发展为思路发现隐藏的社会理论，从而获得对社会现实的新认知和研究新收获。

（一）扎根理论的基础

扎根理论的产生并不是忽视资料，而是保持开放的边界，在理论的新范畴出现前搁置资料，以免研究的理论方向被文献引导。

扎根理论研究有三个方面的基础和基本程序：主题涌现、持续比较分析、理论抽样。主题涌现是扎根理论在研究领域持开放性和探索性立场的结果；持续比较分析是在收集所有数据时，将它们与之前收集的所有数据放在一起进行分析的过程；理论抽样是在涌现理论指导下选择和收集实证数据的过程。

1. 主题涌现程序

扎根分析法是发现理论的一种通用方法。具体操作方法是，研究者进入某一情境并开始探索，通过积极参与和重点关注找出核心问题，并对该问题进行概念化抽象。因此，扎根理论的一个决定性特征是拒绝先入为主的理论化过程。传统的定量或定性方法都是从一个理论框架出发的（即：先提出清晰的假设），但扎根理论无须事先进行文献资料的整理，并构建精确的研究问题框架来指导研究过程。

扎根理论的概念来自数据，它不是被预先设想出来的，无论使用的数据是什么，从数据中探索和挖掘理论都必须成为首要任务。

2. 持续比较分析程序

扎根理论的方法是产生理论，该理论在概念上可以解释社会行为的潜在模式。因此，使用持续比较分析的方法对实证数据进行概念化抽象的过程是实践扎根理论的基础。持续比较分析是一种可与理论抽样一同指导数据收集和分析的策略，是一种指明进一步的数据抽象方向的手段。

持续比较分析首先要做到文本诠释，即弄清楚文本的真实含义，逐字逐句地仔细阅读，以确定作者到底在说什么，而不是臆断、解释作者的意思。将文本诠释应用于持续比较分析，有助于产生与实质性领域正在发生的情况密切相关的概念，避免将意义强加于个人行为或简单地将概念抽象化。换句话说，通过仔细鉴别文本的真实意图，研究者可以对该资料进行明确的概括（编码并变成指标），由此开始资料之间的比较分析。

扎根理论的"概念—指标"模型从实质编码开始，通过将经验资料与具体事件进行比较来生成初始概念。当大量经验指标呈现出可互换性时，"概念—指标"模型将形成具有明确命名的概念模式（概念化过程）。随后，研究者将新的经验数据与这些涌现的概念进行比较，并通过对其性质和维度的定义来丰富这些概念。

当数据不再涌现新的概念，或者对已有概念的属性和维度无法提供新的解释时，理论饱和的过程就完成了。此时，这些概念之间相互关联，并能够衍生出理论假设。研究者通过理论编码对不同概念进行系统比较，从而构建概念间的层次关系，实现理论的整合。因此，持续比较分析作为一种贯穿扎根理论研究的线性过程，通过充分利用指标的可互换性，最终发展出具有广泛解释力、能够生成具体指标的概念体系及其属性维度。

备忘录是记录数据与类别之间概念联系的理论性笔记。在持续比较分析的过程中，研究者通过撰写备忘录，能够捕捉到实质编码和理论范畴中涌现的新想法。

在完成了理论饱和的核心流程，梳理清楚概念的性质及其之间的相关性之后，研究者需要在研究后期整合全部流程以积累备忘录资料。整理后的备忘录形成了一个理论大纲（或称概念框架），该框架通过一组完整的假设来充分阐明备忘录的理论基础，从而完成持续比较分析方法最终阶段的理论构建工作。

3. 理论抽样程序

如上所述，持续比较分析的显性编码和分析程序与理论抽样一起配合展开。在扎根理论中，理论抽样是指以新理论为指导进行不同情境下的数据收集，如对不同人群/社会单元的数据收集，由此确定新理论在不同情境下的表现，从而扩充新理论的应用范围的过程。

理论抽样使概念的定义更加清晰，有助于定义概念的性质，并检验尝试性理论命题的合理性。抽样是由概念的涌现和相关性驱动的，并受理论饱和的限制，而不是受预先设想的理论框架或统计显著性的限制。

如果理论抽样脱离了编码分析的过程，就会收效甚微。备忘录作为理论抽样决策的重要组成部分，可以帮助研究者识别分析中的空白，并为进一步的数据收集、编码和分析指明新方向。当研究者在分析数据的同时通过理论抽样来收集数据时，随着对数据内在整合模式的深入挖掘，理论整合更可能自然浮现。研究者可以基于研究问题指导数据收集，填补理论空白，并将理论发展为更完善的整合框架。需要注意的是，理论抽样是一个需要时间积累的迭代学习过程。

（二）扎根数据的获取

1."一切都是数据"的理念

由于扎根分析法是一种定性的研究方法，因此研究者通常会采用访谈、观察等定性手段作为数据收集的主要方法。

但纵观扎根分析使用的各项研究，我们会发现扎根数据的获取途径不仅限于定性手段，也可以通过其他方法来收集和使用数据，包括音 / 视频资料，以及各种文本资料（如报告、报纸）或量化数据（如问卷结果）。当数据的获取途径不再仅限于定性手段时，研究者的研究视野就会打开，从而形成"一切都是数据"的理念，其对待资料的态度也会更具包容性。

因此，"一切都是数据"的理念能帮助研究者摆脱对访谈数据的过度依赖，并使其全面探索更广泛的数据源和数据支持。

2. 访谈是一手数据的主要来源

扎根分析法通常以访谈为主要的数据来源。与调查对象进行非正式访谈通常比较容易，只需记下要点、事件和反馈，就可以编码和撰写备忘录了。在访谈中，通常只捕捉个别关键词就足够了，只需简单地把关键词或短语存储在记忆中即可。访谈结束后，研究者应尽快坐下来，在更广泛的领域内进行详细说明，然后就可以编码和撰写备忘录了。

小组访谈相比单独访谈更高效，它是从许多调查对象那里收集数据的一种有价值的方法。小组访谈对于探索潜在的核心概念尤其有效，因为它允许研究者同时获得众多调查对象的视角。在访谈时，重要的不是用事先计划好的问题来预测小组访谈的方向；相反，建议研究者用一个"兜圈子的大问题"来开启访谈，由简单、外围的问题入手，逐渐切入核心问题。

在访谈和研究时，相同的概念或思维模式会持续出现，研究者会有无数的机会捕捉理论的涌现，所以没有哪次访谈是不可或缺的。如果某些重点访谈内容与现有的研究理论相关，那么随着研究的推进，研究者会在随后的数据中发现多个相关指标。

3. 容易被忽视的二手数据

在进行扎根理论研究时，研究者容易忽视二手数据，即为实现其他目的而收集的数据。现有文献可以作为扎根理论的数据来源，尤其是实证研究的文献。此外，网络也是收集定性和定量数据的来源。我们正处于大数据时代，互联网上的数据非常丰富。因此，随着调查工作的推进，很多现成的数据也会成为理论抽样的来源。

研究者对二手数据的分析可以引发核心理论概念的意外涌现，这些新涌现的概念可能会超出最初研究的目标，但能提供不同视角下的观点和解释，从而促进研究者对项目产生新认知。

（三）扎根数据的分析

1. 扎根数据分析的总体思路

编码和数据的概念化是扎根分析法的基础，目标是发现潜在的社会行为模式，解释某个主要问题或关注点。

这种"核心类别模式"随着数据的开放式编码和概念化而出现。模式涌现出来后，研究者就会将注意力转移到理论抽样上，并选择性地对数据进行进一步的编码，从而系统阐释这一核心类别，直至最终实现理论饱和。

在数据分析过程中显现的事件可被界定为经验或现象指标。研究者运用持续比较分析法对这些数据进行标记和分析，首先生成实质编码，继而发展为理论编码。这一过程始于对数据的细致解读，通过事件间的比较识别出概念性指标。当研究者系统地比较数据中的各类事件时，新的概念便随之涌现。

在此阶段，一个核心议题或关注点会从编码数据中凸显出来，围绕该议题的各类变量逐渐汇聚，形成研究的焦点范畴——核心类别。该核心类别将成为后续选择性数据收集和编码工作的重点，直至研究者能够完整阐释其属性特征、理论关联及其与其他类别的系统整合。当核心类别的理论阐释达到饱和状态时，研究者便可系统地阐述所涌现的理论概念体系。

2．使用持续比较分析法

编码和撰写备忘录是持续比较分析中关键的探索性方法。尽管初期的数据分析可能更偏向经验性描述，但研究者通过持续比较分析，能够将这些描述性内容转化为概念化的理论分析。持续比较分析的目的是验证数据是否支持所涌现的概念。研究者通过反复观察数据中的事件，能够不断推进数据的概念化进程。

通过对数据的浏览，可以看到概念性指标在不同事件中反复出现。通过持续的对比研究，这些概念得到发展，其属性和维度得到阐述。

概念的有效性是通过多个事件中指标的互换来确定的。这意味着虽然事件有所不同，但它们都表示相同的概念。因此，扎根理论中的持续比较分析主要通过概念编码来确立概念，然后将概念划分为不同的类别。

持续比较分析的方法从首个数据收集环节开始，贯穿概念整合至理论饱和的整个分析过程中，这一特点充分说明了扎根理论的非线性、螺旋式演进性质。

3．扎根理论中编码的步骤

1）开放式编码

实质编码过程从实证数据的开放式编码开始。从研究收集的第一个数据开始，便开启了扎根理论的开放式编码工作。开放式编码在数据中识别产生一个或多个概念的事件，并且使用每个编码对一个或两个突出的词语进行标记。被标记的词语最好是动词，以捕捉概念中表示的动作。

在扎根理论研究中，编码作为数据概念化的核心环节不可或缺。研究者必须避免将事先定义好的假设直接作为编码依据。正如 Glaser（1992）所强调的："数据研究人员在开始分析数据前应该对数据一无所知。"逐行初始编码示例如表 12.7 所示。

表 12.7　逐行初始编码示例

初始编码	资料
症状变化，反复无常	如果我得了癌症，我的意思是假如有一天癌长在我的肝脏中，长在我的骨骼上，长在我的脑袋里
刻画出别人眼中的自己	他们一定会觉得我是一个得了多疑病的患者，如果我不停地抱怨

续表

初始编码	资料
回避暴露隐藏的心声	不同的疾病……通常我并不想说什么，因为别人会开始说
预测自己被拒绝	想象一下，你会懂的，别人会说："天啊，不要接近这个人，他总是抱怨……"
不让他人察觉	这就是为什么我从来不说任何事情，因为我觉得……
认为症状相互关联	发生在我身上的任何事情都与癌症有这样或那样的关联
让别人不知情	但是大多数人都不知道我得了癌症
预期自己不被相信	即使那些知道的人，他们也不……
控制别人的想法	相信这几种病其实是……
回避污名化	……，而且我不想听到任何人说
评估暴露心声后的风险	你能理解，他们不愿意跟我接触，因为我总是抱怨

2）选择式编码

在进行选择式编码时，研究者应当严格聚焦于那些能够有效推动理论构建、且与核心类别密切相关的概念（变量）。任何与核心类别缺乏直接关联的概念，无论其创新性如何或研究者个人偏好怎样，都应在后续分析中予以排除。这一原则确保了核心类别始终指导着数据收集与理论抽样的过程。

研究初期，在开放式编码阶段，研究者会对大量事件进行多维度编码，许多事件可能被赋予多个概念或标签。但随着核心类别的逐步明确，编码策略需要从开放式转向选择式。由于并非所有数据都能直接关联到核心类别及其相关概念上，因此必须将编码范围严格限定在与核心类别体系直接相关的数据上，从而提升研究的聚焦性和理论深度。

3）理论编码

如前所述，理论编码是指将核心类别与相关概念之间的关系建模为一个完整的理论的过程。它是编码过程的最后阶段，主要负责理论的整体生成。经典扎根理论中不同类型的编码如表 12.8 所示。

表 12.8　经典扎根理论中不同类型的编码

编码类型		描述	目的
实质编码	开放式	初级编码：捕捉正在发生的事情，简化表述 分析编码：将正在发生的事情概念化，初步概括	在数据中识别产生一个或多个概念的事件
	选择式	围绕核心类别进行编码，寻找合适的类别	识别核心类别的属性和维度
理论编码		进行编码，用以建立核心类别与相关概念之间的逻辑关系	生成、整合理论

资料来源：朱迪丝·A. 霍尔顿，伊莎贝尔·沃尔什. 经典扎根理论：定性和定量数据的应用 [M]. 王进杰，朱明明，译. 北京：北京大学出版社，2021：128.

4．核心类别的涌现

Glaser（1978）以及 Glaser 和 Holton（2004）提供了选择及确认核心类别的标准：中心性（主要关注点的核心）、频率（经常出现在数据中，可以看作一种稳定的模式）、相关性（可以很容易地与其他类别进行有意义的关联）、抓取（图像和解释力，其一般含义超出实质性领域）、可变性（虽然条件不同，但本质意义不变）。核心类别和主要关注点如图 12.1 所示。

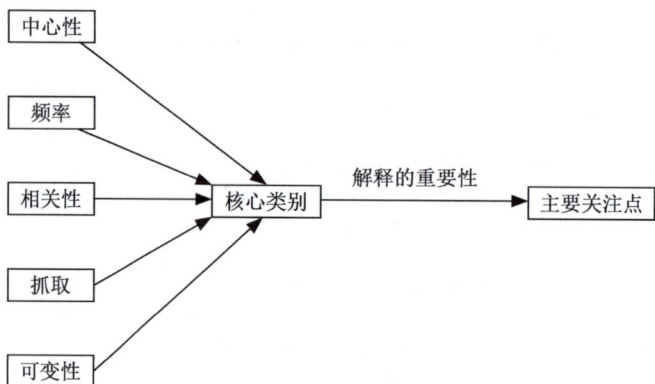

图 12.1　核心类别和主要关注点

（资料来源：朱迪丝•A.霍尔顿，伊莎贝尔•沃尔什. 经典扎根理论：定性和定量数据的应用 [M]. 王进杰，朱明明，译. 北京：北京大学出版社，2021：99．）

5．撰写备忘录

撰写备忘录是研究者进行理论思考与持续比较分析的重要过程。其核心在于提炼并处理那些至关重要的概念。作为研究者的得力助手，备忘录不仅记录了研究者敏锐的洞察力，还承载了研究者关于数据与类别之间关系的深刻见解。撰写备忘录，实质上是将具体数据不断抽象化、概念化的过程。在这一过程中，每个类别的独特属性得以描绘。

备忘录的独特价值在于，它能够大胆提出假设，积极探索类别之间乃至其属性与维度之间未被发现的联系，并致力于将这些联系融入更广阔的知识体系中，通过与其他类别的集群进行整合，最终构建出更加完整、深入的理论体系。

6．三级编码分析

目前一些扎根理论广泛采用三级编码分析。相较于经典扎根理论的编码，三级编码分析在开放式编码和选择式编码中间增加了轴心式编码（二级编码），具体表达如下。

一级编码：开放式编码。作为一种深度剖析资料的方法，其核心在于通过细致入微地检视，为纷繁复杂的现象赋予恰当的名称与类别归属。在这一过程中，研究者会先确定一个中心主题，然后将最初的代码或标签逐一分配给资料中的各个元素。这一过程使原本杂乱无章的资料逐渐显现出清晰的脉络与分类。研究者会逐字逐句地研读所得资料，搜寻关键事件的痕迹或潜在的主题，标上记号，并给它们分配一个初步的概念或标签。开放式编码的结果是一张根据丰富零散的资料抽象概括得到的概念名单。

二级编码：轴心式编码。二级编码的主要任务是对一级编码的概念进行探讨，研究它们之间的相互关系，形成更大的类别。这些更大的类别能够表现资料中各个部分之间的有机关系，如相关关系、因果关系、时间先后关系、语义关系等。

三级编码：选择式编码。三级编码旨在从已发现的概念类别中，挑选出一个核心类别概念作为研究的基石。随后，通过深入细致的分析过程，将那些与核心类别概念紧密相关的次要类别概念逐一汇聚，构建起一套逻辑严密、层次分明的概念体系。这一体系的构建不仅系统地阐释了主要类别与次要类别之间的内在联系，还预留了空间，以便未来能够进一步完善或发展新的类别概念。在这一阶段，研究者捕捉到了研究课题的核心主题。它贯穿研究始终，引领着研究者将所有零散的研究发现串联起来，编织成一个完整、和谐的研究整体。最终，所有的研究成果都被巧妙地整合到这个核心主题的框架之内，共同支撑起研究的整体架构。

例如，请学生用一句话来描述"好老师"的特征。研究者根据学生描述的语言进行编码后可以得出学生对"好老师"的认知倾向，如表 12.9 所示。

表 12.9 学生对"好老师"的认知词频表

三级编码	二级编码	一级编码	词频 / 个
理想信念	爱国爱党	爱国、爱党爱国、爱党、爱民族	9
	理想信念	有理想信念	5
	政治思想	政治思想正确	4
道德情操	认真负责	负责、有责任心、认真负责、认真、仔细认真、尽职尽责、蜡炬成灰泪始干、做好本职工作	779
	道德高尚	道德高尚、明辨是非、品德高尚、品德优良、德高望重、师德高尚、良师益友、为人师表、德才兼备	254
	工作严谨	严谨、治学严谨、授课认真严谨	144
	专心专注	专心教学、潜心教学	139
	爱岗敬业	爱岗敬业、兢兢业业、恪尽职守、爱工作、勤劳、勤勉	113
	无私奉献	无私奉献、朴实、正直	48
	积极乐观	积极、乐观、正能量	37
扎实学识	教导有方	讲课好、教学能力强、教学水平高、基本功扎实、授课有趣、寓教于乐、教学风格有趣、授课清晰有条理、授课方式好、有技巧、教导有方、教学方式独特多样	175
	知识渊博	博学、见多识广、知识面广、知识渊博、有学识、专业、专业能力强、有扎实的学识	139
	智慧才华	智慧、才华横溢、有能力	80

续表

三级编码	二级编码	一级编码	词频/个
仁爱之心	耐心细心	耐心、耐心教导、亲切耐心、细心	424
	关心关爱	关心、关爱、关怀同学、爱心、关注	307
	真诚友善	待人友善、善良、善解人意、爱护学生、人美心善、待人真诚、和善、友好、积极友善	256
	热情助人	乐于助人、乐于帮助、帮助、热情、热心肠、为学生着想	163
	亲切和蔼	待人亲切、有亲和力、待人和蔼、和蔼可亲	160
	尊重沟通	尊重、尊重学生、换位思考、将心比心、沟通、互动、交流、理解、了解	121
	平易近人	打成一片、友好相处、和睦相处、平易近人、关系融洽	116
	温和体贴	温柔、温柔善良、温柔体贴、待人温和、体贴、体谅、体恤学生、贴心	103
	公平公正	公平、公正、不歧视、有教无类	51
	宽容包容	宽容、包容	11

资料来源：赵金国，贺晴晴.“好老师”的标准要求与理解认知——基于2839名师生认知的词频分析[J]. 山东高等教育，2022，10（02）：7-13+2.

（四）塑造理论

经过数据分析，理论的涌现标志着研究进入关键的解释阶段，即塑造理论阶段，以此回应研究初始提出的问题。在此阶段，研究者通过理论抽样、理论饱和、理论编码来构建和塑造涌现理论，最终形成一个完整的概念性解释。

1. 理论抽样

理论抽样是研究者为发展新概念而决定收集哪些数据，以及如何获取这些数据的过程。其目的在于揭示理论整体的范畴、属性及其相互关系。因此，理论抽样是由涌现理论驱动的抽样方法，受涌现理论的控制，而非由预设的理论框架所决定。

不同类型的数据为研究者提供了不同的视角或优势来理解其类别并开发其属性。Glaser 和 Strauss（1967）将这些不同的视角或优势称为数据片段。

数据片段是指研究者为了发展理论，在不同的群体或不同的社会单元之间进行个体比较的结果，通常以细化类别的形式出现。为了加深理解，可认为数据片段就是不同变量的数据比较。理论抽样是为了发展理论而将几个不同的数据片段组合起来的过程，即通过不同变量反映出研究者要考察的核心概念是否有变化，由此进行理论的概括和提炼。

对不同的数据片段进行理论抽样（不同群体和社会单元的个体数据收集），同时进行不断的比较分析，有助于阐述概念，使理论有机地全面整合起来。通过使用一系列的数据片段，研究者可以发现其中的相似性和差异性。这些相似性和差异性带来了概念及其属性在不同环境与条件下的可变性，从而加大了涌现理论的概念密度。

2. 理论饱和

理论饱和是指对数据中的概念性指标不断进行比较，直到这些指标不再产生新的理论见解或更细致的理论特征。研究者通过理论抽样，可以系统地比较不同组别数据的多样性，从而提高概念属性及其维度的理论饱和度。

随着理论的发展，研究者知道哪些类别更需要饱和，哪些类别可以去掉。因此，涌现理论产生了自己的选择性（Glaser and Strauss，1967）。核心类别应该尽可能完全饱和。如果核心类别及其相关概念无法得到充分的解释，研究者的理论就会变得薄弱，概念之间的联系就会变得松散，解释能力也会变得很弱。然而，继续为已经饱和的概念、与涌现理论核心类别在某种程度上无关的概念而收集数据，是在浪费研究者的时间和资源。

3．理论编码

在核心类别及其相关概念被识别并通过理论抽样后，研究者就进入理论编码阶段，这是形成最终理论的关键步骤。值得注意的是，部分研究者未能严格遵循经典扎根理论的方法，因缺少理论编码的过程而影响了理论的整合性与解释力。因此，研究者应避免仅停留在概念描述层面，而应通过完整的理论编码构建新理论，最终实现扎根理论的完整生成。

通过理论编码对基础理论进行整合，研究者能够识别数据中潜在的规律性模式。这些模式能够系统地整合相关概念，从而为涌现理论所关注的核心问题提供完整的解释框架。理论编码将实质编码之间的关系概念化，并将其整合为系统的理论架构。

备忘录的手工整理过程促进了理论的排序和想法的整合，并要求研究者区分每种想法在涌现理论中的位置。其核心目标是找到所有想法的涌现适配性，确保所有理论要素都符合简约性原则和解释范围要求，并且不遗漏相关概念。这种手工整理方式不仅能促进研究者对成熟想法的潜意识处理，还能指导整体理论框架的组织与整合。在实践中，许多研究者会借助便利贴等工具来辅助理论分类的工作。

三、案例研究法

案例研究是以社会中发生的事件为研究内容，以调查者提出的假设为思考方向，收集相关事件信息，对事件加以解释的过程。

（一）对案例研究法的认知

1．案例研究与案例教学的差异

初学者刚接触案例研究时，通常容易和案例教学相混淆，其实二者有很大的区别。案例研究适用于以下情形：首先，研究的重点是当前的现实和现象；其次，调查者无法左右并控制当前事件的发生和发展；最后，调查者要探究"怎么样"和"为什么"的问题。

传统的案例教学则是为了说明某个学科理论而采用合适的事件进行陈述。它可以是真实发生的事件，也可以是虚拟的事件。而案例研究的特点之一就是，研究的是社会现实中正在发生的事件（即：案例），特别是当现象与环境之间的界限不明显时。案例研究的另一个特点是，调查者需要对当前发生的事件有研究假设，并注重研究资料的获取方向（研究设计）。

2．案例研究法的使用

1）案例研究法的使用条件

案例研究法凭借对社会事件多维资料的收集和深度剖析，获得对社会事件发生和发展的深度认知。

是否采用案例研究这一方法，主要取决于调查者个人的抉择及其所聚焦的特定议题。假若调查者的兴趣在于探寻现有现象的内在逻辑，如某一社会现象是如何孕育并运作的，那么案例研究无疑是一个极具吸引力的选项。同样地，假若研究的核心目标是对某一社会现象进行深层次的剖析与描绘，案例研究也能够展现出其独特的价值。因此，只要调查者致力于解析现实世界中正在发生的事件，并有能力基于既定的研究假设来收集相关资料，那么案例研究便是一种值得考虑与采纳的策略。

2）案例的获得

无论是访谈、观察，还是查阅文献或档案，都是调查者获取大量案例资料的途径。因此，对于使用案例研究法的人来说，只要是与研究主题相关的事件和资料，都可以纳入案例研究库。

如果调查者有获得案例资料的途径，就要选择最有代表性的案例；如果没有这种途径，就要考虑调换研究的问题，找到那些能获得新案例的问题。

（二）案例研究方案设计的注意事项

1. 理论假设的作用

案例研究的一个显著特色在于，强调在收集资料之前便构建理论假设。这一做法与其他研究方法形成了鲜明的对比。在案例研究的方案设计阶段，理论假设的构建占据了举足轻重的地位。此处的理论假设构建，宗旨不仅限于为研究绘制一幅详尽的蓝图，更是为了深入理解行为、事件结构及思想背后的动因——这也是理论假设的核心所在。理论假设不仅能使研究设计更加全面且深入，还意外地为调查者指明了收集资料的方向与分析资料的策略。因此，在案例研究中，前期的理论假设构建成为资料收集工作不可或缺的基石。精细的理论假设构建，不仅能增强研究设计的逻辑性，还能帮助调查者更加透彻地阐释最终获取的资料，从而提升研究的整体质量。

2. 应注重的五项工作

做好案例研究意味着应注重以下五个方面的工作。

1）分析所要研究的问题

案例研究非常适合回答"怎么样"和"为什么"的问题，因此调查者的第一步就是要准确分析所要研究的问题。

调查者可以用三步法来选择所要研究的问题：第一步，查文献，确定感兴趣的研究问题；第二步，查看已有的重要研究，寻找研究的空白，顺势找到自己的研究问题；第三步，研究相关成果，为研究问题提供有力的支持。最后一步也可以帮助调查者明确自己的研究问题。

2）提出假设

每个假设都能引导调查者关注研究范围之内的问题。设想一下，当你着手研究组织之间的合伙关系时，首要任务便是提出一系列富有洞察力的问题。例如，"为何几个组织会选择携手合作，共同提供某一服务？""它们是如何协同工作，实现这一共同目标的？""是什么促成了它们的联合，使它们决定共同推广并销售特定的产品？"通过提出这些"怎么样"和"为什么"的问题，调查者可以将这些宽泛的疑问转化为具体、可操作的研究假设。这些假设将引领调查者的研究深入未知领域，确保其朝着既定的目标工作。

3）界定分析单位——案例

该阶段包含两个关键步骤：案例界定与案例范围限定。在案例研究中，"个案"可能体现为不同的分析单位：当研究对象为个体（如网瘾青少年研究）时，个体就是分析单位；在将多个个体的资料整合到一起时，则构成多案例研究。若以家庭或组织为研究对象，分析单位则相应转变为群体或组织，其资料收集流程与单案例研究类似，但聚焦于群体层面。此外，案例的分析单位亦可延伸至特定事件或实体。

4）做好资料与假设之间的连接工作

随着资料收集工作沿着假设的方向不断展开，案例研究逐步进入资料分析阶段。调查者需要选择主要资料，并评估所选资料与案例研究的适配性。

这一步的目的十分明确，就是依据研究假设选取合适的主要资料，为后续的资料分析奠定坚实的基础。在排除逻辑关联性较弱的资料后，研究的主线逻辑将通过主要资料得到显著强化。

5）分析竞争性解释

在案例研究中，与调查者的预期不一致的竞争性解释是客观存在的。因此，主动探寻与研究发现相悖的竞争性解释成为不可或缺的研究策略。这不仅是对研究结论的严谨检验，更是其学术价值的重要体现。

对竞争性解释的分析本身就是展示研究发现的一种重要方式——否定的、反面的解释越多，反而越能凸显研究发现的可靠性。正因如此，方案设计阶段会面临一项关键挑战：调查者需要预先识别并列举可能的竞争性解释。唯有如此，才能在资料收集过程中有针对性地纳入相关信息，确保研究的全面性和说服力。

3. 质量的判定标准

方案设计的质量判定标准依旧可以从信度和效度两个角度进行考察。信度检验包含资料收集过程中资料库的建立检验和研究草案的检验；效度检验有三种，分别是建构效度、内在效度、外在效度。

（1）信度：表明研究具有可重复性。在资料收集的过程中，每个调查者都可以依据前人研究的步骤进行相应的资料收集，因此这个过程具有可重复性。调查者需要在资料收集的过程中在"建立案例研究资料库"和"采用案例研究草案"方面注意研究设计的信度。

（2）建构效度：研究中的概念能够形成一套准确、具有可操作性且成体系的研究指标。在资料收集阶段，多元的证据来源、证据链等能有效提高案例研究的建构效度。

（3）内在效度：在各种现象中找出因果联系，即证明某一特定的条件将导致另一特定的结果。内在效度仅用于解释性或因果性案例研究。在证据分析阶段，调查者需要注意在模式匹配、尝试解释、分析对立的竞争性解释、运用逻辑模型等方面提高内在效度。

（4）外在效度：建立一个范畴，将研究结果归于该类项下。调查者需要注意用理论指导单案例研究草案和通过重复、复制的办法进行多案例研究，以此提高案例研究的外在效度。

（三）案例研究的设计

1. 单案例研究设计与多案例研究设计

单案例研究作为常用的案例研究法，其设计适用于以下情况：①对现有理论进行批驳或检验；②不常见的、独特的现象；③具有代表性或典型性的事件；④启示性事件；⑤对同一案例进行纵向比较。单案例研究可以对某一方面的问题在各种变化阶段出现的情况做出较为具体的描述。通过描述，调查者可以对案例进行概念的抽取和因果的探寻。

在探讨案例研究的多样性时，我们确实会遇到包含多个案例的复杂情境，这通常被称为多案例研究设计。以学校的教学改革为例，当研究范围跨越了多所学校，每所学校都在尝试实践不同的教学改革措施，如引入新课程方案、调整学期安排或采纳新型教育技术时，这种研究便显得尤为丰富。在多案例研究设计中，每所学校都被视为一个独立的案例，它们各自进行教学改革的不同尝试。通过跨案例的比较分析，调查者可以揭示不同教学改革措施之间的共性与差异。

这两种案例研究法从本质上是同一研究方法的两个变式。单案例研究常常用于不常见的案例、批判性的案例和启示性的案例等情况。而多案例研究占用更多的资源和时间，个体很难支撑。因此，调查者拟采用多案例研究的决策一定要审慎。

2. 案例研究的步骤

案例研究的步骤可以大体分为三个阶段：界定与设计，准备、收集资料及阶段分析，总体分析及总结。具体的案例研究步骤可以借鉴图 12.2 进行理解。图 12.2 以多案例研究步骤的展示为例。

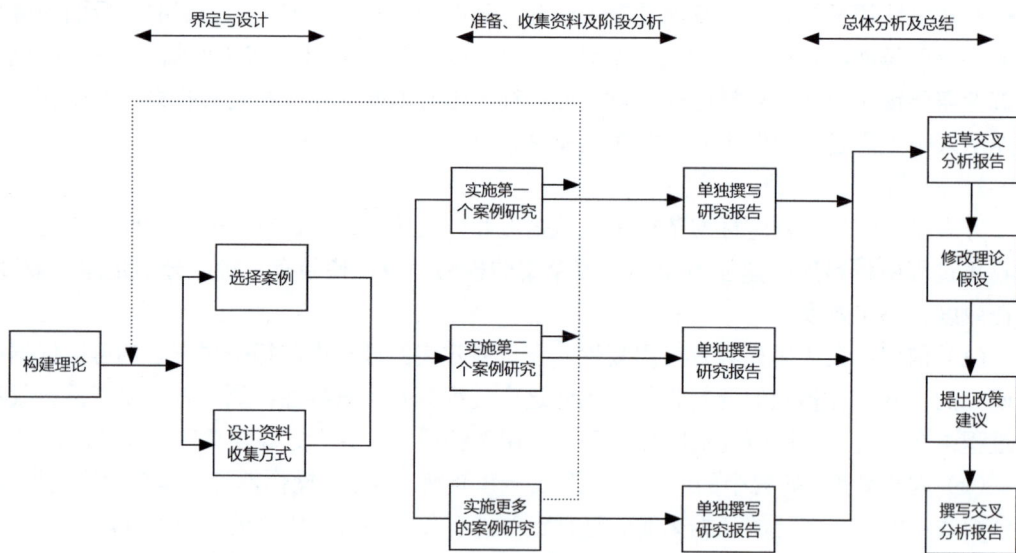

图 12.2　案例研究的步骤

（资料来源：COSMOS 公司）

（四）资料分析：案例研究的证据分析

1. 案例研究证据的多样性

案例研究的证据（即资料）来源多元，如政府的档案记录、各种会议文件、各种访谈记录、观察结果等，证据分析非常重要。

面对数量庞大的证据，调查者首先要锚定内心深处最关注的疑问，而非从资料开始思考。调查者应该挑选那些能够触及心灵、启迪思考的微小疑问作为探索的起点，然后在大量证据下构建初步的论点；同时，需要考虑如何向读者展示证据。随着研究的深入，调查者需要重复上述过程，以小见大、由浅入深，坚持不懈地挖掘、分析、论证，直至可以解释自己的主要研究问题。

2. 整理证据的方式

在研究早期，做"资料探索游戏"会很有效果，即将证据有条理地排列后，调查者对证据的理解就会慢慢浮现。Miles & Huberman（1994）提到其他处理信息的技巧：首先，将证据有条不紊地整理成各自独立的序列；其次，构建一个类别矩阵，以便将证据精准地归类至不同的类别之中；接着，明确证据的呈现形式，如流程图或各类图表，以此验证证据的准确性和有效性；然后，编制一张详尽的事件频率图，直观展示不同事件的出现频次；最后，依据时间顺序或其他逻辑顺序，对证据进行有序的排列与整理。

及时撰写备忘录与笔记也是整理证据的有效方式，这一习惯应贯穿于整个证据收集与分析过程的始终。备忘录作为证据分析不可或缺的工具，不仅能记录关键信息与调查者的初步见解，更能在后续的证据分析阶段发挥重要的引导作用，确保分析过程的连贯性与深入性。

3. 证据分析的四种主要策略

（1）依据理论假设

此策略根植于案例研究的理论假设之中。案例研究的整个构思与规划过程，皆以这些精心构建的理论假设为基石。而这些理论假设又引导调查者提出深刻的问题、深入挖掘文献，并在此过程中提出新的理论假设。通常而言，当理论假设初现轮廓时，调查者便会以此为指引，精心设计出资料收集的方案，确保每一步都紧密围绕理论假设展开。随后，调查者会根据收集到的资料，灵活运用各种分析策略，以期对理论假设进行验证与深化。

（2）整合原始资料

此策略以资料为核心，摒弃了先入为主的理论假设。无论是源自"资料探索游戏"的意外收获，还是初次接触资料时便显露出的独特排列模式，调查者往往都能从中捕捉到一两个核心概念的雏形。这会引领调查者深入挖掘资料，逐步揭示其背后的复杂关系与深层含义。

（3）进行案例描述

此策略聚焦于通过描述性框架来系统地组织案例研究，具备独立运用的灵活性。对于那些在运用前两种策略时遇到挑战的调查者而言，案例描述策略提供了一个可行的替代方案。具体而言，当调查者尚未明确最初的研究问题或理论假设，即第一种策略暂时无法施展时，或者尽管已积累了大量资料，却尚未从中提炼出有效的分析概念，即第二种策略实施困难时，采用案例描述策略便显得尤为适宜。通过详尽的案例描述，调查者可以在不依赖预设假设或即时概念提炼的情况下，逐步深入理解案例，为后续的分析奠定坚实的基础。

（4）检验与之相反的竞争性解释

此策略聚焦于确定和检验竞争性解释。调查者要尽力做好与自己想法相反的竞争性解释资料的分析与处理工作。调查者只有面对这些资料，将其融入自己的证据中，才能表明这项研究的重要性。

在探讨如何为案例研究分析做好充分准备时，我们确实可以强调一个核心要素——确定全面的总分析策略。这一策略的核心价值在于，将案例研究中的丰富资料与一系列概念紧密相连，为调查者指明分析资料的具体路径。调查者在此过程中，可以借鉴并融合已有的智慧结晶，如上文提及的证据分析的四种主要策略。

4. 确保高质量分析

无论采用哪种分析策略或技术，都必须确保分析的质量。在案例研究中，需要注意和坚持以下四个原则。

首先，分析过程需要全面涵盖所有可得的资料。在构建分析策略时，应详尽地阐述所有竞争性解释，以全面回答关键问题。尤为关键的是，需要对尖锐与模糊的问题进行明确区分，并在分析过程中不遗余力地收集一切可获取的资料，以确保分析的深度和广度。

其次，为了提升分析的全面性和深度，应在可能的情况下明确指出所有合理且存在的竞争性解释。这意味着，若其他学者对研究结果中的某个或某些方面持有不同的见解，则调查者应将这些不同的见解视为竞争性解释，并纳入分析范畴。随后，应积极探寻是否有足够的资料来支撑或反驳这些竞争性解释，从而得出更为严谨的结论。

再次，在进行案例分析时，务必清晰地揭示研究中最具价值的方面。无论是聚焦于单案例研究还是聚焦于多案例研究，若调查者能够明确地将注意力集中在最为核心的问题上，并在分析的初期就予以界定，就都属于运用了高效的分析策略。如此一来，分析过程自然能够突出重点、层次分明，同时确保关键问题得到充分的探讨，而次要问题则不至于喧宾夺主。

最后，在案例研究的深入探索中，恰当地融入调查者自身积累的专业知识是至关重要的。理想的状况是，调查者不仅对其研究领域的最新动态与学术流派了如指掌，而且能够娴熟地运用这些专业知识来解读和分析案例。若调查者还能从其过往的调查研究经历及学术论文中汲取养分，深刻理解研究课题的多样面貌与潜在脉络，那将是锦上添花的事情。

简化的案例：S市"安全司机计划"

S市与酒精相关的机动车伤害和死亡事故数量随季节变化急速增加，因酒驾而被拘留的比例也保持在较高水平。民众对此表示担忧，他们希望政府严查酒驾，以保证当地居民、外来旅游者等出行人的安全。

2001年，S市成立"减少酒精滥用合作组织"。自该组织成立以来，其核心任务便是探索并实施一系列既能有效解决问题又不至于对当地旅游业造成负面影响的策略。回顾过往，曾有"代驾司机运动"的构想被提出，并在周边社区进行了初步探索。而随着合作组织的正式成立，该方案得到了进一步的拓展，最终演化成更为全面和细致的"安全司机计划"。

"减少酒精滥用合作组织"精心策划了两项针对酒驾问题的提案，这两项提案在经历市政府与司法部门的严格听证后，顺利转化为具有法律效力的地方法规，并即刻生效执行。首项提案明确规定，所有酒类零售商需实施酒类饮料的限量销售策略，并需提交详尽的顾客酒驾预防方案。而第二项提案则鼓励广大居民以志愿者的身份踊跃参与，携手共建一个无酒驾的和谐社会。为了确保新规得到顺利推行，当地治安警察不辞辛劳，将这一重要信息逐一传达至每一家酒类零售商，以确保新规的广泛知晓与严格执行。

起初，人们倾向于将因酒驾而被拘留的人数视为衡量消除酒驾措施成效的直观指标。诚然，在短期内，更为严格的执法措施可能会导致这一数字暂时攀升，但在长远视角下审视，若消除酒驾的合作努力得以有效推进，则因酒驾而被拘留人数的下降趋势终将显现。有鉴于此，紧密监测并对比分析规定实施前后的因酒驾而被拘留人数变化显得尤为重要，这将为我们提供评估措施效果的关键依据。

S市把实施规定之前几年中因酒驾而被拘留的人数与实施规定之后因酒驾而被拘留的人数进行了对比。结果显示，在经历了一段快速上升期之后，因酒驾而被拘留的人数在4年间出现了小幅下降趋势（见表12.10）。

"安全司机计划"之所以能够全面铺开，其背后的推动力不仅源自合作组织与当地执法部门的紧密协作，更离不开酒类零售商的鼎力支持。这种多方合力，实现了在不触动商业利益的前提下强化执法力度，有效降低了酒驾的发生率。尤其值得一提的是，合作组织之所以能精准掌握因酒驾而被拘留的人数——这一衡量计划成效的关键指标，正是得益于其成员中包括当地执法部门。而在合作组织成立之前，如此跨部门的合作机制尚属空白。

然而，在"安全司机计划"如火如荼进行的同时，S市虽积极倡导抵制酒驾，但在其他地区，酒驾问题却未见好转，甚至在同一时间段内，因酒驾而被拘留的人数还出现了不降反升的现象。

表 12.10　"安全司机计划"的成效

对比	年份	因酒驾而被拘留的人数 / 人
规定实施前	1999	51
	2000	68
	2001	89
规定实施后	2002	73
	2003	75
	2004	66
	2005	63

第二节　社会调查定量分析

随着统计分析方法的发展，社会调查中的定量资料越来越丰富，基于定量资料的统计分析也越来越普遍。

一、定量分析的问题

在调查报告中，不同类型的问题需要用不同的变量或方法进行分析。以下是在数据分析时经常遇到的问题类型及其所用的变量或方法。

（一）集中趋势问题：研究样本的集中趋势

变量或方法：众数、中位数、分位数、平均数。

例如，假设进行一项调查研究，调查人们每周花费在社交媒体上的时间。为了了解大多数人的行为，我们可以计算该样本的众数，即在该样本中出现最频繁的花费时间。

（二）分类问题：用于将观察对象分为不同的类别或群组

变量或方法：频数、分类变量、交叉表格。

例如，在就业问题研究中，假设要研究参与者的教育水平和就业状态之间的关系，则可以创建一个交叉表格，将教育水平划分为不同类别（高中/中专及以下、大专、本科、研究生及以上），将就业状态划分为就业和失业，然后计算每个类别的频数或百分比。

（三）关联问题：研究多个变量之间的相关性或关联程度

变量或方法：相关系数、散点图。

例如，在市场调查中，要想研究营销费用和销售额之间的关系，可以通过计算营销费用和销售额之间的相关系数来确定二者间的关联程度，而且绘制散点图可以实现这种关系的可视化。

（四）离散问题：研究数据的离散程度或变异程度

变量或方法：方差、标准差。

例如，在学生成绩的分析中，记录了某年级 20 个班的语文成绩，为了分析不同班级语文成绩的变异程度，可以计算语文成绩的方差。

（五）预测问题：预测或估计未来事件或结果

变量或方法：回归分析、时间序列分析。

例如，从理论上讲，绿色技术创新对城市绿色发展有显著的促进作用。为了验证这种理论假设，可以通过回归方法来分析不同城市绿色技术创新对城市绿色发展的影响，从而得出相应的结论。

在定量分析中，还有聚类分析、因子分析、逻辑回归分析等各类统计分析方法。这些较为复杂的方法主要应用于学术研究，在此不做介绍。如果感兴趣，可深入阅读相关数据分析方法的文献资料。

二、图表设计与使用

在日常的工作与生活中，无论是阅读报纸杂志，还是观看电视或上网，我们都会遇到大量的统计表和统计图。统计表以简洁的表格形式有条理地组织了复杂的数据，而统计图则以直观的方式呈现了数据的形象，二者都能使我们更容易理解相关社会现象。因此，正确运用统计表和统计图是进行优质统计分析所必需的基本技能。

（一）鉴别图形优劣的准则

一种巧妙设计的图形是有效展示数据的工具，能够准确传达数据所要表达的信息。但不可过度关注图形的修饰，否则会耗费过多的时间和精力，得不偿失，甚至画蛇添足。在设计图形时应追求简洁，以清晰地展示数据并合理地达到统计目的。一张好图应具备以下基本特征。

（1）显示数据。

（2）引导读者将注意力集中到内容上，而不是图形的外观上。

（3）强调数据之间的比较。

（4）服务于研究目标。

（5）有对图形的统计描述和文字说明。

图形的视觉效果应与数据所代表的事物特征相匹配，以免扭曲数据并造成误解。图 12.3 总结了数据类型与主要图示方法。

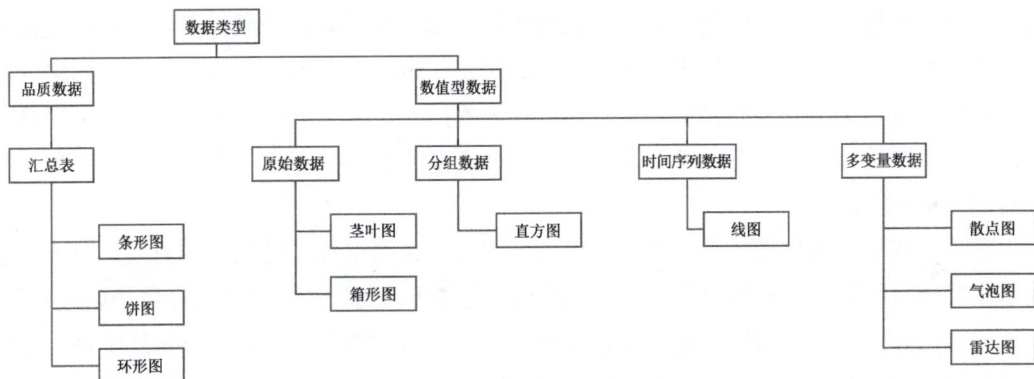

图 12.3　数据类型与主要图示方法

（资料来源：贾俊平，何晓群，金勇进. 统计学 [M]. 6 版. 北京：中国人民大学出版社，2015：64. ）

（二）统计表的设计

面对大量的统计数据，不但难以阅读理解，更困难的是无法发现数据背后的深层逻辑。而统计表就是展示数据的基本工具之一，可以使大量杂乱的数据更易阅读、理解和分析。只要将这些数据整理到一张统计表中，就可以使其清晰明了、简洁易懂。因此，充分利用统计表是进行统计分析的基本要求。

统计表的形式多种多样，根据使用者的要求和统计数据本身的特点，可以绘制出形式各样的统计表。表 12.11 就是一种比较常见的统计表。

表 12.11　2018—2020 年城镇居民家庭抽样调查资料

项目	单位	2018 年	2019 年	2020 年
调查户数	户	4070	4080	4080
平均每户家庭人口	人	2.95	2.96	2.93
平均每户就业人口	人	1.57	1.55	1.50
平均每户就业面	%	53.22	52.36	51.19
平均每一就业者负担人数	人	1.88	1.91	1.95
平均每人可支配收入	元	39 549	42 329	43 726
平均每人消费性支出	元	24 798	26 731	27 291
人均住房建筑面积	m²	36.80	37.14	37.31

资料来源：国家统计局. 中国统计年鉴 [M]. 北京：中国统计出版社，2021：203.

由于使用者的要求和统计数据本身的特点各不相同，统计表的形式和结构会有所差异，但科学、实用、简洁和美观一直是设计与使用统计表的要求。具体而言，在设计与使用统计表时应注意以下几点。

首先，需要合理组织统计表的结构，涉及横标目、纵标目和数据的排列。为了突出不同的重点，可以对横标目和纵标目进行调换，同时确保统计表的宽高比恰当，避免表格显得过于细长或宽大。

其次，表格上方一般应包括表号、表题和计量单位等内容。表题应简洁而精确地描述统计表中所包含的内容，通常需要指明数据的时点、地域及所涉及的具体内容。如果表格内的所有变量均采用统一的计量单位，则可在表格的右上角位置标注该单位；如果表格中不同变量使用的计量单位有所差异，则应在每个变量之后或在表格中单独设立一列来指明各自的计量单位。

再次，在统计表的设计中，顶部和底部的横线宜采用粗线以增强视觉效果，而表内其他水平线则可用细线。一般而言，统计表的左右两侧不设封闭线，而在纵标目间如有必要，可通过竖线来区分；相对地，横标目之间则通常不使用横线作为分隔。总体原则是，在保证表格清晰可读的前提下，尽量减少线条的使用，以保持表格的简洁性。

然后，如果数据有小数点，应统一小数点位数。如果表格中没有任何数据，不能留白，一般使用"—"表示。

最后，可根据需要在表格下方添加注释，对数据进行拓展说明。尤其是引用的数据，要注明数据来源，这样既方便读者阅读，又尊重知识产权。

三、定量统计分析

定量统计分析是指运用统计方法，对调查获取的各种数据及资料进行数理统计和分析，以形成定量结论的过程。定量统计分析是继统计设计、统计调查、统计整理之后的一项十分重要的工作，有助于调查者达成对调查对象更为深刻的认识。合理使用图表描述定量统计分析的结果是定量统计分析的基本技能之一，下面解释几种常见的定量统计分析方法。

（一）集中趋势分析

集中趋势是分析一组数据向某一中心值靠拢程度的指标，它揭示了数据集的中心位置。以下内容将从不同类型的统计数据开始，逐步介绍各种集中趋势指标。需要明确的是，适用于低层次统计数据的集中趋势指标同样适用于高层次统计数据；然而，适用于高层次统计数据的集中趋势指标不适用于低层次统计数据。因此，在选择集中趋势指标时需要根据所掌握的数据类型和特征进行决策。

1. 众数

众数（Mode）是一组数据中出现次数最多的变量值，用 M_o 表示。众数是数据集中的一个趋势点，一组数据分布的最高峰点对应的数据即众数。因此，众数主要用于测度分类数据的集中趋势，也可用于测度顺序数据和数值型数据的集中趋势。一般情况下，只有在数据量较大的情况下众数才有意义。当然，如果数据分布没有明显的集中趋势或最高峰值，就可能不存在众数；如果存在多个最高峰值，就可能有多个众数。

2. 中位数和分位数

在一组数据中，可以结合数据的变化情况找出处于不同位置的数据，即分位数。可以根据位置的不同设置，将数据分为中位数、四分位数、十分位数、百分位数等。

1）中位数

中位数（Median）是一组数据排序后处于中间位置的变量值，用 M_e 表示。中位数位置的确定公式：

$$中位数位置 = \frac{n+1}{2}$$

其中，n 为数据的个数。

2）分位数

中位数将数据从中间点等分为两部分，类似的还有四分位数、十分位数和百分位数等。四分位数包括下四分位数（Q_L）、上四分位数（Q_U），公式如下：

$$Q_L = \frac{n}{4} \quad Q_U = \frac{3n}{4}$$

当对应的位置是整数时，四分位数即对应的数值；当对应在 0.5 的位置上时，则四分位数取该值两侧值的平均数；当对应在 0.25 或 0.75 的位置上时，则四分位数等于该位置的下侧值加上按比例分摊位置两侧值的差值。

3. 平均数

平均数也称均值，是一组数据相加后除以数据的个数得到的结果。平均数主要适用于数值型数据，是集中趋势的最主要测度值。

（二）分类分析

对于分类数据，其本质上是对事物进行分类。因此，在整理数据时，首先需要列出各个类别，并计算每个类别的频数、频率、比例等。之后，通过这些计算，可以生成一个频数分布表。最后，根据需要选择适当的图表进行展示，以便初步了解数据及其特征。

1. 频数与频数分布

频数是指数据集中落在某个特定类别或组中的个数。将各个类别及其对应的频数列出，并以表格的形式呈现，称为频数分布。下面以一个示例来展示分类数据的频数分布表。

例如，为了调查人才对人才服务的满意度，需要对不同年龄段的人才情况进行统计，生成频数分布表，并进行描述性分析，具体情况如表 12.12 所示。

表 12.12　调查人才年龄的频数分布表

项目	人数 / 人	比例
35 岁及以下	326	8.56%
36～40 岁	623	16.35%
41～45 岁	795	20.87%
46～50 岁	613	16.09%
51～55 岁	537	14.09%
55 岁以上	916	24.04%
合计	3810	100.00%

资料来源：编者根据调查资料整理获得。

对于分类数据的描述，除了可以通过频数分布表来呈现，还可以利用比例、百分比、比率等统计指标来进行说明。比例，又称构成比，表示样本（或总体）中各部分与整体之间的相对大小，常用于描述样本（或总体）的组成或结构。将比例转换为百分数的形式，即乘以 100%，便得到了百分比，用百分号（%）表示。而比率则用于衡量样本（或总体）中不同类别之间的相对大小。由于比率反映的是类别间的比较，并不是部分对整体的比例，因此其值可能超过 1。

2. 累积频数和累积频率

累积频数是指将有序分类或分组的频数依次叠加的数值。计算累积频数通常有两种方法：一种是从序列的起始端向另一端累加频数（对于数值型数据分组，则是从数值小的组向数值大的组累加），这种方法被称作向上累积；另一种是从序列的另一端向起始端累加频数（对于数值型数据分组，则是从数值大的组向数值小的组累加），这种方法被称作向下累积。累积频数能够帮助调查者方便地得出某一分类（或数值）以下或以上的频数总和。

累积频率或累积百分比则是将有序分类或分组的频数百分比依次叠加的结果。同样，可以采用向上累积和向下累积两种方法进行计算。

例如，在某产品满意度的调查中，调查者随机抽样调查 200 位客户，"对购买产品的售后服务的满意度"问题的回答选择依次是：1. 非常不满意；2. 不满意；3. 一般；4. 满意；5. 非常满意。调查结果的频数分布表如表 12.13 所示。

表 12.13　调查某产品售后服务满意度的频数分布表

回答选择	用户数 / 人	百分比	向上累积		向下累积	
			用户数 / 人	百分比	用户数 / 人	百分比
非常不满意	10	5%	10	5%	200	100%
不满意	40	20%	50	25%	190	95%
一般	52	26%	102	51%	150	75%
满意	58	29%	160	80%	98	49%
非常满意	40	20%	200	100%	40	20%
合计	200	100%	—	—	—	—

资料来源：编者根据调查资料整理获得。

3. 分类数据的图示

上面提到了如何建立频数分布表以反映分类数据的分布情况。使用图形来展示频数分布可以更加形象和直观，也显得更有说服力。统计图表有许多种类型，大多数统计图表不仅可以绘制二维平面图，还可以绘制三维立体图。下面介绍分类数据的图示方法，包括条形图、帕累托图、饼图、环形图、直方图、线图和雷达图。

（1）条形图。条形图是一种数据可视化工具，通过条形的高度或长度来展示数据的大小，而这些条形具有一致的宽度。这种图表可以水平或垂直排列，当垂直展示时，通常被称为柱状图。条形图有多种类型，包括单一条形图和复合条形图。

（2）帕累托图。该图是按各类别数据出现的频数多少排序后绘制的条形图。通过对条形的排序，容易看出哪类数据出现得多、哪类数据出现得少。

（3）饼图。饼图主要用圆形及圆内扇形的角度来表示数值占比的情况，主要用于表示样本中各部分占全部的比例，对于研究结构性问题十分有用。

（4）环形图。基本的饼图仅能呈现单一数据集中各部分的比例分布。若将多个饼图堆叠，并在中间留出空间，便形成了环形图。环形图与饼图在视觉上相似，但也存在一些差异。环形图拥有一个中心的空白区域，每个数据集由一个圆环代表，而数据集中的每个部分则由圆环中的一个扇形表示。因此，环形图能够展示多个数据集的组成比例，便于进行结构上的对比分析。

（5）直方图。直方图是一种用于展示分组数据分布的图形，通过矩形的宽度和高度（面积）来表示频数分布。在绘制直方图时，我们可以在平面直角坐标系中用横轴表示数据分组，用纵轴表示频数或频率。这样，每个分组与相应的频数就形成了一个矩形，即直方图。

直方图与条形图在表现形式上存在差异。首先，条形图通过条形的高度或长度来反映不同类别的频数，条形的宽度则用来代表各个类别，且这个宽度是统一的。相比之下，直方图利用图形的面积来展示各组的频数，其中矩形的高度用来指示每组的频数或频率，宽度则代表组距，这意味着其高度和宽度都承载着信息。其次，由于直方图处理的是连续型分组数据，其矩形通常紧密相连；而条形图展示的是离散的类别，条形之间是分开的。最后，条形图适用于展示分类数据，而直方图则适用于展示数值型数据。

（6）线图。如果数值型数据是根据时间不同而分布的时间序列数据，则可以绘制线图来表示。

例如，假设某公司生产甲、乙、丙三种型号的电磁炉，这三种电磁炉在 2023 年 12 个月中的销量如表 12.14 所示。

表 12.14　甲、乙、丙三种电磁炉在 2023 年各月的销量

单位：个

月份	型号		
	甲	乙	丙
1	106	82	121
2	119	86	118
3	137	89	116
4	150	96	115
5	156	99	111
6	182	104	106
7	211	106	101
8	224	111	95
9	265	117	90
10	283	120	83
11	308	125	76
12	341	132	69

资料来源：编者根据调查资料整理获得。

根据上述数据绘制时间序列图，分析电磁炉销量的变化趋势和特点，如图 12.4 所示。

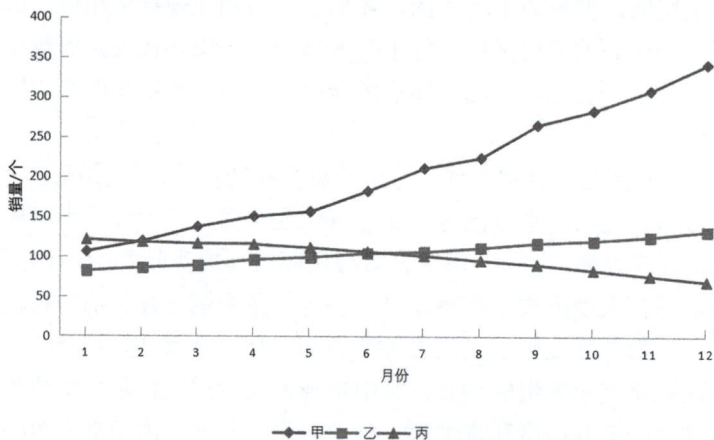

图 12.4　甲、乙、丙三种电磁炉销量的变化趋势和特点

（资料来源：编者根据表 12.14 中的数据整理获得。）

从图 12.4 中可以看出，甲、乙两种电磁炉的销量逐月提高，而且甲种电磁炉的销量增长趋势明显高于乙种电磁炉，而丙种电磁炉的销量则呈现下降趋势。

在绘制线图时，一般将时间放在横轴，将观测值放在纵轴。为了保持美观和正确的视觉感知，横轴的长度应略长于纵轴，大致按照 10∶7 的长宽比例来设计。通常情况下，纵轴的数据应从"0"开始，以便进行比较。如果数据与"0"之间的间距过大，则可以使用折断符号将纵轴折断。

（7）雷达图。雷达图是展示多个变量的常用图示方法，又称蜘蛛图。设有 n 组样本 $S_1, S_2, \cdots, S_n$，每个样本测得 P 个变量 $X_1, X_2, \cdots, X_p$。要绘制这 P 个变量的雷达图，具体做法是：先画一个圆，再将圆 P 等分，得到 P 个点，令这 P 个点分别对应 P 个变量，然后将这 P 个点与圆心连线，得到 P 条辐射状的半径，这 P 条半径分别作为 P 个变量的坐标轴，每个变量值的大小由半径上的点到圆心的距离表示，最后将同一样本的值在 P 个坐标上的点连线。

雷达图在展示和比较各个变量的总数时非常有用。假设各个变量的取值都有相同的正负符号，那么总的绝对值与图形所包围的区域将成比例。此外，雷达图还能用于研究多个样本之间的相似度。

例如，调查显示，享受过绿色通道服务的人才有 2553 人。具体来看，享受过交通服务的有 1158 人，享受过旅游服务的有 952 人，享受过医疗保健的有 854 人，享受过职称评审的有 499 人，享受过子女入学的有 302 人，享受过健身服务的有 279 人，享受过休假疗养的有 274 人，享受过岗位聘用的有 175 人，享受过出入境、工作许可和居留的有 132 人，享受过住房保障的有 115 人，享受过科研服务的有 111 人，享受过其他绿色通道服务的在 100 人以下，具体如图 12.5 所示。

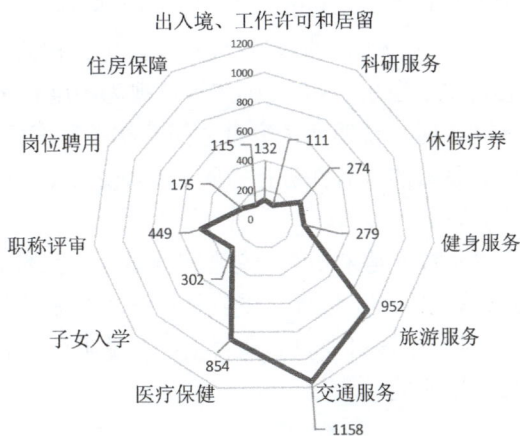

图 12.5　享受过绿色通道服务的事项情况

（资料来源：编者根据调查资料整理获得。）

（三）关联分析

1. 相关分析

为了精确测量两个变量之间的关联程度，我们可以计算相关系数。这个统计指标是基于样本数据得出的，用于评估两个变量之间线性相关关系的程度。当相关系数从整个总体数据中计算得出时，称为总体相关系数，用 ρ 表示；当相关系数从样本数据中计算得出时，称为样本相关系数，用 r 表示。

为了解释相关系数各数值的含义，首先需要对相关系数的性质有所了解。相关系数的性质可总结如下。

（1） r 的取值范围是 $[-1,1]$。若 $0<r<1$，则表明 x 与 y 之间存在正线性相关关系；若 $-1<r<0$，则表明 x 与 y 之间存在负线性相关关系；若 $r=+1$，则表明 x 与 y 之间为完全正线性相关关系；若 $r=-1$，则表明 x 与 y 之间为完全负线性相关关系。可见，当 $|r|=1$ 时，y 的取值完全依赖 x，二者之间为函数关系；当 $r=0$ 时，y 的取值与 x 无关，二者之间不存在线性相关关系。

（2）具有对称性。x 与 y 之间的相关系数 r_{xy} 和 y 与 x 之间的相关系数 r_{yx} 相等。

（3）r 的数值大小与 x 和 y 的数据原点及计量尺度无关。改变 x 和 y 的数据原点及计量尺度，并不会改变 r 的数值大小。

（4）r 仅仅是 x 与 y 之间线性相关关系的一个度量单位，不能用于描述非线性相关关系。这意味着，$r=0$ 只表示两个变量之间不存在线性相关关系，并不说明两个变量之间没有任何关系，它们之间可能存在非线性相关关系。当两个变量之间的非线性相关程度较大时，可能会导致 $r=0$。因此，当 $r=0$ 或很小时，不能轻易得出两个变量之间不存在相关关系的结论，而应结合散点图做出合理的解释。

（5）r 虽然是两个变量之间线性相关关系的一个度量单位，但并不意味着 x 与 y 之间一定有因果关系。

了解相关系数的性质有助于对其实际意义做出解释。但根据实际数据计算的 r 的取值一般为 $[-1,1]$，$|r| \to 1$ 说明两个变量之间的线性相关关系越强；$|r| \to 0$ 说明两个变量之间的线性相关关系越弱。对于一个具体的 r 的取值，根据经验可将相关程度分为以下几种情况：当 $|r| \geqslant 0.8$ 时，可视为高度相关；当 $0.5 \leqslant r < 0.8$ 时，可视为中度相关；当 $0.3 \leqslant |r| < 0.5$ 时，可视为低度相关；当 $|r| < 0.3$ 时，说明两个变量之间的相关程度极弱，可视为不相关。但这种解释必须建立在对相关系数的显著性进行检验的基础之上。

2. 相关系数的显著性检验

一般情况下，总体相关系数 ρ 是未知的，通常将样本相关系数 r 作为 ρ 的近似估计值。但由于 r 是根据样本数据计算出来的，因此会受到抽样波动的影响。由于抽取的样本不同，r 的取值也就不同，因此 r 是一个随机变量。能否根据 r 说明总体的相关程度，需要考察 r 的可靠性，也就是进行显著性检验。

1）r 的抽样分布

为了对 ρ 的显著性进行检验，需要考察 r 的抽样分布。r 的抽样分布随 ρ 和样本量 n 的大小而变化。当样本数据来自正态总体时，随着 n 的增大，r 的抽样分布趋于正态分布，尤其是在 ρ 很小或接近 0 时，r 的抽样分布趋于正态分布的趋势非常明显。而当 ρ 远离 0 时，除非 n 非常大，否则 r 的抽样分布会呈现一定的偏态。因为 r 是在 ρ 的周围分布的，当 ρ 的数值接近 +1 或 -1 时，如 $\rho=0.96$，r 的值可能以 0.96 为中心朝两个方向变化；又由于 r 的取值范围为 $[-1,1]$，所以一方的变化以 +1 为限，全距是 0.04，而另一方的变化以 -1 为限，全距是 1.96，两个方向变化的全距不等，因此 r 的抽样分布也不可能对称。但当 ρ 等于或接近 0 时，两个方向变化的全距接近相等，所以 r 的抽样分布也就接近对称。

总之，当 ρ 为较大的正值时，r 呈现左偏分布；当 ρ 为较大的负值时，r 呈现右偏分布。只有当 ρ 接近 0，而样本量 n 很大时，才能认为 r 是接近正态分布的随机变量。然而，在以 r 来估计 ρ 时，总是假设 r 为正态分布，但这一假设常常会带来一些严重的后果。

2）r 的显著性检验

如果对 r 服从正态分布的假设成立，则可以应用正态分布来对其进行检验。但从上面对 r 抽样分布的讨论可知，对 r 的正态性假设具有很大的风险，因此通常情况下不采用正态检验，而采用费希尔提出的 t 检验。该检验方法既可以用于小样本，也可以用于大样本。检验的具体步骤如下。

第 1 步：提出假设。

$$H_0:\rho=0 \quad H_1:\rho\neq0$$

第 2 步：计算检验的统计量。

$$t =|r|\sqrt{\frac{n-2}{1-r^2}} \sim t(n-2)$$

第 3 步：进行决策。根据给定的显著性水平 α 和自由度 $df=n-2$ 查 t 分布表，得出 $t_{\alpha/2}(n-2)$ 的临界值。若 $|t|>t_{\alpha/2}$，则拒绝原假设 H_0，表明总体的两个变量之间存在显著的线性相关关系。

3. 相关数据的图示

上面介绍的一些图表描述的都是单变量数据。当有两个或两个以上变量时，可以采用多变量的图示方法，常见的有散点图、气泡图等。

1）散点图

散点图是用二维坐标展示两个变量之间关系的一种图表。横轴代表变量 x，纵轴代表变量 y，每组数据（x_i, y_i）在坐标系中用一个点表示，n 组数据在坐标系中形成了 n 个点，称为散点。由坐标及散点形成的二维数据图称为散点图。

例如，不同地区的小麦产量与温度和降雨量等可能存在一定的数量关系。为了分析这种数量关系的具体情况，调查者收集了不同情况下的具体数据，如表 12.15 所示。

表 12.15　小麦产量与温度和降雨量的数据

地区	变量		
	温度 /℃	降雨量 /mm	产量 / (kg/hm²)
1	6	24	2150
2	8	39	3350
3	11	59	4500
4	13	67	5650
5	15	108	5700

续表

地区	变量		
	温度 /℃	降雨量 /mm	产量 /（kg/hm²）
6	17	98	7400
7	21	122	8150

资料来源：贾俊平，何晓群，金勇进. 统计学 [M]. 6 版. 北京：中国人民大学出版社，2015：61.

根据表 12.15 中的数据，可绘制小麦产量与降雨量的散点图，如图 12.6 所示。从图 12.6 中可以看出，小麦产量与降雨量之间呈现显著的线性相关关系，随着降雨量的增加，小麦的产量也会增加。

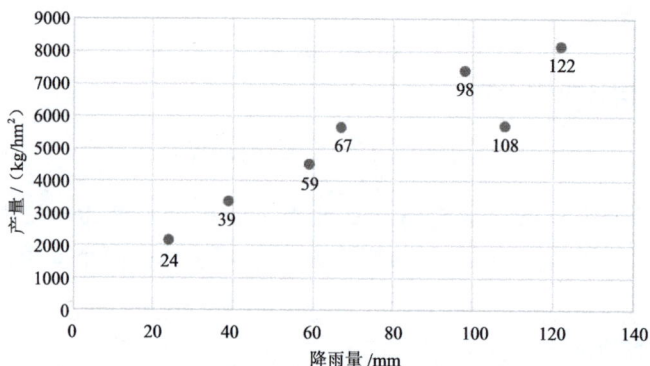

图 12.6　小麦产量与降雨量的散点图

（资料来源：编者根据表 12.15 中的数据整理获得。）

2）气泡图

气泡图是展示三个变量之间关系的一种图表。它将一个变量定位在 x 轴，将另一个变量定位在 y 轴，而第三个变量则通过气泡大小来体现。根据表 12.15 中的数据，可绘制小麦产量与温度和降雨量的气泡图，如图 12.7 所示。从图 12.7 中可以看出，随着温度的上升，降雨量呈上升趋势，同时小麦的产量也会增加。

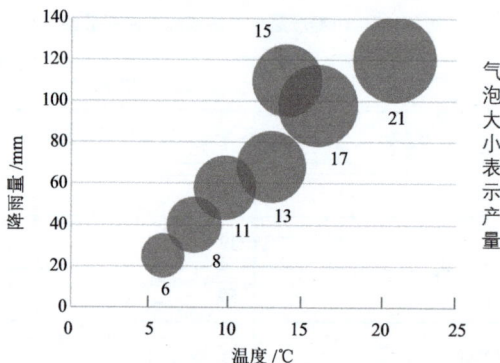

图 12.7　小麦产量与温度和降雨量的气泡图

（资料来源：编者根据表 12.15 中的数据整理获得。）

（四）离散分析

数据分布的离散程度是衡量数据特性的一个关键指标，它说明了数据值与中心值的偏离程度。当数据的离散程度较高时，数据的代表性较弱，集中趋势的度量对该数据集的代表性也较差；当数据的离散程度较低时，数据的代表性较强。根据数据的类型可知，描述数据离散程度的主要指标包括异众比率、四分位间距、方差和标准差。此外，还有范围、平均绝对偏差和用于衡量相对离散程度的变异系数等。下面将重点介绍方差分析。

1. 方差分析的原理

通过散点图观察虽然能在一定程度上看出不同类型数据之间的区别，但是不能提供证据证明不同类型数据之间是否存在显著差异，因为这种差异可能是由抽样的随机性造成的。因此，需要使用更准确的方法来检验这种差异是否显著，也就是方差分析。

方差分析是一种用于比较两个或更多组均值是否相等的方法。在进行方差分析时，需要将总体方差分解为组内方差和组间方差。组内方差反映了来自样本内部的误差，而组间方差则反映了不同组之间的差异。如果组间方差显著大于组内方差，就说明不同组之间存在显著差异，从而拒绝均值相等的零假设；如果组间方差与组内方差相比较小，则说明不同组之间的差异不显著，不能拒绝均值相等的零假设。

在方差分析中，数据的误差是用平方和来表示的。反映全部数据误差大小的平方和称为总平方和，记为 SST；反映组内误差大小的平方和称为组内平方和，也称误差平方和或残差平方和，记为 SSE；反映组间误差大小的平方和称为组间平方和，也称因素平方和，记为 SSA。

例如，要分析不同平台的被投诉情况，如果不同平台之间的被投诉次数没有显著差异，则组间误差中只包含随机误差，而没有系统误差。这时，组间误差平均后的数值与组内误差平均后的数值（称为均方或方差）就应该很接近，它们的比值就会接近 1。反之，如果不同平台之间的被投诉次数有显著差异，则组间误差中除了包含随机误差，还会包含系统误差。这时，组间误差平均后的数值就会大于组内误差平均后的数值，它们的比值就会大于 1。当这个比值大到某种程度时，就认为因素的不同水平之间存在显著差异。因此，判断平台对被投诉次数是否有显著影响，实际上就是检验被投诉次数的差异主要是由什么原因引起的。具体来说，我们可以计算组间方差和组内方差，并比较它们的大小。如果组间方差显著大于组内方差，就说明不同平台之间存在显著差异，从而拒绝均值相等的零假设；如果组间方差与组内方差相比较小，则说明不同平台之间的差异不显著，不能拒绝均值相等的零假设。

2. 单因素方差分析

根据所分析的分类型自变量的数量，可将方差分析分为单因素方差分析和双因素方差分析。当方差分析中只涉及一个分类型自变量时，称为单因素方差分析。当单因素只有两种分类时，称为 t 检验。

1）数据结构

在进行单因素方差分析时，需要得到下面的数据结构，如表 12.16 所示。

表 12.16　单因素方差分析的数据结构

观测值（j）	因素（i）			
	A_1	A_2	$\cdots$	A_k
1	x_{11}	x_{21}	$\cdots$	x_{k1}
2	x_{12}	x_{22}	$\cdots$	x_{k2}
$\cdots$	$\cdots$	$\cdots$	$\cdots$	$\cdots$
n	x_{1n}	x_{2n}	$\cdots$	x_{kn}

资料来源：编者根据方差分析原理整理获得。

在表 12.16 中，A 表示因素，因素的 k 个水平（总体）分别用 A_1, A_2, $\cdots$, A_k 表示，每个观测值用 x_{ij}（$i=1,2,\cdots,k$;$j=1,2,\cdots,n$）表示，即 x_{ij} 表示第 i 个水平（总体）的第 j 个观测值。例如，x_{21} 表示第二个水平的第一个观测值。

2）分析步骤

为了检验自变量对因变量是否有显著影响，首先需要提出一个原假设，假设自变量在总体中没有影响因变量的差异。然后可以构造一个统计量来检验这一假设是否成立。

（1）提出假设。

在方差分析中，原假设描述的是根据自变量的取值将总体分成的各类中，因变量的均值是相等的。因此，检验因素的 k 个水平（总体）的均值是否相等，需要提出如下形式的假设：

H_0:$\mu_1=\mu_2=\cdots=\mu_i=\cdots=\mu_k$，自变量对因变量没有显著影响。

H_1:μ_i（$i=1,2,\cdots,k$）不全相等，自变量对因变量有显著影响。

如果拒绝原假设 H_0，则自变量对因变量有显著影响；如果不拒绝原假设 H_0，则没有证据表明自变量对因变量有显著影响。

（2）做出统计决策。

将统计量的值 F 与给定的显著性水平 α 下的临界值 F_α 进行比较，从而做出对原假设 H_0 的决策。

若 $F>F_\alpha$，则拒绝原假设 H_0:$\mu_1=\mu_2=\cdots=\mu_k$，表明 μ_i（$i=1,2,\cdots,k$）之间的差异是显著的；若 $F<F_\alpha$，则不拒绝原假设 H_0。

3. 方差分析表

为了使计算过程更加清晰，通常将方差分析的结果整理到一张表格中，即方差分析表。例如，为了分析不同年龄段的科研人员对科研信用现状的认可度是否存在差异，调查者进行了单因素方差分析，结果如表 12.17 所示。科研选题的显著性为 0.392，说明不同年龄段的科研人员对科研信用现状的认可度不存在差异；文献引用的显著性为 0.005，说明不同年龄段的科研人员对科研信用现状的认可度存在差异。

表 12.17　不同年龄段的科研人员对科研信用现状的认可度差异

项目	年龄段	均值	F	显著性
科研选题	35 岁及以下	3.994 4	0.938	0.392
	36～45 岁	4.149 8		
	45 岁以上	3.971 4		
文献引用	35 岁及以下	2.672 3	5.422	0.005
	36～45 岁	3.189 6		
	45 岁以上	3.066 7		

资料来源：编者根据调查资料整理获得。

（五）预测分析

统计分析的目的是通过统计数据确定变量之间的关系形式和关联程度，以及探索其内在的变化规律。变量之间的关系可以分为两种类型，分别是数值关系和相关关系。但若需要进一步明确变量之间的影响关系，就需要进行预测分析。

1. 变量之间关系的度量

1）变量之间的关系

常见的一种变量关系形式是函数关系。设有两个变量 x 和 y，变量 y 随变量 x 一起变化，并且完全依赖 x，可记为函数 $y=f(x)$，其中称 x 为自变量，称 y 为因变量。

2）相关关系的描述与度量

在预测分析前，可通过相关分析来对两个变量之间的线性相关关系进行描述与度量。在进行相关分析时，首先需要绘制散点图以观察变量之间的关系。若发现变量之间存在线性相关关系，则可以使用相关系数来衡量变量之间的关联程度。随后，对相关系数进行显著性检验，以确定样本所反映的关系是否能够代表两个变量总体之间的关系。

如前所述，散点图是一种直观展示变量之间关系的图表，可以帮助我们大致识别变量之间的关联形态和程度。通过观察散点图，我们可以将相关关系大致分为线性相关、非线性相关、完全相关和不相关几种形态。对于两个变量，如果它们之间的关系接近一条直线，则称为线性相关。当变量之间的关系接近一条曲线时，这种情况称为非线性相关或曲线相关。在线性相关中，若两个变量的变动方向相同，则称为正线性相关；若两个变量的变动方向相反，则称为负线性相关。相关情况可通过图 12.8 进行形象展示。

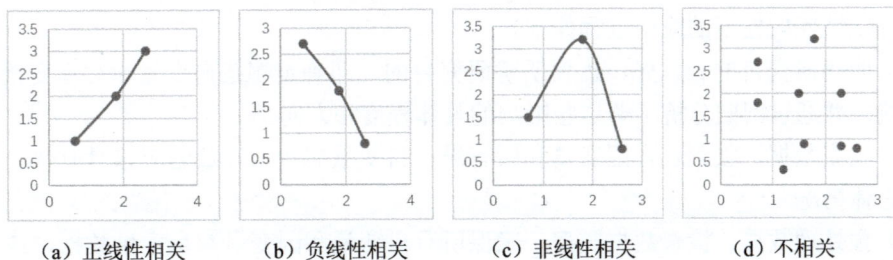

（a）正线性相关　　（b）负线性相关　　（c）非线性相关　　（d）不相关

图 12.8　变量之间相关关系图

（资料来源：编者根据相关分析原理整理获得。）

2. 多元线性回归分析

事物的变化往往受到多个因素的影响，因此一般要进行多元回归分析，我们把包括两个或两个以上自变量的回归称为多元线性回归。多元线性回归模型包括解释变量、被解释变量、回归系数等。多元线性回归模型是指当自变量（解释变量）为两个或两个以上时，研究因变量（被解释变量）与这些自变量之间线性相关关系的回归分析方法。该模型假设因变量与各自变量之间存在线性相关关系，即因变量可以通过一个线性方程由自变量的线性组合来表示，同时考虑一个随机误差项来捕捉其他未纳入模型的因素对因变量的影响。

多元线性回归模型如下：

$$y=\beta_0+\beta_1 x_1+\beta_2 x_2+\cdots+\beta_i x_i+\varepsilon$$

其中，y 是因变量；β_0 是常数项，又称截距；β_i（$i=1,2,\cdots,p$）表示在除 x_i 外的其他自变量固定的情况下，x_i 变化一个单位，相应 y 的平均变化值，也表示每个自变量对因变量的影响程度；ε 是随机误差项，又称残差，是因变量 y 的变化中不能用自变量 x 解释的部分。

多元线性回归作为一种统计分析方法，在多个领域发挥着重要的作用。其主要作用可以归纳如下。

1）预测与估计

（1）预测因变量。多元线性回归能够基于两个或两个以上的自变量来预测与估计因变量的值。这在商业、医学、社会科学等多个领域具有广泛的应用，如预测房价、客户价值、疾病发病率等。

（2）构建预测模型。通过构建多元线性回归模型，可以对观测数据集进行拟合，从而得到一个预测模型。当有新的自变量数据输入时，可以使用该模型预测对应的因变量的值。

2）量化相关性

（1）量化自变量与因变量之间的相关性。多元线性回归可以量化自变量与因变量之间的相关性，帮助调查者识别哪些自变量对因变量的影响更为显著。

（2）评估变量相关性。通过回归分析，可以评估出与因变量不相关的自变量，并识别出哪些自变量的子集中包含关于因变量的冗余信息。

3）分析影响因素

（1）分析影响因素的相对重要性。在多元线性回归中，通过偏回归系数可以分析各自变量对因变量影响的相对重要性。这有助于在复杂系统中识别出关键因素。

（2）研究因素之间的交互作用。在某些情况下，自变量之间可能存在交互作用，多元线性回归可以分析这种交互作用对因变量的影响。

多元线性回归模型的应用过程如下。

（1）明确研究目的。首先，需要明确研究目的，即确定哪些自变量 x 对因变量 y 可能产生影响，并通过回归分析了解这些影响的具体程度和方向。

（2）收集数据。收集包含因变量和所有潜在自变量的数据。数据应该具有代表性，能够反映总体情况。

（3）预处理数据。检查数据类型：确保所有自变量和因变量都是定量数据，或者定类数据已经通过哑变量处理转化为定量数据。处理缺失值：对缺失值进行处理，如删除含有缺失值的观测、插值或估算等。数据标准化：如果自变量的单位不同，则可能需要进行标准化处理，以便比较不同自变量对因变量的影响程度。

（4）建立模型。设定模型：根据研究目的和数据特点，设定多元线性回归模型。模型形式一般为：

$$y=\beta_0+\beta_1x_1+\beta_2x_2+\cdots+\beta_ix_i+\varepsilon$$

其中，y 是因变量，$x_1,x_2,\cdots,x_i$ 是自变量，β_0 是常数项，$\beta_1,\beta_2,\cdots,\beta_i$ 是回归系数，ε 是随机误差项。

（5）估计参数。采用最小二乘法估计模型中的回归系数。最小二乘法的基本原理是，使因变量的观测值与模型预测值之间的差的平方和达到最小。通过统计软件（如 SPSS、Excel、Stata 等）可以很方便地完成这一步。

（6）检验模型。

拟合优度检验：使用决定系数（R^2）来衡量模型对数据的拟合程度。R^2 越接近 1，说明模型拟合得越好。

显著性检验：通过 F 检验判断整个模型是否显著，即所有自变量作为一个整体对因变量是否有显著影响。同时，还需要对每个自变量的回归系数进行 t 检验，以判断各自变量对因变量的影响是否显著。

共线性检验：检查自变量之间是否存在多重共线性。如果存在共线性，则可能会影响回归系数的稳定性和解释力。常用的共线性检验方法有方差膨胀因子等。

残差分析：检查残差是否满足正态性、方差齐性和独立性等假设。这些假设是多元线性回归模型有效性的重要前提。

（7）解释与应用结果。根据模型检验的结果，对回归系数进行解释，说明各自变量对因变量的影响程度和方向。然后，可以根据回归方程进行预测或决策分析。

例如，一家大型商业银行在多个地区设有分行，其业务主要是进行基础设施建设、国家重点项目建设、固定资产投资等项目的贷款。近年来，该银行的贷款额平稳增长，但不良贷款也有较大比例的提高，这给银行业务的发展带来较大压力。为了弄清楚不良贷款形成的原因，管理者希望利用银行业务的有关数据进行定量分析，以便找出控制不良贷款的办法。表 12.18 就是该银行所属的 25 家分行的有关业务数据。

表 12.18　贷款额及影响因素表

编号	不良贷款 / 亿元（y）	各项贷款余额 / 亿元（x_1）	本年累计应收贷款 / 亿元（x_2）	本年固定资产投资额 / 亿元（x_3）	贷款项目个数 / 个（x_4）
1	0.9	67.3	6.8	51.9	5
2	1.1	111.3	19.8	90.9	16
3	4.8	173	7.7	73.7	17
4	3.2	80.81	7.2	14.5	10
5	7.8	199.7	16.5	63.2	19
6	2.7	16.2	2.2	2.2	1
7	1.6	107.4	10.7	20.21	17
8	12.5	185.4	27.1	43.8	18

续表

编号	不良贷款 / 亿元（y）	各项贷款余额 / 亿元（x_1）	本年累计应收贷款 / 亿元（x_2）	本年固定资产投资额 / 亿元（x_3）	贷款项目个数 / 个（x_4）
9	1	96.1	1.7	55.9	10
10	2.6	72.8	9.1	64.3	14
11	0.3	64.2	2.1	42.7	11
12	4	132.2	11.2	76.7	23
13	0.8	58.6	6	22.8	14
14	3.5	174.6	12.7	117.1	26
15	10.2	263.5	15.6	146.7	34
16	3	79.3	8.9	29.9	15
17	0.2	14.8	0.6	42.1	2
18	0.4	73.5	5.9	25.3	11
19	1	24.7	5	13.4	4
20	6.8	139.4	7.2	64.3	28
21	11.6	368.2	16.8	163.9	32
22	1.6	95.7	3.8	44.5	10
23	1.2	109.6	10.3	67.9	14
24	7.2	196.2	15.8	39.7	16
25	3.2	102.2	12	97.1	10

资料来源：贾俊平，何晓群，金勇进. 统计学 [M]. 6 版. 北京：中国人民大学出版社，2015：300.

试建立不良贷款（y）与各项贷款余额（x_1）、本年累计应收贷款（x_2）、本年固定资产投资额（x_3）、贷款项目个数（x_4）的线性回归方程，并解释各回归系数的含义。运用 SPSS 软件进行多元回归，结果如表 12.19 所示。

表 12.19　贷款额影响因素回归结果表（1）

变量	系数	标准误差	t 值	P 值	下限 95%	上限 95%
常数项	−1.022	0.782	−1.306	0.206	−2.654	0.61
x_1	0.04	0.01	3.838	0.001	0.018	0.062
x_2	0.148	0.079	1.879	0.075	−0.016	0.312
x_3	−0.029	0.015	−1.937	0.067	−0.061	0.002
x_4	0.015	0.083	0.175	0.863	−0.159	0.188

资料来源：编者根据表 12.18 中的数据计算获得。

根据表 12.19 的结果，x_4 回归系数的 P 值大于 0.1，不显著，可以不作为影响因素，需删除 x_4 继续进行回归分析，结果如表 12.20 所示。

表 12.20　贷款额影响因素回归结果表（2）

变量	系数	标准误差	t 值	P 值	下限 95%	上限 95%
常数项	−0.972	0.711	−1.366	0.186	−2.45	0.507
x_1	0.04	0.008	4.814	0.000 1	0.023	0.059
x_2	0.149	0.077	1.938	0.067	−0.01	0.309
x_3	−0.029	0.014	−2.006	0.058	−0.058	0.001

资料来源：编者根据表 12.18 中的数据计算获得。

试建立不良贷款（y）与各项贷款余额（x_1）、本年累计应收贷款（x_2）、本年固定资产投资额（x_3）的线性回归方程，并解释各回归系数的含义。

根据表 12.20 的结果，得到不良贷款与各项贷款余额、本年累计应收贷款和本年固定资产投资额的多元线性回归方程：

$$y=-0.972+0.04x_1+0.149x_2-0.029x_3$$

各回归系数的实际意义为：

$\beta_1=0.04$，表示在本年累计应收贷款和本年固定资产投资额不变的条件下，各项贷款余额每增加 1 亿元，不良贷款平均增加 0.04 亿元。

$\beta_2=0.149$，表示在各项贷款余额和本年固定资产投资额不变的条件下，本年累计应收贷款每增加 1 亿元，不良贷款平均增加 0.149 亿元。

$\beta_3=-0.029$，表示在各项贷款余额和本年累计应收贷款不变的条件下，本年固定资产投资额每增加 1 亿元，不良贷款平均减少 0.029 亿元。

课后思考题

1. 扎根理论的应用有哪些难点？
2. 内容分析法主要在什么情况下运用？
3. 定性分析有哪些内容？
4. 怎样理解定性分析和定量分析的综合运用？

拓展训练

请结合一次社会调查收集到的数据进行统计分析。

第十三章
社会调查报告撰写

学习目标

- 能够了解调查报告的特点与类型；
- 能够掌握调查报告的结构；
- 能够领会调查报告的撰写原则；
- 能够按照调查报告的撰写步骤完成调查报告的撰写；
- 能够应用调查报告的评估方法对其进行评估。

案例导入

"撰写调查报告的过程有些艰难，但在这个过程中我们收获了成就感，进一步明确了专业学习的方法，更好地理解了专业的社会价值；同时，认识到了数据收集的重要性，体会到了逻辑严谨、语言准确之美。这对自己来讲是一次全面的锻炼和升华……"这是学生撰写调查报告的体会。该调查团队提交的作品《"垃圾围城"的解救之道——济南市"垃圾围城"现象调查》获得第三届"调研山东"作品的二等奖。围绕这一主题，团队学生在老师的指导下对济南市 8 个社区的居民、社区服务中心工作人员、城管部门、环卫部门、垃圾处理厂等对象实施了实地调查，在获得、分析大量第一手资料的基础上开始了调查报告的撰写。由于团队学生是第一次撰写调查报告，没有经验，因此仅基于对调查报告的已有认知很快完成了报告初稿的写作。但在指导老师的分析和建议下，团队学生发现初稿存在一些问题，之后开始了二稿的写作。团队学生认真学习了调查报告的构成内容，研读了其写作要求，对比了其与学术论文写作的不同，剖析了典型的调查报告，开始对调查报告进行全面的修改。从题目的修改（由《济南市垃圾治理现状调研》修改为《"垃圾围城"的解救之道——济南市"垃圾围城"现象调查》）到结构框架的设计、数据的展示、观点的凝练等，他们对各方面进行了仔细推敲和打磨，力求使调查报告客观、准确、全面地反映事实真相，并给出了切实可行的解决思路。

整篇报告前后经过 8 次修改，历时近 2 个月，最终成稿。该报告获得当年"调研山东"作品的二等奖。2015 年，济南市部分小区遇到了短暂的垃圾处理难题，媒体在报道、分析该问题的过程中多次提到团队当年的这份调查作品，以期从中寻求问题的解决之道。

调查报告是整个调查工作的总结，也是全部调查精华的展示，其质量直接关系到调查活动的价值及其对社会的影响。为了确保撰写出优质的调查报告，我们需要深入研究调查报告的特点、类型、结构、体例、撰写步骤和撰写要求等。

第一节　调查报告的特点与类型

调查报告是一种以文字、图表等形式呈现的书面报告，旨在准确反映调查对象的真实面貌、彰显调查者独到的见解。作为调查结果的综合体现，调查报告在交流、使用和保存调查结果方面具有举足轻重的作用。相较于其他文体，调查报告具有独特的特点，可以根据不同的需求划分为不同的类型。

一、调查报告的特点

（一）针对性

针对性指的是调查报告的撰写要有明确的目的。首先要有明确的读者对象，例如是领导机构、专业同行，还是一般公众。每份调查报告都是为特定的读者编写的，针对不同的读者对象，调查者在撰写调查报告时可以采用不同的写作方法和语言风格。其次要有明确的问题导向。每份调查报告都是为了解决某一问题而撰写的：或呈现真实的社会现象，唤起公众的深切关注；或深入学术殿堂，进行探讨交流；或提供真知灼见，为决策提供参考；或肩负起思想引领的重任等。问题指向不同，也会影响写作方法的选择。

（二）真实性

真实性是调查报告的核心特点，也是调查报告的生命力所在，指的是通过对客观事实的表达，真实地反映现实情况。这就要求调查报告从选题、资料的收集到统计分析等各个环节都必须真实、全面、可信，不能歪曲事实，更不能主观臆断。

（三）新颖性

新颖性指的是调查报告应该引用一些最新的事实、提出一些独到的见解、得出一些创新的结论。只有这样，才能避免对前人工作的简单重复、对资源的无谓浪费，才真正有助于提高人们的认知、推动社会的发展。

（四）时效性

时效性是对调查报告撰写的时间要求，即及时关注和回应人民关切及社会需要解答的问题，针对这些问题提供有价值的信息、资料，以及具有可行性的对策或建议，以促进社会的有序发展。

二、调查报告的类型

根据不同的标准，调查报告可分为不同的类型，以下重点介绍三种分类。

（一）综合性调查报告和专题性调查报告

以调查报告内容涉及的范围为标准，可分为综合性调查报告和专题性调查报告。

1. 综合性调查报告

综合性调查报告是主题涉及面广泛、内容丰富的调查报告类型。调查者通过调查获取大量调查资料，并对其进行整理、分析和总结，全面呈现调查对象的基本情况、相关社会现象或社会问题等。这类调查报告通常篇幅较长、内容广泛而详尽。例如，以《×× 县社会概况调查》为题的调查报告，从题目即可看出是对该地社会情况的全面调查，内容可涉及地理环境、风土人情、发展历史、政府机构、人口状况、教育水平、健康状况、生活方式、休闲娱乐等多个方面。

2. 专题性调查报告

专题性调查报告是通过对某一领域特定社会现象或社会问题的调查，来深入分析、展示调查情况和结果的调查报告类型。这类调查报告往往主题明确，聚焦于特定内容，围绕特定问题提供丰富而具体的资料支持。报告的篇幅虽相对简洁，但针对性强、实用性高，结论往往更加明确，对策和建议也更加切实可行。例如，毛泽东的《湖南农民运动考察报告》就聚焦于湖南湘潭、湘乡、衡山、醴陵、长沙五县的农民运动情况，从农民运动的兴起与发展、主要内容和成就、对农民运动的评价等方面对湖南的农民运动情况进行了深入、系统的剖析。

（二）描述性调查报告和因果性、预测性调查报告

以调查报告内容的深度为标准，可分为描述性调查报告和因果性、预测性调查报告。

1. 描述性调查报告

描述性调查报告是具体描写和叙述社会真实情况的调查报告类型。这类调查报告可根据实际需要采用定性或定量的研究方法，目的是全面展示所调查的社会现象与社会问题的基本状况、主要特点和变化趋势，重点回答"是什么"和"怎么样"的问题。例如，《济南市居民对公共交通满意度情况的调查》的主要撰写目的是了解济南市居民对公共交通的满意度，内容重点描写和叙述哪些方面满意、哪些方面不太满意、哪些方面不满意等，为后续深入调查和做出决策提供借鉴。其中会涉及相关原因的分析，但这并不是重点。

2. 因果性、预测性调查报告

因果性、预测性调查报告是通过深入剖析与阐释，揭露社会现象之间错综复杂的因果联系的调查报告类型。这类调查报告不仅满足于解答"现状如何"（是什么）与"运作机制怎样"（怎么样）的浅层次问题，更致力于探寻"根源何在"（为什么）与"应对策略如何"（怎么办）的深层次问题。以《城乡关系、空间差序与农户增收——基于中国综合社会调查的数据分析》为例，该调查报告深刻剖析了农民收入的地域变迁轨迹与城乡关系差异模式，

并借助相关的数据分析工具，提出了当前农民增收的政策逻辑：加强对农村劳动力的职业技能培训可以推进家庭经营结构的转变和劳动力的转移，有利于促进偏远地区的农户增收。

相对而言，描述性调查报告在内容层次上比较浅显，但每种类型的调查报告都需要对社会事实进行描述。因此，描述性调查报告往往是因果性、预测性调查报告的基础，可以为其立论和分析提供必要的前提；而因果性、预测性调查报告是在描述性调查报告的基础上通过深入研究和分析才能得出结论的。

（三）应用性调查报告和学术性调查报告

以调查报告的主要用途和目标读者为标准，可分为应用性调查报告和学术性调查报告。

1. 应用性调查报告

应用性调查报告的核心特点是"应用性"，它是直接面向实际工作需要而撰写的具有实用性和易懂性特点的调查报告类型。这类调查报告通常直接针对实践中的特定现象或问题展开讨论，采用统计图表等形式直观地呈现数据，着重描述和解释调查结果，并提出具体的对策和建议。它不仅能让读者了解情况"是什么"，还能提供应对和解决问题的建议与思路。按照应用性调查报告的主要目的，又可分为以下几种具体类型。

（1）以深入了解社会现象和社会问题为主要目的的调查报告。在撰写这类调查报告时，应重视事实，并力求对事实进行全面、系统、具体、深入的剖析。

（2）为服务于政策制定和政策执行的需要而以政策研究为主要目的的调查报告。在撰写这类调查报告时，不仅要详细陈述事实材料，更要在此基础上进行深入的分析与论证，权衡各方利益，最终提出具有可行性的对策和建议，为政策制定和政策执行提供借鉴。

（3）以总结经验为主要目的的调查报告。这类调查报告旨在归纳和推广先进经验，同时具有树立典型和表彰先进的功能。在撰写这类调查报告时，应详细描述先进经验或典型人物/事件产生的社会历史条件、发展历程、面临的问题等，尤其重视对已取得的成就进行推广。

（4）以揭示问题为主要目的的调查报告。这类调查报告旨在揭露社会生活中的不良方面，以增进认识、吸取教训并改进工作。这类调查报告撰写的重点是准确地揭示问题，并深入分析其原因和性质，指出其可能产生的危害等。

（5）以支持新事物发展为主要目的的调查报告。这类调查报告旨在宣传和促进新事物的发展。在撰写这类调查报告时，应重点阐明新事物的独特之处，分析其产生的条件和发展的过程，以及在新事物发展过程中可能遇到的困难和障碍，并探讨解决矛盾和困难的方法。同时，应进一步揭示该事物的成长规律和意义，并预测其未来的发展方向和对策等。

（6）以思想教育为主要目的的调查报告。撰写这类调查报告的主要目的是为社会上的各类群体提供思想教育，以帮助他们统一认识、明辨是非。在撰写这类调查报告时，应准确把握人们的思想动态，并针对人们在思想领域的困惑、疑虑及其普遍关注的社会热点问题使用事实和逻辑进行论证。这类调查报告的针对性和时效性比较强。

2. 学术性调查报告

学术性调查报告是具有较强的理论性和专业性，针对学术研究而撰写的调查报告类型。这类调查报告的重点是对社会现象进行理论分析，旨在通过理论预设和研究假设，探索事物之间的相互关系和因果联系。学术性调查报告又可分为理论研究性调查报告和历史考察性调查报告。

（1）理论研究性调查报告。这类调查报告主要针对现实问题进行调查研究并提供理论性的概括和解释。其特点在于必须对调查对象、调查程序和方法进行具体说明，并确保调查资料的真实性、系统性和完整性。此外，论证过程必须符合逻辑，研究结论应该明确且具有新颖性，同时要对不同的理论观点进行评论或分析。

（2）历史考察性调查报告。这类调查报告旨在通过对文献资料的调查研究，揭示某些社会现象的内在本质及发展规律。在撰写这类调查报告时，应以历史事实为基础，不仅要引用各种权威资料，以确保资料真实和全面，还要注意归纳和综合，以揭示社会现象的内在本质及发展规律。

值得注意的是，应用性调查报告与学术性调查报告之间的界限不是绝对的，二者的主要差异仅在于追求的核心目标不同。在实际社会功能方面，二者往往是相辅相成、交织共生的。应用性调查报告在解决实际问题的过程中，也会凝练出具有理论价值的成果；而学术性调查报告在深入探索理论的同时，也不乏为实践提供宝贵指导、服务现实社会的案例。因此，我们不能简单地将二者割裂开来，而应看到它们在社会进步与发展中的共同作用。

综上，调查报告的分类是一个多维且复杂的问题。由于分类标准和视角有所不同，因此同一份调查报告也可以归为不同的类型。以毛泽东的经典之作《湖南农民运动考察报告》为例，从调查内容来看，它既可以被视为对农民运动各个方面进行综合调查的综合性调查报告，也可以被视为关于农民运动问题的专题性调查报告；从调查深度来看，它既可以被视为对湖南农民运动进行生动、具体叙述的描述性调查报告，也可以被视为对湖南农民运动的前因后果进行深入分析的因果性、预测性调查报告；从主要用途来看，它既可以被视为为支持当时的革命斗争而撰写的应用性调查报告，也可以被视为创造性地发展了有关农民和农民运动相关理论的学术性调查报告。

◆ 第二节　调查报告的结构 ◆

调查报告是一种集中展示调查结果和有助于调查者交流的工具。由于调查研究的类型、作者的写作习惯和读者对象不同，因此其结构形式也会有所差异。但同时，作为调查报告这一文体，它又有大致相同的基本结构。一般而言，调查报告包括标题、前言、主体和结语。有些调查报告可能还会在前言之前加上摘要与关键词，在结语之后添加后记、附录和参考文献。调查报告虽无固定模式，但一般遵循以下基本结构与内容安排准则。

一、标题

标题是调查报告的精华。标题能准确反映研究主题，吸引读者的注意力。出色的标题常常能起到点石成金的作用，因此有人说"好题目即好文章"。

标题的构思可以多样灵活，无论采用何种形式，都应力求准确、简明、新颖、相称。

也就是说，标题应准确概括调查报告的主要内容，简洁明了地表达调查报告的主题，并因其新颖性而具备吸引力和感染力。同时，标题应与调查报告的内容相呼应，既不能夸大其词，也不应轻描淡写。

二、摘要与关键词

摘要，又称内容提要或内容简介，是对调查报告主要内容进行简洁概述的文字。其主要目的在于让读者快速了解调查目的、方法、主要发现及结论，同时吸引读者的关注并激发其阅读兴趣。关键词是读者在查找相关信息时使用的关键术语，如同桥梁连接着调查报告的内容与潜在读者的需求。因此，在撰写调查报告时，不仅要考虑如何准确地表达报告内容，还要思考读者可能使用的搜索词汇。通过合理使用关键词，可以大大提高调查报告的曝光率和可查找性。

三、前言

前言，又称导言或导语，作为整份调查报告的开头部分，是整份调查报告的"门户"。前言不仅要吸引读者的注意力，更要为读者提供足够的信息和线索，引导他们深入理解和思考报告的核心内容。在前言中，作者通常会简要介绍以下几个方面的内容：调查背景、调查目的、调查范围与方法、研究意义、文献综述、主体部分框架结构的铺垫等。

四、主体

主体是调查报告的主要部分，其特定内容如下。

（1）使用具体数据和典型事实，客观、全面地描述调查对象的情况，主要回答"是什么"的问题。例如，调查报告《社区多元共治现状调查》，在主体部分就可以先介绍多元共治的理论，再根据事实全面描述样本社区多元主体的构成情况，以及各类主体在社区治理中的作用、合作情况、面临的问题等。

（2）在交代完调查对象及客观事实之后，分析各种现象之间的相互关系，探索它们之间的内在联系与互动规律，力求阐明"为何这些现象会如此发生，这些行为背后有何深层动因"的问题，即解开"为什么"的谜团。

（3）根据调查报告的性质（应用性或学术性），提出针对性的解决方案或学术推论。对于应用性调查报告，需要基于前述分析提出切实可行的对策和建议，以指导实践、改善现状；对于学术性调查报告，则要在深入分析的基础上得出具有创新性的学术结论，并阐述本研究的主要特色、贡献和可能存在的局限，为学科发展贡献智慧与力量。

五、结语

结语是调查报告的结尾部分。调查报告的结语一般采用无结语陈述、简洁的结语陈述和较为详尽的结语陈述三种形式。从内容来看，学术性调查报告的结语主要包括以下部分。

（1）结论。以简洁明确的语言回应研究之初所设定的假设，为读者呈现明确的研究结论。

（2）讨论。讨论应围绕调查结果展开，不仅探讨与数据紧密相关的直接推论，还应触及更深层次的抽象理论关联，展现研究的广度和深度。

（3）研究结论的理论内涵和实践意义。明确阐述研究结论中所蕴含的理论创新点及其对现实实践的指导意义，彰显研究的双重价值。

（4）本次调查的局限性和不足。指出调查存在的缺陷、尚未解决的问题、新出现的问题，说明结论的适用范围和局限性等，为读者提供准确的参考框架。

（5）后续研究的建议。基于当前研究成果，提出后续研究的可能方向与建议，鼓励学术探索的持续推进。

调查报告的结语需要根据写作目的和内容需要采取灵活多样的写法，力求语言简洁明了、逻辑清晰连贯，避免冗余与拖沓，确保结语部分成为整份调查报告的精彩收尾。

六、后记

后记是在结语之后撰写的，作为调查报告尾声的补充篇章，主要功能是回溯并阐述该报告从孕育到诞生的全过程及其呈现的内容。具体而言，后记的撰写应涵盖以下几个关键维度。

（1）与调查主题相关的缘起及实施情况。例如，说明调查主题的提出背景、选题的考量因素，以及在实际执行过程中遇到的挑战与应对策略，为读者呈现调查主题从构想到落地的全过程。

（2）与调查报告的撰写相关的情况和问题。聚焦于调查报告的创作阶段，分享在资料收集、数据整理、观点提炼及文字雕琢等方面的心得体会，以及遇到的难题与解决方案，让读者感受到撰写过程中的艰辛与收获。

（3）与调查主题参与者及调查报告撰写者相关的情况和问题。对参与调查主题的各方人员，包括但不限于调查对象、协助人员及撰写团队等，进行简要的介绍与致谢，展现他们的贡献与风采，同时体现对团队成员的尊重与感激。

（4）与调查报告的发表或出版相关的情况和问题。若调查报告有幸得以发表或出版，则可在后记中适当提及这一过程中的轶闻趣事、遇到的困难与克服的方法，以及出版机构的选择与合作经历，提升调查报告的故事性和可读性。

值得注意的是，后记并非调查报告的必备要素。若前言、主体或结语部分已充分涵盖了上述内容，那么后记的撰写便显得多余。因此，在决定是否添加后记时应综合考量整份调查报告的完整性与信息量，避免冗余与重复。

七、附录

作为调查报告的附属篇章，附录承载着补充与深化的作用。其内容往往丰富多彩，涵盖诸多方面。具体而言，附录包含但不限于以下内容。

（1）调查问卷和量表。调查问卷和量表是获取调查数据的重要工具，对其进行科学的设计有助于挖掘到调查对象的真实想法与感受。

（2）访谈提纲和访谈资料。其中包括访谈提纲、访谈实录及从中提炼出的关键信息，它们也是对调查者真实、深刻感受的记录。

（3）调查指标的解释或说明。对于调查报告中使用的复杂指标，可在附录中提供详尽的解释或说明，确保读者能够准确理解其含义并加以运用。

（4）计算公式和统计用表。其中包括各类计算公式、统计表格等实用工具，它们是数据分析的得力助手，是调查报告严谨性的保障。

（5）项目进度表。项目进度表记录了调查研究的点点滴滴，从策划到实施的每一步都清晰可见，为读者呈现了一场完整的学术探索之旅。

（6）调查的主要数据。调查的主要数据是调查报告的基石，为结论提供了有力的支撑。

（7）典型案例。典型案例可为读者提供更加具体、生动的情境，增强调查报告的说服力与感染力。

（8）名词注释、人名和专业术语对照表。这些可以帮助读者跨越阅读障碍，更顺畅地理解报告内容。

值得注意的是，附录也并非调查报告中不可或缺的一部分。只有与调查报告密切相关、无法包含在正文中（因为放在正文中会打乱调查报告的结构和层次）或未在正文中提及但需要进一步说明的情况和问题，才应列入附录中。通常情况下，附录提供的资料可以帮助对调查研究感兴趣的读者更深入地了解各种细节，或者回答在正文部分由于省略某些内容而使读者产生的疑问。

八、参考文献

参考文献是在学术研究的过程中，对某一著作或论文进行整体参考或借鉴的注释，应在调查报告的最后列出。其目的有三个：一是表示对他人劳动成果的尊重；二是加大调查报告的信息量，提高调查报告的学术价值；三是方便他人以此为线索查阅资料原文。

◆ 第三节　调查报告的撰写 ◆

调查报告具有四个核心的构成要素：主题、结构、资料和语言。主题是调查报告的"灵魂"，结构是调查报告的整体呈现方式，资料为调查报告注入了丰富而生动的内容，语言让调查报告的表达更为清晰、流畅。这四大要素相互依存、相辅相成，共同构成了调查报告的完整体系。在实际撰写过程中，我们需要精心处理它们之间的关系，既要确保主题的鲜明与突出，又要注重结构的严谨与合理，还要保证资料的真实与丰富，更要体现语言的准确与生动。只有这样，才能写出一份优秀的调查报告，为读者提供有价值的信息与见解。

一、调查报告的撰写原则

行文和格式规范是撰写调查报告应当遵循的首要原则，相应的写作方法与技巧在撰写调查报告时也要特别重视。

（一）行文原则

调查报告的行文原则主要包括主题论证原则、结构布局原则和资料使用原则。

1．主题论证原则

"用事实说话，用材料论证"是调查报告区别于其他文体的主要标志，也是调查报告的鲜明特征。但由于调查目的不同，所选用的研究方法和资料会有所区别，因此调查报告的论证方式也应有所不同。一般来说，主题论证原则主要包括以下方面。

（1）根据研究方法的不同，采用不同的论证方法。调查研究的常用方法是定量研究和定性研究。在定量研究的调查报告中，通常使用数据资料和统计分析方法来验证或支持假设；在定性研究的调查报告中，主要使用定性资料来说明主题，尤其重视使用调查对象的原始陈述或现场观察资料来说明调查结果，同时结合调查者对访谈资料的概述来进行解释和分析。而在实践中，在撰写调查报告时，往往会将定量资料和定性资料结合起来使用，如可以使用定量资料来反映整体状况，使用定性资料来反映个体状况，二者结合，能更全面、更深刻地揭示调查主题。

（2）根据目的需要的不同，采用不同的论证方法。演绎法适用于定性研究，侧重逻辑推理。其特点是，只要前提正确且推理过程符合逻辑，结论就必然成立。归纳法常用于定量研究，强调数据的充分性。其结论虽无绝对的对错，但论证的充分性直接影响其可信度，而前提中的数值和内容会影响论证的充分程度。

（3）根据事实确定调查主题、凝练观点和结论。调查报告的客观性要求报告的主题与观点必须根植于事实土壤，不能空发议论，更不能一味宣泄情感。只有通过事实来验证主题、阐明观点，避免主观臆断与空谈，才能确保论证的坚实有力。

2．结构布局原则

（1）整体性。调查报告是由多个部分组成的，在撰写时必须通盘考虑各部分的内容安排，在形式上也要尽量分清主次，避免出现某些内容过多或过少的情况和主次不分的情况。例如，有些初学者撰写3000字左右的调查报告，会在前言部分交代调查背景、意义、实施过程、方法，甚至还包括部分调查发现内容，导致字数达到2500字左右，而在报告主体和结语部分则内容过于单薄。因此，合理安排调查报告各部分的轻重占比至关重要，以形成一个分工合理、相互照应的整体，达到 $1+1 \geq 2$ 的效果。

（2）层次性。层次性是从报告整体内容的安排上讲的。一份层次分明的调查报告更能顺利实现调查目的、有效展现调查结果、引起读者的共鸣。因此，在安排报告内容时要重视报告的层次性，同一级别的标题下应具有并列或相同的内容，而不应混淆上下层次。

（3）逻辑性。调查报告无论是在外在形式上还是在内容上都应该有一定的逻辑，只有这样才能更好地呈现报告的思路和内容，易于读者阅读和理解。例如，在报告的前言部分对调查方法和实施过程进行简单的交代，在报告的主体部分充分展示相关方法的应用和实施过程，就能做到前后呼应；在报告的前言部分交代调查背景、调查方法、实施过程，在报告的主体部分详细介绍调查发现、得出调查结论，就能做到环环相扣。只有具有逻辑性的调查报告才真正具有可读性和实践指导价值。

（4）一致性。一致性指的是调查报告中的观点和结论要与调查报告中所使用的资料保持一致。也就是说，要将观点转化为可测量和可感知的具体指标，同时使调查报告中所使用的资料能有效支撑这些指标。否则，调查报告中的调查数据和资料与调查观点和结论就会形成"两张皮"，调查也就失去了意义，这样必然会降低调查报告的说服力。

3. 资料使用要则

面对调查所获取的大量资料，在撰写调查报告时要善于筛选。通常情况下，应该遵循以下原则使用资料。

（1）真实性。调查报告中所使用的资料必须真实客观，不能随意添加、篡改或删除资料，也不能夸大或缩小事实。只有基于真实资料撰写的调查报告才具备可靠性和科学性。

（2）原始性。在调查报告中，尽量使用第一手资料。只有基于第一手资料进行的归纳和解释才具备较强的说服力。

（3）典型性。调查报告中所使用的资料应具有典型性，注意从收集到的资料中选择有说服力的典型资料。只有基于这些资料得出的结论才能深刻反映事物的本质，并增强调查报告的代表性和说服力。

（4）全面性。在使用调查资料时要全面，不能有所遗漏，避免以偏概全，确保所使用的资料具有最大的代表性和最强的说服力。

（5）准确性。调查报告中所使用的资料必须与调查主题密切相关，紧密围绕调查主题展开，切中要害。例如，在对社区服务中心的治理效能进行调查时，有关社区服务中心的组织架构、角色定位、人员素质等方面的资料相比社区居民的素质、职业等资料更能准确说明调查主题。

（6）简洁性。调查报告中所使用的资料应该简洁而精确，避免掺杂冗长和不必要的内容，力求以最直接、最简明的方式表达资料。例如，在调查报告中对于以统计表的形式描述的数据，要尽量避免在文字表述中进行简单重复，而应重点分析和说明这些数据所反映的内涵或意义。

（二）调查报告的撰写格式

在任何正式文档的撰写中，格式规范都是必不可少的要求。在撰写调查报告时尤其要重视标题的格式、使用外来语的格式、注释和引文的格式。

1. 标题的格式

恰当的标题能够清晰地展现文档的结构，便于读者快速定位信息、获取概貌。一般而言，标题的格式应遵循以下规则：一级标题用"一、""二、""三、"等中文数字，顿号后紧接标题名；二级标题用"（一）""（二）""（三）"等带括号的中文数字，括号后不加标点符号，并紧接标题名；三级标题用"1.""2.""3."等阿拉伯数字，点号隔开后紧接标题名，点号不能用顿号代替；四级标题用"（1）""（2）""（3）"等带括号的阿拉伯数字，括号后同样不加标点符号，并紧接标题名。在排版时，一级标题居中，二级及以下标题居左对齐。

前三级标题独占一行，标题后不加标点符号，四级及以下标题与正文连排。

2．使用外来语的格式

在翻译外来语时，要尽量采用规范的、被普遍认可和广泛使用的中文译名，如将 IQ 翻译成"智商"、将 IT 翻译成"信息技术"等。当外来语在文稿中第一次出现时，应在中文译名后用括号注明其外来语原文或译文，如软件（Software）。这样做可以帮助读者更好地理解术语的准确含义，避免因译名不准确或误解而导致信息传递错误。对于非通用的外国人名可直接用原文，第一次出现时写全名，以后写姓氏即可，如第一次出现写"Whitney Helton"，以后可写作"Helton"。

3．注释和引文的格式

在撰写调查报告时，一般需要引用他人的论述、观点、数据、资料等来支持或证明自己的观点。有时候也需要引用一些较为抽象的概念和复杂的内容。为了对引用的资料来源、内容或意义进行必要的解释或说明，调查者需要对所引用的内容进行注释。

注释的方式主要有以下三种。

（1）夹注。顾名思义，夹注就是夹在行文之中的注释，一般在引用资料后面直接用小括号的形式展现，主要涉及对人名、地名、专业名词等的解释或说明。夹注应尽量简洁明了，不影响文义畅通，方便读者阅读。

（2）脚注。脚注指的是出现在每一页下方页脚处的注释。如果本页中有需要加注的词语或句子，则应先在其右上方加一个注释号（如社会治理[①]或社会治理[1]等），每页的注释号需要单独排序，然后在该页的下方用小一号的字体对加注词的出处、内容等情况做出解释或说明。

（3）尾注。尾注指的是加在章节末尾或全文末尾的注释，一般在文中加注词的右上方标明注释号，注释号要连续排列，然后在本章节末尾或全文末尾另起一行写上"注释"两个字，按注释号顺序用小一号的字体对加注词的出处、时间、意义等情况做出解释或说明。尾注也是调查报告常采用的注释方式。

调查报告中的引文有多种方式，如直接引文、间接引文和提示性引文。直接引文指的是引用他人的原文或原话，需要用引号把引用部分引起来，同时使用脚注或尾注进行注释。间接引文指的是引用他人原文或原话中的意思，并用自己的语言概括出来。间接引文不需要使用引号，但仍应使用脚注或尾注来说明其来源、内容或意义。提示性引文指的是在行文中指出某本书或某个章节可以用来支持文中某个观点的内容。它既不需要加引号，也不需要使用脚注或尾注，只需要在解释或说明的文字前加上"参见""详见"等词语即可，如"……本部分内容可详见本书第三章第一节"。

需要强调的是，对于注释和引文的格式并没有严格统一的标准，不同的出版社和杂志社对写作格式有不同的要求。因此，如果要出版或发表调查报告，还需要了解相关出版社和杂志社对写作格式的具体规定。

（三）调查报告的语言使用

调查报告往往通过书面语言的形式呈现出来。一份优质的调查报告既需要准确凝练主题、合理组织结构、精心挑选调查资料，又需要反复斟酌书面语言，以做到准确、简洁、明了。

调查报告属于一种以叙述为主的说明文体，具备独特的语言风格。在撰写调查报告时，尽量采用第三人称或非人称的叙述方式，如"经研究认为""调查结果显示"等表述，旨在弱化个人色彩，凸显内容的客观性与权威性。然而，在某些特定的情境下，为了增强文本的真实感或表达特定的观点，适当使用第一人称也是可取的。总体而言，调查报告的语言应力求达到以下几点。

1. 准确

调查报告的撰写要使用书面语言，避免口语化表达。在选择具体语言时，要仔细斟酌和推敲，力求表达准确；陈述事实、引用数据必须真实可靠，力求准确无误；议论应该有感而发，与事实相关，把握适度，切勿随意夸大或贬低，更不能单纯宣泄情感。

2. 统一

调查报告中所使用的概念、名称、术语、变量等要保持前后一致，不要随意改变或混用，以免误导读者或导致读者花费精力推测和理解用词的变化，削弱调查报告本身的清晰度和可读性。

3. 简洁

调查报告中的语言要直截了当，不绕弯子，用尽可能简洁的语句传递尽可能多的信息。在陈述事实时避免过多地描写，在阐释观点时避免冗长地论证。对于可有可无的句子和段落要坚决删除。

4. 朴实

在撰写调查报告时，除针对特定领域或专业受众的特殊类型的调查报告要使用专业术语外，一般的调查报告应倾向于通俗易懂，避免使用过于深奥的专业术语和浮华的辞藻。同时，应谨慎对待夸张手法的运用和奇特比喻的插入。这些元素虽能增添文本的趣味性，但在调查报告这类注重事实与逻辑的文体中，它们可能会削弱信息的传递效果，甚至引起读者的误解。因此，应力求语言表达的通俗易懂，让每一位读者都能轻松理解调查报告的核心内容。

5. 生动

调查报告语言的通俗易懂与其生动性并不矛盾。在撰写调查报告时，可以使用具体而新颖的资料、形象而活泼的语言，以使调查报告的内容更加鲜活有趣，提升调查报告的可读性；还可以适当运用寓意深刻、生动幽默的群众语言和通俗比喻，但不要使用那些大多数人可能感到困惑的土语和方言，以免造成理解障碍。

综上，掌握并运用调查报告的语言艺术的重要性不言而喻。优秀的语言表达如同为调查报告披上了一层华丽的外衣，不仅能吸引更多读者的目光，还能在无形中提升调查报告的说服力和影响力。相反，若语言表达不当，即便报告内容再为翔实、分析再为透彻，也可能因晦涩难懂而难以引起读者的共鸣，最终导致调查者的心血付诸东流，甚至削弱调查报告在推动社会进步与发展中所能发挥的积极作用。因此，在撰写调查报告时，应当注重语言的锤炼与打磨，力求做到既通俗易懂又不失深度与广度，让每一位读者都能从中受益，共同推动调查报告在社会各个领域有效发挥作用。

（四）调查报告的修改

调查工作的结束意味着调查报告撰写工作的开始。在撰写调查报告的过程中，应排除各种干扰，确保充分的写作时间，并坚持每天写作，直至调查报告初具雏形。调查报告的初稿完成以后，最好先将其放置在一边，让其"冷却"一段时间再进行修改和完善。因为经过一段时间的"冷却"，往往能激发调查者的灵感火花，使调查者以更加深邃的视角审视调查报告，从而对某些内容产生全新的见解与洞察。这时再进行修改和完善，无疑会使调查报告的内容更加充实、见解更加独到。

在调查报告最终定稿之前，要反复审查和修改。修改的主要任务有两个：一是审核内容，即在阅读全文的基础上，检查调查报告中的事实是否真实可靠、观点是否正确新颖、结构是否科学合理、论证是否逻辑严密等；二是斟酌文字，即审查调查报告中的词句、语法和标点符号等，检查用词是否准确恰当、语句是否简练流畅、标点符号是否正确规范等。

综上所述，撰写调查报告是一个既充满挑战又极具成就感的过程。它要求调查者不仅要有扎实的专业知识和敏锐的洞察力，更要具备坚韧不拔的毅力和精益求精的态度。只有这样，才能创作出既具深度又具广度的优秀调查报告。

二、调查报告的撰写步骤

调查报告的具体内容和结构安排会因为调查主题、调查类型、目标和受众需求等因素的影响而有所不同。但一般来讲，调查报告的撰写步骤主要包括以下方面：凝练报告标题、拟定写作提纲、精选调查资料和推敲语言表达。结合本章第二节"调查报告的结构"，本部分将重点介绍调查报告中各部分的撰写步骤。

（一）标题的撰写

调查报告的标题是调查者分析社会现象和揭示事物本质的中心思想及基本观点。恰当地凝练报告标题是撰写高质量调查报告的关键。

1. 凝练报告标题的逻辑

凝练报告标题的逻辑是，以调查研究的主题为指导、以调查获取的事实材料为依据。这里需要说明的是，调查研究的主题与调查报告的标题并不完全相同。社会调查的开展往往会指向一定的社会问题，调查者在实施调查研究之前就已经大致明确了调查研究的主题和重点；还有一些调查研究是政府或企业等社会组织委托的项目，调查研究的主题和目的更加明确，属于"命题作文"。因此，在调查活动的基础上形成的调查报告，其标题也要围绕调查研究的主题展开，不能跑题。例如，某次调查研究的主题是"社区治理效能"，围绕这一主题，调查报告的标题可以是《社区居民在社区治理中的作用》《社区服务中心的角色定位及功能》《社区治理机制的功能及完善路径》等。这些题目都是在调查研究的主题指导下的细化和深化。

"纸上得来终觉浅，绝知此事要躬行。"虽然在进行实地调查之前，调查者已经做了大量的工作，包括查找文献、明确主题，甚至已经凝练好了标题，但是一旦开始实地调查，就很有可能出现与最初设定的主题不完全相符或完全不相符的情况。"以事实材料为依据"所针对的就是这种情况。这时，对于完全不符合实际的原定主题应毫不犹豫地放弃，并根据调查的实际情况重新确定主题、凝练标题。例如，有一个学生调查小组想对乡村社区的治理情况进行调查，拟定的标题为《乡村社区治理存在的问题及路径探析——以济南市为例》，结果在实地调查的过程中发现，相当一部分调查对象在访谈过程中都提到了广场舞、伙伴群体、村头聊天、集市碰面交流等在获取信息、提升居民归属感等方面的作用。之后，该小组经过讨论和分析，将主题调整为"乡村公共空间"，将标题修改为《社会治理背景下乡村公共空间重塑的路径研究》。

2. 标题的特点

标题是调查报告的"门面"，不仅要简洁明了地概括研究的核心内容，具体明确地表达研究的具体内容和目的，还要能激发读者的兴趣，吸引他们继续阅读。因此，调查报告的标题应具备以下特点。

（1）准确性。标题应准确反映调查研究的主题和范围，避免表述模糊不清。例如，可以将《我国社区治理问题研究》细化为《基于社区服务中心的社区治理效能研究》。

（2）新颖性。调查者在撰写调查报告时应该在前人研究的基础上发现新的问题、取得新的进展和创造性的成果，在未开拓的领域做出努力，因此标题也应该具有一定的创新性。只有这样，才能提高标题的吸引力，激发读者的好奇心和阅读欲望。例如，《应对人口老龄化：我国城市社区养老服务体系的现状与优化策略研究》就比《我国养老问题研究》更能引起读者的兴趣。

（3）简洁性。标题应简洁明了，避免使用冗长和复杂的句子结构。例如，可以将《我国养老问题中的城市社区养老服务体系研究》细化为《我国城市社区养老服务体系研究》。

（4）专业性。标题应体现研究的专业性和学术性，使读者一眼就能了解研究的领域和深度。例如，可以将《我国养老问题研究》细化为《我国城市社区养老服务体系的现状与优化策略研究》。

（5）可操作性。标题应具体、明确，能够通过实际调查和分析得到解答。例如，可以将《我国养老问题研究》细化为《我国城市社区养老服务体系的资源分配、服务质量和政策支持》。

（6）可测量性。标题应能够通过数据和指标进行量化分析，以便调查者进行客观评估。例如，可以将《我国养老问题研究》细化为《我国城市社区养老服务体系在资源分配、服务质量和政策支持方面的具体表现》。

（7）可研究性。标题应具备可研究性，即在现有条件下能够通过科学的方法进行研究和分析。例如，可以将《我国养老问题研究》细化为《我国城市社区养老服务体系对老年人的生活质量的影响》。

通过以上步骤，调查者可以将一个一般、含糊的标题转化为一个具体、明确的标题，从而为撰写高质量的调查报告奠定坚实的基础。

3. 标题的表达形式

（1）直叙式，又称陈述式，即直接明了地以调查对象或调查内容为标题，如《湖南农民运动考察报告》《××县土地流转现状调查》《××市社区居民居家养老现状调查》等。这类表达形式直截了当、简明客观，让人一下就能明确调查对象、调查主题，但也因为平铺直叙而缺少吸引力。这类表达形式通常适用于专题性较强的调查报告。

（2）判断式，即以作者的判断或评价为标题，如《"数字"赋能：一种新的治理工具》《独立性："00后"群体的突出特征》等。这类表达形式在揭示主题的同时，鲜明地表达了作者的态度与立场，引人深思。然而，这类表达形式虽然更具吸引力，但也可能因过于强调观点而降低了调查对象和主题的明确性。这类表达形式通常适用于总结经验、研究政策、支持新兴事物的调查报告。

（3）提问式，即以提问的形式为标题，如《课后延时能否减轻学生家长的负担？》《新型农村合作社提高农业生产规模效益了吗？》等。这类表达形式以直击问题、制造悬念和引发深思为特点，是一种犀利而简练的表达形式。其标题往往不显露作者观点、调查结论，但极具吸引力。这类表达形式通常适用于揭示问题和总结经验的调查报告。

（4）抒情式，即以抒发作者感情的形式为标题，如《点亮"灰色金融"的光明之路》《为文化产业发展插上新媒体的翅膀》等。这类表达形式字里行间洋溢着作者的深切情感，具有强烈的感染力和吸引力，能够瞬间触动读者的心弦。但这种浓郁的感情往往会掩盖调查报告的主题和内容，给读者带来一定的阅读和理解障碍。这类表达形式通常适用于赞扬新兴事物、批判消极社会现象的调查报告。

（5）复式，即调查报告的标题以双标题的形式呈现。有的调查报告采用主标题和副标题的形式，如《"数字"赋能乡村治理的路径——基于××市的调查》；有的调查报告采用引题和主标题的搭配，如《烙印效应下的民营企业迷思：谁在偏离主业？》，引题以问句的形式引人深思，主标题则直接揭示问题所在。二者结合，使标题既具有吸引力，又富含信息量。这类表达形式虽然相对烦琐冗长，但能综合多种表达形式的优点，因此在调查报告中被广泛采用。

（二）摘要与关键词的撰写

1. 摘要的撰写

调查报告的标题之下紧接摘要部分。该部分一般以"[摘要]"或"摘要："开头。作为整份调查报告的缩影，摘要的篇幅和呈现形式往往受调查报告的主题、研究方法、类型、写作风格等因素的影响，但要尽量做到简明扼要，使读者可以快速从中了解调查报告的全貌。摘要中应避免出现图表、冗长的数学公式，也不要对某一问题展开论述。常见的摘要类型包括以下三种。

（1）摘要式摘要，即将调查报告的主要内容列举出来。例如，调查报告《"数字"赋能乡村"三治合一"治理体系的机制及路径研究》中的摘要是这样写的。

> [摘要]健全和完善乡村"三治合一"治理体系、数字乡村建设是当前乡村振兴的两大重要举措。挖掘二者之间的内在关系，使其形成合力，对于提升乡村治理效能意义重大。
>
> 本研究在调研的基础上首先梳理了当前乡村"三治合一"治理体系建设的成效：乡村自治为乡村发展带来了活力、法治建设提升了乡村治理的规范性、德治建设引领了乡村文明新风尚。随后总结了乡村"三治合一"治理体系建设当前面临的治理主体、治理理念、治理模式、治理资源"碎片化"现象，并针对治理"碎片化"所产生的内生动力不足、治理目标不清、资源浪费、效率低下等问题提出见解，认为是治理工具不足导致了问题的出现。接着提出，在当今信息化时代，"数字"手段可以较好地解决这一问题。又深入分析了"数字"赋能乡村"三治合一"治理体系的逻辑："数字"是乡村"三治合一"治理体系的构成要素，"数字"是提升乡村"三

治合一"治理体系治理效能的关键因素。在此基础之上，深入探讨了"数字"赋能乡村"三治合一"治理体系的机制建设。"数字"赋能治理主体：整合治理力量，提升治理能力；"数字"赋能治理理念：重构治理逻辑，明确治理目的；"数字"赋能治理路径：优化治理结构，提升治理效率；"数字"赋能治理资源：整合治理资源，节约治理成本。最后探讨了赋能机制构建的具体实施路径：加强基层党组织建设，发挥党建引领作用；加强顶层设计，整合数字治理平台；立足实践需要，优化政绩考核机制；引领群众自治，培养乡村治理的内生动力。

文中对于"数字"赋能乡村"三治合一"治理体系的逻辑和机制构建进行了较为宏观及整体的探讨，以期能为政府"数字乡村战略"的实施、乡村"三治合一"治理体系的构建提供思路和借鉴。本文对于"数字"赋能乡村"三治合一"治理体系机制的构建实践尚未进行深入细致的研究和凝练，随着乡村治理实践的推进，课题组将持续关注和研究这一领域。

（2）说明式摘要，即用一段文字说明调查报告的主要内容。例如，调查报告《忧居到优居：农村新型社区公共场域建设促进居民认同感的机制研究——基于日照市农村社区的实地调查》中的摘要是这样写的。

［摘要］在全面推进乡村振兴的背景下，新型城镇化迅速发展，农村新型社区大量涌现。从传统农村到新社区的场域转变，导致原农村"熟人社会"的模式被打破、邻里关系淡薄、居民的社区主体意识差、居民的公共参与热情低、居民身份转换困难等一系列问题的产生。居民难以融入新社区，认同感低的问题亟须解决。本研究以日照市十个行政村搬迁撤并的万人农村社区——××××社区为例，展开深度调研，通过空间分析法、深度访谈调查法，从社会空间的角度探究××××社区存在的居民认同感不高问题，并总结该社区所采取的针对性举措，探索出一种符合当今农村新型社区发展的公共场域全景化建设新模式。全景化建设新模式强调在惯习冲突下，加强经济场域、基础场域、自治场域、文化场域"四域一体"建设，采取"社企强强联动""空间社民共建""完善参与机制""双重资本引领"的措施，从物质空间和精神空间两个方面重构社区公共场域，打造高认同感的新型社区共同体，激发农村新型社区建设的内生动力，进而推动宜居乡村建设，巩固与拓展脱贫攻坚成果，助力乡村振兴。

（3）导语式摘要，即用一段简短的文字简要介绍调查报告的标题及研究背景等，以引出研究内容。同为《"数字"赋能乡村"三治合一"治理体系的机制及路径研究》的调查报告，导语式摘要可以这样写。

［摘要］健全和完善乡村"三治合一"治理体系是乡村振兴的重要内容。然而，面对当前在乡村治理中表现突出的自治"缺场"、法治"缺位"和德治"缺环"等问题，我们分析其深层原因在于治理工具不足。随着信息化进程的推进，"数字"作为一种新的治理手段，在乡村治理体系建设中的赋能作用将日益凸显。

需要指出的是，除以上三种常见的摘要类型外，在实践中，为了吸引读者的注意力并激发其阅读兴趣，各种独特而新颖的摘要类型不断涌现，摘要的撰写方式也越来越多样化。

2. 关键词的撰写

摘要部分的下一行就是关键词，一般以"［关键词］"或"关键词："开头。关键词是调查报告中的核心概念和主要研究方法，可根据实际情况选取 3 ～ 5 个。多个关键词之间应用分号或空格分隔。

> ［关键词］人口素质；熵权；回归模型
>
> ［关键词］农村新型社区；公共场域；公共服务；居民认同感
>
> ［关键词］领头雁；乡村振兴；党建统领；组织合力

选择关键词要遵循以下原则。

（1）准确性。关键词应能准确概括调查报告的主题和内容。例如，如果调查报告是关于青少年网络成瘾问题的调查研究，那么"青少年""网络成瘾""调查研究"等词汇就是潜在的关键词。

（2）代表性。关键词应能代表调查报告中的重要概念或论点。选择具有代表性的词语有助于读者快速理解调查报告的核心内容。例如，在调查报告《"数字"赋能乡村"三治合一"治理体系的机制及路径研究》中，主体部分主要围绕整体性治理和系统论分析，因此"整体性治理""系统论"可以作为调查报告的关键词。

（3）常用性。选择常用的、易于搜索的关键词，有助于提高调查报告的曝光率和可查找性。同为上述调查报告，将"'数字'赋能""三治合一"等作为关键词能帮助读者更顺利地检索到所需的文献。调查者可以借助工具和数据分析，了解哪些关键词更受欢迎和更为常用。

（4）避免宽泛。避免选择过于宽泛、无意义或重复的关键词，以免降低检索的精确性。例如，将"程序""疾病"等作为关键词检索就会出现大量无关的文献。

（三）前言的撰写

1. 前言的撰写方法

（1）主旨陈述法，即在前言中明确地阐述调查的主要目的、对象、思路和方法，以使读者迅速准确地把握调查报告的研究主旨和基本内容。这是应用性调查报告中最为常见的撰写方法之一。

（2）结论前置法，即将调查报告的结论置于前言部分进行阐述，这是突出报告主旨和重点的有效方法。具体做法是，首先明确阐述调查报告的研究目的和背景，提供清晰的研究背景信息；接着简要概括调查报告的主要内容并直接提出调查结论，使读者能够快速了解研究的核心观点；然后对结论进行深入解释和阐述，突出问题的重要性和价值，让读者明白该研究的意义和影响；最后给出调查报告的大体框架和结构，帮助读者更好地把握调查报告的整体布局。结论前置法适用于结论明确、问题清晰的调查报告，在使用时需要确保结论的准确性和可靠性，以提升调查报告的说服力和可信度。

（3）提问设悬念法，即通过提问和设置悬念来激发读者的兴趣，引导读者深入探究调查的问题和结论，以使调查报告富有吸引力。具体做法是，首先以引人入胜的方式介绍调查的背景，引起读者的好奇心和关注；接着提出调查的问题，激发读者的思考和探索欲望；然后逐步引出调查的研究过程与结果，在叙述中增加悬念和紧张感，使读者保持阅读兴趣；最后概述调查报告的主要结论和贡献，让读者对研究成果有一个初步的了解。提问设悬念法适用于调查问题具有争议性和时效性的情况，在使用时需要注意问题与结论之间的逻辑关系，避免过度夸张或使用无根据的言论，以确保调查报告的科学性和客观性。

2. 前言的构成要素

（1）调查的背景。作为前言中不可或缺的一部分，调查的背景为读者铺设了理解整个研究的基石，深刻影响着读者对后续内容的期待与理解。详尽而富有洞察力的背景介绍，能够清晰地勾勒出研究问题所处的社会环境、理论框架及现实需求，从而增强研究的针对性和现实意义。在撰写背景资料时，可以摘录国家领导人的公开演讲，或者适当引用近年来政府工作报告及重要工作会议的内容，以明确指出当前研究领域受到国家层面的高度重视，并阐明研究方向及重要性。

这一部分还需阐述该研究主题在当前历史环境和背景下展现出的新变革性发展，或者其处于何种历史阶段。在阐述调查的背景时，应先对该领域的历史发展进行简要梳理，包括回顾该领域的重要事件、里程碑式的发现或政策变化，以及这些历史因素如何塑造了当前的研究环境。通过对历史脉络的梳理，读者能够了解到研究问题的来龙去脉，理解其发展演变过程，知晓其为何成为当下亟待解决的问题。

例如，调查报告《流动赋能：村民参与数字乡村产业主体性提升机制研究——基于黄河流域 118 个行政村调研》中的调查背景如下。

> 2021 年，《黄河流域生态保护和高质量发展规划纲要》指出："充分发挥区域比较优势，推动特大城市瘦身健体，有序建设大中城市，推进县城城镇化补短板强弱项，深入实施乡村振兴战略，构建区域、城市、城乡之间各具特色、各就其位、协同联动、有机互促的发展格局。"2023 年，《中共中央　国务院关于做好 2023 年全面推进乡村振兴重点工作的意见》指出："深入实施数字乡村发展行动，推动数字化应用场景研发推广。加快农业农村大数据应用，推进智慧农业发展。"发展数字乡村产业是实现村民致富的有效途径，在众多纲领性文件的指导下，黄河流域数字乡村产业搭乘政策的东风，被赋予了新的活力，展现出新的样貌。

（2）调查的意义。在调查报告的前言中阐述调查的意义是构建研究框架、引导读者理解研究价值的关键环节。一般可以将调查的意义分为理论意义和现实意义。

① 理论意义，指研究对于学科理论体系构建、完善与深化的贡献。理论意义可以结合调查活动从以下方面进行分析。首先，本研究应有助于丰富当前相关领域的研究成果。现有的理论体系往往难以全面、准确地解释某一社会现象，而通过本次社会调查，调查者可以从新的角度、运用新的理论、通过全面系统的分析获得新的认知，丰富和拓展这一领域的研究成果，为该领域的相关研究提供有益的借鉴和参考。其次，本研究应有助于深化对已有理论的理解与应用。调查者可以通过定性或定量研究的方法，对某一社会现象或问题进行深入剖析，探索已有理论在新时代背景下的新应用，推动已有理论的创新与发展。最后，本研究应有助于促进学科间的交叉融合。调查者可以积极吸收和借鉴其他学科的理

论与方法，形成多学科交叉的研究视角。

② 现实意义，指研究对于社会发展、政策制定及公众生活等方面的实际影响和价值。现实意义可以结合实际调查情况从以下方面进行分析。首先，本研究应对某一社会现象或问题进行全面、系统的调查和分析，揭示其内在规律和影响因素，为政府制定相关政策提供有力的数据支持和理论依据，有助于提升政策制定的科学性和针对性。其次，本研究应针对某一具体社会问题进行深入研究，提出切实可行的解决方案和对策建议。本研究成果也应有助于引导社会各界关注社会问题、参与社会治理，推动社会问题的有效解决。最后，本研究应有助于促进学术界与社会的良性互动，提升学术研究的针对性和实用性，同时促进学术成果向社会实践的转化和应用。例如，调查报告《场域搭，认同塑：县域视角下新农村居民社区认同感影响因素分析》中的前言如下。

> 从全国范围来看，新型城镇化迅速发展，农村新型社区建设全面铺开。就山东省而言，《山东省农村新型社区和新农村发展规划（2014—2030年）》预测，到2030年将形成7000个左右农村新型社区，农村新型社区建设衍生出的居民认同感低等问题必定会接踵而至。本研究通过公共场域建设为居民提供充足的交互空间，一方面，增强居民对社区的认同感，激发其公共参与热情，打造高认同感的新型社区共同体，从而推动农村新型社区健康发展。另一方面，在乡村振兴战略背景下，中共中央办公厅、国务院办公厅印发的《关于推进以县城为重要载体的城镇化建设的意见》指出："强化公共服务供给，增进县城民生福祉。"本研究为农村新型社区建设提供具有可操作性的对策，有助于打造助推乡村振兴的齐鲁样板，健全城乡融合发展体系，以更有力的举措汇聚更强大的力量，助力美丽宜居乡村建设。

（3）研究综述。在前言部分，调查者需要简要介绍已有文献的基本内容、主要贡献、存在的缺点或局限性，在此基础之上清晰地阐述自己调查的主要视角和特点，展示自己对相关领域的熟悉程度，同时指出本研究相比已有研究的创新之处，以体现本研究的意义和价值，以及其在学术领域的定位。一般而言，文献综述可以重点梳理近五年来国内外的研究成果及该领域的代表性研究成果，也可以以时间为线索分阶段介绍不同时期的研究成果，体现各阶段的研究重点及研究趋势。例如，调查报告《乡村"三治合一"治理体系建设现状研究》中的前言部分对于国内文献的综述如下。

> 自党的十九大提出实施乡村振兴战略，健全自治、法治、德治相结合的乡村治理体系以来，学术界就开展了对于乡村"三治合一"治理体系的研究，产生了很多具有启发性的理论成果：其一，对"三治"实施的系统环境进行论述，认为它需要与其他乡村振兴战略举措同时配合推进（谢乾丰，2018；张文显、徐勇、何显明，2018）；其二，对乡村"三治合一"治理体系面临的困境进行研究（肖唐镖，2020；邓建华，2021）；其三，对构建乡村"三治合一"治理体系的路径进行研究（陈于后、张发平，2020）。以上研究成果虽没有直接涉及数字技术的使用，但为数字赋能乡村"三治合一"治理体系提供了融合空间。随着数字技术与基层治理的结合，尤其是2019年5月中共中央办公厅、国务院办公厅印发《数字乡村发展战略纲要》以来，有关数字赋能乡村"三治合一"治理体系的研究成果逐渐增多。有学者从微观公共

领域视角进行个案研究，分析二者之间的相互作用：数字化公共平台扩展村民自治空间、治理技术的革新凸显法治理念（牛耀红，2018；陈涛、李华胤，2020）。综上，当前对于乡村"三治合一"治理体系的研究成果日益丰富、系统，其对实践的指导作用也日益显现。但从现有的研究成果来看，鲜有直接涉及数字技术与乡村"三治合一"治理体系关系的研究，有学者只是在行文中零散提及了数字技术推动乡村自治、法治、德治建设的相关手段和具体路径，这为本课题深入、系统地研究数字赋能乡村"三治合一"治理体系提供了切入视角和观点支撑。

（4）方法介绍。方法部分撰写的主要任务是阐述研究采用的方法及技术手段，这是学术性调查报告中关键的部分之一。而调查方法不仅是连接研究问题与研究结论的桥梁，更是确保研究结论具备可信性、可重复性的关键所在。学者们在阅读学术性调查报告时，不仅会细致考察研究结论的意义与影响，更会对调查方法展开深入分析，探究其设计的合理性、数据收集与处理的科学性，以及研究工具的有效性等。这是因为科学的调查方法不仅能减少研究误差，提升研究结论的普适性和应用价值，还能为后续研究提供可借鉴的范式与框架。因此，在调查报告的构成中，方法部分无疑占据了举足轻重的地位，是将学术性调查从一般性实践提升至严谨科学研究的分水岭。

方法介绍涵盖以下三个方面的内容。

首先，介绍研究设计。在撰写学术性调查报告的方法部分时，需要详尽阐述研究的基本过程和设计的全貌，如研究主要采用哪种具体的方法，基于何种理论架构，主要研究哪些内容，如何设计并开展调查等。例如，调查报告《乡村"三治合一"治理体系建设现状研究》中的研究设计如下。

本研究的目的在于通过调查了解当前乡村"三治合一"治理体系的完善情况，通过该项研究以丰富当前有关乡村治理的研究成果，为乡村治理实践提供可资借鉴的思路和方法……首先在分析文献、实地调研的基础上对当前山东省乡村"三治合一"治理体系的现状进行经验层面的描述；然后对标国内外先进的治理经验，对核心概念进行操作化处理并将其进一步发展成指标，设计调查问卷；之后选取山东省16地市的乡村地区进行抽样调查，运用系统论、结构功能主义理论，对山东省乡村"三治合一"治理体系中存在的问题进行分析并提出相关对策……

其次，介绍资料收集方法和过程。这一部分主要介绍资料收集的具体方法，如文献调查法、问卷调查法、访谈调查法、观察调查法等，或者综合运用几种方法。在明确了具体的资料收集方法后，还需要进一步细化。例如，若采用问卷调查法，则需要明确是自填式问卷还是访问式问卷，并考虑问卷设计的科学性、合理性和可操作性；若采用访谈调查法，则需要明确是结构式访谈还是非结构式访谈，以及访谈者的培训、监督与质量控制机制；若采用观察调查法，则需要详细说明观察的目的、内容、方式及伦理考量。

最后，介绍资料分析方法。因为调查方法和资料收集方法不同，调查报告的资料分析方法也会有所差别，所以需要在方法部分介绍资料分析方法。例如，是以定性分析为主还是以定量分析为主，若以定量分析为主，又具体采用了哪些统计分析方法。

以下是调查报告《转场桎梏：结构性困境下大学生压力感知的隐忧、透视与纾解》中的前言部分。

本研究团队自2024年3月起，针对大学生群体的心理健康状况进行了系统而深入的考察，尤其针对高中至大学、大学到就业两类"转场"期的大学生群体进行了深入研究。团队采用分组分阶段的实地考察方式，历时数月，广泛覆盖了华东地区五省一直辖市内不同类型的高校在读学生，观察与访谈了超过80名学生及教育工作者，累计记录超过十万字。团队基于扎根理论研究，使用Nvivo12软件完成焦虑文本的质性编码，提高了编码的便利性和效率。同时，针对华东地区13市41所高校发放问卷1200份，实际回收1140份。通过收集详尽的调研资料，从高校内部的结构性困境入手，探究高中—大学—就业的场域动态重塑如何对大学生群体的焦虑感知产生深远影响。在此基础上进一步阐释引发大学生焦虑感知的具体原因，并针对性地提出策略、建议，以期有效加强对大学生心理健康问题与风险的防控和预防。具体方法如下。

1. 访谈与座谈

本研究采用访谈与座谈作为主要的数据收集方法。团队针对大学生群体的心理健康状况进行了系统而深入的考察，尤其针对高中至大学、大学到就业两类"转场"期的大学生群体进行了深入研究，设计了详细的访谈提纲。通过面对面访谈、线上视频会议及深度座谈等形式，累计进行了200余次访谈，覆盖了来自"双一流"院校、普通本科院校及民办本科院校不同年级、不同专业的调查对象，确保了样本的多样性和代表性，为后续的深入分析奠定了坚实的基础。

2. 问卷调查法

问卷内容涵盖大学生的个人基本信息、心理健康状况及焦虑感知等多个维度。团队通过线上线下相结合的方式向目标群体发放了问卷，并成功回收了有效问卷数千份，覆盖了华东地区五省一直辖市内超40所高校，量化研究高校场域动态重塑对大学生群体焦虑感知的影响因素与深层原因。

3. 实地调查法

团队通过走访高校校园，参观学生宿舍、图书馆、就业指导中心等关键场所，收集视频、图片等多媒体资料，并结合观察记录，全面系统地掌握了高校在资源分配、教学管理、就业指导等方面的实际情况，了解了高校内部的结构性困境，提升了研究的丰富性和说服力。

4. 定性分析法

在收集到大量访谈和问卷数据，结合相关文献和理论，对研究结论进行了进一步的阐释和验证，确保了研究结论的可靠性和科学性后，团队采用定性分析法对资料进行了深入挖掘。利用Nvivo12软件，通过内容分析、主题编码等方法提取了关键信息，构建了大学生焦虑感知的理论框架，并揭示了高中—大学—就业场域动态重塑过程中的关键影响因素。

（四）主体的撰写

主体部分是调查报告的核心内容。这一部分主要围绕调查研究的主题，按照"是什么—为什么—怎么办"的思路展开叙述。这一部分的撰写主要包括设计报告结构、拟定写作提纲、精选调查资料、推敲语言表达（关于语言表达的推敲，在本节的第一部分已经进行了较为详细的介绍，本部分不再展开叙述）四个步骤。

1. 设计报告结构

报告结构是调查报告内容的展示，恰当的报告结构能够更好地揭示、深化主题。在撰写调查报告的主体部分时，应根据调查报告的具体内容、主题和所掌握的资料来确定报告结构。一般而言，调查报告的主体部分包括以下三种结构类型。

（1）纵式结构，就是按照事物发展的时间顺序和内在逻辑来叙述事实、阐明观点。例如，按照事物的产生、发展和变化过程来安排报告内容，按照事物的起因、发展、变化和结果来安排报告内容等。调查报告《20世纪中叶以来中国年轻人婚恋观的变迁的调研》中主体部分的内容就适合采用纵式结构展开，可以以社会的发展变迁为背景，按照时间顺序分为改革开放前、改革开放到20世纪末、21世纪以来等几个阶段进行深入描述。这种结构的优点是，论述条理清晰，过程有始有终，符合事物发展的内在逻辑和认知规律，便于读者了解事物发展的全过程。对于涉及单一事件或问题的内容简单的调查报告，适合使用这种结构。

（2）横式结构，就是将所调查的事实与所形成的见解，依据其性质或类别划分为数个独立而又相互关联的章节或段落。这些部分并行排列，各自从不同的维度对主题进行剖析，共同汇聚成一份全面而深入的调查报告。在具体实践中，横式结构常表现为几种典型的模式，如"情况概述—原因分析—改进建议""问题提出—深入分析—解决方案""现状描绘—影响评估—应对策略"等。以《基于社区服务中心的社区治理效能研究》为例，其主体部分可以包括：机构设置——分析社区服务中心的组织架构和运作机制；角色定位——明确社区服务中心在社区治理中的角色和职责；服务能力——评估工作人员的服务水平和效率；资源整合——探讨如何有效整合社区内外的治理资源，提升治理效能。这种结构的优点是，问题能够得到全面、充分的展开且每一部分的论述都有明确的中心，条理清晰，对于每一部分问题的论述也比较集中、深入。这种结构适用于全景式的概况调查报告。

（3）纵横交错式结构，这是一种结合横式结构和纵式结构特点的复杂结构类型。具体来说，它采用交错的方式，将相关的内容分别安排在横向和纵向两个层面上。在横式结构部分，主要将调查的事实和观点按照性质或类别进行划分，并列排放、分别叙述，侧重于从不同的侧面或维度对主题进行剖析，确保各部分内容集中、深入且条理清晰。在纵式结构部分，则强调按照时间顺序、逻辑顺序或事物发展的自然顺序来组织资料，侧重于展现事物的发展过程、变化趋势或内在逻辑，使读者能够清晰地把握事物的来龙去脉。采用纵横交错式结构的调查报告，不仅能更加清晰地展示调查结果，使读者更易于理解和掌握调查内容，还能更好地展示调查的过程和方法，提高调查报告的科学性和可信性。

在具体的写作过程中，调查报告可以采用以横为主、横中有纵和以纵为主、纵中有横两种结构。例如，《城市交通拥堵问题综合调查报告》可以以横为主，先横向展开：将城市交通拥堵问题按照不同维度进行划分，如道路规划、公共交通、私家车管理、交通法规执行等，将每个维度作为一个独立章节进行论述；再纵向深入：在每个章节内部，又按照时间顺序或问题发展的逻辑顺序，详细阐述该维度下交通拥堵问题的历史背景、现状、存在问题、原因分析和对策建议等。通过纵向深入介绍，能够使读者全面了解每个维度下交通拥堵问题的来龙去脉和解决方案。

2. 拟定写作提纲

写作提纲是调查报告主体部分的总体设想和规划，是调查报告的基本逻辑框架。因此，在确定好调查报告的标题后，精心雕琢其主体部分的写作提纲便成为不可或缺的环节。

拟定写作提纲的过程实质上是一场深度剖析调查素材、凝练核心观点并清晰界定报告主旨的过程。一份高质量的写作提纲，需要严格遵循四大准则。

（1）突出报告主题。标题一般会明确表达调查报告的主题，而写作提纲的撰写要围绕标题展开，对调查报告的整体进行规划与组织，统筹兼顾，突出重点。写作提纲既要贴合文体与语体要求，又要实用，还要粗细适度，能提纲挈领，引领调查报告的写作。

（2）阐明基本观点。写作提纲应如同灯塔，照亮航道，清晰而鲜明地提出基于主题的见解，直面现实生活中的挑战与疑问。因此，写作提纲中要求观点鲜明、言之有物。

（3）实现观点和资料的统一。写作提纲中的每一个观点都需要有调查资料的有效支撑，避免空穴来风。只有做到观点和资料的有机统一，才能保证观点具有针对性和说服力。

（4）符合内在逻辑。写作提纲要符合客观事物发展的内在逻辑，努力实现历史与逻辑的平衡。

值得注意的是，写作提纲的拟定并非一成不变，而应灵活适应不同调查报告的主题、内容，以及作者的个性化写作风格。在具体表达上，写作提纲主要有以下三种形式。

（1）条目式提纲，这是最常见且最基础的一种提纲形式。它通过将内容划分为不同的条目或章节，清晰地展现文章或报告的结构和要点。条目式提纲层次分明、结构紧凑，有助于读者快速把握整体框架。

（2）观点式提纲，侧重于直接概括和呈现作者在各个部分所要论述的主要观点或论点。这种提纲形式更加突出作者的思想和见解，有助于读者快速了解作者的主要观点和立场。

（3）混合式提纲，即结合条目式提纲和观点式提纲特点的提纲形式。这种提纲形式既注重内容的条理性和层次性，又强调作者的观点和见解，能使文章或报告更加全面、深入。

例如，调查报告《数字技术的伦理风险与化解路径研究——基于大学生数字行为表现和自我认知的实证调研》中的主体部分就使用了混合式提纲。

四、数字技术会聚下的伦理风险隐忧
（一）现实之殇：数字技术伦理问题的困境
1. 数字鸿沟的伦理之"痛"
2. 算法过度的伦理之"惑"
3. 信息安全的伦理之"隐"
4. 价值观念的伦理之"变"
（二）待破之局：数字技术伦理问题的成因
1. 法治困局
2. 技术困局

3．文化困局

4．认知困局

五、对策建议

（一）顶层设计：政府发挥引导作用

1．做好顶层设计，完善法治体系

2．强化数字治理，提出中国方案

3．促进技术伦理与社会价值融合

（二）共建共治：营造良好社会环境

1．加强宣传，提升公众伦理意识

2．监督反馈，营造良好数字生态

3．文化引领，树立正确伦理导向

4．伦理先行，行业传递积极示范

5．制定标准，完善伦理审查机制

……………

3．精选调查资料

在撰写调查报告的过程中，资料无疑占据着举足轻重的地位。在着手撰写之前，一个至关重要的步骤便是围绕既定的主题与预先构思的写作框架，深入剖析社会调查中汇聚的各类信息资源。此时，我们的目标应聚焦于筛选那些既真实可靠、准确无误，又极具代表性与全面性的资料，力求在捕捉关键信息的同时，赋予调查报告强大的说服力与广泛的代表性。

具体而言，为了坚实地支撑并深化主题论证，我们应当细致入微地挑选以下几类核心资料。

1）典型资料

典型资料指的是能够深刻反映调查研究的主题、具有代表性且能够有力支撑论证的资料或案例，如典型事件、典型例证、典型经验、典型事迹等。典型资料具有真实、具体、生动、代表和充分等特点，是最能准确反映事物本质、最能清晰说明和展现主题的资料。

2）综合资料

综合资料指的是能够全面展示事物整体概貌的资料。从量的角度来讲，在选取资料时，要确保资料充分且完整，能够全面地反映调查对象或问题的各个方面。这就需要选取综合资料，没有综合资料，就无法展示广度，也就难以实现与典型资料所提供的深度的有机统一。

3）对比资料

对比资料指的是能够形成鲜明对照、具有可比性的资料，包括历史资料与现实资料、成功经验与失败案例、新旧事物的剖析等多个维度。正是这些对比资料的存在，才为我们提供了鉴别与评判的坚实基础。通过细致入微的对比分析，不仅能使调查报告的主题更加鲜明突出，更能给读者留下深刻的印象，激发其进行思考。

4）统计资料

统计资料，又称统计信息，通常包括原始统计资料和经过整理汇总的综合统计资料。作为数据与信息的精华提炼，统计资料不仅具有强大的概括力与表现力，还具有具体翔实与准确无误的优势。尤其在面对一些难以用文字清晰表达的复杂问题时，恰当地使用统计资料能使问题更加清晰明了。因此，恰当地使用统计资料对于论证基本观点，突出调查报告的主题，提升调查报告的科学性、准确性和说服力具有重要的作用。

（五）结语的撰写

调查报告的主体部分完成后，需要对整个调查活动进行总结，以呈现调查结果、升华主题。这就是调查报告的最后一部分——结语。从内容上看，结语主要是对调查结果的总结性陈述或议论，写作时既可以准确、简练地概括调查结果，也可以在此基础上进行进一步的分析与展望。例如，调查报告《黄河精神薪火传，三涧溪村展"家"颜——寻访齐鲁样板村的产业发展机理与传承路径》中的结语写作如下。

> 调查结果表明，家共体模式通过家文化引领强化了共同体意识，促进了乡村资源整合和村民主体性提升，激发了村庄与产业发展的良性互动。在该模式下，基层党组织凝聚力显著增强，产业方向由能人引领，吸引青年人才和乡贤参与，推动人才回流。绿色发展理念促进了生态振兴，激发了村民建设家园的内生动力，实现了产业发展与生态保护的协同推进。可见，家共体模式从经济效益与社会效益两个维度充分展现了其在乡村振兴中的实践价值，对其他乡村发展具有示范意义。

需要说明的是，调查报告中通常不写后记，或者将后记内容融入结语部分，因此这里不再单独介绍后记的撰写，具体原则可参考结语的撰写。

（六）附录的撰写

附录是调查报告的附加部分，承载着提供额外信息和补充资料的重要功能，通常包含一系列与调查报告密切相关但无法或不宜直接融入正文的内容，如调查问卷和量表、访谈提纲和访谈资料、调查指标的解释或说明、计算公式和统计用表、项目进度表、调查的主要数据、典型案例、名词注释、人名和专业术语对照表等。这些内容的存在，能够为读者提供一条更全面、更深入地了解调查研究过程和结果的途径。

（1）调查问卷和量表附录示例如下。

> 您好！为了更好地分析大学生的焦虑感知，我们专门制作了本问卷，以期获得更加准确的数据，从而使研究更加精准，非常感谢您的配合！本问卷采用匿名形式，您的回答将仅用于统计分析，我们承诺严格保密。请您根据自己的实际情况，认真、如实地填写以下问卷。感谢您的参与和支持！
>
> 一、基本信息
> 1. 您目前所在的年级是（　　　）。
> 　　A. 大一　　　　　　　　B. 大二　　　　　　　　C. 大三
> 　　D. 大四及以上　　　　　E. 研究生
> 2. 您的专业类别是（　　　）。
> 　　A. 文科类　　　　　　　B. 理工科类　　　　　　C. 商科类
> 　　D. 艺术类　　　　　　　E. 其他（请具体说明）_____
> 3. 您的性别是（　　　）。
> 　　A. 男　　　　　　　　　C. 女
> 4. 您的院校层次是（　　　）。
> 　　A. "双一流"院校　　　　B. 普通本科院校　　　　C. 专科院校

二、焦虑自评量表（SAS）

1. 我觉得自己容易紧张和着急（焦虑）（　　）。
    A. 没有或很少时间有　　　　　　B. 小部分时间有
    C. 相当多时间有　　　　　　　　D. 绝大部分或全部时间都有
2. 我会无缘无故地感到害怕（害怕）（　　）。
    A. 没有或很少时间有　　　　　　B. 小部分时间有
    C. 相当多时间有　　　　　　　　D. 绝大部分或全部时间都有
3. 我容易心里烦乱或觉得惊恐（惊恐）（　　）。
    A. 没有或很少时间有　　　　　　B. 小部分时间有
    C. 相当多时间有　　　　　　　　D. 绝大部分或全部时间都有

（2）访谈提纲和访谈资料附录示例如下。

村民访谈提纲		
访谈对象：	访谈时间：	职务：

1. 您了解本村的数字乡村建设吗？（内容、措施、意义）
（数字乡村建设要以数据要素为切口，也就是主要依靠互联网，通过政府资金的扶持、社会层面企业等主体的广泛参与，加大对农村的资金投入和对农村信息技术的建设力度，吸引技能人才、管理人才投身数字乡村建设，吸引公共资源倾向农村。）
2. 您目前参与到本村的数字乡村建设中去了吗？是由于什么原因参与其中的？
3. 可以简单介绍一下本村的数字乡村产业吗？
（1）您在日常工作中有没有使用过数字技术呢？（喷灌、监控大屏等）
（2）对于这类数字技术您应用的熟练程度如何？
4. 您为什么不愿意参与到本村的数字乡村建设中去？
5. 您认为在本村的数字乡村产业发展中发挥关键作用的因素是？
6. 您认为您刚刚提到的这些因素是如何联系起来的？
7. 自开展数字乡村建设以来，本村发生了哪些变化？（引出以下问题）
8. 这些变化对您的生活有什么样的影响？（行为、心理方面）
9. 您认为本村在数字乡村建设方面存在哪些不足或令您不满意的地方？

村民访谈记录			
访谈对象：××	性别：×	年龄：××	村庄：×××

访谈记录：

Q：您好，我是齐鲁工业大学政法学院的学生，想跟您了解一下咱们村关于数字乡村和交通发展的情况。

A：数字乡村是啥我不太懂，这是个啥啊！但那个村里的交通建得咋样，我心里还是有数的。我们村里胡同的小路都是土路，之前只要一下雨就特别难走，根本走不动。但是现在村头大小胡同的小路都是那种好走的路了，也不怕下雨天泥多到进不去家门了。而且家里的小孩偶尔点个外卖，进那种外卖摩托车、电动车还是挺容易的。

Q：这样啊，数字乡村是网络化、信息化和数字化在农业农村经济社会发展中应用的产物，说到底就是咱们村里的大屏幕、监控、数字大棚、快递站这种网络化、数字化的东西变多了。

A：你这样一说，我倒是清楚点了……我们村广场那个大屏幕算不？可大了！有时候我们晚上吃完饭，就会带着小孩去广场上遛遛。小孩玩秋千的时候，我就看大屏幕上的新闻联播，比家里的小电视看起来带劲多了。而且现在村里的监控比以前多了，安全感满满的。现在淘宝购物买东西、发东西也很快，日子就是更好了。

Q：那您认为这些和村里交通变好了有关系吗？

A：我觉得有点关系吧，路不好，啥都进不来呀。村里有了拿快递的地方后，我们家现在网购的次数也比以前多了。说实话，我觉得就是修路之后快递送货方便了，我们才乐意买的。

Q：好的，非常感谢您回答我们的问题！

（3）典型案例附录示例，以调查报告《场域搭，认同塑：县域视角下新农村居民社区认同感影响因素分析》为例。

本研究将视野聚焦于四大类农村新型社区，即集聚提升、城郊融合、特色保护和搬迁撤并。调研地中的华中社区为集聚提升类社区，马套村和西李村皆为特色保护类社区，锦绣社区、醴泉社区和棣州社区则为搬迁撤并类社区。

华中社区科学引领村庄建设，优化乡村布局，整合并完善公共服务基础设施建设，建立多元引领、共同参与的社区治理格局。作为集聚提升类社区，华中社区通过全面摸清村庄向社区转型发展的本底条件，考虑区域大环境下产能、产业集聚的整体发展，融入区域发展格局，不断优化村庄的产业结构，强化主导产业，发展优势产业，进而建立了一核多元、共同参与的整体治理格局，提升了居民的社区认同感和满足感。

马套村和西李村依托本土特色，发展特色保护产业，以产业带动实现村庄经济、生态和社会效益齐增收。两村依靠集体产业鼓励农民种植苗木和山药，带动农业化向产业化转型。通过完善村庄服务中心、胡同长制度，推动四德工程的建设，为村民及时答疑，两村实现了为民服务的目标，全方位提升了村民对于村庄建设的整体认知，增强了村民在村庄生活的舒适感与幸福感。

锦绣社区、醴泉社区和棣州社区加强公共场所建设，合理布局，破解了"村村排斥"的难题。它们在新社区延续传统大集，并对其进行改造，使其兼具村庄、社区特色。同时，加强精神空间建设，将党的领导与物业服务相结合，打造"社区＋合作社＋物业企业"的红色物业服务模式，完善居民参与机制，激发居民的参与热情。通过老党员示范引领和开展教育引导活动的双重作用，引领社区文明新风尚，提升群众对社区工作的认可度和满意度，增强居民共同体意识。

（七）参考文献的撰写

在完成以上部分之后，学术性调查报告的撰写工作就基本告一段落了。然而，对于在撰写过程中所参考和借鉴的文献，要在调查报告的结尾列出，这也是学术研究科学性、严谨性和规范性的体现。

参考文献撰写的注意事项如下。

（1）要遵循特定的格式和撰写规范。具体来说，调查者需要按照规定的格式列出参考文献的作者、标题、类型、出版社或期刊名称、出版年份、卷号、期号和页码等相关信息。这些格式和规范在学术界相对统一，旨在确保参考文献的准确性和可读性。

（2）要保持高度的专业性和规范性。调查者应仔细核对每一项文献资料的准确性和完整性，确保参考文献的列表能够真实反映研究过程中参考和引证的文献资料。同时，还需要注意参考文献的时效性和权威性，最好选取近五年来的核心期刊文献；文献与文献之间应有较密切的联系，确保所列的参考文献能够为调查报告提供有力的支撑和依据。

（3）要注意参考文献的多样性和广泛性。在撰写定性调查报告时，应当重视参考文献的规范引用，以提高调查报告的学术价值和可信度。除引用经典文献和权威文献外，还应关注最新的研究成果和前沿动态，确保调查报告的时效性和创新性。同时，建议引用不同学科领域的文献，以拓宽研究视野，形成更加全面和深入的见解。调查者还应不断提升自己的学术素养和规范意识，以更加专业、严谨的态度对待学术研究工作，为推动学术研究的不断发展和进步贡献自己的力量。

　　例如，调查报告《流动赋能：村民参与数字乡村产业主体性提升机制研究——基于黄河流域 118 个行政村调研》中的部分参考文献如下。

　　[1] 储华林. 数字乡村建设创新乡村治理的内在逻辑与实践路径 [J]. 福建农林大学学报（哲学社会科学版），2022（4）：17-23.

　　[2] 曼纽尔·卡斯特. 网络社会的崛起 [M]. 夏铸九，黄辉巧，等译. 北京：社会科学文献出版社，2003：29.

　　[3] 杨江华，刘亚辉. 数字乡村建设激活乡村产业振兴的路径机制研究 [J]. 福建论坛（人文社会科学版），2022（2）：190-200.

　　[4] 吴宗友，朱镕君. 数字乡村建设行动中的空间张力与空间整合 [J]. 社会发展研究，2021，8（04）：14-26.

　　[5] HIMANEN P. The Hacker Ethic and the Spirit of the Information Age[M]. New York:Hardcover, 2001:18.

　　[6] HANSEN B. Threshold Effects in Non-dynamic Panels: Estimation Testing and Inference [J]. Journal of Econometrics, 1999, 93(2):345-368.

第四节　调查报告的评估

　　对调查报告进行客观的评价和估计，是确保调查报告具备可靠性并充分发挥其价值的重要环节。要想做好调查报告的评估，需要充分认识评估的意义、遵循评估的原则、把握评估的重点并掌握评估的方法。

一、认识调查报告评估的意义

（一）调查报告评估是评价调查工作成败得失的主要依据

　　调查活动是一种重要的研究活动，也是一种复杂的学术活动。虽然调查者在调查活动实施之前就对其进行了设计和规划，但在具体实践过程中还会遇到各种各样的不确定性。因此，作为整个调查活动成果的集中体现，对调查报告进行评估是非常有必要的。通过评估调查报告，可以衡量整个研究的可靠性、有用性和创新性，以此来评价调查工作的成败得失。

（二）调查报告评估是推广应用调查结果的重要标尺

社会调查的生命力就在于其强烈的问题导向性和应用性，把有价值的调查结果应用于社会、服务于社会是调查活动的价值所在。通过评估调查报告，可以鉴别出真正可靠的、有价值的调查结果，明确调查结果的应用范围和领域，避免纸上谈兵或盲目应用带来的风险和损失。

（三）调查报告评估是提高调查水平的重要途径

对调查报告进行评估的过程就是对整个调查活动进行了一次复盘，便于调查者总结经验，发现调查过程中的闪光点、创新之处和问题、不足，以便在今后的调查工作中吸取经验、少走弯路，提升调查者的素质及后续调查工作的质量和水平。

（四）调查报告评估是推动相关学科发展的重要手段

社会调查不仅是研究和解决社会问题的重要途径，更是开展学术研究的重要方法。调查者围绕一定的主题，通过访谈、问卷等实证研究或文献研究的方法开展调查，探究事情的来龙去脉，搞清楚问题"是什么、为什么、怎么办"，并对整个过程进行评估。这种研究方法有别于关注"应然性"研究的规范研究方法，可以有效丰富相关学科的研究成果、推动学科发展。

二、遵循调查报告评估的原则

（一）真实性原则

真实性是调查报告评估的首要原则。这一原则要求对调查报告的评估要重点评价其所使用的数据和事实是否真实、准确、全面、系统。否则，无论调查报告多么华丽、结果框架多么完美、论证多么缜密、结论多么新颖，都难以避免存在主观臆断和杜撰的嫌疑。如此一来，调查报告的价值就会大打折扣。

（二）科学性原则

科学性是调查报告的内在要求。这一原则要求在整个调查工作中要遵循科学的方法和原则，尤其是调查报告中的概念、判断、推理、结论等要遵循知识生成的科学路径，有严密的内在逻辑关系。唯有如此，调查报告才能达到预期的目标，发挥其应有的价值。

（三）创新性原则

创新性是调查报告的本质特征。这一原则要求调查报告所关注的问题、分析问题的视角、使用的数据、得出的结论等要有一定的新颖性和创造性。简单重复前人研究结果的调查报告不仅毫无价值，更是对资源的一种浪费。

（四）应用性原则

应用性是调查报告的核心价值。这一原则要求调查报告的撰写要有明确的问题导向和强烈的社会责任感，真正发挥推动问题解决的作用，避免纸上谈兵和闭门造车。

综上，调查报告评估的四项原则从不同的维度保证了调查报告的质量和价值。四个方面相互配合，缺一不可。只有符合以上四项原则的调查报告，才有可能成为一份优秀的调查报告。

三、把握调查报告评估的重点

调查报告评估主要是对其质量和价值进行衡量，具体来讲可以从信度、效度和价值三个维度进行。

（一）调查报告的信度评估

信度评估关注的是调查报告的可靠性，主要评估调查报告的选题是否符合现实需要，叙述的事实是否客观、真实，使用的数据是否可靠、准确，得出的结论是否符合实际等。

（二）调查报告的效度评估

效度评估关注的是调查报告的有效性，主要评估调查报告中提出的研究假设是否科学、合理，涉及的社会指标和调查指标是否准确、便于操作，选择的调查对象是否具有典型性和代表性，使用的调查方法是否科学，论证过程是否符合逻辑等。

（三）调查报告的价值评估

价值评估一般从调查报告的学术价值和应用价值两个方面展开。学术价值评估关注的是调查报告的学术意义，包括探讨了哪些新问题、提出了哪些新观点、完善了哪些现有理论、填补了哪些研究空白、创新了哪些研究方法等。应用价值评估关注的是调查报告的应用情况，包括调查报告在认识和解决社会问题方面的作用，调查报告的发表、采纳、转载、获奖情况等。

四、掌握调查报告评估的方法

调查报告的评估方法可分为内部评估和外部评估。内部评估指的是调查报告的撰写人员对调查报告进行的评估，也称自我评估；外部评估指的是所聘请的专家、学者或各类社会公众等对调查报告进行的评估。

（一）自我评估

调查报告的撰写人员对整个调查工作，尤其是调查报告的撰写工作最为熟悉，在调查报告撰写结束后应先对调查报告进行自我评估，评估的内容主要围绕以下方面进行：调查报告的质量是否符合预期、可靠性如何、价值如何等。

（二）专家、学者评估

专家、学者评估指的是聘请熟悉调查主题的相关专家、学者对调查报告的质量进行鉴定。注意所聘人员的数量一般应在 5 人以上，还要遵循回避、独立、匿名等相关原则。

（三）社会公众评估

社会公众评估指的是调查对象、调查成果的使用者、调查报告的读者、大众传播媒介的评估。首先，调查对象和调查成果的使用者具有较大的发言权，他们最清楚调查报告的真实性和应用价值。其次，还应听取调查报告的读者和大众传播媒介的评价。这类主体一般对相关调查主题比较感兴趣，关注较多，甚至比较专业，因而往往能做出更加中肯、客观的评价。

以上三种评估方法能从不同视角保证调查报告的质量。经过以上评估，调查活动也就基本结束了。但"实践是检验真理的唯一标准"，一份调查报告的真正价值还有待实践的检验。因此，一份有价值的调查报告还要积极地应用于实践，服务于实践，接受实践的检验。

课后思考题

1. 选取若干调查报告，研读、讨论其整体结构。
2. 选取若干调查报告，研读、分析其每部分内容的呈现质量。
3. 选取若干调查报告，分析其类型和写作特点。
4. 能对一份调查报告进行客观、全面的评估。

拓展训练

2021年，《黄河流域生态保护和高质量发展规划纲要》指出："充分发挥区域比较优势，推动特大城市瘦身健体，有序建设大中城市，推进县城城镇化补短板强弱项，深入实施乡村振兴战略，构建区域、城市、城乡之间各具特色、各就其位、协同联动、有机互促的发展格局。"当下，数字技术成为推动产业发展的重要因素，数字乡村建设如火如茶。《中华人民共和国国民经济和社会发展第十四个五年规划和2035年远景目标纲要》指出："加快推进数字乡村建设，构建面向农业农村的综合信息服务体系，建立涉农信息普惠服务机制，推动乡村管理服务数字化。"

调研组实地调研黄河流域118个行政村，发现多数村庄的数字乡村产业发展受到"乡村运动乡村不动"问题的困扰。政府的理性规划与村民的感性认知存在矛盾，虽然政府投入大量资源，但由于村民对产业规划认知不清晰，对外来、新生事物的接受度不高，参与数字乡村建设的意愿较低，缺乏积极性、主动性、创造性，导致产业发展举步维艰，产业产出少，集体经济增收少，甚至不增收。

调研组在对比不同村庄的过程中发现，交通成为数字乡村产业发展的关键制约条件，数字乡村产业发展较好的村庄往往依赖便利的交通。便利的交通为流动空间取代传统意义上的空间提供了支持，使乡村社会获得了以"数字乡村"为空间新场域的发展资源。在此空间内，人、产品、信息、技术、资金以交通为中心快速流动，村民的主体性被充分调动，村民愿意参与到数字乡村产业的发展中，能够运用数字技术提升能力，并且能够主动作为，从而更好地带动了产业发展。

讨论：将以上关于黄河流域数字乡村产业主体性的前言部分写作与本书中的前言部分写作例子进行比较，并对其进行评价。

参考文献

[1] 风笑天. 现代社会调查方法 [M]. 3 版. 武汉：华中科技大学出版社，2005.

[2] 水延凯. 社会调查教程 [M]. 北京：中国人民大学出版社，2007.

[3] 张兴杰. 社会调查 [M]. 南京：南京大学出版社，2008.

[4] 范伟达，王竞，范冰. 中国社会调查史 [M]. 上海：复旦大学出版社，2008.

[5] 孙本文. 社会学原理（下册）[M]. 上海：商务印书馆，1947.

[6] 王康. 社会学词典 [M]. 济南：山东人民出版社，1988.

[7] 郑杭生. 社会学概论新修 [M]. 4 版. 北京：中国人民大学出版社，2013.

[8] 邓肯·米切尔. 新社会学词典 [M]. 蔡振扬，译. 上海：上海译文出版社，1987.

[9] 福武直. 社会调查方法 [M]. 长沙：湖南大学出版社，1986.

[10] 雷洪. 社会问题——社会学的一个中层理论 [M]. 北京：社会科学文献出版社，1999.

[11] 江立华，水延凯. 社会调查教程精编本 [M]. 2 版. 北京：中国人民大学出版社，2022.

[12] 朱力. 当代中国社会问题 [M]. 北京：社会科学文献出版社，2008.

[13] 向德平. 社会问题 [M]. 修订版. 北京：中国人民大学出版社，2015.

[14] 风笑天. 社会学研究方法 [M]. 北京：中国人民大学出版社，2005.

[15] 费孝通. 社会调查自白——怎样做社会研究 [M]. 上海：上海人民出版社，2009.

[16] 李松柏. 社会调查方法 [M]. 咸阳：西北农林科技大学出版社，2011.

[17] 陈向明. 质的研究方法与社会科学研究 [M]. 北京：教育科学出版社，2000.

[18] 袁方. 社会研究方法教程 [M]. 北京：北京大学出版社，2005.

[19] 赵勤. 社会调查方法 [M]. 3 版. 北京：电子工业出版社，2018.

[20] 谭雪组，周炎炎. 社会调查研究方法 [M]. 2 版. 北京：清华大学出版社，2020.

[21] 风笑天. 社会调查方法 [M]. 北京：中国人民大学出版社，2012.

[22] 吕亚荣. 调查研究方法 [M]. 北京：中国人民大学出版社，2022.

[23] 杜智敏. 社会调查方法与实践 [M]. 2 版. 北京：电子工业出版社，2022.

[24] 伍威·弗里克. 质性研究导引 [M]. 孙进，译. 重庆：重庆大学出版社，2011.

[25] 朱迪丝·A.霍尔顿，伊莎贝尔·沃尔什. 经典扎根理论：定性和定量数据的应用 [M]. 王进杰，朱明明，译. 北京：北京大学出版社，2021.

[26] 罗伯特·K.殷. 案例研究：设计与方法 [M]. 周海涛，史少杰，译. 重庆：重庆大学出版社，2017.

[27] 艾尔·巴比. 社会研究方法 [M]. 11 版. 邱泽奇，译. 北京：华夏出版社，2012.

[28] 乔恩·谢泼德，哈文·沃斯. 美国社会问题 [M]. 乔寿宁，刘云霞，译. 太原：山西人民出版社，1987.

[29] 贾俊平，何晓群，金勇进. 统计学 [M]. 6 版. 北京：中国人民大学出版社，2015.

[30] 翟振武. 社会调查问卷设计与应用 [M]. 北京：中国人民大学出版社，2019.

[31] 耿爱生，刘海英，同春芬. 社会调查方法 [M]. 北京：知识产权出版社，2014.

[32] 赵金国，贺晴晴. "好老师" 的标准要求与理解认知——基于 2839 名师生认知的词频分析 [J]. 山东高等教育，2022，10（02）：7-13+2.

反侵权盗版声明

电子工业出版社依法对本作品享有专有出版权。任何未经权利人书面许可，复制、销售或通过信息网络传播本作品的行为；歪曲、篡改、剽窃本作品的行为，均违反《中华人民共和国著作权法》，其行为人应承担相应的民事责任和行政责任，构成犯罪的，将被依法追究刑事责任。

为了维护市场秩序，保护权利人的合法权益，我社将依法查处和打击侵权盗版的单位和个人。欢迎社会各界人士积极举报侵权盗版行为，本社将奖励举报有功人员，并保证举报人的信息不被泄露。

举报电话：（010）88254396；（010）88258888

传　　真：（010）88254397

E-mail：　dbqq@phei.com.cn

通信地址：北京市海淀区万寿路 173 信箱

　　　　　电子工业出版社总编办公室

邮　　编：100036